HISTOIRE
DU
DÉCANAT DE LA MADELEINE
DE LILLE

LILLE — IMP. LEFEBVRE-DUCROCQ — JUILLET 1892.

EGLISE DE LA MADELEINE
Vue prise de la rue de Thionville

𝔄. 𝔍. 𝔗.

HISTOIRE

DU

DÉCANAT DE LA MADELEINE

DE LILLE

(1229-1892)

Par M. l'abbé H. DESMARCHELIER
Vicaire de la Madeleine

LILLE
L. QUARRÉ, Libraire-Éditeur
64, Grande-Place, 64

1892

Humblement soumis de cœur et d'esprit aux décrets du siége apostolique, je déclare que si, dans cet ouvrage, il m'arrive de donner le titre de *saint* ou de *martyr* à M. Saladin où à d'autres pieux personnages, c'est uniquement en témoignage de vénération et dans un esprit de soumission parfaite à l'autorité de la sainte Eglise.

H. D.

Rapport de M. l'abbé Salembier, docteur en théologie,
sur l'*Histoire du Décanat de la Madeleine*.

———

Monsieur le Vicaire général,

Vous m'avez fait l'honneur de me prier d'examiner le livre de M. l'abbé Desmarchelier, sur la paroisse de la Madeleine. J'ai lu ce consciencieux ouvrage avec toute l'attention qu'il mérite. Je suis heureux de rendre à l'auteur un hommage mérité et de faire l'éloge de ce volume très sérieusement composé et appuyé sur les documents les plus authentiques. Ce livre n'a point de but apologétique, et cependant il renferme des faits nombreux qui sont de nature à honorer le clergé d'autrefois et à édifier les prêtres et les fidèles d'aujourd'hui.

La Madeleine et ses annexes ont toujours eu le bonheur de posséder des pasteurs selon le cœur du suprême Pasteur. Un d'entre eux, M. l'abbé Saladin, a eu l'incomparable gloire de donner sa vie pour l'Eglise et pour la foi. L'ouvrage de M. l'abbé Desmarchelier paraîtra presque à la date centenaire de cet événement si honorable pour le clergé de Lille.

C'est vous dire, Monsieur le Vicaire général, que ce livre vient en son temps et qu'il n'en est que plus recommandable.

Dans ma conviction, ce volume si longuement préparé sera la source où iront puiser tous ceux qui voudront parler d'une manière compétente des questions que traite l'historien de la Madeleine.

Vous êtes meilleur juge qu'aucun autre en ces matières, Monsieur le Vicaire général ; je suis sûr que vous voudriez voir se multiplier des travaux aussi sérieux et aussi utiles.

Je me considère comme très honoré d'avoir pu vous rendre ce service, et je vous prie de vouloir bien agréer l'hommage de tout mon respect.

L. SALEMBIER.

22 janvier 1892.

ARCHEVÊCHÉ
DE
CAMBRAI

Cambrai, le 26 janvier 1892.

Monsieur le Vicaire,

J'ai reçu de M. l'abbé Salembier la lettre ci-incluse, qui a été communiquée ce matin au conseil.

Le permis d'imprimer vous est accordé bien volontiers et je suis heureux de pouvoir vous l'annoncer.

Recevez, Monsieur le Vicaire, l'assurance de tout mon dévouement.

J. DESTOMBES,
Vicaire capitulaire.

Nous dédions cet ouvrage à M. le Doyen de la Madeleine. Nous obéissons à la voix du devoir et à l'impulsion de notre cœur en plaçant ce nom vénéré en tête de notre travail. M. l'abbé Fremaux fut choisi par Dieu pour nous conduire au sacerdoce. Ses vertus intimes, dont nous avons été l'heureux témoin, son ardente piété, son zèle pour la maison de Dieu, nous inspirèrent le goût des choses saintes et le désir de nous dévouer, comme lui, au salut des âmes. Qu'il veuille se souvenir, en lisant cette *Histoire*, de son ancien élève devenu, par une heureuse permission de la divine Providence, son humble collaborateur à l'église de la Madeleine.

Nous le dédions à nos chers Confrères, aux anciens, aux présents. Les anciens aimeront à entendre parler de ces œuvres auxquelles ils se sont dévoués autrefois ; ils verront les semences jetées par eux croître et se développer avec une merveilleuse fécondité. Nos futurs collègues, en parcourant ce livre, connaîtront plus vite la paroisse et verront mieux les perfectionnements qui pourraient être apportés à telle ou telle partie des œuvres paroissiales.

Nous le dédions aux Marguilliers dont la paroisse s'honore à si juste titre et qui forment, selon l'appréciation si flatteuse de Mgr Hasley, un conseil de fabrique peu ordinaire ; aux paroissiens, au milieu desquels nous vivons depuis longtemps et que nous apprécions mieux de jour en jour.

PRÉFACE

La paroisse de la Madeleine a eu dans le passé deux historiens, mais leur œuvre est demeurée incomplète.

Les Marguilliers avaient remarqué que bon nombre de pièces ayant trait aux faits passés dans la paroisse avaient disparu. Le 6 octobre 1762, ils prirent la résolution de conserver avec soin les pièces intéressantes et de noter exactement les faits qui leur semblaient dignes d'attention. L'un deux, M. Ghesquière de Millescamps, se mit en devoir de relater les principaux événements qui s'étaient accomplis depuis la fondation de l'église, événements dont quelques-uns étaient encore présents à toutes les mémoires et qui avaient été rapportés dans les archives. Aucun doute ne peut subsister sur la qualité de l'auteur, puisque lui-même la fait connaître dans sa dédicace aux Marguilliers, où il remercie ses confrères de l'appui qu'ils lui avaient prêté.

« *Cette Histoire abrégée*, dit le chevalier Am. de Ternas, qui la réimprima en 1876 avec la permission des propriétaires, est au château de Nieppe et appartient à M. de Messange, dont la mère, Adélaïde Ghesquière, est la dernière descendante directe de la famille Ghesquière de Millescamps. C'est un manuscrit petit in-4°, doré sur tranches, relié en maroquin rouge avec fers sur les plats, contenant 75 pages outre le titre, le frontispice, son explication et la lettre de dédicace.

» Le titre est entouré d'un encadrement au lavis, surmonté d'un cartouche représentant une Madeleine ; il est suivi d'un frontispice dont l'explication se trouve dans le manuscrit même. Le texte se termine par un cul-de-lampe également au lavis. Le tout semble indiquer que ce manuscrit, destiné à l'impression, était disposé à cet effet. Les dessins, dans le style allégorique du XVIIIe siècle, ne manquent ni de grâce, ni de finesse dans l'exécution. »

Le second historien, M. l'abbé Bernard, nous apprend dans sa préface qu'il s'est servi à plusieurs reprises de ce petit ouvrage. C'était du reste un emprunt nécessaire, puisque beaucoup de documents importants ont été perdus. On doit surtout regretter la disparition de l'ancien Registre aux Résolutions, où M. Ghesquière a puisé ses renseignements et où se trouvaient relatées tout au long la consécration de l'église et les fêtes qui eurent lieu à cette occasion pendant huit jours.

L'abbé Bernard s'occupe en outre de la topographie de la paroisse ; il en dépeint les monuments et raconte leur origine. Nous avons pensé qu'il nous était permis de *joindre nos recherches aux siennes et de donner à nos découvertes tous les développements qu'elles comportent.*

Dans le travail de M. Ghesquière de Millescamps comme dans celui de M. Bernard, existent des lacunes. Certains faits intéressants sont complètement omis ou exposés trop sommairement. Ce reproche, que nous nous permettons de faire à nos devanciers, montre le but que nous voulons atteindre: écrire l'histoire la plus complète possible de la paroisse de la Madeleine.

Voici les parties dont se compose notre ouvrage:

La première traite de la paroisse, des faits particuliers dont elle a été le théâtre et des curés commis par Dieu à la direction des âmes.

Dans une seconde partie, nous faisons l'historique des œuvres paroissiales anciennes et nouvelles et nous avons soin de signaler et de décrire les objets d'art vraiment remarquables que possèdent quelques-unes d'entr'elles.

La Madeleine-lez-Lille et la paroisse de Saint-Vital prennent place dans une troisième partie. Nous ne pouvions, ce nous semble, écrire l'histoire de la Madeleine intra-muros sans parler de ses deux filles, les paroisses de la Madeleine extra-muros et de Saint-Vital.

Nous avons interrogé un très grand nombre de personnes, nous avons fureté partout, afin de rassembler les matériaux indispensables à la composition de ce livre. Maintes fois nous avons reçu un accueil généreux et empressé, et nous saisissons avec bonheur l'unique occasion qui nous est donnée de remercier publiquement tous ceux qui ont facilité nos recherches et aplani les difficultés qui nous arrêtaient à chaque instant.

Louis Veuillot, se trouvant à l'abbaye bénédictine de Solesmes, écrivait un jour au cardinal Pitra : « La science ici est douce et généreuse, le savant ne garde pas sa trouvaille pour garnir un rapport à l'Académie. Comme c'est à Dieu qu'il a demandé la science, il sait qu'il ne l'a reçue que pour la donner et il la donne. Ah ! que ces hommes savent et savent bien et savent humblement et enseignent cordialement ! »

C'est ce sentiment que nous avons rencontré, dans la plupart des cas, chez ceux que nous avons interrogés ; il nous a consolé de plusieurs déboires. Une part de cette œuvre vient donc de nos collaborateurs anonymes et leur appartient. Que notre reconnaissance et celle du lecteur soient leur récompense !

HISTOIRE
DU
DÉCANAT DE LA MADELEINE

PREMIÈRE PARTIE

La Madeleine intra-muros. — *Relation des principaux événements et Biographie des curés depuis l'établissement de la paroisse jusqu'à nos jours (1229-1892).*

SECTION I. — Avant la Révolution

Chapitre 1.

Topographie de la paroisse ; ses habitants ; leur caractère. — Les Ursulines. — Les Annonciades. — Les Urbanistes. — Les Bleuets. — L'Hôpital Saint-Joseph. — Les Carmélites. — Les Carmes déchaussés. — Les Sœurs de Saint-François de Sales ou de la Présentation. — Les Pénitentes. — Les Célestines. — Le Séminaire devenu l'Hôpital des Dames du Saint-Esprit. — L'Hôpital général de la Charité de Lille. — Les Dames de l'Abbiette. — L'Hôpital Saint-Jacques. — L'Hôpital Notre-Dame dit Comtesse. — Chapelle de Notre-Dame d'Assistance. — La Maison d'arrêt. — La Collégiale de Saint-Pierre.

Le voyageur qui, sortant de la gare de Lille, se dirige vers le nord-ouest, se trouve, dès son entrée dans la rue des Jardins, sur le territoire de la paroisse de la Madeleine. Il est arrivé au cœur de la paroisse lorsque, du haut de la rue de Thionville, il aperçoit la splendide façade de l'église, nouvellement restaurée, surmontée d'une statue en pierre de Sainte-Marie-Madeleine dominée par un dôme monumental, qui s'élève majestueusement dans les airs et se voit de très loin au dehors de la ville.

Ce dôme, cher aux Madeleinois, fut, pour eux en particulier et pour les Lillois en général, l'objet de bien des soucis. Depuis longtemps il menaçait ruine ; il était urgent de le réparer si l'on voulait éviter les accidents les plus terribles. Il y a quelques années, cette question souleva un débat assez vif qui, d'ailleurs, fut promptement tranché.

Une église du genre de celle de la Madeleine présente certains inconvénients pour la célébration du service divin. Quelques personnes se plaignaient de ne pouvoir suivre les cérémonies et, dans leurs moments de ferveur, elles décriaient la rotonde qui leur masquait le maître-autel. Aussi, pour les satisfaire, songea-t-on un moment à la transformer en abattant la coupole. Cette proposition fut reçue par des protestations presque générales. Les vieux paroissiens indignés demandèrent avec instance la conservation de leur Saint-Pierre de Rome en miniature. L'un d'entre eux même déclara qu'il se laisserait tuer par la première pierre plutôt que de voir se consommer cette profanation !!! Les partisans de la conservation triomphèrent et le dôme, plus resplendissant que jamais, attire encore tous les regards par sa masse imposante.

C'est le plus récent, mais non l'unique trait d'attachement des habitants de cette paroisse à leurs vieilles traditions et à leur antique église. Au reste, ce sont de purs Lillois, amis du travail et de l'ordre. « Éprouvés par de longues vicissitudes, froids, réservés par caractère, ils subissent les événements sans les provoquer. Les malheurs les émeuvent sans doute, mais ne les font pas trembler. Dans leurs relations particulières comme dans la gestion de leurs affaires, les Madeleinois apportent le même sang-froid et la même sagesse. Aussi les voit-on rarement se lancer dans les spéculations hasardeuses. La vieille réputation de probité flamande y est demeurée intacte [1]. » Le Madeleinois, vrai type du Lillois, est affable envers les étrangers, sans pour cela les rechercher : il préfère les attendre. Sa famille suffit d'ordinaire à ses besoins de sociabilité ; il ouvre plus volontiers sa bourse que ses salons ; mais lorsqu'il reçoit, c'est avec une franche cordialité, et lorsqu'il donne c'est avec une générosité sans bornes.

Consultez les listes de souscription pour les bonnes œuvres : en tête de presque toutes sont inscrits les noms d'habitants de cette paroisse, laquelle compte pour un tiers dans le total des sommes versées. Elle ne mérite donc pas moins aujourd'hui qu'autrefois la flatteuse dénomination de *source du Pactole de la générosité lilloise*, et M. Fremaux a pu dire avec raison que ses ouailles forment l'état-major de l'armée d'élite qui, à Lille, s'occupe d'œuvres charitables.

Il règne parmi les paroissiens un grand esprit de solidarité. Les moindres événements qui atteignent l'un d'entr'eux mettent aussitôt en émoi les autres habitants.

Voici à ce propos quelques lignes qui ne sont pas bien vieilles et qui donnent des faits une appréciation très juste :

---

[1] *Guide devant servir aux étrangers*, par Ed. Van Hende.

« S'il est en notre ville un quartier vraiment lillois, qui conserve intacte la physionomie du bon vieux temps, c'est celui qui s'étend de l'Hospice général à la rue des Canonniers, englobe dans son contour, avec le terrain où jadis s'élevait la collégiale de Saint-Pierre, les Archives, le Palais de Justice, l'hospice Comtesse, le Mont-de-Piété, l'hôtel du Maisniel, et que semble couvrir d'une protection toute spéciale la croix qui domine le dôme de la Madeleine. Quartier patriarcal, dirais-je, si les vieux mots ne faisaient sourire aujourd'hui, dans lequel les familles se sont continuées sans se déplacer; petite ville dans la grande, où tout le monde se connaît, où l'on se transmet de père en fils, avec la maison des ancêtres, cet esprit local que j'appellerais volontiers l'esprit de clocher, si ce clocher n'était un dôme [1]. »

En raison de cet amour de la famille, les fêtes qui intéressent particulièrement le quartier revêtent ce caractère intime que l'on aime à contempler et toutes les classes de la société y prennent part. Nous n'en voulons pour preuve que la cérémonie triomphale organisée spontanément il y a deux ans en l'honneur d'Edgard Boutry, de la rue des Célestines, et de Gaston Thys, de la rue de la Halle, tous deux prix de Rome, le premier pour la section de sculpture, le second pour la section de peinture. Une autre journée, celle du 1er juillet 1888, nous a également fourni un témoignage éclatant, en même temps qu'un touchant exemple, de cet état d'âme.

---

[1] *Chroniques lilloises*, par O. de la Deûle.

M. l'abbé Fremaux célébrait le demi-jubilé de son ordination sacerdotale et cet anniversaire fut, pour la paroisse, l'occasion d'une fête sans précédent peut-être dans notre ville. Le matin, à la grand'messe, l'église pouvait à peine contenir la foule accourue; le soir, un grand nombre de personnes, qui auraient voulu assurer leur pasteur de leur respect et de leur reconnaissance, ne purent trouver place en la salle Ozanam.

En dehors de ces fêtes de famille, le quartier de la Madeleine, quelque peu excentrique, n'a pas, dans le jour, ce caractère remuant et tapageur de certaines autres parties de la ville. Il ne se départ guère de sa tranquillité habituelle et quand viennent les longues soirées, il est comme enseveli dans le silence. D'ailleurs, sauf la jeunesse, toujours joyeuse, qui fréquente le Conservatoire et les Écoles académiques, tout y porte à la mélancolie : la Maison d'arrêt, dont les échos renvoient la rauque harmonie produite par les sabots des détenus, quand ceux-ci marquent le pas sous les préaux ; les six pesantes bastilles et le Palais de Justice qui, malgré son aspect artistique, est nécessairement grave comme les magistrats qu'il abrite.

Ce sont encore l'hospice Comtesse, l'Hospice général, les Archives, etc., de telle sorte que ce coin de la ville, jadis marqué en tous sens de chapelles, d'églises, de maisons religieuses, a gardé quelque chose de son antique sévérité. Seule la sortie de la Manufacture des tabacs lui donne un peu d'animation.

Nous croyons utile d'intercaler ici l'histoire et la description de ces édifices, disparus pour la plupart, jadis dispersés sur le territoire de la Madeleine et sur l'origine desquels M. l'abbé Bernard a fait de minutieuses recherches.

Ursulines. — Lors du siége de Saint-Omer par le maréchal de Châtillon, en 1638, les Ursulines de cette ville cherchèrent un refuge à Lille. Le siége terminé, elles retournèrent à Saint-Omer, laissant quelques sœurs pour garder le refuge en prévision de nouvelles alertes. Mais le court espace de temps que ces dames avaient passé en notre cité suffit pour faire apprécier leurs mérites. Sollicitées de toutes parts, elles fondèrent à Lille, au mois d'octobre 1638, une maison d'éducation qui devint bientôt trop petite pour le nombre de jeunes filles qui la fréquentaient. En 1643, on agrandit ce couvent en y adjoignant deux maisons contiguës et un jardin. La communauté de Lille donna naissance à celle de Tournai, dont la première supérieure fut la mère Anne de Carnin de Sainte-Ursule, la même qui avait pris la direction du couvent de notre ville. Nos Ursulines eurent pour supérieur M. Du Gardin, remplacé en 1668 par M. Luc Roussel, curé de Saint-Étienne. Les Archives de Bruxelles ont encore l'original de la nomination de ce dernier. En 1671, le supérieur était M. Vincent Ragot, docteur ès-droits, chanoine de Tournai, qui se démit en 1673. On trouve comme supérieur en 1690, M. Dubois, également chanoine de Tournai.

La première confrérie du Sacré-Cœur de Jésus dont il y ait trace à Lille fut établie dans la chapelle des Ursulines.

Le 19 mai 1767, ces religieuses obtinrent de chanter la messe et les vêpres du Sacré-Cœur le vendredi après l'octave du Saint-Sacrement. Les prêtres qui célébraient chez elles le même jour avaient le privilége de dire la messe propre à la fête. Elles possédaient une confrérie à laquelle on s'inscrivait pour obtenir, par la protection de sainte Ursule, une sainte vie et une heureuse mort. Cette confrérie fut érigée en leur chapelle le 20 octobre 1686.

La maison de Lille fut supprimée au mois de septembre 1792. Les religieuses, au nombre de 40, avaient de 120 à 130 pensionnaires et instruisaient gratuitement 400 jeunes filles externes. La plupart des sœurs se réfugièrent en Angleterre. Après la Révolution, quatre d'entr'elles établirent, sous l'habit séculier, une maison d'éducation rue Ban-de-Wedde, 14, sur la paroisse Saint-Sauveur. De tous les couvents d'Ursulines établis en France et en Belgique, il n'y eut que celui de Tournai qui fut épargné par les révolutionnaires.

ANNONCIADES. — Fondé en 1501 par sainte Jeanne de Valois en l'honneur des dix vertus les plus éminentes de la sainte Vierge, l'ordre des Annonciades ne fit son apparition à Lille que le 10 août 1613. Ce fut la supérieure du couvent de Douai, la sœur Jeanne de Rassenghien, qui vint préparer le monastère, avec le concours du gouverneur et du Magistrat. La maison fut bâtie entre la rue des Jardins et des Vieux-Hommes, presque à l'emplacement de la rue du Maire, percée lors de la démolition du couvent. Le 29 octobre 1634, Mgr Maximilien de Gand posa la première pierre de l'église qu'il consacra le 27 septembre 1641. Cette église était située du côté de la rue des Jardins. Quoique bien des monastères de cet ordre aient été supprimés depuis un siècle, il en existe encore un à Boulogne-sur-Mer.

LES URBANISTES vinrent à Lille en 1698 du couvent de Sainte-Claire de Beaulieu à Péteghem, entre Courtrai et Gand. Elles s'établirent d'abord rue de l'Abbiette; puis elles occupèrent, jusqu'en 1792, un bel édifice devenu depuis l'hôtel des Canonniers; le monastère et la chapelle ouvraient dans la rue appelée encore aujourd'hui des Urbanistes. Ce nom vient du pape Urbain IV, qui mitigea la règle donnée à sainte Claire par saint François d'Assise. On les appelait aussi Riches Claires, parcequ'elles étaient autorisées à vivre de revenus, à la différence des Clarisses de la stricte observance à qui la règle interdit les rentes.

BLEUETS. — Les malheurs de la guerre en Flandre, au XVe siècle, occasionnèrent une fondation, dite des Enfants de la Grange, en faveur de nombreux orphelins. On commença par les placer dans des granges au faubourg de Courtrai. En 1429, le Magistrat acheta pour eux une maison hors des murs. Plus tard, ils furent gratifiés d'un vaste hospice avec chapelle, situé toujours au faubourg de Courtrai, sur la place dite des Bleuets. Cet hospice est devenu l'hôtel de l'Intendance militaire. Le chapitre de Saint-Pierre témoigna sa bienveillance aux orphelins de la Grange en décorant leur chapelle d'un riche vitrail. De nombreuses dotations enrichirent cet établissement charitable. En 1605, Guillaume Boileux, dit Bapaume, fit pour des orphelins une fondation qui fut réunie à celle des Bleuets en 1781. En 1786, les malades de l'hospice Comtesse ayant été transportés à l'hôpital Saint-Sauveur, les Bleuets prirent possession de l'hospice Comtesse. La fondation de cet orphelinat assure à deux sujets qui ont des aptitudes la faculté de faire des études complètes. L'administration n'est pas liée dans le choix de l'établissement où se font les humanités de ses pupilles.

L'HÔPITAL SAINT-JOSEPH, situé rue de Courtrai vis-à-vis des Bleuets, fut fondé en 1644 par M. l'abbé Philippe Descleps, en faveur des vieillards « chartriers », c'est-à-dire assez invalides pour être incapables de sortir. Certains legs

vinrent accroître les ressources de cette maison hospitalière.
Ainsi, l'abbé Tesson lui légua 5000 florins. L'abbé
Philippe Salembier la fit bénéficier, avec l'approbation de
l'évêque de Tournai, des sommes à lui laissées par
Jeanne de Rebreviettes. Cette dame désirait la construction
d'un hôpital destiné à recevoir quatre pauvres femmes
« chartrières » et deux autres de l'un ou l'autre sexe,
« disetteux, indigènes et pauvres malades et infirmes ».
Mais l'insuffisance des fonds ne permit pas de réaliser
ce vœu et on entretint avec cet argent, à l'hôpital Saint-
Joseph, quatre pauvres hommes « chartriers ».

Le 4 décembre 1670, le Magistrat adopta cet hôpital pour
six hommes paralytiques, perclus de leurs membres et
affligés de maladies incurables, à condition que leur
admission serait approuvée par le Magistrat et qu'il n'y eut
pas plus de deux prêtres et trois frères servants.

Dix prêtres donnèrent ensemble 12.500 florins pour
l'achat d'une maison plus spacieuse, rue Royale, à condition
que chacun y prendrait sa table pour 200 florins par an.
L'abbé Edmond Brunel, prêtre aveugle, donna 800 florins
et son mobilier pour devenir pensionnaire de l'hôpital.
L'abbé Antoine Sixte obtint la même faveur moyennant
1120 florins.

CARMÉLITES. — Sur les instances du Magistrat, Mgr
Maximilien de Gand permit à dix ou douze Carmélites d'un
couvent de France de fonder une maison de leur ordre à
Lille. Elles furent reçues le 10 septembre 1626 par le
prévôt de Saint-Pierre et s'installèrent dans le voisinage
de la porte de la Madeleine. Cette première fondation
disparut à la Révolution. En 1817, Mme la marquise Guéan
de Reverseaux, de Paris, de concert avec l'abbé Desnoyers,

vicaire de Saint-Etienne, et MM. Charvet, Defrennes et L. Desfontaines, établit une communauté de Carmélites rue Notre-Dame, là où s'élevait jadis l'hôpital Notre-Dame de Charité. La fondatrice désira mettre son couvent sous la direction des PP. Carmes de Belgique, comme les anciennes Carmélites avaient été soumises aux PP. Carmes de la rue de Thionville. Mgr Belmas, voulant conserver la plénitude de son pouvoir sur le Carmel de Lille, refusa d'acquiescer aux désirs de Mme de Reverseaux, qui se retira à Warneton. Ceci se passait en 1834. Lille fut privée de religieuses de cet ordre pendant vingt-sept ans. Des démarches furent tentées sans résultat auprès de deux monastères de Paris. Enfin, le 14 septembre 1861, huit Carmélites de Moulins s'établirent rue Princesse, avec le concours et la participation personnelle d'une religieuse du second monastère de Paris, mais de naissance lilloise et paroissienne de la Madeleine, comme en souvenir du Carmel primitif de cette ville. En 1880, cette maison fut transférée rue Nationale ; elle se recrute aujourd'hui presque exclusivement dans le diocèse de Cambrai.

CARMES DÉCHAUSSÉS. — La rue de Thionville s'appelait autrefois rue des Carmes, du nom des Carmes déchaussés qui s'y établirent en 1623, à la demande de l'archiduc Albert. Après la Révolution, ce couvent fut restauré et sert aujourd'hui de maison-mère aux filles de l'Enfant Jésus, congrégation très populaire et très estimée à Lille.

SŒURS DE SAINT-FRANÇOIS DE SALES OU DE LA PRÉSENTATION. — Dans cette même rue, se trouvait la communauté des sœurs de Saint-François de Sales, qui soignaient chez elles douze femmes âgées et tenaient une école gratuite. Leur maison est devenue depuis l'hôtel de la Gendarmerie.

La rue Saint-François rappellerait-elle par son nom l'ancien couvent de Saint-François de Sales ? C'est assez probable ; cependant, cette dénomination pourrait aussi provenir des Pénitentes capucines du tiers-ordre de Saint-François d'Assise.

Pénitentes. — Ces dernières religieuses venaient de Saint-Omer. C'est en 1623 qu'elles furent autorisées à doter Lille d'un monastère. Accueillies d'abord en l'abbaye de Marquette, elles entrèrent en notre cité le 29 mai 1627 et furent reçues par l'évêque de Tournai qui officia pontificalement en leur chapelle et leur donna comme supérieur le prévôt de Saint-Pierre. Leur demeure était située entre la rue qui porte encore leur nom et la rue des Carmes. Onze mois après leur arrivée, les premières pierres de leur maison furent posées par l'évêque de Tournai, le gouverneur de la ville, le Magistrat et plusieurs riches négociants.

Célestines. — Non loin du couvent des Pénitentes, dans la rue des Célestines, à droite en entrant par la rue de Gand, était situé le cloître des religieuses de ce nom, admises à Lille le 6 avril 1628. L'évêque de Tournai délégua pour cette fondation la prieure et trois sœurs du monastère de la ville épiscopale. Ce prélat posa en 1642 la première pierre de leur église, qu'il consacra en 1644. Ces religieuses portaient au-dessus d'un habit blanc un manteau bleu de ciel, d'où leur nom de Célestines ou Annonciades célestes. Elles suivaient la règle de saint François d'Assise, vivaient dans une grande pauvreté et entièrement séparées du monde.

Dames du Saint-Esprit. — En 1679, Mgr de Choiseul fit bâtir un séminaire à Lille près de l'église de la Madeleine.

Il présidait lui-même les conférences ecclésiastiques, ce qui l'obligeait à de fréquents déplacements. Il céda donc en 1684, avec la permission de Louis XIV, son corps de logis aux dames du Saint-Esprit, lesquelles étaient fixées depuis 1650 rue de l'Abbiette (aujourd'hui rue de Tournai). Elles laissèrent leur maison aux Bons-Fils et établirent dans les bâtiments du séminaire un hôpital dénommé Vionval. On y recevait, outre les malades, un certain nombre de dames pensionnaires. Le 18 décembre 1666, Mgr de Gand à Vilain y érigea une confrérie du Saint-Esprit. Cet hôpital n'a pas été vendu. Aujourd'hui, sur son emplacement, s'élève la Manufacture des tabacs.

Hôpital général de la Charité. — En 1700, Louis XIV avait prescrit l'érection d'édifices destinés à recueillir les malheureux, victimes des fléaux qui avaient désolé la France. Le Magistrat ordonna en conséquence que les invalides hors d'état de se suffire seraient réunis dans un local situé au coin de la rue d'Anjou et de l'Esplanade. Mais pendant le siège de 1708, cet hôpital fut converti en caserne et les indigents furent obligés de se réfugier dans des réduits malsains. S'inspirant de la pensée de son aïeul, Louis XV fonda par lettres patentes, en juin 1738, l'Hôpital général, quai de la Basse-Deûle. Le 20 janvier 1739, le Magistrat nomma les douze administrateurs et six jours après, ceux-ci prêtèrent serment. La première pierre fut posée le 20 août 1739. Le 25 septembre 1743, la chapelle et le cimetière furent bénis solennellement et le 10 octobre suivant, les malades du quartier d'Anjou peuplèrent le premier corps de bâtiment. Sept cents orphelins y entrèrent en 1744. L'établissement, dirigé jusqu'en

1818 par des personnes séculières, fut, à cette époque, confié aux filles de la Charité; celles-ci furent remplacées en 1835 par les filles de l'Enfant Jésus. La chapelle, ayant été incendiée, fut richement restaurée aux frais de M. Ernest Lemesre-Dubrusle, dont la famille s'est toujours signalée par un large concours aux œuvres de charité.

Longtemps cet hôpital offrit, à l'aide d'un tour qui s'ouvrait sur le rempart, des berceaux et des soins maternels aux enfants trouvés.

Dames de l'Abbiette. — Avant de s'installer rue de l'Abbiette, les dames de l'Abbiette résidaient sur les bords de la Deûle, près de la porte Saint-Pierre, à peu près à l'endroit de la Halle. Abbiette (abbatiale), diminutif d'abbaye, vient de ce que cette maison était moins vaste que celle de Marquette; cette dernière, comme la précédente, avait eu pour fondatrice Jeanne, comtesse de Flandre, qui prit le voile et y fut inhumée.

Hôpital Saint-Jacques. — En mourant, la duchesse de Bourgogne avait laissé les sommes nécessaires à l'érection d'un hôpital pour « y loger et héberger pauvres gens pèlerins allant à Saint-Jacques en Galice ou en revenant, ou à d'autres pèlerinages quelconques. » Par lettres d'échevins du 8 janvier 1431, la ville avait donné un terrain près de la rue de Courtrai. Cette donation de la duchesse avait pour but de favoriser les pèlerinages. Par une autre fondation, la duchesse assura l'assistance aux femmes en couches. Le pape Eugène IV accorda des indulgences à ceux qui contribueraient à l'achèvement de l'hôpital commencé. On vénérait dans la chapelle une image dite de Notre-Dame de Bénédiction.

L'Hospice Comtesse est dû à Jeanne de Constantinople, qui sacrifia à son installation la partie de son palais baignée par la Deûle. Elle le plaça sous l'invocation de Notre-Dame, ce qui le fit appeler primitivement hospice Notre-Dame. Il était ouvert à un grand nombre de malades soignés par les religieuses de Saint-Augustin. En 1786 seulement, le personnel de cet établissement fut réuni à celui de l'hôpital Saint-Sauveur, création de la même comtesse.

L'hospice dont nous nous occupons fut d'un grand secours aux soldats français et anglais blessés à la bataille de Fontenoy, en 1745. Un moment, sous la Révolution, on songea à le transférer à Wazemmes, sous prétexte d'améliorations à introduire dans l'aménagement ; mais on ne donna pas suite à cette idée étrange.

Chapelle de Notre-Dame d'Assistance. — Dans les dépendances de l'hospice du côté du quai, il y avait un sanctuaire dédié à Notre-Dame d'Assistance, qui donna son nom au pont formant le prolongement de la rue Comtesse. Cette chapelle était fréquentée surtout par les ouvriers du rivage et les faubouriens, qui y vénéraient une image célèbre de Notre-Dame d'Assistance. Grâce à quelques personnes pieuses, la sainte image fut soustraite aux fureurs impies des révolutionnaires. Elle est honorée aujourd'hui dans la chapelle du Bon Pasteur de Lille. En 1641, la chapelle reçut une petite cloche avec l'autorisation de Mgr Maximilien de Gand et, en 1648, Sa Grandeur consacra l'autel. Depuis longtemps, ce sanctuaire n'existe plus.

Maison d'Arrêt. — Pourrions-nous ne pas signaler la prison civile de l'arrondissement de Lille qui a été bâtie sur l'emplacement du cimetière de la paroisse de Saint-Pierre. En creusant les fondations, on a mis à découvert un grand nombre d'ossements humains qui ont été religieusement portés au cimetière de l'Est. La chapelle qui domine l'édifice du Palais de Justice et que l'on voit surmontée d'une croix, a été dédiée sous l'invocation de Saint-Pierre-ès-liens, en mémoire de la collégiale de Saint-Pierre.

COLLÉGIALE DE SAINT-PIERRE. — Il nous resterait à parler de la collégiale de Saint-Pierre; mais les documents qui la concernent ne peuvent, en raison de leur étendue, prendre place dans ce livre. Mgr Hautcœur a eu l'heureuse idée de les réunir pour composer une histoire complète de la fameuse collégiale. Qu'il nous suffise de dire que, lors de la destruction de la basilique de Saint-Pierre, le territoire où elle s'élevait fut affecté à la paroisse de la Madeleine.

Chapitre II.

Origines de la paroisse. — Ses différents noms. — Ses malheurs. — Ses curés jusqu'à leur entrée en ville.— Jean Hovelacque, 1455.—Pierre Martin (14 novembre 1565-20 octobre 1603) ; il est nommé doyen de chrétienté. — Ce qu'était un doyen de chrétienté. — Jeanne Maillotte. — Jean Boniface (1603-1627). — Jean Lenglart (1627-1636). — Nicolas Calcan (1636-1641). — Lucas Roussel (décembre 1641-1646).— Antoine Cléty (1646-1649).— Jean Castel (1649-1653). — Question du démembrement de la paroisse.—François Leboucq (3 avril 1653-12 novembre 1667).

Histoire des Madeleines, tel est le titre que nous aurions pu donner à notre ouvrage : car, si aujourd'hui on distingue la grande et la petite Madeleine, chacun sait pourtant que celle-ci fut le berceau de la première. Sur leur origine, on ne trouve aucune donnée certaine ; on ne peut faire que des conjectures basées sur quelques faits isolés, de peu d'importance d'ailleurs. On sait d'une manière sûre qu'au XIIe siècle, la plus grande partie du territoire qui compose aujourd'hui notre paroisse était en dehors des fortifications de la ville et portait le nom de faubourg. Il dépendait alors de la cure de Saint-Etienne, dont l'église, qui se trouvait *intra-muros,* était fort éloignée. C'est pourquoi ses habitants pétitionnèrent afin d'avoir une chapelle, laquelle fut bâtie sous le nom de Sainte-Marie-Madeleine. Plus tard, en 1229, l'évêque de Tournai, étant venu visiter la châsse de saint Eubert, érigea le faubourg en paroisse indépendante. Jacques Legroux en parle en ces termes dans un manuscrit de la bibliothèque de Lille : « La chapelle de cette commune était hors de la ville avec un prêtre bénéficier en la paroisse de Saint-Etienne de Lille, lorsque Walter de Marvys, évêque de Tournai, a attaché ce bénéfice à un prêtre qui aurait charge d'âmes et érigea cette chapelle en église paroissiale, lui laissant le même titre et du consentement du pasteur de Saint-Etienne. L'autel fut placé sous le patronat de M. le prévôt de Saint-Pierre. »

Dès le commencement du XIIIe siècle, la commune avait quelque notoriété, puisqu'en 1225, sous la comtesse Jeanne, des Pères de Saint-François (Récollets) choisirent cet endroit pour y fonder une maison et y demeurèrent jusqu'en 1250.

La Madeleine-lez-Lille, faubourg de la Madeleine, petite Madeleine, telles étaient les diverses dénominations données à cette bourgade où s'élevait le sanctuaire de Sainte-Marie-Madeleine. On l'appelait encore faubourg de Gand ou de Courtrai.

La Madeleine souffrit énormément des divers siéges que Lille eut à soutenir. A cause de sa position stratégique, on la choisissait de préférence pour point d'attaque. En 1214, Philippe-Auguste la fit saccager et incendier. En 1297, Philippe-le-Bel y installa son quartier général et laissa s'y commettre des déprédations de tout genre. Sa tente se dressait à l'endroit où se trouve aujourd'hui l'église de la Madeleine-lez-Lille. Au XIVe siècle, notre malheureuse contrée fut parcourue en tous sens par les armées flamandes, anglaises et françaises. Le gouverneur de Lille avait donné la permission à Landas, son lieutenant, de fourrager dans les villages de la châtellenie de Lille et de s'approprier ce qui était à sa convenance. Les Anglais et les Flamands s'autorisèrent de cet exemple pour semer la terreur dans le pays ; derrière eux ne se voyaient que ruines, villages en flammes, champs dévastés, maisons pillées. D'après Pankoucke, Landas fit brûler « pour éclairer la place » tous les faubourgs des environs de Lille, sans même en épargner les églises.

Grâce à Dieu, on vit bientôt renaître des temps meilleurs ; le faubourg se releva de ses ruines, les champs se couvrirent à nouveau de riches moissons et les paysans, délivrés temporairement des horreurs de la guerre, reprirent leur vie paisible [1].

Nous l'avons déjà dit : les origines de la Madeleine sont obscures. De nombreuses lacunes existent tant au sujet de son organisation primitive qu'à propos des différents curés qui l'ont administrée. Ainsi, on trouve en 1455 le nom de M. Jean Hovelacque, mais sans aucun détail ni sur sa personne ni sur sa gestion.

Il nous faut franchir un espace de plus d'un siècle pour voir commencer, avec M. Pierre Martin, la série ininterrompue des pasteurs de la Madeleine. Ce vénérable prêtre, dont il est parlé en 1565, fut doyen de chrétienté jusqu'en octobre 1603, date de sa mort. Il avait fondé deux obits par an et à perpétuité [2].

C'est en 1588 que notre paroisse fut classée par Mgr de Vendeville, évêque de Tournai, dans le doyenné de Lille. Le prêtre placé à la tête d'un doyenné portait le titre de

---

[1] *La Madeleine et Wazemmes*, par M. Quarré-Reybourbon.
[2] Voir pièces justificatives, note II [1].

doyen de chrétienté. Ce dignitaire était l'œil de l'évêque ; il était chargé de la surveillance de tous les prêtres qui faisaient partie de son décanat. Dans beaucoup de cas, l'évêque, placé au centre du diocèse, ne pouvait agir par lui-même. Il renvoyait ordinairement les affaires qu'on lui soumettait au doyen de chrétienté, lequel, connaissant mieux la situation, donnait un avis invariablement écouté. On sait qu'avant la Révolution, les paroisses de Lille et des environs appartenaient à l'évêché de Tournai, qui était divisé en huit doyennés contenant ensemble 223 cures. Le nôtre comprenait le quart des cures du diocèse et était par conséquent le plus important. Pour mieux en juger, on nous permettra de donner plus loin le tableau des différentes paroisses qui le formaient [1].

A cette époque, comme deux siècles auparavant, les environs de Lille furent ravagés par les troupes royales et des bandes de pillards, dont la plus célèbre est celle des Hurlus que Jeanne Maillotte repoussa avec tant d'énergie en 1582. Le cabaret [2] de cette vaillante patriote faisait partie du quartier de la Madeleine.

Le successeur de M. P. Martin fut M. Jean Boniface. Il dirigea la paroisse pendant vingt-quatre ans, embellit son église, fit bénir plusieurs cloches en 1611, 1612, 1613, 1621 et consacrer cinq autels. En 1627, il quitta le ministère pour résider à la collégiale de Saint-Pierre où il possédait une chapelle qui lui servit de sépulture.

---

[1] Voir aux pièces justificatives, note LX.
[2] Ce cabaret, qui se trouve place aux Bleuets, a pour enseigne *Au Jardin de l'Arc*

M. Jean Lenglart, son successeur, était un homme charitable qui gratifia l'église de plusieurs legs pieux. Il disparut de ce monde en 1636.

Les deux curés qui viennent ensuite demeurèrent peu de temps chez nous. M. Nicolas Calcan fut nommé en 1641 à Saint-Etienne où il mourut emporté par une épidémie. Un an après son arrivée éclata l'affaire des Cordiers, auxquels on refusa l'inhumation dans le cimetière. M. Calcan avait composé un obituaire pour l'église paroissiale de la Madeleine.

M. Lucas Roussel, que l'on avait nommé à la place de M. Calcan en 1641, le remplaça également à Saint-Etienne en 1646.

Alors arriva M. Antoine Cléty, sous le gouvernement duquel il fut question de démembrer la paroisse. Dans les commencements, les fidèles pouvaient sans difficulté se rendre à l'église de la Madeleine aujourd'hui située *extra-muros*, puisqu'ils habitaient la campagne. Mais en 1617, Lille fut agrandie et engloba dans son enceinte une partie du faubourg. Cet agrandissement, n'ayant amené aucun changement dans la juridiction spirituelle, gêna beaucoup les paroissiens qui se trouvèrent compris dans l'enceinte nouvelle. Ils ne pouvaient pas avoir les secours de leur pasteur pendant la nuit. De plus, l'église se trouvant en dehors des portes, un grand nombre de personnes allaient entendre la messe dans les sanctuaires des communautés.

Sans doute, la chapelle de Saint-Vital, située place du Château, était devenue succursale ; mais elle était beaucoup trop petite. L'idée vint aux fidèles *intra-muros* de solliciter leur annexion à la paroisse de Saint-Pierre dont l'église était proche. Cette demande de démembrement fut signée par MM. Hangouart du Plouich, du Bosquiel, seigneur de Planeynes ; Luc de Vos, Gervais Van der Praten ; Mmes Anne de Locquinghien, veuve de M. Douchin ; Florence de Grévilliers, Jacqueline Immera, veuve Ghislain de Schoosne et par nombre de notables de la paroisse.

Les vicaires généraux de Tournai, le siége vacant, donnèrent connaissance de cette pétition aux habitants de la Madeleine-lez-Lille, afin qu'ils comparussent eux-mêmes ou par leur procureur. Le prévôt de la collégiale, Me Michel Boudrez, qui jouissait du droit de patronat sur la Madeleine comme sur Saint-Pierre, fut appelé à dire son avis. Il approuva le projet en la forme et manière contenues dans l'acte.

Que se passa-t-il alors ? Quelles préoccupations assaillirent les vicaires généraux au point de leur faire perdre de vue cette affaire ? Nous ne savons ; toujours est-il que les choses demeurèrent en l'état. M. Cléty mourut et la question du démembrement ne fut pas réglée.

M. Cléty fut remplacé par M. Jean Castel. Ce curé eut des démêlés assez vifs avec le seigneur de Hangouart parce qu'il s'était avisé de signer un acte avant le seigneur temporel. On peut voir par les pièces qui se trouvent aux notes justificatives combien les seigneurs tenaient à leurs droits et priviléges [1]. Maître Castel rendit son âme à Dieu en 1653 et fut inhumé dans la chapelle de Saint-Vital.

---

[1] Voir pièces justificatives, note VII.

Son successeur, l'abbé François Leboucq, nommé pasteur le 3 avril 1653, contracta la peste en soignant les malades avec une grande sollicitude et s'éteignit doucement dans la paix du Seigneur le 12 novembre 1667. Son corps fut enterré dans la chapelle de Saint-Vital et transporté ensuite dans la nouvelle église. en face du maître-autel.

Chapitre III.

Antoine Parent (1667-1684). — L'église de la Madeleine (*extra-muros*) est rasée. — La chapelle de Saint-Vital devient église paroissiale. — Pourparlers à propos de l'érection d'une nouvelle église à Lille. — Le siège de la paroisse est transporté dans la chapelle des Bleuets. — Démolition de la chapelle de Saint-Vital. — Pose de la première pierre de la nouvelle église. — La nomination du clerc. — Fractionnement de la paroisse. — Bénédiction du chœur de la nouvelle église. — Mort du curé A. Parent.

M. Antoine Parent, le premier prêtre qui fut curé des deux Madeleines, était bachelier formé en théologie. L'année de son installation, en 1667, Louis XIV vint mettre le siège devant notre ville. Le comte de Bruai, qui était le gouverneur espagnol, prit des mesures rigoureuses pour résister aux armées françaises. Il ordonna de raser le faubourg de Courtrai, autrement dit de la Madeleine, sans en excepter l'église. Provisoirement, on en construisit une en planches pour les habitants de la campagne, car l'ancienne chapelle du château de Courtrai, située *intra-muros* sur l'emplacement des Halles sous le nom de Saint-Vital, était trop éloignée pour eux.

En 1673, le maréchal d'Humières reçut l'ordre d'agrandir encore la ville de Lille. Grand fut l'émoi des paroissiens de la Madeleine, qui eurent de suite connaissance du projet, étant les principaux intéressés. Par l'organe de leurs marguilliers, ils s'adressèrent à l'évêque de Tournai à l'effet « de pouvoir, puisqu'ils devaient par ordre du Roy démolir l'église du faubourg, mettre en la chapelle Saint-Vital les ornemens, cloches, matériaux provenant de l'église abattue, après inventaire et par l'intervention du pasteur et du prévôt de Saint-Pierre, patron. » L'évêque permit que les cloches fussent mises aux lieu et place choisis par le prévôt; mais avant d'aviser pour le reste, il voulait d'abord se transporter sur les lieux. Le 27 avril 1673, Mgr de Choiseul, s'étant rendu compte de l'état des choses, décida que les meubles seraient déposés à Saint-Vital sans préjudice de ce qui pourrait être fait à l'avenir, et, le lendemain 28 avril, dit la *Chronique* de Chavatte, « fut rapporté le vénérable Saint-Sacrement hors de l'église de la Madeleine (*extra-muros*), avec un seul flambeau, pour le porter en l'église de Saint-Vital, au château, parce qu'on commençait à défaire l'église de ladite Madeleine. »

Sur ce point donc, les Madeleinois obtinrent satisfaction. Mais il restait à trancher une autre question qui n'était pas la moins importante. La chapelle de Saint-Vital, nous l'avons vu, était trop petite pour contenir les 5000 fidèles de la ville. Il devenait urgent qu'un sanctuaire plus vaste fut élevé dans ce quartier déjà populeux. On rédigea une nouvelle requête dans laquelle les fidèles expliquaient à l'évêque leur situation précaire et lui affirmaient qu'ils pouvaient bâtir une église à leurs risques et périls. Ils le priaient en outre d'indiquer l'endroit où devaient être jetées les fondations. Sa Grandeur accepta que le prévôt de Saint-Pierre dirigeât les travaux; mais elle s'abstint de se prononcer sur l'emplacement de l'édifice religieux.

Près de deux ans se passèrent ainsi en pourparlers et en attente. Impatientés, les paroissiens de la Madeleine envoyèrent une pétition afin de pouvoir vendre la place où se trouvait la chapelle de Saint-Vital qui devait être aussi démolie. Ils profitèrent de cette occasion pour rappeler à Mgr de Choiseul que l'endroit restait toujours à désigner. L'évêque délégua M. Vincent Ragot, docteur-ès-saints décrets de la faculté de Paris, chanoine et chantre de l'église cathédrale, pour s'entendre avec les marguilliers, le Magistrat, le patron et ceux qu'il convenait de voir, et aussi pour juger si les fonds disponibles étaient suffisants. C'était à lui de choisir et de bénir la place du futur édifice, de « profaner [1] » la chapelle et le cimetière selon les formes prescrites par les saints canons. Il devait également dire au pasteur où il lui faudrait remplir ses fonctions curiales, en attendant l'achèvement du temple. Une partie des matériaux de l'ancienne église devait entrer dans la construction de la nouvelle ; l'autre partie servirait à édifier un sanctuaire pour les habitants de la campagne.

M. Ragot, que ses affaires rappelaient impérieusement chez lui, confia à M. du Laury, prévôt de Saint-Pierre, le soin de terminer ce qui était commencé. Le prévôt transporta le Saint-Sacrement et les reliques en la chapelle des Bleuets, puis « profana la chapelle, nonobstant laquelle profanation, dit l'acte où est relatée cette affaire, le lieu restant de ladite chapelle ne sera appliqué à nuls usages sordides et immondes. » Il marqua, en la manière

---

[1] C'est-à-dire rendre ces choses sacrées à un usage profane.

portée par le pontifical, la porte et l'autel de la nouvelle église et bénit le cimetière qui devait l'entourer.

Voici comment la *Chronique* de Chavatte rapporte ce fait : « Le 31 mars 1675, après vêpres, tout le clergé est sorti de l'église Saint-Pierre pour aller en l'église de Saint-Vital, au château, quérir le vénérable Saint-Sacrement et toutes les reliques de ladite église, pour les porter aux enfants de la Grange, dits Bleuets, et de là vint bénir la place où devait être bâtie l'église de Sainte-Marie-Magdeleine, devant la rue des Carmes déchaussés (actuellement rue de Thionville).

» Au circuit de la place était placée une grande croix rouge, et là furent chantées les litanies des saints et autres cantiques, et après fut jeté de l'eau bénite par le prévôt de Saint-Pierre, et à la grande croix rouge fut mis trois chandelles blanches allumées, une au bout, et les deux autres aux deux côtés et là ont encore chanté un cantique.

» Le 20 mai 1675, jour des Rogations, entre 4 et 5 heures de l'après-midi, le prévôt de Saint-Pierre vint bénir les premières pierres fondamentales de la nouvelle église de Sainte-Marie-Magdeleine et quand elles furent bénites, le prévôt et le lieutenant du Roy ont mis la première pierre tous deux ensemble, puis d'autres nobles et les marguilliers. A plusieurs de ces pierres il y avait des croix et à d'autres des armoiries ; et là était une table préparée et un tapis à terre et puis des chaises de cuir bouilli, et là furent chantés des psaumes et *oremus* et les litanies des saints, et le dernier psaume chanté fut le *Veni, Creator.* »

Il est bon de dire qu'avant ces formalités, les marguilliers s'étaient vus obligés de satisfaire à certaines conditions, notamment d'augmenter de deux cents verges le terrain approprié au nouveau bâtiment. Ceci se passait en 1675 ; l'année suivante, les marguilliers et le curé, d'accord en cela avec le Magistrat, sollicitèrent de l'évêché que l'église nouvelle formât une paroisse à part placée sous la protection de Notre-Dame.

Copie de cette requête fut remise à MM. du Magistrat, au prévôt de Saint-Pierre et au baron d'Avelin, seigneur de la Madeleine, qui ne virent aucun inconvénient à ce qu'on appelât du nom de Notre-Dame l'église auparavant consacrée à Sainte-Marie-Madeleine. Le Magistrat garantit au prévôt de Saint-Pierre son droit de patronat et le baron d'Avelin exprima le désir que son hôtel en ville [1] fut rattaché à la paroisse Saint-Etienne, dont l'église n'était pas éloignée (c'est de l'ancienne qu'il s'agit, de celle brûlée en 1792), ce qui lui fut accordé.

Cette même année 1676, Mgr de Choiseul résolut de diviser la paroisse de la Madeleine en deux sections *intra-muros* et *extra-muros* sous la juridiction d'un seul curé. Celui-ci aurait la faculté de résider dans la section qui lui plairait le mieux, à charge d'entretenir à ses frais un vicaire dans l'autre partie. Cette mesure n'agréa ni au curé ni aux paroissiens de la ville, car ils insistèrent pour avoir la séparation absolue, la banlieue pouvant, disaient-ils, être adjointe à Marcq ou à Marquette. Cette affaire traîna en longueur jusqu'en 1683, époque où il fut définitivement réglé que la paroisse aurait deux églises

---

[1] Ancien hôtel de Brigode, puis du Maisniel, aujourd'hui presqu'entièrement démoli et rebâti pour hôtel universitaire.

dénommées comme précédemment, l'ancienne pour les faubouriens, la nouvelle pour les citadins.

Le 29 décembre 1676, M. Rémy du Laury avait été délégué par l'évêque pour bénir le chœur de la nouvelle église, que Sa Grandeur consacra elle-même le 31 décembre 1676. Le premier de l'an 1677, on y célébra en grande pompe la sainte messe. Les ressources étant venues à manquer, on dut abandonner momentanément les travaux et enclore le terrain par une « façade grossière ».

Ce n'était pas assez pour M. Parent des difficultés sans nombre qui surgissaient à chaque instant sous ses pas et qu'il dut surmonter pour arriver à ses fins. Les marguilliers lui cherchèrent noise à propos de la nomination des clercs. Représentants du Magistrat et des seigneurs temporels, ils avaient jusque-là choisi les clercs sans en référer au curé. Se fondant sur ce que la nouvelle église remplaçait la chapelle Saint-Vital, ils voulaient maintenir ce privilège que M. Parent contestait à bon droit. Enfin, pour mettre tout le monde d'accord, on élabora l'acte suivant qui fut signé par les parties opposantes :

« Lesdits sieurs pasteur et marguilliers, après diverses conférences et propositions, pour mettre fin à cette difficulté et éviter le scandale qui en pourrait arriver, ont convenu et arrêté, sous le bon plaisir de leur supérieur, que le clercq de ladite église, tant pour cette fois qu'à l'advenir, sera créé, institué, commis et établi par les marguilliers. Auparavant ce faire, ils seront obligés de demander l'avis du pasteur de la même église pour savoir de lui s'il n'a rien à dire, reprocher ou représenter touchant les personnes qui s'offriront pour être reçues à faire les fonctions de clercq et desquelles les noms et surnoms luy seront délivrés par deux desdits marguilliers, qui seront envoyés de leur corps vers ledit sieur pasteur pour ouïr et recevoir son dit avis. En foy de quoy les dittes parties ont signé ce présent acte et promis d'en requérir l'approbation de leurs supérieurs.

« Fait en double à Lille, le 7 du mois de mai de l'an 1681.

(Signé) Antoine PARENT,   Nicolas CARDON.
Pasteur de la paroisse de la Madeleine.

Après dix-sept ans d'une administration laborieuse et féconde pour la Madeleine, M. Antoine Parent trépassa le 8 juin 1684.

CHAPITRE IV.

M. l'abbé Bon Bourgeois (1635-1699). — Confrérie du Saint-Sacrement. — Gratifications pour le prédicateur du carême. — Mort de M. Bon Bourgeois. — M. Charles Liénart (1699-1714). — Etablissement de la confrérie de N.-D. de Bon-Secours. — Construction de l'église poussée activement. — Consécration de l'église par Joseph Clément, électeur de Cologne. — Achèvement du dôme en 1713. — Don de 12.000 florins du Magistrat. — Nicolas Cardon et sa famille, bienfaiteurs insignes de l'église de la Madeleine. — Tableau de *la Résurrection de Lazare*. — Fondation de Jeanne Duprez. — Mort de l'abbé Liénart.

Après être demeurée sans pasteur près d'un an, la cure de la Madeleine fut occupée, en avril 1685, par M. Bon Bourgeois, prêtre d'un grand zèle et d'une charité inépuisable. Il établit de nouvelles œuvres dans sa paroisse : la principale est la confrérie du Saint-Sacrement, érigée en 1698. Les membres portaient des flambeaux à l'adoration et aux cérémonies où était exposé le Très-Saint-Sacrement. Nous aurons plus tard l'occasion de parler de cette belle confrérie.

Nous ne pouvons passer sous silence un fait qui prouve la foi de cette époque. Les municipalités regardaient alors comme un devoir sacré pour elles d'aviser au bien spirituel de leurs administrés. Ainsi, elles allouaient certaines sommes pour l'évangélisation qui se faisait pendant le temps du Carême et de l'Avent. C'étaient les honoraires du prédicateur. La paroisse de la Madeleine, plus nécessiteuse que les autres, ne jouissait cependant d'aucune gratification. Cet état de choses parut tout à fait injuste à M. Bon Bourgeois, lequel s'en plaignit au mayeur : « Notre paroisse, lui écrivit-il, quoiqu'ayant rang avant Saint-André et d'ailleurs la plus pauvre, reste seule privée de ce bienfait. » En 1695, le Magistrat fit droit à la réclamation de notre curé, ce qui permit à la paroisse d'avoir un prédicateur attitré pour les temps de pénitence [1].

M. Bon Bourgeois mourut à 49 ans, après un ministère consacré tout entier à la gloire de Dieu. On l'enterra dans l'église et on grava sur sa pierre tombale l'inscription suivante :

Siste, Viator,
Et pias lacrymas in memoriam reverendi admodum
Domini Boni Bourgeois, s. Theologiæ baccalaureati,
Hujus ecclesiæ per 14 annos pastoris vigilantis,
Precibus tuis adjungito.
Obiit 26 Julii 1699, ætatis suæ 49.

A M. Bon Bourgeois succéda, le 6 août 1699, Maître Charles Liénart qui, en 1703, aida à créer l'association de Notre-Dame de Bon-Secours, définitivement érigée en confrérie en 1705.

Dès sa fondation, ses administrateurs partirent en guerre contre le curé coupable de refuser, dans leur intérêt même, certaines choses déraisonnables qu'ils exigeaient.

---

[1] La somme allouée était de 60 florins. Voir pièces justificatives note XXII.

Nous ne nous arrêterons point à ces questions d'ordre secondaire : le chapitre spécial à cette confrérie en donnera tous les détails.

L'achèvement de l'église fut poussé avec une incroyable activité et le pasteur fut récompensé de son ardeur tout évangélique par les cérémonies splendides auxquelles donna lieu la consécration du nouveau temple par l'électeur de Cologne lui-même. Qu'on nous permette de dire quelques mots de ce jeune prince.

Joseph Clément se réfugia en France avec son frère Emmanuel, électeur de Bavière, lorsque l'armée bavaroise eut été détruite à la bataille de Hochstett (1704). Il résolut de fixer sa résidence à Lille, où on le reçut en grande pompe le 28 juillet 1704. Ce prince au cœur noble et généreux gagna aussitôt les sympathies de la population lilloise. Plusieurs circonstances le déterminèrent à entrer dans les ordres ; il reçut le sous-diaconat des mains de Fénélon et fut élevé à la prêtrise par l'évêque de Tournai. Il célébra sa première messe le 1er janvier 1707 dans l'église des Jésuites. Le jour des prémices, des réjouissances publiques eurent lieu dans toute la ville. On fit couler des fontaines de vin devant le logement de Son Altesse et les bourgeois, comme les officiers et les soldats de la garnison, ne négligèrent rien pour célébrer un si grand jour avec tout l'éclat et toute la magnificence possibles. Le document où se trouve consignée la description des fêtes ajoute que « le soir, la ville entière étoit éclairée de flambeaux et d'illuminations qui faisoient un nouveau jour pendant la nuit ; on tira le feu d'artifice sous une triple décharge de toute l'artillerie des remparts. »

Quelques mois plus tard, Fénélon donnait la consécration épiscopale à Joseph Clément, électeur de Cologne, déjà préconisé évêque de Liège et de Ratisbonne. A l'occasion de ce sacre, l'illustre archevêque de Cambrai prononça le plus remarquable de ses discours. Il ne l'avait pas seulement ébauché sur de simples notes en forme de canevas ; il l'avait écrit tout au long et tel qu'il devait le prononcer. Ce fut l'électeur de Cologne qui consacra l'église de la Madeleine et présida les fêtes religieuses qui durèrent du 20 au 27 septembre 1707.

Restait encore à terminer le dôme qui devait donner à l'église son aspect véritable et vraiment remarquable.

M. Liénart, avec toute l'énergie qu'on lui connaît, voulut conduire la construction de l'église à bonne fin. Sur ses instances pressantes, la construction définitive du dôme fut décidée. Le devis fut présenté et accepté. Nous le reproduisons en entier avec les pièces qui lui sont annexées, bien certain de l'intérêt qu'y trouveront nos lecteurs.

Voici ce document :

DEVIS ET CONDITIONS POUR FAIRE LA CHARPENTE ET TOUS LES OUVRAGES DU DÔME DE L'ÉGLISE PAROISSIALE DE LA MAGDELAINE, A LILLE.

1°. — L'entrepreneur sera obligé de suivre les ordres des sieurs margueliers de lad^e église ou de leurs préposés de leur part pour les grosseurs et longueurs des bois pour lad^e charpente du dôme et se mettre en estat pour la couverture.

2°. — Il sera tenu de faire quatre maistres ouvrages de vingt-quatre à vingt-cinq pieds d'hauteurs bien assemblés et braconnez, attachés à clou, chevils et les monter les uns sur les autres à mesure qu'il en sera besoin et quy luy sera ordonné; et pardessus le tout les petits ouvrages tant au dedans qu'au dehors pour les massons, charpentiers, plombiers, peintres, blanchisseurs et vitriers que pour les autres ouvriers qui auront besoin pour achever le dôme comme aussy une grue pour tirer les corniches en haut et les poser en place et une autre machine en forme de tour avec deux leviers en croix posés sur le pavé de lad^e église, avec plusieurs molettes en cuivre pour tirer tous les matériaux sur les ouvrages, comme il paraît par le plan dud^t ouvrage.

3º. — Il fournira généralement toutes les cordes et échelles nécessaires pour les charpentiers, massons et autres ouvriers cy-devant spécifiés, sans qu'il puisse prétendre d'autre payement que celuy du pied de gitte dont il sera convenu étant mis en œuvre.

4º. — Après que lesdits ouvrages seront bien achevés à l'agréation des marguelliers, ledit entrepreneur aura à son profit tous les bois, cordages et autres machines qu'il aura livré et quant à la charpente dud^t dôme qui subsiste encore aujourd'hui, il sera tenu de la démonter et la mettre dans les endroits que les marguelliers luy désigneront sans en pouvoir profiter ni s'en servir.

5º. — Led^t entrepreneur fera poser et clouer toutes les ferailles nécessaires desdits ouvrages sans qu'il puisse rien prétendre pour cela.

6º. — Tous les bois qui seront employés pour lad^e charpente seront de bois de chênes venant du pays et non des forest de Niepe, sciez à vive suivant les grosseurs qui luy seront donnés sans aubier ny mauvais nœud, tous les feuillets seront aussi de chênes venant de Valenciennes, bien séchez sans aubier ny nœud.

7°. — Il sera tenu d'avoir mis l'ouvrage de la charpente dud[t] dôme en estat d'estre couvert partout le 15 septembre de l'année 1711, pourvu que la massonerie soit faite en dedans le mois de juin de lad[e] année, à péril led[t] temps passé d'estre amendé à trois cens florins au profit de lad[e] église ; mais si la massonerie estoit retardé de quelques jours, il obtiendra le mesme temps du retardement pour la charpente que celuy de la massonerie.

8°. — Quand toute lad[e] charpente sera bien faite et achevée, c'est-à-dire bien mortayée, à l'aggréation desdits margueliers, elle sera mesurée par un arpenteur-juré tel qu'il leur plaira de nommer et iceluy payé aux frais des deux parties, suivant la règle et coutume de Lille, sans pourtant n'y rien doubler ny tiercer quoy que les ouvrages soient circulaires dont les plans terrestres et de l'élévation.

Et la partie de cette prisée et mesurance luy sera payé conformément à ce qui a esté promis par messieurs du Magistrat, sçavoir : un quart dans le mois de novembre 1712 ; le tiers dans le mois de novembre 1713 et le dernier quart dans le mois de novembre 1714.

Ce fait, est ainsy comparu Théodore Le Plus, maître charpentier en cette ville, lequel ayant eu lecture à son apparaissement de tous les devis et conditions cy-dessus exprimés, a déclaré de se rendre adjudicataire de lad[e] charpente et de la bien et dument faire et achever, conformément aux conditions stipulées dans le présent devis et ce au prix de trois patars trois liards du pied de gitte le bout sans doubler ni tiercer, ce que nous margueliers soussignés luy avons accordés et promis de faire agréer par messieurs du Magistrat; à l'entretien et garantie de tout ce que dessus les parties respectives ont obligés, sçavoir lesdits sieurs margueliers les biens de lad° église et led. Le Plus, les siens propres, tous seigneurs en justice renonçant à toute chose contraire.

Fait à nostre assemblée pour ce tenue, le 13 avril 1711.

CARNY.   DELESPAUL.

Théodore LE PLUS.

Je soubsigné, arpenteur juré, clercq comis des ouvrages de la ville de Lille, certifie avoir fait le mesurage de toute la charpente du dome de l'église paroissiale de la Magdelaine en ceste ditte ville, par ordre de messieurs les Margueliers de la ditte église et de Théodore Le Plus, maistre charpentier, qu'il a fait et livré la dite charpente ou j'ay trouvé le nombre de soixante-quatorze mils quatre cens quarante pieds de gitte en contant deux pieds de feulié pour couran pour un pied de gitte et un pied quaré de lattage aussi pour un pied de gitte, et ce suivant la convention qu'il en a esté faite le 4 de décembre 1712 en l'assemblée de messieurs les margueliers et dudit Le Plus en présence de Monsieur le chevalier Delahaye, Monsieur Verghelle, François du Lory, maistre charpentier, et du soubsigné; pour éviter toute difficulté, à charge que ledit Le Plus sera obligé de faire deux eschafaux roulant et les entretenir tant et jusque à ce que toutes les voutes et caroles soient réparez et à charge aussy que lesdits sieurs margueliers laisseront le bois provenant des eschafaux pendant l'espace d'un an dans le cimetiere de la ditte église; lesquels soixante-quatorze mils quatre cens quarante pieds de gitte à raison de trois patars et trois liard du pied de gitte, prix de l'adjudication, fait la somme de treize mils neuf cens cinquante sept florins dix patars. En foy de quoy j'ay seigné le présent certifiquat à Lille, le 28 de X^{bre} 1712.

J. M. Man.

Je déclare avoir reçu le présent toisé en plein et entier payement, déclarant que la quittance de trois mils quatre cens trente six florins pour solde de compte est comprise dans la présente quittance. Lille, le vingt de O^{bre} mil sept cens trente [1].

Théodore Le Plus.

C'est ainsi que, grâce à la diligence qu'on déploya, l'église et le dôme furent complètement terminés en 1713. « La beauté du sanctuaire, dit M. Ghesquière de Millescamps, ne dépend d'aucun ornement étranger ; la richesse et l'élégance de son architecture lui ont fait donner avec raison la préférence sur toutes les autres paroisses de la ville. »

C'est en cette année que les marguilliers de Saint-Vital firent apporter les titres et ornements dans la trésorerie de la nouvelle paroisse. Que de soucis n'ont-ils pas eus pour mener à bonne fin cette entreprise coûteuse ! Que de vigilance et de soins n'ont-ils pas dû apporter dans l'administration des finances qui leur étaient confiées !

---

[1] Archives du département du Nord, fonds de la paroisse de la Madeleine.

Quand l'argent venait à manquer, ils se réclamaient de chacun pour qu'on les aidât à terminer le monument dans le plus bref délai.

Le 23 août 1709, le Magistrat leur avait accordé une somme de 12000 florins, payables dans le cours de quatre années. Grâce à leurs instances, les héritiers des donateurs et fondateurs continuèrent avec plaisir leur bienveillant concours à l'œuvre commencée par leurs ancêtres. Ils obtinrent en outre de vendre plusieurs maisons et rentes à la condition d'employer les revenus et casuels de l'église à la décharge des messes et fondations pour lesquelles avaient été données ces maisons et ces rentes.

M. Nicolas Cardon, doyen des marguilliers, s'était intéressé d'une manière toute particulière à l'érection de l'église. Il ne perdait aucune occasion d'engager le Magistrat et les paroissiens à contribuer dans la mesure de leurs moyens à l'achèvement de ce vaste projet. Quand les secours faisaient défaut, il avançait les sommes nécessaires et c'est grâce à lui et à son frère Gilles, qui le seconda grandement, que l'église put être achevée. Gilles donna en outre trois lettres de rente pour qu'on dit un obit par an à perpétuité. Gilles mourut le 1er septembre 1700, âgé de 72 ans et son frère Nicolas le 22 décembre 1702, à 69 ans.

Pour se conformer au testament de ce dernier, ses héritiers lui firent élever un monument dans le chœur du côté de l'évangile. Le consentement des marguilliers était pour ainsi dire superflu puisqu'ils avaient l'intention de le placer eux-mêmes. C'était un très beau mausolée en marbre, exécuté par M. Hennart, fameux sculpteur.

Une tête de mort avec deux ailes de chauve-souris surmontait la pierre sépulcrale où se trouvait l'inscription suivante :

D. O. M.
ET
PIÆ MEMORIÆ
D. NICOLAI CARDON, HUJUS ÆDIS PER ANNOS
37 ÆDITUI, QUI MAJOREM HUJUSCE TEMPLI PARTEM
ÆRE PROPRIO AC VIGILANTIA (LAUDABILI VIVIS
ET POSTERIS EXEMPLO) CONSTRUI CURAVIT.
OBIIT CŒLEBS XI KAL : JAN : 1703, ÆTAT : 69
HEREDES POSUERE DEFUNCTO QUI LEGITIS
BENE APPRECAMINI.

Un génie s'envolait montrant des yeux et de la main le ciel où M. Cardon est allé recevoir la récompense de sa charité. Deux autres génies gémissants, placés sur les côtés, étaient dessinés avec une précision admirable ; l'un tenait une torche renversée, l'autre un ruban déplié sur lequel était écrit :

D. O. M.
ET PIÆ MEMORIÆ D. EGIDII, FRATRIS EJUS.
DE HOC TEMPLO OPTIME MERITI, QUI NATURÆ DEBITUM
SOLVIT 1^a 7 BRIS 1700, ÆTATIS 72.
REQUIESCAT IN PACE.

Parmi les autres marguilliers qui ont particulièrement droit à notre reconnaissance, nous devons mentionner M. Jacques Van Oost, peintre célèbre, qui donna, lors de la consécration de l'église, un superbe tableau ovale, *la Résurrection de Lazare*, très estimé des connaisseurs. Nous rappellerons plus loin ce souvenir.

La fondation de Mlle Jeanne Duprez [1] permit d'embellir décemment l'autel, dont l'architecture était tout à la fois simple et majestueuse. Le tabernacle attirait l'attention par les fines ciselures dont il était décoré ; un rétable représentant divers épisodes de la vie de sainte Marie-Madeleine était, au dire des contemporains, au-dessus de tout éloge. C'était une œuvre d'art accomplie. Les candélabres en cuivre massif étaient d'une perfection irréprochable. Malheureusement la Révolution a détruit ces objets d'art remarquables.

Après avoir conduit avec fermeté les travaux de son église et l'avoir ornée avec goût, M. Liénart fut nommé en 1714 à Saint-Maurice, où d'ailleurs il ne resta pas longtemps : Dieu le rappela à lui en mars 1717.

---

[1] Voir le compte-rendu de M. Henri Regnault, marguillier, du 20 octobre 1761, f. 6 et 7.

CHAPITRE V.

L'abbé de Beker. — L'abbé Jean Galliot (1741-1744). Composition de la paroisse à son arrivée. — Pauvreté de l'église. — La Cour refuse une loterie. — Réclamations des créanciers. — Mise en vente des objets du culte. — Révolte des femmes de la Madeleine. - Incendie de la trésorerie. — Le zèle des paroissiens se ranime. — L'affaire de Bouland. — Construction de caves de chaque côté du chœur, l'une pour y enterrer les curés, l'autre les marguilliers. — Mort de Maître Jean Galliot.

Pendant deux ans, notre paroisse fut dirigée par M. l'abbé de Beker. Fut-il curé ? fut-il simplement desserviteur ? nous ne pouvons le dire, n'ayant aucune donnée à ce sujet.

En 1716, M. Jean Galliot prit sa place. A cette époque, l'administration d'une paroisse comme celle de la Madeleine n'était pas une sinécure. Le curé devait faire appel à toute son énergie, à tout son zèle apostolique pour remplir les obligations que sa charge lui imposait. Il avait rarement près de lui des prêtres auxiliaires capables de l'aider dans ses pénibles fonctions. Son unique vicaire résidait habituellement au faubourg pour en desservir la chapelle. Il devait seulement se trouver à l'église de la ville quand il n'avait pas une occupation sérieuse dans la banlieue.

Le coustre [1], nommé par le prévôt de Saint-Pierre, remplissait ses principales fonctions à la Madeleine-lez-Lille ; le clerc, choisi par les marguilliers, avait fort à faire en veillant à l'entretien du temple. Enfin on trouvait difficilement des prêtres habitués, les rétributions étant insuffisantes pour leur subsistance. On voit donc que la plus lourde charge incombait au curé. A cela s'ajoutaient d'autres ennuis : des dettes criardes qu'on ne pouvait solder écrasaient le maigre budget de la fabrique. On avait dû faire d'énormes sacrifices pour achever l'église et embellir l'autel. Les ornements de toile grossière et la vaisselle de cuivre ne répondaient pas à la magnificence de l'édifice. Seuls, deux chandeliers en cuivre, don de M. Thomas Lemesre, étaient à signaler par leur poids, leur grandeur et leur fini.

Les soucis de M. Galliot allaient encore augmenter. Le 15 mai 1709, un arrêt du Parlement de Tournai avait ordonné de pourvoir aux besoins des nécessiteux de tout le diocèse. M. Galliot fit faire le recensement des pauvres de sa paroisse et en compta 4,000, y compris les enfants. Son cœur de père se brisa en sentant son impuissance à venir en aide à ses ouailles. Les ressources étaient épuisées et le zèle des paroissiens diminuait, après avoir été tant de fois sollicité. Pour satisfaire des créanciers exigeants et couvrir certaines dépenses nécessaires, il présenta à la Cour un projet de loterie que voici :

---

[1] « **Le coustre ou grand clerc**, du mot latin *custos*, parce qu'il avait soin de parer l'autel, sonner les cloches, dans le temps que le clergé des paroisses n'estoit composé que du curé et du clerc. » *(Histoire de Lille*, par Tiroux, p. 7.)

« La loterie en faveur de l'église paroissiale de la Magdelaine à Lille est de 40.000 billets et de 40.000 prix, depuis 5 jusques à 24.000 florins, sans compter 10.000 primes de deux florins chacune. La dite loterie sera composée de dix classes : dans la première on donnera dix patars, dans la seconde vingt, dans la troisième trente et ainsi en augmentant de dix patars à chaque classe jusqu'à la dernière, qui sera de 5 florins.

» On mettra les 40.000 noms ou devises dans une boëte A et les 400 prix de la première classe dans une boëte B. Ainsi, on tirera 400 noms ou devises de la boëte A contre les 400 prix de la boëte B, de manière qu'il restera dans la boëte A 39.600 noms ou devises. Quant à la deuxième classe, on tirera de la boëte A 750 noms ou devises contre 750 prix de la boëte B. Et l'on continuera de classe en classe jusques à la dixième, où il ne restera que 9.500 prix pour les 9.500 noms ou devises, de manière que tôt ou tard chaque numéro tirera un prix.

» Les cinq premières classes sont augmentées de 10.000 primes de 2 florins chacune, et la distribution s'en fera de la manière suivante : On mettra 2.700 primes dans la boëte B, où sont les 400 prix destinez pour la première classe, et on tirera de la boëte A 2.700 noms ou devises. Les noms ou devises qui auront tiré les primes de deux florins seront rejettez dans la boëte A pour remplir le nombre des 39.600, et il en sera de même des quatre classes suivantes; la seconde aura 2.350 primes, la troisième 2.050, la quatrième 1.660 et la cinquième 1.240, étant le reste des 10.000 primes. Ainsi il y a un avantage qu'un billet peut tirer six fois. Le payement des prix et des primes tirez depuis la première classe jusqu'à la dixième

RÉPARTITION DES CLASSES

Iʳᵉ CLASSE			IIᵉ CLASSE			IIIᵉ CLASSE			IVᵉ CLASSE			Vᵉ CLASSE			CLASSES	LOTS	RECETTES
Prix	flor.	flor.	Prix	flor.	flor.	Prix	flor.	flor.	Prix	flor.	flor.	Prix	flor.	flor.			
1	5.000	5.000	1	6.000	6.000	1	7.000	7.000	1	10.000	10.000	1	12.000	12.000	1	40.000	20.000
1	2.000	2.000	1	2.500	2.500	1	3.000	3.000	1	3.000	3.000	1	5.000	5.000	2	39.600	39.600
1	1.000	1.000	1	1.000	1.000	1	1.000	1.000	1	1.000	1.000	1	1.000	1.000	3	38.850	58.275
1	500	500	1	500	500	1	500	500	1	500	500	1	635	635	4	37.800	75.600
2	250	500	2	250	500	2	250	500	2	250	500	2	300	600	5	36.360	90.900
4	100	400	4	100	400	4	100	400	4	100	400	4	200	800	6	34.320	102.960
10	50	500	10	50	500	10	50	500	10	60	600	10	100	1.000	7	30.000	105.000
20	30	600	20	30	600	20	30	600	20	50	1.000	20	60	1.200	8	24.200	96.800
60	20	1.200	110	20	2.200	110	20	2.200	200	20	4.000	400	20	8.000	9	17.200	77.400
300	5	1.500	600	5	3.000	900	5	4.500	1.200	10	12.000	1.600	10	16.000	10	9.500	47.500
400	Prix.	13.200	750	Prix.	17.200	1.050	Prix.	20.200	1.440	Prix.	33.000	2.040	Prix.	46.235			714.035
2.700	Prim. à 2.	5.400	2.350	Prim. à 2.	4.700	2.050	Prim. à 2.	4.100	1.660	Prim. à 2.	3.320	1.240	Prim. à 2.	2.480			
3.100	Prix.et pr.	18.600	3.100	Prix.et pr.	21.900	3.100	Prix.et pr.	24.300	3.100	Prix.et pr.	36.320	3.280	Prix.et pr.	48.715			

VIᵉ CLASSE			VIIᵉ CLASSE			VIIIᵉ CLASSE			IXᵉ CLASSE			Xᵉ CLASSE			CLASSES	PRIX et PRIMES	PAYEMENTS
Prix	flor.	flor.	Prix	flor.	flor.	Prix	flor.	flor.	Prix	flor.	flor.	Prix	flor.	flor.			
1	15.000	15.000	1	18.000	18.000	1	20.000	20.000	1	18.000	18.000	1	21.000	21.000	1	3.100	18.600
1	5.000	5.000	1	6.000	6.000	1	6.000	6.000	1	5.000	5.000	1	6.000	6.000	2	3.100	21.900
1	2.000	2.000	1	2.000	2.000	1	2.000	2.000	1	2.000	2.000	1	2.000	2.000	3	3.100	24.300
1	1.000	1.000	1	1.000	1.000	1	1.000	1.000	1	1.000	1.000	1	1.000	1.000	4	3.100	36.320
2	500	1.000	2	500	1.000	2	500	1.000	2	500	1.000	2	500	1.000	5	3.280	48.715
4	300	1.200	4	300	1.200	4	300	1.200	4	300	1.200	4	300	1.200	6	4.320	80.400
10	200	2.000	10	200	2.000	10	200	2.000	10	200	2.000	10	200	2.000	7	5.800	102.200
20	100	2.000	20	100	2.000	20	100	2.000	20	100	2.000	20	100	2.000	8	7.000	116.200
60	50	3.000	60	50	3.000	60	50	3.000	60	50	3.000	60	50	3.000	9	7.700	120.200
600	20	12.000	900	20	18.000	900	20	18.000	900	20	18.000	900	20	18.000	10	9.500	145.200
3.620	10	36.200	4.800	10	48.000	6.000	10	60.000	6.700	10	67.000	8.500	10	85.000		50.000	714.035
4.320	Prix.	80.400	5.800	Prix.	102.200	7.000	Prix.	116.200	7.700	Prix.	120.200	9.500	Prix.	145.200			

inclusivement, se fera immédiatement après que l'on aura fini de tirer chaque classe, desquelles sommes on retiendra dix pour cent au profit de ladite église paroissiale. Dès qu'on aura tiré la première classe, on aura quinze jours de temps à changer les billets pour la deuxième, et ainsi des autres classes suivantes, qui seront tirées de mois en mois.

» Il faudra faire d'abord le payement des deux premières classes, faisant ensemble trente patars, de manière que la première étant tirée il faudra payer la troisième, et on agira ainsi jusqu'à la dixième classe inclusivement, c'est-à-dire qu'il y aura toujours une classe payée d'avance, et par ce moyen les payemens n'empêcheront pas de tirer la classe en tour. Ceux qui négligeront de faire les payemens dans les termes assignez perdront leurs billets et leurs avances antérieures. Ceux dont les billets sortiront dans la première classe recevront les vingt patars qu'ils auront donné d'avance pour la seconde, et cette restitution se fera ainsi de classe en classe jusqu'à la dixième inclusivement. On payera l'argent comme il aura cours quand on commencera ; on continuera de même quand bien il augmenteroit ou baisseroit ; par conséquent, on payera les prix sur le même pied. »

Pour des raisons qui nous sont inconnues, la Cour refusa de laisser faire cette loterie. Les ouvriers, à bout de patience, réclamaient avec instance ce qui leur était dû depuis longtemps. En 1724, le Magistrat leur accorda sentence contre les marguilliers et les murs de la paroisse furent aussitôt recouverts d'affiches ainsi conçues :

AVIS AU PUBLIC

L'on fait sçavoir que Mardy 13 juin 1724, à deux heures de relevée, vis-à-vis de l'église de La Magdelaine, en la ville de Lille, l'on exposera en vente judiciaire les orgues et deux principales cloches de ladite église, ensemble les argenteries et autres meubles et effets appartenans à la même église, à l'exception néantmoins des vases sacrez.

ON Y INVITE LES CURIEUX.

Les paroissiens de la Madeleine, nous le savons, s'aimaient beaucoup et se considéraient comme les membres d'une même famille. Prompts à exalter les leurs par des réjouissances et des fêtes, ils prenaient facilement la défense des opprimés et par conséquent ne devaient pas rester impassibles devant cette triste manifestation qui les atteignait dans leurs intérêts et leur honneur. Au jour désigné pour la vente des cloches et des ornements, les acheteurs furent assaillis par une grêle de pierres, et les femmes firent tant de vacarme que les vendeurs durent se retirer sans avoir fait aucune affaire. On raconte qu'une personne très connue à Lille, qu'on avait prise pour un huissier et qui ignorait la vente, ne dut son salut qu'à la vivacité et à la légéreté de son cheval.

Après enquête, le Magistrat fit placarder cet appel le 17 juin :

« Nous, Rewart, Mayeur, Echevins, Conseil et Huict Hommes de la ville de Lille, étant informé que Mardy 13 de ce mois, vers les deux heures de relevée, plusieurs femmes et enfans, par une espèce de sédition populaire, se seroient attroupés à effet d'empêcher exploit de justice que devoit faire le sergent de Le Rue en vertu de commission émanée des échevins de cette ville; que les dittes femmes garnies de pierres et de cendres auroient attaqué les passans et jetté plusieurs pierres et que d'autres, rendues dans plusieurs endroits de la paroisse de la Magdelaine, avec des bassins et autres instrumens afin d'exciter les autres et d'empêcher l'expédition de l'exploit, et étant important de parvenir à la découverte des auteurs de cette émotion, qui est de très dangereuse conséquence et qui ne peut demeurer sans punition exemplaire, nous avons promis et promettons cinquante écus à ceux ou celles quy nous dénonceroient les dits auteurs et ceux qui ont contribuez au désordre. »

Le curé, appelé en témoignage, en référa à Tournai. Les vicaires généraux l'autorisèrent à comparaître devant le Magistrat « en protestant néanmoins, suivant les canons, qu'il ne veut ni prétend contribuer en aucune manière à la peine de mort ni de sang. »

Par la même lettre, ils le priaient de se rendre sans délai au vicariat, afin d'examiner en détail cette affaire « très délicate. » Pendant quelques jours, la paroisse entière demeura inquiète au sujet du résultat final. Heureusement, l'affaire n'eut pas une issue fâcheuse ; bien au contraire, elle excita davantage les personnages à pourvoir à l'ornementation de l'église.

En 1722, un malheur d'un autre genre était venu aggraver la situation déjà tendue. Le feu prit à la trésorerie par la faute du clerc, qui avait mal éteint les flambeaux ayant servi aux funérailles de M. Pouille. Des ornements et des effets peu précieux, mais très nécessaires, furent brûlés et la fabrique, déjà si endettée, vit encore s'accroître son déficit. Nous donnons aux pièces justificatives la liste des objets qui furent la proie des flammes [1].

Grâce à la quête ordonnée par le Magistrat dans toute la ville et châtellenie, la paroisse put réparer cette perte et se libérer de ses dettes même les plus fortes. De ce jour, le zèle des habitants de la Madeleine se ranima et ils témoignèrent à l'envie le désir de se voir enfin libres de tout souci pécuniaire.

L'année 1743 fut marquée par un incident qu'il est bon de rapporter, parce qu'il prouve à quel point les marguilliers tenaient à sauvegarder leur dignité. Le 25 mars mourut M. Dusart, seigneur de Bouland, second président du Bureau des finances. Son fils, lieutenant général de la Gouvernance, requit du doyen des marguilliers l'autorisation d'inhumer son père dans le chœur, presque sous les marches de l'autel, autorisation qui lui fut accordée par ledit doyen. C'était une faveur exceptionnelle, car cet honneur n'était dû à aucun paroissien, pas même au plus distingué par sa naissance ou ses emplois. Les marguilliers, étonnés d'un procédé si extraordinaire et vexés de n'avoir pas été convoqués en assemblée préalable, ainsi qu'il était de coutume pour ces sortes de choses, déclarèrent que, par considération pour leur confrère, ils ne présenteraient point de plainte

---

[1] Voir pièces justificatives, note XVI [1].

pour faire exhumer le corps de M. de Bouland, mais qu'il n'y aurait dans l'église aucun signe qui put indiquer l'endroit où il reposait. A la suite de cet incident, les marguilliers décidèrent de faire construire deux caveaux de chaque côté de l'autel. L'un devait servir de sépulture aux curés, l'autre aux marguilliers. De cette façon on coupait court aux demandes que l'exemple de M. Dusart fils, n'aurait pas manqué de provoquer. Les marguilliers ne voulant pas consigner ces délibérations dans le Registre aux résolutions, les firent rédiger sur des feuilles volantes qu'ils signèrent.

En 1744, M. l'abbé Galliot, heureux d'être sorti avec honneur de toutes ces difficultés presque insurmontables, alla recevoir sa récompense de Celui qu'il avait glorifié ici-bas.

Chapitre VI.

M. François Haze, desserviteur. — L'abbé Antoine-Joseph Durigneux (1745-1759). — Les demoiselles Cardon et Mme Mayoul, bienfaitrices de l'église. — Affaire du presbytère.

Lorsque l'abbé François Haze fut préposé à la direction de la paroisse comme desserviteur, celle-ci jouissait d'une paix profonde qui se propagea jusque sous le gouvernement de M. Durigneux, nommé curé en 1745. Un sentiment de louable émulation poussait de bonnes âmes à doter leur église d'objets splendides qui devaient servir à son ornementation.

Nous regrettons de ne pouvoir rappeler ici les noms de ces personnes charitables, dont les actions sont connues de Dieu seul ! Pourquoi est-il resté ignoré le paroissien généreux qui avait donné un ostensoir, au soleil constellé de diamants, un antipanne et deux gradins en argent ?

Grâce aux libéralités des demoiselles Cardon, le vestiaire s'augmentait, lui aussi, d'une chasuble, d'une tunique et d'une dalmatique en drap d'or. Pour compléter cet ornement luxueux, les fidèles offrirent quatre chappes tissues en or également. Peu de temps après, les marguilliers eurent assez de fonds pour acheter des vêtements en velours noir, sur lesquels se voyaient brodés en argent les attributs de la mort. Au décès de M. Pierre Lemesre, marguillier, ses héritiers firent présent d'un ornement complet rouge, garni de galons et de crépines d'or ; on l'évaluait à plus de mille écus. Dans la suite, la famille légua à l'église six grands chandeliers d'argent, qu'elle prêtait aux grandes cérémonies.

Mais la bienfaitrice la plus insigne, celle qui aujourd'hui encore a le plus de droits à notre reconnaissance, est sans contredit Mme Mayoul. Que de choses ne lui devons-nous pas ! C'est elle qui a donné les tableaux si estimés qui représentent les quatre docteurs Par ses soins, un artiste renommé a buriné la jolie porte du tabernacle de l'autel du Saint-Sacrement. En admirant le fini de cette belle œuvre, on songe avec tristesse qu'une châsse du même auteur a disparu.

L'attention de Mme Mayoul fut particulièrement attirée sur le petit nombre de prêtres formant le clergé de la Madeleine, ce qui empêchait de donner aux offices divins tout l'éclat qu'ils comportent. Le budget de la paroisse était trop maigre pour subvenir à l'entretien des prêtres habitués. Pour obvier à cet inconvénient, Mme Mayoul donna « en se réservant les revenus sa vie durante, deux lettres de rente de 480 florins chacune en la ville de Lille, par l'entremise d'Antoine-François Cardon, écuyer, seigneur de Bricogne, trésorier au rachat de 24.000 florins. » Un jour, le curé et les deux marguilliers, députés pour recevoir les lettres de rente, crurent de leur devoir de faire observer à Mme Mayoul qu'elle avait des parents pauvres et qu'ils seraient au désespoir si l'église s'enrichissait à leur détriment. « J'ai mûrement réfléchi avant de faire cette donation, répondit-elle, je crois agir conformément au désir de Dieu. Je vous prie donc d'accepter, si vous ne voulez pas en faire bénéficier les Carmes chaussés de la rue Royale. »

Mme Mayoul mourut le 11 mai 1753, regrettée de tous ses compatriotes. En témoignage de leur gratitude, les marguilliers s'engagèrent à faire dire tous les ans, au jour anniversaire de son décès, un obit solennel pour le repos de son âme.

Par son testament, elle laissait à la fabrique les sommes nécessaires pour gager des chantres ecclésiastiques et laïques. Cette personne si humble n'aimait pas à faire connaître ses dons, et elle ne prétendait pas qu'on lui en sût gré ; elle faisait tout pour la plus grande gloire de Dieu et ne s'inquiétait pas du reste.

En parlant de nos bienfaiteurs, nous ne pouvions passer sous silence la généreuse dame qui, plus que tout autre, contribua à enrichir le trésor de l'église. On nous pardonnera d'être entré, à ce sujet, dans de nombreux détails.

Si quelques personnes se sont efforcées d'assurer la bonne organisation de la Madeleine, il faut avouer qu'elle eut, d'un autre côté, à souffrir de bien des vicissitudes. Malheureusement, ceux même qui étaient plus spécialement chargés de défendre les intérêts de la paroisse et du pasteur, poursuivaient le curé de leurs mesquines tracasseries. C'est ainsi que par leur résistance opiniâtre, les marguilliers exagérèrent l'importance d'une question pendante depuis quelque temps et que M. Durigneux voulut traiter dès son arrivée. Il s'agissait de restaurer le presbytère et de le rendre habitable. Lorsqu'il fut résolu que le curé de la Madeleine (c'était alors M. Antoine Parent) résiderait à Lille, on promit de lui bâtir une maison décente : c'était du moins ce qu'atteste cet extrait du Registre aux résolutions (commencé en 1687 et fini en 1691, f°. 38) :

« Ce 21e jour d'avril 1687, la Loy assemblée, sur ce que le procureur de cette ville nous a représenté que sur requeste donnée par le sieur Bon Bourgeois, pasteur de la Magdelaine, nous avons ordonné aux marguilliers de la nouvelle église en ceste ville, de faire travailler incessamment à une maison pour la demeure dudit sieur pasteur, proche de ladite église; que, à cet effet, nous avons promis sous le bon plaisir du roy la levée d'un xxe sur ladite paroisse de l'enclos de cette ville, moitié à la charge des propriétaires et moitié à la charge des occupeurs trouvez en possession et jouissance le 18 de mars de la présente année 1687, paiable dans trois mois, qui seroit par nous donné en collecte au rabais pour en rendre compte en la manière accoutumée, pour par le collecteur paier la porte de la collecte suivant la cloture du compte aux marguilliers de ladite église, comme est plus au long portée par notre ordonnance concluée sur ladite requête ledit jour xviiie de mars, que ledit procureur nous a représenté d'avoir communiqué la chose à Monseigneur de Bagnols, intendant du pair, et qu'ensuite il a consenti, le 19e du mois présent, que la levée du xxe se fit conformément à notre dite odonnance ; que la chose est d'autant plus pressée, qu'ensuite les marguilliers nous ont donné requeste avec un plan y attachée pour bastir ladite maison jusqu'au premier estage, en attendant qu'ils puissent achever, et que par apostille du 20 du présent mois, nous avons agréé ledit plan : la matière mise en délibération et tout considérée, nous avons résolu de procéder incessamment à l'adjudication dudit xxe.

» Collationné par le greffe de la ville de Lille.

H. Le Roy. »

On n'a pas de peine à concevoir qu'après environ soixante ans, la maison pastorale avait besoin d'être quelque peu réparée. Mais les marguilliers firent des difficultés, et les différentes péripéties de cette lutte curieuse menacèrent de brouiller les deux forces de toute paroisse : le curé et les fabriciens.

Dans une requête datée du 10 mars 1746, M. Durigneux exposa aux marguilliers le piteux état de son presbytère et les pria de le faire restaurer convenablement. Ne se voyant pas bien accueilli, il envoya aux mayeur et échevins de la ville une supplique où il disait s'être adressé sans succès aux représentants de la fabrique, ce qui l'obligeait d'avoir recours à leur autorité, pour qu'ils ordonnassent les ouvrages nécessaires au rétablissement de son habitation. Le curé ajoutait « que l'entretien des maisons pastorales doit être à la charge de ceux qui sont directement et avant tout tenus de l'entretien des églises paroissiales, par cette raison claire et évidente que les maisons pastorales sont vraiment des accessoires et appendices nécessaires de ces églises. De plus, une sentence dernièrement rendue au siège de la gouvernance de Lille, contre les marguilliers de l'église Saint-André, est une confirmation de ce principe, car on ne les a condamnés à restaurer la maison pastorale que parce que les biens de la fabrique des églises sont tout à la fois affectez à l'entretien des églises et des presbytères. »

A ces motifs d'ordre général s'en ajoutait un autre plus particulier, fondé sur « la rétrocession que les marguilliers ont ci-devant demandée et obtenue du Magistrat de cette ville le 14 mars 1690, de l'ancien presbytère de la campagne, que lesdits sieurs du Magistrat n'avaient obtenu en 1687 de l'évêque de Tournai que sous la charge et condition expresse de fournir en cette ville, et près de la nouvelle église, une habitation convenable au curé. On ne doute point, continue-t-il, que ce ne soit en conséquence de cette cession faite par Mgr l'évêque de Tournai que la maison pastorale de cette ville a été construite aux ordres du Magistrat. Mais, comme les marguilliers ont depuis demandé et obtenu la rétrocession, on ne saurait douter non plus qu'ils ne soient devenus encore plus spécialement chargés d'entretenir et de restaurer la même habitation. »

En conséquence, le sergent royal de la prévôté de Lille invita, le 14 mars, MM. Ghesquière et Hespel ainsi que leurs confrères les marguilliers de la Madeleine, à comparaître le lendemain, à neuf heures, pour les causes sus-énoncées. Ils se firent représenter par leur procureur, Me Nicole, le 31 mars suivant. Ils déclarèrent par son organe qu'ils étaient chargés seulement du soin de l'église et ils terminèrent en demandant la condamnation du curé aux frais du procès. M. Durigneux ne se tint pas pour battu par cette fin de non-recevoir ; quinze jours après, par l'organe de Me Becquart, son procureur, il prenait vivement à partie les marguilliers et leur faisait savoir que non-seulement ils devaient entretenir l'église, mais encore qu'ils étaient dans l'obligation de lui donner un logement digne de lui ; par conséquent, la maison pastorale leur incombait tout autant que les biens temporels de la paroisse. Le presbytère actuel, du reste, n'était pas suffisant puisqu'il se composait « d'une seule entrée à coucher, d'un cabinet avec une salle à manger et d'une cuisine. »

D'un autre côté, le curé avait le droit d'exiger que le plan du presbytère, tracé le 21 avril 1687, fut exécuté en entier. De cette façon sa demeure eut été exhaussée d'un second étage. Durant trois mois, les deux parties s'envoyèrent exploits d'huissier, observations, requêtes, dont l'âcreté allait sans cesse croissant, cherchant à se prendre en contradiction, mêlant parfois l'amère ironie à une impitoyable logique.

Bref, le 1er août de cette même année 1746, le lieutenant du prévôt et les échevins désignèrent d'office MM. Verdière et Leplus, maîtres charpentiers, experts, pour visiter la demeure en question et dresser procès-verbal des réparations jugées nécessaires. De leur côté, les marguilliers avaient délégué M. Desfosseux, expert également, qui se trouva d'accord avec ses collègues pour déclarer la restauration urgente. Malgré les affirmations de ces hommes du métier, les marguilliers ne voulurent rien entendre et alléguèrent le peu de ressources de la fabrique; personnellement, ils étaient chargés du soin, non des dépenses : ils ne pouvaient donc rien. Mais pourquoi n'agirait-on pas comme on l'avait fait quelques années auparavant ? Pourquoi ne demanderait-on pas aux paroissiens de couvrir les frais ?

Cet arrangement ne fut pas du goût de M. Durigneux qui, avec une tenacité digne d'un meilleur résultat, fit valoir avec plus d'énergie encore les raisons qui militaient en sa faveur. Il dit carrément leur fait aux marguilliers, dont le but évident était de traîner les choses en longueur, à force de procédures et de gagner ainsi les mauvais temps qui, naturellement, rendraient les travaux impossibles. Afin de déjouer leurs projets, il s'adressa au Magistrat « pour qu'il permît par provision l'exécution des réparations et changemens à apporter au presbytère, et en même temps pour qu'il condamnât les marguilliers aux dépens. » Le Magistrat fit droit à ces demandes et on se mit immédiatement à l'œuvre. Au mois de septembre, le mayeur et les échevins reçurent du curé de la Madeleine de nouvelles observations. En voici quelques-unes : « Le demandeur se croit bien fondé à demander par le présent escrit à ce qu'il plaise à MM. les juges de porter enfin un jugement définitif qui condamne les dits sieurs marguilliers à la restitution des frais que le demandeur justifiera avoir avancé provisionnellement, aussi bien qu'à payer ceux qui pourroient rester dûs pour l'achèvement de ce qui a été jugé nécessaire par le rapport de M⁰ Desfosseux, dont l'exécution provisionnelle a été ordonnée par sentence du 19 août dernier ; le tout avec dépens, dommages et intérêts ; sauf le recours des dits sieurs marguilliers vers qui ils trouveront convenir, s'ils s'y croient fondés. La justesse de ces réclamations résulte de deux considérations également simples : la première, c'est que la nécessité de travailler au presbytère de la Magdelaine et d'y faire les changemens et ouvrages indiqués par le rapport de M⁰ Desfosseux pour la rendre dans un état décent et convenable au logement d'un curé de ville, a été constatée par le procès-verbal de visite de cet expert, d'autant moins suspect à MM. les marguilliers de la Magdelaine, que ce sont eux-mêmes qui l'ont nommé, le demandeur n'ayant fait que référer à cette nomination. La seconde, c'est que l'exécution de ces mêmes changemens et petits ouvrages indiqués, desquels le demandeur déclare de vouloir bien se contenter, épargnera la meilleure et la plus considérable partie de la dépense qu'il auroit fallu faire si l'ancien plan mentionné dans la délibération du Magistrat de cette ville, du 21 avril 1687, auroit dû être exécuté comme le demandeur auroit été en droit de le prétendre suivant le résultat de la même délibération, puisque ce plan ne prescrivoit rien moins que la constitution d'un deuxième étage dans tout le contenu de ladite maison. La persévérance des marguilliers à ne pas se servir de dupliques malgré les deux ordonnances de ce siége, des 14 juin et 1er août derniers, qui leur ont expressément enjoint de le faire à tel péril que de droit, fait présumer qu'ils n'ont rien de solide à alléguer, puisqu'une seconde fois ils se sont volontairement laissé débouter de satisfaction aux ordonnances de ce siége. »

En manière de conclusion, M. Durigneux demandait avec confiance de voir ses fabriciens contraints de solder tous les frais tant du procès que des ouvrages commencés, conclusions qui furent adoptées par le Magistrat.

Le 24 avril 1747, en effet, les marguilliers furent définitivement condamnés à payer les trois quarts des sommes s'élevant à 1937 florins, 17 patars, 3 deniers.

Ainsi se termina cette misérable contestation que le mauvais vouloir de la fabrique développa outre mesure et rendit par là même onéreuse. Quelques concessions mutuelles eussent suffi, dès le principe, pour arranger le tout au mieux des intérêts en jeu. Mais les marguilliers, habitués à prendre l'initiative des réformes à effectuer, furent froissés de se voir, dans cette circonstance, devancés par le curé. Aussi apportèrent-ils toutes les allégations possibles pour retarder et même empêcher les travaux demandés. Comme on a pu en juger, ils eurent affaire à forte partie. Une à une, M. Durigneux réduisit à néant leurs raisons qui reposaient sur un principe faux. Fort de son droit, il sut gagner l'esprit du Magistrat et trouva près de celui-ci le secours dont il avait besoin pour faire triompher sa cause. Il eut raison de s'opposer aux prétentions orgueilleuses de ses marguilliers et leur fit sentir qu'il n'est pas toujours bon de laisser au curé un rôle pour ainsi dire passif. Leur attitude, du reste, a tout lieu de nous étonner, car très rarement une pareille hostilité régna entre le curé et les fabriciens qui toujours, avant comme après ce différend, marchaient et ont marché la main dans la main, à la satisfaction générale.

Instruits par l'expérience, les marguilliers n'essayèrent plus d'entraver la direction donnée aux affaires par le curé, et ils assistèrent sans autre protestation à la réédification de la trésorerie commencée en 1753 et achevée en 1754.

Aucun fait intéressant n'est plus à signaler jusqu'à la mort de M. Durigneux, survenue en 1759. Il semblait laisser la paroisse dans un état prospère, mais de grosses difficultés allaient surgir et son successeur dut déployer une énergie peu commune pour en sortir avec honneur.

Chapitre VII.

L'abbé Louis Lorthiois, curé de la Madeleine (1759-1762). — Dettes criardes de la fabrique. — Le Magistrat accorde une levée de 6700 florins. — Noms des personnes qui prêtèrent cet argent. — Autorisation de se servir de cierges de cire royale. — Nouvelle affaire de Bouland. — L'abbé Lorthiois se retire. — L'abbé Delporte, desserviteur (1762-1764). — Etablissement de nouveaux buffets pour les habitués, les chantres, les marguilliers. — Châsse de Sainte-Marie-Madeleine, par Baudoux. — Fondation Willemot. — L'abbé Dehas, nouveau curé (1764-1774). — Difficultés avec la confrérie des trépassés. — Cession de terrain aux pauvriseurs. — Remboursement des dettes de l'église. — Beau dévouement des marguilliers. — Mort de l'abbé Dehas.

La période qui s'ouvre ne va guère contraster avec celle qui précède, car elle sera féconde en difficultés de tous genres. Les dettes de la paroisse croissaient de jour en jour. En 1760, on n'avait encore pu payer la trésorerie reconstruite en 1753 et dont la dépense avait été de 3.000 florins. A cela s'ajoutèrent les frais nécessités par la réfection des charpentes du dôme et de la façade. A la suite de ces travaux, il fallut blanchir l'église, nettoyer et replomber les vitres, enfin arranger les orgues détériorées par la poussière et les décombres.

Désireux de savoir au juste à quoi s'en tenir sur l'état de leur administration, les marguilliers prièrent leur trésorier, M. Hespel, de dresser un compte exact des dettes contractées, afin d'aviser aux moyens de les liquider.

Ce travail fait, M. Hespel déclara avoir à son actif 629 florins, 6 patars, 11 deniers ; mais le passif se montait à la somme de 11.529 florins, 19 patars, 4 deniers. Ce compte fut soumis à un examen minutieux et reconnu exact ; après quoi, copie en fut remise à Mᵉ Costenoble, notaire, qui rédigea un procès-verbal à cause de certaines dissensions survenues entre M. Hespel et ses collègues [1].

Ceux-ci envoyèrent sans retard une missive au Magistrat afin de pouvoir faire une levée d'argent qui leur permit de s'acquitter. Par apostille du 2 décembre 1761, le Magistrat accorda un emprunt de 6.700 florins en rentes héritières ou viagères, « au sens le plus avantageux. » Ayant encore présent à la mémoire l'enthousiaste mouvement de générosité qui s'était produit un jour que la paroisse était en pareille détresse, les marguilliers crurent qu'ils allaient recevoir des secours immédiats, et ce fut avec une confiance absolue qu'ils firent publier le décret du Magistrat. Ils furent déçus dans leurs espérances : non pas que le zèle des paroissiens se fut le moins du monde ralenti, mais les temps avaient changé. A cette époque, l'Angleterre était en guerre avec la France et refusait les propositions de paix les plus avantageuses que nous lui faisions. On demandait subsides sur subsides pour soutenir avec honneur cette campagne ; aussi n'est-il pas étonnant que la générosité publique eut diminué ses offrandes. La fabrique eut alors recours à la constitution de rentes héritières « au denier vingt-cinq. » Elle eut

---

[1] Registre aux Résolutions, lettre D, f. 99.

plus de succès cette fois et elle nous a conservé les noms des personnes qui l'aidèrent à sortir de ce mauvais pas.

Ce sont :

L'Hôpital Saint-Joseph	600 florins.
Marie-Françoise Mourmant. .	300 »
Marie-Catherine Dujardin. . .	300 »
Marie-Catherine Desrumaux. .	400 »
Marie-Anne Delanghe	600 »
Béatrix-Catherine Bellevie. . .	1.000 »
Reine-Joseph Lemesre . . .	600 »
Catherine-Louise Messiane . .	400 »
Robert-François Dumerpont .	600 »
Marie-Michel Grau	400 »
Demoiselle la veuve Acart, mère et tutrice de Paul Acart . . .	1.000 »
Antoinette-Joseph Lenglart . .	500 »

Grâce à ce système, le budget reprit peu à peu son équilibre et cette question capitale fut momentanément reléguée au second plan. En effet, l'incident des cierges vint bientôt absorber toutes les attentions.

Les paroisses de la ville se servaient depuis quelques années de cierges de cire royale, au lieu de flambeaux, dans les services solennels. Seule, la Madeleine avait conservé l'ancien usage. Mais les marguilliers, ne voulant pas paraître arriérés, avaient demandé l'autorisation d'agir comme les autres, et ils l'obtinrent le 20 mars 1761. Cette mesure nouvelle ne fut pas reçue favorablement par tous les paroissiens. M. de Bouland, le même qui avait déjà fait parler de lui lors de l'enterrement de son père, profita de la mort de son fils pour protester contre cette innovation et voulut faire porter des flambeaux au convoi. Le bailli de l'église vint le prévenir, de la part des marguilliers, qu'une apostille du Magistrat enjoignait à toutes les paroisses de se servir de chandelles de cire. M. de Bouland répondit par des propositions tellement inadmissibles, qu'on jugea utile de les faire examiner dans une assemblée générale des marguilliers de la ville. Convoqués le 12 décembre 1761, à deux heures, à la trésorerie de Sainte-Marie-Madeleine, les marguilliers décidèrent de ne rien admettre de contraire au décret du Magistrat et de communiquer l'original de leur délibération au seigneur de Bouland, lequel n'y trouva rien qui put le faire changer d'avis. Pour étouffer cette tentative d'opposition au Magistrat, préjudiciable aux fabriques, on résolut de se saisir des flambeaux au portail de l'église et de demander au prévôt de la ville deux sergents pour en imposer aux enfants de la Grange (Bleuets), qui avaient reçu ordre de rapporter les torches funèbres à la maison mortuaire.

Arrivés à l'église, les enfants essayèrent de résister, puis finalement prirent la fuite, abandonnant dix-sept flambeaux sur vingt-quatre [1].

M. de Bouland porta plainte aussitôt et requit du Magistrat l'autorisation de poursuivre en justice pour faire punir les personnes chargées de s'emparer de ses flambeaux. A cette nouvelle, qui leur causa une vive surprise, les marguilliers ripostèrent que « M. de Bouland cherchoit un prétexte pour ouvrir une procédure

---

[1] Registre aux Résolutions, n· 4, lettre D, f. 100.

criminelle, puisqu'ils n'avoient eu d'autre but que de conserver à l'église paroissiale dont ils sont les administrateurs, la perception des droits qui lui appartiennent. Leur conduite est donc à l'abri de tout reproche, puisqu'ils ont réprimé une voie de fait par une voie légitime. » Mais leur adversaire ne tint aucun compte de cet aveu ; il fit sonner le tocsin et assembla ses parents qui, prenant l'affaire au tragique, conclurent entr'eux une sorte de pacte de famille contre les marguilliers « afin d'avoir raison d'un attentat dont on n'avoit pas d'exemple. »

La procédure suivit son cours ; on entendit tous les jours de nouveaux témoins. Les premières demandes de M. de Bouland furent repoussées comme excessives ; les suivantes furent discutées et on arriva à un accord.

En cette circonstance, les marguilliers firent preuve de dignité et de bon sens : ils sacrifièrent leur amour-propre à l'intérêt général de la paroisse qui, en fin de compte, aurait eu à supporter tous les frais. Ils firent restituer les torches à M. de Bouland en protestant, par notaire, que cette reddition ne pouvait influer en rien sur le droit qu'ils ont toujours eu de conserver les cires sorties d'une maison mortuaire. En raison de cet accommodement, le Magistrat fit remise au seigneur de Bouland du coût de la procédure.

Le procès-verbal de ce différend fut signé par les délégués des paroisses de la ville, à l'exception de ceux de Sainte-Catherine, qui n'avaient pas commission pour cela ; l'un d'eux avait en outre blâmé la saisie des flambeaux. Aussi longtemps que les députés de Sainte-Catherine furent sans cette commission, les marguilliers de la Madeleine évitèrent de se trouver avec eux dans une assemblée générale quelconque.

Peu de temps après cette affaire, qui fit beaucoup de bruit pour rien, eut lieu, en 1762, le départ de M. l'abbé Lorthiois, qui n'avait pas su remplir convenablement les obligations de son ministère. Il fut remplacé par M. l'abbé Delporte, en qualité de desserviteur.

Le 24 octobre 1762, les habitués, les chantres, les marguilliers et les administrateurs de la confrérie du Saint Sacrement s'entendirent pour l'achat de nouvelles stalles plus ornementées que les précédentes. C'était une assez forte dépense ; mais la substitution des cires royales aux flambeaux avait augmenté les revenus de l'église, à tel point que, à dater de la Saint-Jean-Baptiste 1763, on porta de 24 à 30 florins la rétribution à payer au prévôt de Saint-Pierre, M. de Valory.

On put aussi commander à Baudoux une châsse dont le devis fut présenté le 7 août 1763. Cette châsse, véritable chef-d'œuvre qui a disparu à la Révolution, est décrite plus loin.

Des fondations vinrent encore accroître les ressources de la fabrique. Il faut signaler particulièrement celle de M. Joseph Willemot qui, le 5 octobre 1763, versa la somme de 600 florins aux conditions suivantes : on devait lui payer sa vie durant 24 florins et, après sa mort, faire célébrer annuellement un obit « bourgeois » ainsi qu'une messe basse au jour anniversaire de son décès.

Cependant, M. Delporte ne remplissait les fonctions curiales que par intérim. A la suite du concours de 1764, l'évêque de Tournai créa de nouveaux curés et nomma comme pasteur à la Madeleine M. l'abbé Dehas, homme de grande intelligence, capable de bien gouverner sa paroisse déjà importante ; malheureusement de graves infirmités ne lui permirent pas de s'occuper de ses ouailles comme il l'aurait voulu.

Malgré la faiblesse de sa santé, M. Dehas montra qu'il savait, le cas échéant, défendre avec énergie les intérêts paroissiaux. On sait que le couvent des Capucines était situé sur le territoire de la Madeleine. Le supérieur de cette maison, M. l'abbé Carteret, avait, de son propre chef, donné la sépulture aux demoiselles Proville et du Chambge. C'était d'un mauvais exemple pour les autres fidèles et le préjudice porté à la fabrique par cette façon d'agir pouvait devenir considérable. M. Dehas protesta et le 11 novembre 1766, les religieuses capucines « ont reconnu et déclaré que le dit sieur curé de la Magdelaine a le droit d'inhumer toutes les personnes séculières qui choisissent leur sépulture dans l'église du dit couvent des Capucines ; qu'en conséquence il est dû à la fabrique une rétribution selon qu'il en a été usé cy-devant ; reconnoissant en outre que c'est mal à propos que le dit sieur Carteret a donné la sépulture aux demoiselles Proville et du Chambge, en consentant que pour rectifier cet abus, il soit tenu note des dites inhumations sur les deux registres de ladite paroisse de la Magdelaine ayant servis ès-années du décès des dites demoiselles, et parmi ce ledit procès prendra fin. »

On se souvient que lors de la construction de la nouvelle église, la chapelle de saint Vital fut démolie. Rien, jusque-là, n'était venu rappeler aux fidèles la mémoire de leur premier patron. En 1767, quelques personnes pieuses, voulant raviver le culte du saint, firent réparer la châsse contenant ses reliques et demandèrent que sa statue fut placée dans le chœur.

Pour sanctionner en quelque sorte le relèvement du culte de saint Vital, l'évêque de Tournai accepta « que la fête du saint fut célébrée tous les ans, le dimanche le plus près du jour où elle tombe, sans cependant qu'on en pût faire un octave. » On ne saurait trop louer cette démarche de certains paroissiens qui, tout en honorant sainte Marie-Madeleine, ne voulaient pas oublier, dans leurs actions de grâces, celui sous la protection duquel avait pris naissance leur quartier alors florissant.

C'est en raison de l'extension que le quartier prenait de jour en jour que les marguilliers, le 12 juin 1767, cédèrent aux pauvriseurs de la paroisse un terrain dépendant du cimetière pour y construire une trésorerie à leur usage.

L'ancienne, presque en ruines, empêchait l'écoulement des eaux qui tombaient de la toiture de l'église, de sorte que les murs étaient sans cesse exposés à l'humidité. Un mois après, ils reçurent de l'évêque l'autorisation d'exhumer les corps enterrés au lieu désigné et de les remettre en un autre endroit « avec tout le respect et la décence convenables. » Pour cette cession, les pauvriseurs devaient verser à la fabrique huit sols parisis par an. Cette petite somme ne devait pas contribuer grandement à couvrir les dettes de l'église. Certes, en 1770, on n'était plus dans une situation précaire, mais les difficultés d'argent subsistaient toujours. Si les revenus avaient augmenté, les charges étaient devenues plus lourdes. Aussi, pour libérer la paroisse de ses dettes, les marguilliers eurent-ils de nouveau recours à l'inépuisable charité des personnes pieuses. Pour étouffer les plaintes que cette nouvelle demande de subsides pouvait soulever, ils s'inscrivirent en tête de la souscription. Voici en entier cet acte, qui témoigne d'un si admirable dévouement :

« Nous, Marguilliers de la paroisse de la Magdelaine, soussignés, spécialement et duement convoqués et assemblés, ayant cy-devant considéré combien il est onéreux à cette paroisse, qui n'a que très peu de revenus, de continuer à payer les cours des rentes héritières constituées en vertu d'autorisation de Messieurs du Magistrat de cette ville, du deux décembre mil sept cent soixante-et-un, dont les capitaux, montant à sept mille trois cens florins, ont été employés au paiement des réparations urgentes et indispensables que nos prédécesseurs ont été nécessités d'y faire et que, s'il n'étoit le plus tôt pourvu à l'extinction de ses charges, la dite église seroit menacée de ne pouvoir subvenir aux frais de son entretien, ni à ses dépenses journalières, et ayant en conséquence arrêté de nous assembler aujourd'huy pour délibérer sur les projets de libération que chacun de nous pourroit avoir aperçu en son particulier ; après nous être réciproquement communiqués les dits projets et les avoir tous examinés et sérieusement discutés, nous confiant dans le zèle et dans la charité des notables de cette paroisse dont elle a, en plusieurs occasions, ressenti les salutaires et généreux effets, avons résolu de recourir à des prêts volontaires et gratuits pour pourvoir incessamment au remboursement des dits capitaux, comme il suit :

1°. — Chacun de nous huit fournira cent écus, faisant un total de dix-neuf cent-vingt florins.

2°. — Les notables et principaux paroissiens seront invités chez eux, autant qu'il sera nécessaire, pour compléter la dite somme de sept mille trois cens florins, chacun un prêt gratuit de cent écus.

3°. — Sitôt que la dite somme sera complétée, il sera procédé au remboursement de toutes les dites sommes héritières.

4°. — Il sera chaque année pourvu par la voie du sort au remboursement de deux prêteurs, et, à cet effet, à l'expiration de l'année du remboursement des susdites rentes, on tirera en présence des intéressés qui voudront y assister, en la manière des loteries, deux billets à rembourser qui seront payés sur-le-champ en remettant les billets de reconnoissance acquittés.

5°. — Les marguilliers sortis d'exercice pourront, s'ils le veulent, mettre leurs billets dans la roue comme les prêteurs étrangers et pour recevoir les deniers desdits prêts gratuits, nous déclarons avoir nommé et établi le sieur Ochin, dont les récépissés au pied de copie de notre précédente résolution, signés de l'un de nous, tiendront lieu d'obligation solidaire de notre part.

Fait, résolu et signé de nous tous en notre assemblée extraordinaire tenue à cet effet, ledit jour dimanche, dix-huit mars mil sept cent soixante-dix. »

Cet appel éloquent fut entendu ; les notables ne voulurent pas être en reste avec leurs marguilliers.

M. l'abbé Dehas, que ses infirmités faisaient cruellement souffrir depuis quelques années, rendit son âme à Dieu en 1774 ; il laissait sa cure quelque peu dans le désarroi, par suite de l'inaction forcée où il s'était vu réduit.

Chapitre VIII.

L'abbé Honoré, desserviteur (5 sept. 1774). — Qualités de ce bon prêtre. — Démarches des marguilliers pour le conserver. — Fondation pour une messe de midi. — L'abbé Maclou-Joseph Verdier (29 sept. 1775—1781). — Froid accueil qu'il reçoit des marguilliers. — Don des quatre tableaux de Lens. — Etablissement de boiseries dans le chœur. — Permission de passer par la chapelle de la Sainte-Vierge. — Visite de Mgr de Salm-Salm à Lille et dans la paroisse de la Madeleine. — M. Verdier nommé doyen de chrétienté et représentant de l'évêque de Tournai au bureau du collège de Lille. — Différents autres pouvoirs accordés à M. Verdier. — Affaire du cimetière. — Mort de M. Verdier. — L'abbé Delabassée, desserviteur.

Lorsque la mort de M. Dehas laissa vacante la cure de la Madeleine, les concours venaient d'être terminés ; il fallait attendre longtemps avant d'avoir un curé titulaire ; et cependant le troupeau avait un pressant besoin d'un pasteur vigilant et éclairé.

M. l'abbé Honoré, desserviteur, était doué de nombreuses qualités, mais son titre ne lui donnait pas l'autorité nécessaire pour relever la paroisse qui avait été négligée les années précédentes.

On s'était ému de cette situation à Tournai. En nommant M. Honoré, l'évêque espérait vivement que les maux dont elle souffrait seraient vite réparés. Ce prêtre justifia la confiance que l'on avait en ses capacités. Pendant plus d'un an, les Madeleinois purent le voir à l'œuvre, admirèrent et ressentirent les effets bienfaisants de sa sollicitude pastorale, de son zèle pour leurs intérêts spirituels et temporels. Aussi, les marguilliers, à la veille du nouveau concours qui allait les priver d'un bien dont ils avaient si peu joui, demandèrent-ils aux vicaires généraux, avec une insistance touchante, le maintien du desserviteur de la Madeleine : « Nous ne connoissions le sieur Honoré que de réputation ; c'est vous-même qui nous avez mis en état de faire l'expérience de son mérite. Achevez votre propre ouvrage. Qu'il ne soit pas dit que vous avez fait entendre la voix du véritable pasteur pour nous livrer sitôt au regret de le perdre. Messieurs les collateurs qui connoissent nos besoins et l'attachement déjà bien mérité que nous portons au sieur Honoré, n'attendent que sa promotion au concours pour confirmer votre nomination par votre propre choix, et vous, Messieurs, nous espérons que, ramenant en quelque sorte un exemple de la primitive église, vous vous ferez un plaisir d'exaucer les vœux du troupeau et vous nous donnerez définitivement pour pasteur celui que votre choix préliminaire et ses vertus nous ont fait aimer. »

Quel plus bel éloge pourrait-on faire de M. l'abbé Honoré ? Nous sommes heureux de dire que les marguilliers n'avaient rien exagéré. L'abbé Honoré s'était vraiment dévoué pour la paroisse. Cependant, les vicaires généraux se trouvèrent dans l'impossibilité de donner satisfaction aux fidèles, dont les regrets accompagnèrent leur affectionné pasteur longtemps encore après son départ.

Pendant l'année de sa desservance, au mois d'avril

1775, une rente au capital de deux mille cinq livres de France, au cours de 4 p. cent, fut créée, par divers particuliers, pour célébrer à perpétuité une messe de midi, à l'intention des fidèles trépassés. La fabrique devait fournir le pain, le vin et le luminaire.

Le 29 septembre 1775 eut lieu l'installation du nouveau curé, M. l'abbé Maclou-Joseph Verdier. Les marguilliers, froissés sans doute de l'insuccès de leurs démarches, lui firent un accueil plus que froid et trouvèrent moyen de montrer leur mauvaise humeur.

Pendant la cérémonie de l'installation, un prêtre habitué de la paroisse, M. Favier, s'était tenu aux côtés du curé, ainsi que le vicaire, M. Lejeune. Quelques paroissiens malintentionnés firent courir le bruit que M. Favier voulait à son tour devenir vicaire. Les marguilliers voulurent savoir s'il y avait quelque chose de vrai dans cette rumeur, dont l'absurdité devait cependant sauter aux yeux de tout homme non prévenu. Ils prièrent donc M. Favier de monter à la trésorerie aussitôt après l'installation.

La cérémonie terminée, M. Favier, accompagné de M. le curé, se rendit à la trésorerie. Là, ils lui demandèrent s'il avait agi en qualité de vicaire; sur sa réponse négative (réponse confirmée par celle de M. le curé), les fabriciens, très formalistes, dressèrent un procès-verbal qui fut signé par les deux ecclésiastiques.

En cette même circonstance, ils donnèrent à M. Verdier la faculté de se rendre à l'église par la chapelle de la Sainte-Vierge. Ainsi, charmés de la déférence qu'il leur avait montrée en accompagnant M. Favier à la trésorerie, ils ne crurent pas devoir, dès ce jour, traiter le nouveau curé autrement que ses prédécesseurs. Bientôt, grâce à son caractère agréable, à son tact, à son expérience, M. Verdier gagna le cœur de ses paroissiens et sut exciter leur générosité.

Au mois d'août 1777, il reçut 800 florins avec un billet cacheté de 400 florins. Cette somme fut employée à la réparation des boiseries du chœur que le mauvais état des finances de l'église n'avait pas permis d'entreprendre en l'année 1762. C'est vers cette époque également qu'on fit l'acquisition des quatre beaux tableaux de Lens qui ornent encore le chœur.

Au mois de juin 1777, Mgr de Salm-Salm, évêque de Tournai, vint à Lille donner la confirmation. Sa tournée pastorale ne fut qu'un long triomphe. L'évêque visita toutes les paroisses de la ville et les différents couvents qui y étaient établis.

Très souvent, Son Altesse s'occupa spécialement de la cure de la Madeleine.

« 3 juin. — Son Altesse a donné la confirmation le matin à la paroisse de la Magdelaine. L'après-midi, elle a visité les couvents des Ursulines, de Saint-François de Sales et l'hôpital du Saint-Esprit.

» 4 juin. — Son Altesse a encore donné la confirmation, au matin, dans la paroisse de la Magdelaine pour tous les enfans et autres personnes de l'Hôpital général. Dans la même matinée, elle est allée aux Carmes déchaussés.

» L'après-midi, elle s'est rendue aux villages de Wazemmes et Lezennes, seigneuries de l'évêché.

» 5 juin. — L'après-midi, elle est allée aux Brigittines et aux Sœurs noires.

» 6 juin. — Elle est allée aux couvents des Célestines, des Carmélites ; l'après-midi, aux Annonciades.

» 8 juin. — Après avoir dit la messe dans la chapelle de l'hospice Comtesse, elle a donné la tonsure à un jeune homme, nommé Mariage, et a donné la confirmation à deux personnes de l'hôpital. »

Pendant son séjour à la Madeleine, Mgr l'évêque de Tournai avait sans doute pu apprécier les éminentes qualités de M. l'abbé Verdier ; car le 23 juillet 1779, il le nomma doyen de chrétienté ; il lui fit faire profession de foi et prêter serment entre ses mains.

A la mort de M. de Vleschauwer, Son Altesse l'avait aussi chargé (15 juillet 1779) de présider en son nom toutes les assemblées du bureau du collége de Lille.

Au mois de septembre de la même année, il accorda à l'abbé Verdier la faculté spéciale de proroger de vive voix « les admissions pour entendre les confessions des fidèles ou pour leur annoncer la parole de Dieu, aux prêtres tant séculiers que réguliers, dans le cas où par inadvertance ils n'auroient pas pris soin de renouveler leurs pouvoirs. »

A peine était-il nommé doyen de chrétienté qu'il était délégué par son évêque pour bénir le nouveau cimetière commun qui venait d'être établi à Lille. Cette question a longtemps agité la ville ; il convient de nous y arrêter un moment.

En 1776 commencèrent les pourparlers relatifs à la translation des cimetières hors de la ville. Jusqu'à cette époque, le terrain entourant l'église servait pour la sépulture des fidèles. Chaque paroisse avait ainsi son cimetière. Les personnages de marque étaient inhumés dans l'église même, soit dans le chœur, soit dans les nefs latérales. L'enclos du pourtour était réservé au commun des mortels.

En 1744 déjà, un premier essai fut tenté dans le but de fixer au dehors les lieux d'inhumation. Guillaume Florentin, évêque de Tournai, écrivit un mandement pour recommander d'une façon toute spéciale ces nouvelles dispositions. Mais la foule, qui abandonne difficilement les vieilles coutumes, se montra très hostile à ce projet. Néanmoins on passa outre aux protestations et on agit en conséquence.

A Lille, le Magistrat eut d'abord l'intention de construire quatre nécropoles *extra-muros*, puis se décida à n'en créer que deux ; l'une au faubourg Saint-André, l'autre au faubourg des Malades. Il fallait surmonter de nombreux obstacles et vaincre de grandes difficultés. Tout d'abord, il s'agissait de trouver des endroits favorables laissant à la ville « le dessus du vent » dominant dans la contrée. Or, à Lille, le vent soufflant de l'ouest, l'emplacement était tout indiqué : il devait être à l'est et ainsi fut fondé le cimetière qui porte ce nom. Le comte de Saint-Germain, en qualité de délégué du ministre, dans une lettre datée de Versailles du 11 juin 1777, approuva le choix. C'était supprimer d'un seul coup une abondante source de revenus pour les fabriques ; c'était provoquer de la part de tous les marguilliers une opposition très vive qui s'accrut encore lorsqu'un arrêt du Parlement débouta les plaignants de leurs prétentions.

La première délibération des fabriciens de la Madeleine sur ce sujet eut lieu le 17 décembre 1776. MM. Grenet de Marquette, d'Haffringues d'Hellemmes et Lemesre-Dubrusle, délégués à l'assemblée générale des marguilliers des paroisses de Lille, tenue à la trésorerie de Saint-Etienne, communiquèrent à leurs confrères le vœu exprimé en cette séance tendant à s'opposer au transfert des cimetières hors de la ville et à ne pas nommer les commissaires demandés par le Magistrat pour choisir et acheter un terrain convenable.

Reconnaissant cependant que cette mesure serait très utile à la salubrité de l'air et au bien-être des citoyens, espérant d'autre part que le Magistrat trouverait le moyen de réparer le préjudice causé aux fabriques par cette translation, les marguilliers de la Madeleine déclarèrent s'en rapporter à la prudence du Magistrat et nommèrent commissaire M. Grenet de Marquette. Ils étaient donc bien disposés, cependant il ne fut pas facile d'arriver à un accord.

De son côté, l'évêque de Tournai y mettait toute la bonne volonté possible : témoin la lettre suivante que nous trouvons dans les archives de l'ancien diocèse de Tournai, à la date du 5 janvier 1778.

« Sur la demande de MM. du Magistrat de la ville de Lille, tendante à soumettre aux observations et lumières de Mgr l'évêque de Tournai ce que peuvent dicter les intérêts de son autorité spirituelle et de la religion sur le fait de l'établissement d'un nouveau cimetière hors de la porte de Saint-Maurice, Son Altesse, après avoir fait examiner et vérifier le terrain et le plan du cimetière par MM. de Butler et de Gaisignies, chanoines de l'église de Saint-Pierre à Lille, commissaires qu'elle avait dénommés à cet effet, approuve par la présente ordonnance que le cimetière soit établi incessamment en exécution et conformité de la déclaration du Roy du 12 novembre 1776.

» Fait en l'assemblée de MM. les députés du Magistrat de Lille, ce 31 décembre 1777. »

Le 12 août 1778, le Magistrat, désireux d'aplanir toutes les difficultés, écrivit à Mgr de Tournai pour le prier de venir bénir le nouveau cimetière. L'évêque répondit qu'il en était empêché par les soucis que lui causaient la mort de son frère, le prince régent de la principauté de Salm-Salm, et la tutelle de ses neveux.

D'ailleurs, le cimetière n'était pas complètement terminé. L'année suivante, le Magistrat envoya le réglement, accompagné de la lettre suivante :

« Monseigneur,

» Nous avons l'honneur de vous adresser notre réglement ainsi que votre Altesse a paru le désirer. Nous vous supplions, Monseigneur, de vouloir bien l'agréer en ce qui pourroit concerner votre autorité spirituelle. Nous ne pouvons que vous réitérer nos instances pour l'accélération de cette affaire, dont tout nous engage à désirer de voir bientôt la fin. Vous connaissez, Monseigneur, le surplus de nos vœux et nous nous bornerons à renouveler les assurances de respect avec lequel nous sommes, Monseigneur, de votre Altesse, les très humbles et très obéissants serviteurs, les rewart, mayeur, échevins, conseil et huit hommes de la ville de Lille.

» Signé : Du Chateau de Willermont. »

Son Altesse l'approuva et chargea l'abbé Verdier, curé de la Madeleine et doyen de chrétienté, de procéder à la bénédiction du cimetière, par l'ordonnance qui suit :

« Guillaume Florentin, par la Providence divine, évêque de Tournay, prince de l'empire romain, de Salm-Salm, Wild et Rhingrave, etc. etc ; à tous ceux qui les présentes lettres verront, salut et bénédiction.

» Savoir faisons que vu la requête du Magistrat de la ville de Lille, dans laquelle ils nous auraient représenté que pour ne pas nuire à la salubrité de l'air de cette ville, il étoit nécessaire d'en transférer les cimetières hors de son enceinte ; qu'à cet effet et pour se conformer comme les circonstances le permettoient à ce qu'exigeoit la police et utilité publique, rien n'étoit plus convenable que de substituer aux cimetières des paroisses de Saint-Etienne, Saint-Maurice, Saint-Sauveur, Sainte-Catherine, la Magdelaine et Saint-André, un seul et unique cimetière qui leur seroit commun, situé hors de la porte de Saint-Maurice et à peu de distance d'icelle et construit avec toute la décence requise, conformément au plan joint à la requête ; pourquoi ils auroient pris leur recours par devers nous, soumettant à notre considération ce que pouvoit dicter à cet égard l'intérêt de la religion et notre autorité spirituelle notre apostille et ordonnance étant à la suite de ladite requête en date du 22 août 1777 par laquelle nous aurions commis et spécialement député MM. de Butler et de Gaisignies, prêtres, chanoines et respectivement, chantre et écolâtre de l'église collégiale de Saint-Pierre au dit Lille, peu après leur transport sur les lieux et avoir ouï les intéressés, choisir, régler et disposer de concert avec Messieurs les Magistrats susdits, l'emplacement, construction et établissement dudit cimetière, et le tout à nous envoyé ; y être ultérieurement disposé, quant à la bénédiction, ainsi qu'il appartiendroit; procès-verbal dressé par nos commissaires contenant leur transport, visite et examen des lieux et audition des intéressés du 27 août et du 2 septembre 1777 ; leur ordonnance du 4 en suivant avec leur choix et approbation de l'emplacement du cimetière sus-désigné sur un terrain élevé et comprenant 2000 verges environ aussi bien que la construction d'icelui au moyen de l'érection d'un crucifix, d'un mur de clôture de neuf pieds d'élévation dans tout le pourtour avec une porte en grilles de fer et le logement d'un concierge fossoyeur, le tout ainsi qu'il est compris au plan susnommé et joint à ladite requête ; lettres missives des Magistrats de ladite ville de Lille en date du 15 et du 24 du mois de juin dernier à nous adressantes et par lesquelles ils nous avoient requis et demandé de vouloir bien agréer les réglements par eux rédigés, concernant la translation des cimetières susdits pour tout ce qui pourroit concerner notre autorité et ordonner ensuite la bénédiction du nouveau cimetière construit en la manière et forme susdites ; vu aussi les conclusions de notre promoteur, le tout diligemment examiné, louant et confirmant autant que besoin serait ou pourroit être, les dispositions de nos commissaires susdits, nous avons agréé et approuvé, agréons et approuvons ledit réglement et ordonnance des Magistrats de la ville de Lille pour tous les points et articles qui pourroient dépendre de notre ministère, autorité et juridiction ;

ordonnons en conséquence qu'il sera procédé à la bénédiction du cimetière récemment construit, par M. Maclou-Joseph Verdier, curé de la Magdelaine en la ville de Lille et doyen de chrétienté du district, sans néanmoins que notre présente ordonnance et approbation de ce cimetière commun puisse nuire et préjudicier à aucune personne, corps et communauté qui auroit et prétendroit droit d'inhumation en tout autre lieu et cimetière. Voulons aussi que dans ledit cimetière il soit construit un petit oratoire près le logement du concierge avec une porte dans le mur de clôture et un pourtour, laquelle ne sera ouverte que depuis 7 heures du matin jusqu'à 6 heures du soir durant le printemps et l'été et depuis 8 heures du matin jusqu'à 4 heures après-midi durant le reste de l'année. Et sera notre présente ordonnance lue, publiée et affichée partout où il appartiendra.

» Donné à Tournay, en notre palais épiscopal, sous notre seing, le sceau de nos armes et le contre-seing de notre secrétaire, le 3e jour de juillet 1779.

» Par ordonnance, LIÉTAR. »

Le 15 juillet, le Magistrat écrit une nouvelle lettre annonçant que le cimetière commun est définitivement achevé, que le petit oratoire désiré est construit, et de nouveau, il prie instamment Mgr de bénir lui-même le cimetière.

Son Altesse répondit le 19 juillet :

« MESSIEURS,

» Je viens de député M. l'abbé Verdier pour procéder à la bénédiction du nouveau cimetière. Vos réglements m'ont paru rédigés avec les précautions les plus sages et l'ordonnance que j'ai fait émaner à cet égard, n'est qu'une approbation de ce qu'ils contiennent par rapport au bien de la religion et qui dépend de l'autorité.

» Le concert qui a régné entre les deux autorités dans toutes les démarches qui ont précédé la conclusion de cette affaire m'a causé beaucoup de satisfaction : rien n'est plus capable d'édifier le public que cette confiance réciproque et cet esprit de conciliation dont je ne me départirai jamais.

» C'est dans ces sentiments, et avec la considération la plus distinguée que je suis, etc... »

Mais le même concert n'existait pas entre le peuple et les autorités. La population cria à l'impiété; il y eut de véritables émeutes. On eut beau diviser le nouveau cimetière en trois parties répondant aux distinctions déjà existantes, c'est-à-dire à l'inhumation dans le chœur, les nefs ou l'enclos : rien n'y fit. D'ailleurs, l'idée d'être transporté dans un char, comme une bête morte, répugnait à chacun. Aussi, lorsque le 16 août 1779, le premier corbillard sortit de Sainte-Catherine pour le faubourg Saint-Maurice, il fut assailli à coups de pierres ; le bailli eut son manteau déchiré en mille pièces et il fut obligé de se réfugier dans l'église pour ne pas être écharpé ; la manifestation se termina par un *De Profundis* expiatoire. Après quoi, le service funèbre s'acheva paisiblement. On comprit alors que toute résistance était inutile et que les tentatives faites dans le but d'empêcher l'établissement des cimetières en dehors de la ville échoueraient sûrement devant la volonté formelle et hautement exprimée des

— 82 —

pouvoirs publics. Ainsi, l'autorité et le bon sens triomphèrent des préjugés populaires [1].

Quelques années plus tard, le 10 octobre 1781, mourut subitement M. l'abbé Verdier, laissant à tous des regrets profonds et l'exemple d'une vie bien remplie.

M. l'abbé Arnould-François-Joseph Delabassée fit l'intérim comme desserviteur et laissa la place à M. l'abbé Saladin, curé illustre entre tous, par la sainteté dont brilla sa vie et par le retentissement qu'eut sa mort.

---

[1] Aujourd'hui, Lille a deux cimetières, l'un à l'est, l'autre au sud. Celui-ci fut inauguré en 1864. Le plan actuel du premier est dû à M. Grodée, ancien secrétaire général de la mairie. Sa superficie est de 20 hectares. Le nombre des avenues et des sentiers est d'un millier environ ; ils représentent en développement plus de 25 kilomètres.

Chapitre IX.

Beaumont. — Les parents de M. Saladin. — Sa naissance. — La paroisse de la Madeleine en 1783. — La Chrétienté de Lille. — Etat général des esprits à Lille.— Zèle de M. Saladin pour l'ornementation de son église. — Nouveau pavé dans le chœur ; restauration du dôme et de la façade. — Son esprit d'ordre, son amour pour les petits. — L'amour du peuple pour le curé. — Translation de Notre-Dame de Consolation à la Madeleine. — Affaiblissement de la foi. — Dépérissement de plusieurs confréries. — Appauvrissement de la fabrique. — Amour et confiance des paroissiens pour M. Saladin. — Convocation des États généraux. — Les cahiers de doléance du clergé de Lille. — Plaintes particulières du clergé des paroisses de Lille. — Lettre des cinq commissaires au ministre. — Création d'une nouvelle municipalité. - M. Saladin est élu parmi les notables pour faire partie du Conseil. — La fête de la Fédération. — Constitution civile du clergé. — Le roi accepte la Constitution. — M. Saladin refuse de lire les décrets au prône. — Craintes d'un certain nombre de curés. — M. Bécu, curé de Saint-Etienne. — Affichage de la loi. — Prestation du serment dans l'église Saint-Etienne. — M. Bécu. — M. Saladin refuse de prêter serment. — Discours imprimé de M. Saladin. — Réponse de M. Bécu. — M. l'abbé Du Bois prête serment et se rétracte.—Douleur et joie de M. Saladin. — Continuation de l'énergique résistance de M. Saladin. — Ordonnance anticonstitutionnelle. — Défense de la lire. — Lecture en chaire de ladite ordonnance. — Punition de M. Saladin. — Son refus de lire les décrets de l'Assemblée nationale. — Un prédicateur improvisé: Lesage-Senault. — M. Nolf est élu curé de la Madeleine. — M. Saladin reste dans la paroisse. — Il obtient des pouvoirs particuliers et extraordinaires pour toutes les paroisses de sa chrétienté. — Discrédit des prêtres schismatiques. — Dernier trait de la charité et de la largeur de vue de M. Saladin. — Nouvelles excitations.— Gêne de M. Nolf en face de M. Saladin. — Les rivageois insultent M. Saladin.— Mort de M. Saladin. - Conclusion.

A M. Maclou-Joseph Verdier succéda M. Philippe-François-Joseph Saladin, cette figure si sympathique que nous avons déjà fait connaître à un grand nombre de nos lecteurs.

Il naquit à Beaumont le 16 octobre 1740, de Philippe-Charles Saladin et de Marie-Augustine Buiseret, dont les ancêtres avaient acheté le titre de bourgeois de Beaumont et avaient occupé pendant assez longtemps les premières charges de la cité. Ses parents s'empressèrent de le faire baptiser et lui donnèrent pour parrain Michel Durieu et pour marraine Marie-Françoise Defacq.

Beaumont est une petite ville située sur la route de Mons à Chimay. Elle occupe le plateau d'une montagne assez élevée au pied de laquelle sont amoncelés d'énormes quartiers de roches. Au nord, à l'ouest et au sud, on distingue un groupe de collines escarpées. La pente des coteaux est tellement abrupte qu'ils seraient inaccessibles sans les chemins en zig-zag que l'on y a pratiqués.

Dès le XIIe siècle, Beaumont avait une enceinte formée par des fortifications dont il ne reste plus de nos jours que certaines parties. D'ailleurs, la topographie de l'agglomération urbaine n'a pas subi de modification depuis le XVIIIe siècle. Les plans d'alors sont identiques à ceux dressés de nos jours.

A l'époque dont nous nous occupons, c'est-à-dire en 1740, Beaumont avait vu le nombre de ses habitants réduit au chiffre de 950. C'était une population foncièrement religieuse, active, laborieuse et cherchant à porter bien haut l'honneur de la cité. Les habitants de Beaumont avaient dans leur caractère quelque chose de la rudesse de leur sol; leur énergie n'avait de comparable que la dureté des rocs que la nature même a placés là pour les défendre.

M. l'abbé Saladin était l'aîné d'une famille de trois enfants. Le second vint au monde en 1742; il s'engagea dans l'état ecclésiastique et mourut en 1814 ou 1815, curé d'une paroisse du diocèse de Tournai. Il se flattait d'être le frère du glorieux martyr dont nous allons parler. Le troisième fils se maria à Beaumont, y demeura et n'eut pas de postérité.

M. Philippe Saladin, qui était de deux ans plus âgé que son frère cadet, fit d'excellentes études, obtint le grade de lecteur en théologie, entra dans les ordres et reçut la prêtrise. A la suite de remarquables services rendus dans différentes fonctions, étant l'un des meilleurs prêtres du diocèse de Tournai, il fut pourvu, le 2 septembre 1782, de la cure de la Madeleine et devint bientôt doyen de chrétienté. Grâce à une intelligence très ouverte, à un caractère aimable et facile, il conquit sans peine l'estime et l'affection de ses ouailles. Hélas! malgré d'aussi belles qualités, il devait un jour périr victime de son dévouement à la cause de Dieu.

La paroisse de la Madeleine n'était plus cette paroisse pauvre que nous avons décrite, elle était devenue l'une des plus considérables de la ville. Les habitants y étaient nombreux, 10.000 à peu près. On distinguait parmi eux les plus beaux noms dont Lille et la France s'honorent encore actuellement. Une multitude de confréries, celles du Saint-Sacrement, de la Sainte-Vierge, des Trépassés, de Saint-Léonard, des Bateliers, de Saint-Roch, de Sainte-Agathe, du Sacré-Cœur, etc., la corporation des ciriers, montrent l'ardente foi qui y régnait.

Cette foi et cette piété étaient entretenues par des prédications multipliées. Ainsi, en carême, il y avait sermon le dimanche soir, le mardi matin, le jeudi matin et le vendredi soir. On prêchait encore aux fêtes des patrons des confréries de Sainte-Agathe, de Saint-

Léonard, etc., etc., sans préjudice des sermons donnés par le clergé de la paroisse les jours de dimanches et de fêtes. Les cérémonies religieuses contribuaient aussi pour une bonne part à raviver la dévotion. Outre les processions des trois jours des Rogations et celles de saint Pierre, du jour de l'Ascension, du Saint-Sacrement, du 15 août, pour lesquelles le clergé paroissial se rendait à Saint-Pierre, il se faisait presque chaque jour une procession pendant l'octave du Saint-Sacrement et régulièrement le jour même de l'octave. Il y avait encore procession le jour de la fête des saints Pierre et Paul, le 12 août (fête de saint Roch) et le dimanche de l'octave ; le jour de la Nativité (8 septembre) et le dimanche de l'octave, le quatrième dimanche de septembre, à la dédicace de l'église paroissiale, etc.

La communauté des Ursulines donnait l'instruction à un bon nombre de jeunes filles, riches et pauvres. Ce bel établissement et le collége, où professaient des maîtres savants, faisaient de la Madeleine un milieu très lettré. Aucune paroisse ne possédait un plus grand nombre de chapelles ; aucune ne possédait plus d'écoles aussi bien dirigées.

Telle était à peu près la situation de la paroisse que M. Saladin avait à diriger. Aussi, vu son importance, n'y plaçait-on que des curés très instruits, pleins d'initiative et appelés à devenir rapidement des doyens de chrétienté. L'abbé Saladin fut bientôt promu à cette haute dignité, car il possédait à un suprême degré les qualités requises pour occuper ce poste important.

M. Saladin arrivait à Lille dans un moment où les idées de révolte et d'irréligion pénétraient dans tous les esprits. Jusqu'alors, pour les raisons que nous avons rappelées plus haut, cette ville avait été préservée. Les corporations nombreuses y avaient su maintenir le bon esprit; très exclusives, elles ne permettaient pas facilement aux étrangers de venir s'y installer. Ceux-ci n'avaient donc pu changer les mœurs des habitants de la cité.

L'instruction était si bien donnée que les Lillois n'étaient pas obligés d'aller la chercher ailleurs ; aussi avaient-ils conservé leur caractère de simplicité et de droiture. Si des excès fort regrettables ont eu lieu, il faut les attribuer en majeure partie au grand amour de liberté qu'ils avaient hérité de leurs ancêtres ; ils tenaient à leurs franchises. C'est de cette disposition d'esprit, si bonne en elle-même, que quelques hommes de mauvaise foi ont abusé pour accomplir leurs pernicieux desseins.

Le zèle de la maison de Dieu dévorait l'abbé Saladin. En effet, dès son arrivée, il montra combien il tenait à l'ornementation du temple et à la magnificence des cérémonies. La façade, le dôme et le contour de l'église exigeaient des réparations ; il en fait la demande à son conseil de fabrique et l'ouvrage est exécuté. Le pavement du chœur laissait à désirer ; il ne prend pas de repos qu'il ne soit parvenu à recueillir la somme nécessaire pour la pose d'un dallage plus digne de la maison de Dieu.

D'ailleurs, l'esprit d'ordre dont il était éminemment doué lui permettait d'agir plus facilement et plus vite. On trouve à la mairie de Lille une table des décès de 1613 à 1702, dressée par lui. En tête du registre on lit l'inscription suivante : *Ad majorem Dei gloriam utilitatemque R. R. admodum pastorum S. M. Magdalenœ hoc repertorium prodiit expensis et operâ R. adm. D. Saladin, dictæ parochiæ vigilantissimi atque eminentissimi pastoris Anno Domini M.D.C.C.LXXXIV.*

Rien que par ce fait on juge de son caractère tenace et méthodique. Quelle patience ne fallut-il pas au dévoué pasteur pour recueillir ces renseignements !

Mais il y a des abus qui se commettent dans son église. M. Saladin y veut le recueillement, la décence, et avec beaucoup de délicatesse, de tact et de charité, il les fait cesser. Nous voudrions citer un fait qui paraîtra peut-être puéril, mais qui prouvera bien que nous n'exagérons pas. Depuis longtemps les petits clercs portaient la paix à baiser à tous les paroissiens, les jours de fêtes. Cette coutume était devenue incommode et offrait de sérieux inconvénients. Elle occasionnait un certain trouble au milieu de la sainte messe. Beaucoup de fidèles n'auraient pas été fâchés de la voir disparaître ; mais il ne fallait pas froisser même les jeunes enfants, il ne fallait pas surtout leur enlever un droit qui leur procurait certains bénéfices, car les petits clercs faisaient une quête qui leur rapportait à chacun quatre florins par an. Sur les instances de l'abbé Saladin, l'usage fut abandonné, mais sans préjudice pour la bourse des enfants de chœur, qui reçurent désormais les quatre florins pris sur la fondation Mayoul, à la condition qu'on n'aurait rien à leur reprocher.

Les paroissiens de la Madeleine ne faisaient pas difficulté de reconnaître les rares qualités du bon curé et de lui témoigner leur vive affection, en allant, pour ainsi dire, au devant de ses désirs. Un jour, M. Saladin fait remarquer que sa maison pastorale a besoin de réparations. Aussitôt, l'architecte Lequeux est chargé de la visiter et de dresser un devis de ce qu'il faudrait pour la remettre en état. Le tout est fait selon les souhaits de M. le curé.

Je ne puis omettre de parler ici de la belle acquisition que fit, à cette époque, l'église de la Madeleine. Une première fois, en 1673, Notre-Dame de Consolation avait été transportée en grande pompe à Saint-André, mais la démolition de cette église fit choisir la chapelle des R. P. Carmes de la rue Royale, pour la célébration des saints offices. Toutefois, l'image de Notre-Dame de Consolation et les reliques furent déposées dans la chapelle du Béguinage, sur la même paroisse, en attendant que la fondation eut fait choix d'un autre emplacement.

La cérémonie [1] qui eut lieu alors montre combien était vive encore la foi qui animait les catholiques de Lille peu de temps avant la Révolution. Mais, il faut l'avouer il y avait dans l'air je ne sais quel souffle d'impiété qui troublait profondément l'âme du peuple. Aussi, malgré tout le dévouement de M. Saladin, malgré cette nouvelle vie de foi que la dévotion à Notre-Dame de Consolation avait apportée à la paroisse, il devenait difficile de maintenir l'ardeur religieuse des anciens temps.

Plusieurs confréries dépérissent à ce point qu'elles ne peuvent plus continuer à payer certaines rentes pour les offices chantés à leur intention. Les marguilliers sont obligés de venir à leur secours ; ces nouvelles charges de la fabrique et la diminution de ses revenus la rendent elle-même si pauvre que les marguilliers s'adressent à l'évêque de Tournai pour obtenir la réduction à perpétuité

---

[1] Voir pièces justificatives, note LX bis.

des fondations dont elle était chargée et la permission de placer en rente héritière une somme d'argent qui se trouvait dans le coffre de la confrérie des Trépassés.

Cette demande donna lieu à une marque éclatante de sympathie et d'affection des paroissiens de la Madeleine pour M. Saladin. Nous savons déjà avec quel empressement ils l'avaient aidé à restaurer son église et son presbytère. Or, en 1789, c'est lui-même que Mgr l'évêque de Tournai choisit comme commissaire pour examiner l'état de la caisse de la fabrique. Les marguilliers acceptent volontiers l'abbé Saladin, « lui témoignant par là toute la vénération que son zèle pastoral et ses vertus leur inspirent. » Il est convenu que communication « lui seroit faite purement et simplement et sans distinction des qualités, des registres de la fabrique et de sa situation pour qu'il en prenne l'inspection nécessaire, à la seule condition qu'il leur donnera sa déclaration que ce sera sans nuire ni préjudicier aux droits respectifs des parties. » Il fallait, quand on sait combien les corporations étaient jalouses de leurs droits et privilèges, que les marguilliers eussent une bien grande confiance en M. Saladin, pour souffrir qu'il s'ingérât ainsi dans leurs affaires.

Malgré ces institutions utiles, malgré les efforts des prêtres et des religieux, les écrits des philosophes avaient sapé la foi aux croyances dont le jansénisme avait auparavant diminué la force. Le gallicanisme du clergé, tout en laissant subsister par une heureuse inconséquence qui devait aller jusqu'à l'héroïsme du martyre, l'attachement à l'unité, n'avait pas laissé de produire de graves atteintes au dogme et à la discipline. De plus, des fautes scandaleuses et de criants abus avaient jeté le discrédit sur le gouvernement et les classes privilégiées. Les choses n'allaient plus que de l'ancien branle, disait déjà Fénelon. Tout le monde comprenait et sentait la nécessité des réformes.

Louis XVI, le premier, avait essayé déjà d'en accomplir quelques-unes. Les membres du clergé de Lille, imitant en cela leurs collègues des autres provinces, désiraient la réunion des États généraux.

Cette réunion fut décrétée pour le mois de mai 1789. A cette occasion, les vœux des trois ordres furent notifiés à leurs mandataires par des mémoires désignés sous le nom de Cahier des électeurs. Le clergé de Lille ne resta pas en arrière. MM. Saladin et Nolf, dont nous avons particulièrement à nous occuper ici, réclamèrent :

1°. — Que conformément à l'usage suivi dans les États généraux, on opinât par ordre et non par tête ;

2°. — Qu'il fût établi incessamment, dans chaque province, des États provinciaux identiquement organisés, quant à la composition, comme les États généraux, et proportionnellement quant au nombre de leurs membres ;

3°. — Que dans ces États, tous les membres fussent élus par leurs ordres respectifs ;

4°. — Que tout officier commissionnaire de seigneur et du roi fût inhabile à remplir n'importe quelle charge dans les États provinciaux..... ;

12°. — Qu'on assurât la liberté individuelle de tous les citoyens, qu'on supprimât les lettres de cachet, qu'on interdît toute violation du sceau des lettres ;

13°. — Qu'on révoquât tous les priviléges exclusifs ;

17° et 18°. — Qu'on établît la liberté de la navigation ;

19°. — Qu'on supprimât tous les droits quelconques sur les grains et grenailles et tous les droits de franc-fief ;

26°. — Qu'on réprimât les blasphèmes et les profanations, qu'on portât des peines contre les auteurs, imprimeurs et colporteurs de livres et pièces de théâtre ;

28°. — Qu'on supprimât toutes les loteries quelconques ;

30°. — Qu'on forçât à augmenter la pension des nourrices chez lesquelles sont placés les enfants trouvés ;

31°. — Qu'on établît et qu'on multipliât les écoles destinées à l'instruction des enfants pauvres.

Parmi ces articles, quels sont ceux qui ne seraient pas acceptés par nos meilleurs députés d'aujourd'hui ? La largeur de vues du curé de la Madeleine leur ferait honneur et ne serait, à coup sûr, répudiée par aucun d'eux.

Le clergé de la gouvernance de Lille avait élu cinq commissaires qui avaient à leur tête M. Saladin comme doyen de chrétienté. Ils signèrent encore quelques articles qui les regardaient plus spécialement. Entre autres choses, ils demandaient :

1°. — Qu'on affectât, vu la négligence des gros décimateurs, une quotité quelconque des revenus au soulagement des pauvres ;

2°. — Qu'on les obligeât à procurer aux églises et au culte la décence prescrite par les canons ;

3°. — Qu'on les obligeât aussi à remplir leurs charges par rapport aux reconstructions et réparations des églises paroissiales et presbytères ;

L'ABBÉ PHILIPPE-FRANÇOIS-JOSEPH SALADIN
Curé de la Madeleine et Doyen de chrétienté
D'après un cuivre appartenant à M. Quarré-Reybourbon.

4°. — Que les trois curés des églises collégiales de Lille, Seclin et Comines, participassent à l'administration des biens et revenus de leurs paroisses respectives ;

5°. — Qu'on déclarât paroissiennes toutes les communautés de filles, etc.

En même temps, ils adressèrent au ministre une lettre de plaintes contre les gros décimateurs.

Telles étaient les idées vraiment libérales de M. Saladin, idées qu'il était disposé à défendre au péril de sa vie. Il sollicitait la répression de ces abus qui avaient rendu si odieux et si pesant le joug de Louis XV, de ses ministres et de ses favorites. Il avait examiné toutes ces demandes à la lumière de son esprit si juste et si pénétrant. Plus rien ne pouvait l'arrêter dès qu'il avait constaté son devoir. Pourquoi faut-il que le peuple ait connu si peu le sien à son égard et ne l'ait pas mieux rempli ?

Mais, on le sait, avec les grands mots de liberté, d'égalité qu'il ne comprend pas, des hommes pervers le lancent dans les entreprises les plus criminelles et le séparent de ses meilleurs amis.

L'année 1789 avait été occupée par la composition des cahiers de doléances, par la nomination des députés à l'Assemblée nationale et la création de la garde nationale, à laquelle M. Saladin n'avait pas été indifférent, lorsqu'il vit qu'elle seule pouvait désormais maintenir l'ordre dans la ville.

Au commencement de l'année 1790, un changement considérable s'opéra dans l'administration de la cité. Le décret du 12 novembre 1789 exigeait une municipalité dans chaque faubourg, paroisse ou communauté de campagne. Le chef du conseil devait avoir le titre de maire, tous les citoyens actifs devaient être électeurs.

Les élections eurent lieu au commencement de février 1790. Le curé de la Madeleine, dont les qualités d'administrateur étaient très appréciées, fut nommé par ses concitoyens, le 19 février 1790, parmi les notables qui devaient faire partie du conseil.

Il eut été intéressant de connaître les délibérations auxquelles assista M. Saladin, ses votes, sa façon de penser. Malgré toutes nos démarches, nous n'avons pu recueillir que des données incomplètes. Nous savons seulement que, n'aimant pas à voir les choses par leurs petits côtés et intimement persuadé que des changements étaient nécessaires, il vota longtemps avec la municipalité. Celle-ci, en effet, pleine d'égards pour les autorités établies, voulait le bien du peuple et montrait une réelle entente de ses besoins; mais, lorsque, entraînée par son fol amour des réformes exagérées, elle prit des mesures contraires aux droits de la sainte Église, M. Saladin devint en désaccord avec ses collègues qui s'égaraient et il démissionna. Ce fut pour lui le commencement de la persécution.

Au mois de mai 1790, la garde nationale de Lille engagea les curés de la ville à se rendre à la fête de la Fédération, par une circulaire que nous aimons à citer pour montrer le bon esprit qui régnait encore à Lille à ce moment.

« La fête qui doit avoir lieu le 2e dimanche de ce mois seroit imparfaite si nous n'avions parmi nous les dignes pasteurs qui nous éclairent de leurs lumières, et qui, par leur sagesse, dirigent notre conduite. Nous espérons qu'ils voudront bien augmenter par leur présence la joie que nous goûterons dans cet heureux moment. Nous espérons aussi qu'ils voudront bien accompagner le Saint-Sacrement qui doit être porté en procession de la collégiale de Saint-Pierre jusqu'au Champ-de-Mars. »

M. Saladin n'hésita pas un seul instant à se rendre à cette invitation. Après tout, cette manifestation ne devait être qu'un grand acte d'adoration et de foi. En outre, il n'était que trop heureux de prouver le sincère amour que lui inspiraient les institutions nouvelles. On devait prêter serment de fidélité à la Constitution sur les autels du vrai Dieu. Le Saint-Sacrement, que la troupe était allée chercher processionnellement à Saint-Pierre, passa dans les principales rues de Lille. Il était annoncé au peuple par le canon. Bientôt il arriva au Champ-de-Mars où cent mille hommes étaient réunis. L'abbé de Muyssaert, prévôt de Saint-Pierre, prononça, le premier, le serment civique,[1] au nom de tous les ecclésiastiques présents. Qu'elle semblait encourageante pour l'avenir cette union du peuple et du clergé, faisant des vœux pour le bonheur et la grandeur du roi et de la nation !

Lorsque les députés et le peuple eurent prêté serment, un prêtre éleva le Saint-Sacrement. Tous les assistants s'agenouillèrent, le tambour battit aux champs, les trompettes mêlèrent leurs bruyants éclats à ceux du canon.

---

[1] Il ne faut pas confondre ce serment avec celui qu'exigea la constitution civile du clergé dont nous allons bientôt nous occuper.

Récemment, aux prières des quarante heures, nous voyions défiler devant nous, dans la belle église de la Madeleine, la procession du Saint-Sacrement. Elle se composait uniquement d'hommes marchant sur deux rangs, tenant des flambeaux et chantant avec amour des psaumes au « Vénérable » que l'on portait en triomphe. Contemplant ce beau spectacle, nous évoquions cette autre cérémonie beaucoup plus imposante encore qui se déroulait il y a plus de cent ans dans les rues de notre ville, et nous ne pouvions nous empêcher de nous attrister en pensant combien peu avait duré cet unanime enthousiasme. Quelques mois s'étaient à peine écoulés, que le Vénérable — c'était le nom qu'on donnait au Saint-Sacrement — était chassé des temples et ses prêtres traqués comme des bêtes fauves.

La voix du sacrifice se taisait sur toute la terre de France, les croix étaient abattues, et il n'y avait plus rien entre le ciel et la terre qui fût capable d'arrêter la colère de Dieu.

Les États généraux ne tardèrent pas à subir des modifications essentielles. Le tiers-état, fort de son nombre, voulut être l'égal du clergé et de la noblesse, et demanda le vote par tête ainsi que la jonction des trois ordres.

Les députés du bas clergé, dont les doléances ressemblaient assez à celles du tiers-état, cédèrent peu à peu aux instances des représentants du peuple et ne tardèrent pas à se joindre à eux. Bientôt, sur un décret du roi, les trois ordres furent réunis en une seule Assemblée, dite nationale.

C'est elle qui vota la Constitution civile du clergé. Le 12 juillet 1790, l'Assemblée nationale avait décrété qu'elle ne reconnaissait qu'une seule religion d'état, la religion catholique. Alors comme aujourd'hui, on comptait, sur le chiffre total de la population, environ un soixantième de dissidents de divers cultes. En réglant ce qui concernait la religion catholique, les Constituants avaient décidé qu'il y aurait un évêché par département. Beaucoup de siéges épiscopaux étaient supprimés ; huit nouveaux étaient créés. Des remaniements du même genre avaient lieu à l'égard des titres métropolitains. Ainsi, le département du Nord formait un diocèse dont le siége épiscopal était placé à Cambrai ; la métropole du Nord était Reims et réunissait la Marne, la Meuse, la Meurthe, la Moselle, les Ardennes, l'Aisne et le Nord. Il y avait en France dix arrondissements métropolitains. On cessait de reconnaître la juridiction des évêques étrangers qui avaient des portions de diocèse en France. L'église cathédrale devait former une paroisse et avoir l'évêque pour curé. Les chapitres étaient remplacés par des vicaires épiscopaux dont le nombre pouvait s'élever à seize dans les grandes villes. Quatre d'entre eux dirigeaient l'unique séminaire diocésain.

Les évêques étaient choisis par les électeurs que les administrations départementales désignaient sans distinction de religion. On ne pouvait être élu qu'après quinze ans d'exercice dans le ministère. L'évêque élu était confirmé par le métropolitain ; le métropolitain par le plus ancien évêque de son arrondissement ; aucun serment ne pouvait être exigé, sauf celui de professer la religion catholique, apostolique et romaine. Le nouvel évêque ne devait demander aucune confirmation au pape, mais seulement lui écrire comme chef visible de l'Église universelle, en témoignage de foi et de communion. Avant sa consécration, il prêtait devant les officiers municipaux le serment civique et s'engageait à veiller avec soin sur les fidèles de son diocèse. Il choisissait à son gré ses vicaires généraux parmi les prêtres ayant au moins dix ans d'exercice dans le ministère ; il ne pouvait les destituer que sur une délibération de son conseil, à la pluralité des voix.

Les électeurs du district avaient aussi la charge d'élire les curés. Le président du corps électoral proclamait la nomination dans l'église principale avant la messe solennelle, en présence du peuple et du clergé. L'élu demandait l'institution canonique à l'évêque qui l'examinait au milieu de son conseil ; en cas de refus, l'élu avait recours à la puissance civile. Il prêtait le même serment que les évêques devant les officiers municipaux. Lui-même choisissait ses vicaires, mais le jugement des causes de révocation était soumis à l'évêque et à son conseil.

Tels étaient les traits principaux de cette élucubration remplie de contradictions. Les pasteurs de cette église nationale devaient faire serment de professer la religion catholique, apostolique et romaine, et les évêques reconnaissaient à peine la suprématie du pape, et les curés étaient à peine subordonnés aux évêques ! La constitution civile du clergé n'était que la conséquence des doctrines gallicanes poussées jusqu'à l'excès et jusqu'à l'hérésie. Le clergé français allait-il être puni par où il avait péché ?

Dès ce moment, on pouvait prévoir que c'était la destruction du catholicisme que l'on cherchait par cette organisation nouvelle.

On comprend que le roi hésita longtemps ; il attendait la réponse de Rome qui lui avait déjà été faite dans un sens négatif, mais qu'on s'était bien gardé de lui faire connaître. Le garde des sceaux vint dire au roi que s'il hésitait davantage, on craignait une insurrection des faubourgs : « Peu m'importe, répliqua Louis XVI, si l'on en veut à ma vie, j'en suis bien las ! — Vos jours, ajouta le ministre, ne sont pas en danger ; mais ce sont ceux de tout le clergé que vous allez livrer à la fureur populaire. » Ces paroles décidèrent le roi et il envoya une lettre d'acceptation. Dès lors, on força les curés à lire au prône les décrets de la constitution civile du clergé. Avertis par les circulaires de leur évêque, un certain nombre de curés de Lille, ayant à leur tête M. Saladin, leur doyen, en refusèrent la lecture. Le directoire du département, irrité de cette résistance, écrivit à l'Assemblée nationale pour lui demander les moyens sûrs de faire rentrer dans le devoir les pasteurs rebelles à la loi.

Tout ce bruit fait autour des décrets n'était pas propre à rassurer les timides. Déjà le peuple, que la constitution civile du clergé avait fortement ému, portait son jugement sur les différents curés de la ville. On s'était beaucoup occupé du curé de Saint-Étienne et on répandait le bruit qu'il ne prêterait pas serment. Celui-ci, effrayé, s'empressa de publier une lettre qui ne laissait plus aucun doute sur ses sentiments au sujet de la nouvelle loi. « J'apprends avec peine, disait-il, qu'on se plaît à calomnier mes intentions, en répandant dans le public que je ne prêterai pas le serment civique ordonné par l'Assemblée nationale. Je vous prie d'annoncer qu'imperturbablement attaché aux principes de votre sage Constitution, j'attends avec impatience le moment où la loi me pressera de remplir un devoir que la religion et la conscience m'imposent. » Nous verrons tout à l'heure qu'on se souviendra de la déclaration de M. Bécu. C'est chez lui qu'on se rendra d'abord lorsqu'on voudra mettre la loi à exécution. Quant à M. Saladin, ce sera son éternel honneur d'avoir préféré le martyre au serment sacrilége.

Excitée par le directoire, l'Assemblée nationale décida, le 26 décembre 1790, l'affichage de la loi relative au serment que devaient prêter les évêques, archevêques et autres ecclésiastiques, fonctionnaires publics. Elle fut proclamée le 27 janvier 1791, et fut lue dans les municipalités de campagne, le dimanche suivant, à l'issue de la messe paroissiale. Les fonctionnaires domiciliés à Lille devaient prêter serment dans la huitaine. Pour ceux qui étaient momentanément absents, mais en France, le serment n'était exigible que dans un mois, et pour ceux qui étaient en pays étrangers, dans deux mois : le tout à compter de la publication de cette loi.

Sur ces entrefaites, les ennemis de la religion apprirent que le Souverain-Pontife ne voulait pas la sanctionner. Ils commencèrent à craindre que le refus bien légitime du pape n'éloignât les prêtres de la prestation du serment. Dans leur rage, ils parlaient déjà de faire du roi un pape en tout semblable à Henri VIII, qui s'était créé chef de l'église anglicane. Ils trouvaient surtout qu'il était temps de se hâter, et comme M. Bécu avait publiquement témoigné le désir de se soumettre à la loi le plus tôt possible, on commença par lui.

C'était le dimanche 30 janvier 1791. Le maire, accompagné de quelques officiers municipaux et d'un magnifique cortége, se rendit en grande pompe à l'église Saint-Sauveur et alla ensuite à l'église Saint-Étienne où MM. Bécu, curé, et Meurein, sacristain, prêtèrent le serment exigé, en présence d'un nombre considérable de personnes de tout âge. M. le curé de Saint-Étienne saisit cette occasion pour prononcer un discours de circonstance, dans lequel il chercha à expliquer sa conduite à ses paroissiens.

M. Bécu, ancien aumônier de l'hospice Comtesse, ancien vicaire de Templeuve-en-Pévèle, puis de Froidmont et devenu pasteur d'une grande et ancienne paroisse de Lille, était fort en vue et devait scandaliser ou édifier plus facilement que beaucoup d'autres. Par sa famille, qui était d'Esquermes, il avait de nombreuses relations à Lille et dans les environs. C'était un prêtre assez instruit et grand amateur de livres. D'une santé débile et, à cause de cela peut-être, d'un caractère impressionnable et changeant, il s'était laissé gagner par son frère, médecin, qui était tout à fait lancé dans les idées de cette époque. Chose étrange ! avant la constitution civile du clergé, il prêchait peu ; mais une fois qu'il fut hors de la vérité, il devint un défenseur zélé de la prétendue réforme ecclésiastique.

Souple et insinuant, il pouvait faire beaucoup de mal à ses ouailles. On comprend dès lors pourquoi M. Saladin voulut réagir particulièrement contre l'influence que la conduite de M. Bécu pouvait avoir sur l'esprit de la population.

Ainsi commença la lutte qui éclata entre ces deux hommes.

Cependant, les sectaires n'avaient pas réussi suffisamment ; l'enthousiasme avait fait défaut. Ils résolurent de frapper un grand coup. Il fut décidé que le dimanche suivant, 6 février, M. Saladin serait sommé d'obéir aux prescriptions de l'Assemblée nationale.

Une cérémonie de ce genre donnait toujours lieu à quelque tumulte. Lorsque le 20 janvier une vingtaine de religieux prêtèrent le serment à Saint-Maurice, la ville fut si troublée qu'il fallut doubler les postes du Quartier-général et de quelques autres points.

Cette fois encore, la municipalité prit les mêmes mesures avant de se transporter à l'église de la Madeleine.

Mais quelle ne fut pas sa stupéfaction de trouver le doyen et les desservants rebelles à la loi. Aux injonctions schismatiques de l'Assemblée, tous répondirent par le *non possumus* de la conscience catholique et sacerdotale. Les municipaux, égarés par les passions politiques du temps, étaient incapables de comprendre toute la noblesse de ce refus ; ils se retirèrent déconcertés et furieux.

M. Saladin crut de son devoir d'exposer à son tour les motifs de son refus. Il s'y sentait d'autant plus obligé que, représentant autorisé de l'évêque et supérieur de tous les prêtres de son doyenné, il devait donner l'exemple à tous et réfuter les assertions erronées de M. Bécu.

C'est alors qu'il écrivit et qu'il fit imprimer et répandre la petite brochure intitulée : *Discours d'un curé de la châtellenie de Lille, contre-discours pour répondre à M. Bécu.*

Dans ce document que nous ne pouvons reproduire ici, il parla avec beaucoup de force et de dignité des conjonctures du moment. Le curé de la Madeleine eut le talent de frapper si droit et si juste que M. Bécu, ce philosophe ordinairement si calme et si réservé, ce pasteur qui n'aimait pas à prêcher, ne se contint plus. Il répondit par une longue épître à ce qu'il appelait un libelle. Comme tout le monde, et mieux que tout le monde, il n'ignorait pas le nom de l'auteur de ce petit opuscule, et pourtant voici comment il débute :

« Je fais tout le cas que l'on doit faire d'un écrit anonyme; fut-il bon, il ne peut être considéré que comme un libelle. Il ne mérite qu'un souverain mépris et pas de réponse. Mais comme je dois savoir quelque gré aux misérables rédacteurs du pamphlet répandu clandestinement sous le titre de *Contre-discours* pour servir de réponse à l'espèce de prône prononcé par M. Bécu, curé de Saint-Étienne, à Lille, avant la prestation du serment civique, et que je ne sais par quelle voie leur témoigner ma reconnaissance, j'ai cru ne pouvoir mieux faire que de consigner mes sentiments de gratitude dans votre gazette. »

M. Bécu avait lu le discours de Mgr d'Ypres, déclarant que M. Primat[1] et tous les prêtres schismatiques étaient dénués de tout pouvoir. Il estimait que la lettre de

---

[1] Primat (C.-F.-M.), né à Lyon en 1746, fut destiné à l'état ecclésiastique et était curé de la paroisse Saint-Pierre à Douai, à l'époque de la Révolution. En ayant embrassé la cause, il fut élu évêque constitutionnel de Cambrai et sacré le 10 avril 1791. Il remit ses lettres de prêtrise à la Convention en octobre 1793 et resta ensuite dans l'obscurité. Cependant, en 1798, il fut nommé à l'évêché de Limoges pour le concile des évêques constitutionnels d'où il passa, en 1802, au siège archiépiscopal de Toulouse, en vertu du Concordat conclu entre le pape et le premier consul Bonaparte. Il mourut représentant en 1815.

M. Saladin était le pendant de la lettre de Mgr l'évêque d'Ypres, « tant il est vrai, ajoute-t-il, que les beaux sentiments se rencontrent ainsi que les beaux esprits. »

Le curé de Saint-Étienne, quoique se disant ministre du Dieu de vérité et de paix, croyait apparemment qu'il était fort spirituel de se moquer des évêques et des prêtres restés fidèles à la vraie foi. Mais, n'en déplaise à M. Bécu, il est certain que M. Saladin restant en communion avec les évêques était en bonne société. Il s'étonne qu'on trouve étranges les expressions qu'il a employées dans son prône, lorsque, par exemple, il appelait les fidèles « citoyens », et, de plus en plus furieux, il va jusqu'à traiter de scélérats les rédacteurs du *Contre-discours* et insinuer que ce prétendu pamphlet était l'œuvre de Belges qui voulaient se séparer de la France. S'il put, par sa lettre, soulever quelques mauvais drôles contre le curé de la Madeleine, il n'obtint pour lui que le mépris des honnêtes gens indignés de sa lâche conduite.

Quant à M. Saladin, il éprouvait cette joie suave, incomparable, que donne l'accomplissement du devoir. Hélas ! cette joie était loin d'être sans mélange.

Notre bon doyen souffrait surtout de voir quelques-uns de ses confrères quitter le droit chemin ; il eut même la douleur de constater qu'un de ses vicaires, celui qui était chargé de desservir la Madeleine rurale, avait obéi aux prescriptions de la loi sacrilége.

M. Du Bois, vicaire de la petite Madeleine, qui faisait partie du conseil des notables de sa commune, avait prêté le serment civique devant toute la municipalité réunie. Mais, grâce aux bons conseils, aux beaux exemples et aux prières de M. Saladin, il revint bientôt à de meilleurs sentiments, et le 16 avril 1791, il écrivait aux vicaires généraux de Tournai cette lettre de rétractation que nous voulons citer tout entière pour son honneur et pour l'édification de nos lecteurs.

« Messieurs,

» Je découvre enfin l'abîme où j'allais me plonger sans le secours de la grâce. Trompé par les fausses lueurs du rétablissement de l'ancienne discipline de l'Église, je vois clairement que des hommes pervers ne tendaient à rien moins qu'à expulser de ma chère patrie et du royaume entier le vrai culte. Je reconnais formellement la seule autorité spirituelle de l'Église compétente pour en juger et en décider la convenance. Je désavoue mon imprudence dans toute son étendue. J'ai imploré déjà la miséricorde du Dieu de bonté sur mon égarement. Ministres d'un Dieu de réconciliation, je réclame aussi votre indulgence et celle de toute l'Église, cette mère si tendre qui m'a porté dans son sein.

» Demain, 17 avril, je ferai la rétractation la plus publique du serment téméraire que j'avais prêté. Rien ne sera plus capable de m'arracher à la vraie foi, du centre de l'unité et de la chaire de Pierre, de l'obéissance à mon évêque : ni la perte des biens, ni les dangers, ni la mort même. Ma conduite désormais prouvera que mon repentir est sincère et que mon attachement à la religion est sans bornes. Si, par le fait, j'avais encouru les censures de l'Église, daignez communiquer le pouvoir de m'en absoudre à un ministre de réconciliation, à portée des endroits que j'habite.

» Daignez aussi donner toute la publicité à cet acte de réparation pour ôter, s'il est possible, la cause du scandale que j'ai donné en faisant une lourde faute.

» J'ai l'honneur d'être, avec le respect et la confiance que vous méritez à si juste titre, votre très humble et très obéissant serviteur,

Du Bois,
prêtre, vicaire de la Magdelaine. »

Les vicaires généraux, représentants de leur évêque et de l'Église, accueillirent avec joie cette rétractation et encouragèrent le malheureux vicaire par la réponse suivante :

« Monsieur,

» Le serment que vous avez fait de vous soumettre à la constitution prétendue civile du clergé, était pour nous le sujet d'une très grande affliction ; mais nous apprenons par votre lettre, Monsieur, que vous vous apercevez enfin d'avoir été séduit par le charme trompeur des nouveautés, et que, détestant aujourd'hui tout ce qui est contraire aux saintes lois de l'Église, au bon ordre et à la vérité, vous êtes rentré dans l'obéissance et parfaite soumission que vous devez à votre évêque et à presque tous les évêques[1] du royaume, unis au Souverain Pontife. Nous

---

[1] En effet, sur cent trente-cinq évêques, quatre seulement ont failli : de Brienne, de Sens; de Talleyrand, d'Autun; de Jarente, d'Orléans; Lafont de Savine, de Viviers.
Le nombre quatre a souvent joué un grand rôle dans les affaires ecclésiastiques. Ainsi nous voyons 1° les quatre patrons du Jansénisme : Arnauld, Pascal, Nicole, Sacy; 2° les quatre évêques appelants : Delabroue, évêque de Mirepoix ; Colbert, de

vous en félicitons, Monsieur, et vous pouvez être persuadé que la constance et fermeté désormais inébranlables, que les regrets et tout le repentir que vous avez témoignés dans la rétractation publique que vous venez de faire de ce serment, réparent très heureusement le scandale en répandant dans le diocèse tous les sentimens de consolation avec lesquels nous avons l'honneur d'être vos très humbles et très dévoués serviteurs,

Les Vicaires généraux,
Delobel, *secrétaire*. »

L'évêché d'Ypres et celui de Tournai étaient voisins. Il y avait souvent entente entre les deux évêques pour les mesures à prendre. En ce moment, il était plus nécessaire que jamais d'avoir à peu près la même ligne de conduite. Mgr d'Ypres écrivit donc aux vicaires généraux de Tournai pour leur demander s'ils parleraient du serment civique dans leur mandement de carême et s'ils donneraient, à ce sujet, des conseils aux prêtres et aux fidèles. Mgr d'Ypres, plus ardent, préconisait ce dernier parti. Les vicaires généraux de Tournai lui exposèrent longuement qu'il serait peut-être mieux de faire savoir aux prêtres comment ils devaient agir, mais sans rendre ces conseils publics. On s'en tint en effet à cette solution, et le mandement

---

Montpellier ; Soanen, de Senez ; Delangle, de Boulogne ; 3° les quatre assermentés ci-dessus ; 4° les quatre constitutionnels : Grégoire, Savine, Royer, Deslois, qui rédigèrent ensemble deux encycliques, dans la vue de ressusciter l'Eglise constitutionnelle. La première, date du 15 mars, la deuxième du 13 décembre 1798. Le dernier fonda les *Annales de la religion*, faisant suite aux *Nouvelles ecclésiastiques*. Ils se réunirent en concile d'abord le 15 août 1797, puis le 29 juin 1801.

de cette année 1791 fut des plus anodins : il traitait simplement de l'obligation de faire pénitence pendant le carême.

Il fut répandu dans les paroisses du diocèse. Toutes les précautions et les ménagements apportés par les vicaires généraux furent inutiles. On voulut intercepter le mandement et en empêcher la lecture sous prétexte qu'il était « anti-constitutionnel. »

Le mandement était à peine connu que l'ordonnance suivante fut lancée dans le public :

« *A MM. les maire et officiers municipaux de la ville de Lille,*

» Le Procureur de la commune vous remontre, Messieurs, qu'il a entre les mains plusieurs exemplaires imprimés d'un mandement pour le carême de cette année, donné à Tournai, en vicariat, le 22 février dernier, et qu'il est informé que grand nombre d'exemplaires pareils ont été adressés par les vicaires généraux à divers curés de cette ville et de la campagne avec ordre de les publier dimanche prochain, au prône des paroisses. Quoique le requérant n'entende point, quant au fond de ce mandement, d'entrer dans aucune discussion sur ce qui n'est pas de son ministère, il ne s'en croit pas moins obligé, en acquit des devoirs de son office, de vous le dénoncer comme anti-constitutionnel, propre à alarmer les consciences et à faire naître des doutes sur plusieurs points qui concernent l'ordre public et qui sont formellement décidés par les lois de l'État. En effet, les décrets de l'Assemblée nationale, sanctionnés par le Roi, sur la Constitution civile du clergé, en ordonnant que chaque département formerait un diocèse et que chaque diocèse aurait les mêmes limites que le département, ont fixé à Cambrai le siége de celui du Nord. Par cette décision et autre subséquente, le corps législatif a supprimé explicitement la juridiction de tous autres évêques étrangers ou régnicoles, dont le diocèse comprenait ci-devant une partie de ce département. D'où suit la conséquence nécessaire qu'il n'est plus permis à des Français de reconnaître l'autorité des vicaires généraux de l'évêque de Tournai, ni de publier leurs mandements en France. Plusieurs autres contraventions manifestes aux lois de l'État se font remarquer dans celui de Tournai.

» Le décret du 29 juin 1790, en abolissant pour toujours la noblesse héréditaire, a proscrit les armoiries et défendu de donner à aucun corps ni à aucun individu les titres de monseigneur, de prince, d'altesse, etc. Cependant les vicaires généraux de l'évêque de Tournai ont fait mettre en tête de leur mandement l'écusson des armes de ce prélat et lui donnent le titre d'altesse, de monseigneur et de prince. Fermer les yeux sur de telles infractions, lorsqu'elles sont commises dans une pièce destinée à devenir publique, à servir de règle de conduite et à diriger les consciences, ce serait en quelque sorte les avouer, les légitimer et apprendre à nos concitoyens qu'on peut impunément braver la loi et lui désobéir. Pourquoi le remontrant requiert qu'il vous plaise, Messieurs, lui donner acte de sa dénonciation, faisant droit sur icelle, faire très expresses inhibitions et défenses à tous curés, vicaires, supérieurs ou directeurs de maisons religieuses et autres, ecclésiastiques, fonctionnaires publics, de lire, faire lire, publier ni afficher dans les églises, chapelles, couvents et communautés de cette ville et banlieue, ni aux portes d'icelles églises le susdit mandement des vicaires généraux de Tournai en date du 22 février dernier, ni tout autre semblable, à peine de six cents livres d'amende contre chacun des contrevenants, de saisie de leur temporel, d'être poursuivi en outre ainsi qu'il appartiendra, et qu'il vous plaise ordonner que votre ordonnance à rendre soit imprimée, lue, publiée et affichée ès-lieux ordinaires de cette ville en la manière accoutumée.

» Fait et requis le 2 mars 1791. »

La peine était sévère, surtout pour défendre des droits qui étaient si peu acquis, puisque jusque-là, aucun arrangement n'était intervenu entre le gouvernement français et le Souverain Pontife au sujet de la scission du diocèse. Quant aux armes que le vicariat de Tournai avait fait imprimer sur les mandements, le gouvernement n'avait pas à s'en occuper. Néanmoins, le conseil municipal accepta la peine en l'audience de police du 2 mars 1791 et on la fit afficher.

M. Saladin, dont nous connaissons déjà le caractère énergique, ne se laissa aller à aucune hésitation. Cette fois encore il aima mieux obéir à Dieu qu'aux hommes : il monta en chaire et publia au prône le mandement « anti-constitutionnel » des vicaires généraux de Tournai.

La municipalité, à laquelle il avait été dénoncé, s'en émut et l'appela à sa barre pour lui demander raison d'une conduite aussi « répréhensible. » On lui fit observer les dangers de sa désobéissance à la loi et on se permit de lui rappeler ses « devoirs » de pasteur. En attendant qu'il fût remplacé par un prêtre citoyen, on le condamna à une légère amende envers les pauvres. Mais cette affaire n'était pas terminée ; elle devait avoir un épilogue remarquable.

Nous avons vu plus haut que le doyen de la Madeleine avait refusé de lire en chaire les décrets de la Constitution civile du clergé. Le conseil municipal, irrité de son opposition, décida qu'un de ses membres les lirait à sa place le dimanche suivant, 29 mars 1791[1]. Lesage-Senault réclama ce grand honneur. Alors se passa une scène inoubliable. Lesage-Senault, marguillier de la paroisse ; Lesage-Senault, qui avait été précédemment pauvriseur et qui s'était signalé par ses excentricités, par sa sotte vanité[2] ; Lesage-Senault, qui devint député de la Convention, qui vota la mort de Louis XVI, qui disait cette parole cynique à propos du bon roi : « Un juge national, un citoyen lillois, ne peut pas ne pas vouer son tyran à la mort ! Sous ces deux rapports, je condamne Louis à cette peine, me chargeant sur ma tête de la responsabilité de mes malheureux frères ; je demande l'exécution de son jugement dans les vingt-quatre heures » ; ce misérable, qui devint plus tard accusateur public, qu'on emporta plusieurs fois de la salle des séances tout meurtri des coups reçus dans ses querelles avec ses collègues, fut le prédicateur de cette journée mémorable. Il osa monter dans cette chaire de vérité, dont l'accès

---

[1] En cette année 1791, le carême fut prêché par Timothée Cléry, ci-devant carme déchaussé.
[2] Dans une querelle avec les marguilliers, sur une question de préséance.

n'est permis qu'aux représentants de Dieu, et il lut au prône l'instruction de l'Assemblée nationale.

LESAGE-SENAULT
d'après un tableau de Wicar (Musée de Lille).

On raconte qu'il y fut applaudi, mais par quelques émeutiers, quelques sectaires, amis fanatiques de la Constitution, convoqués pour la circonstance. Il est certain que les gens de bien, — et ils étaient nombreux à Lille, à cette époque, — blâmaient sévèrement cette incartade aussi sacrilége que bouffonne. En effet, quelque temps après, vers le soir, Lesage-Senault recevait des vers qui durent blesser profondément son amour-propre si facilement irritable [1].

En voici quelques-uns :

> Un homme indigne de son nom
> Vise à la réputation
>   D'être bon patriote ;
> Mais quelqu'un qui le connaît bien
> Me dit souvent : « N'en croyez rien,
>   Car Lesage radote. »

> J'ai vu certain original,
> A titre de municipal,
>   Se guinder dans la chaire ;
> Ce bouc insultait son pasteur
> Et lui disait d'un air moqueur :
>   « Vous partirez, compère. »

> Son frère, moine défroqué,
> Vient d'être, à Fives, fait curé
>   Par le commun suffrage.
> On verra peut-être bientôt
> Que l'on peut l'appeler le sot
>   Beaucoup mieux que Lesage.

> Pourquoi Sta, Lesage et Salmon
> Prennent-ils la commission
>   D'aller brailler en chaire ?
> Ah ! c'est qu'aucun municipal
> Ne se montrait assez brutal
>   Pour un tel ministère.

Ou bien : Ah ! c'est que le Département
> Leur fait payer largement
>   Un si sot ministère.

Le bon sens public était vengé !

---

[1] Chose étrange, c'est Lesage-Senault qui, dans une lettre à un de ses amis, nous a conservé les vers cités plus haut.

Après cet acte inouï de son marguillier, M. Saladin sentit que bientôt il ne serait plus reconnu curé de la Madeleine. Du reste, il était déjà question de lui donner un successeur. En effet, le 8 mai 1791, M. Nolf, ancien curé de Saint-Pierre [1], fut élu curé de la Madeleine et le 22 mai, il y fut installé par toute la municipalité.

Le vrai curé resta cependant dans sa paroisse exposé aux coups des mécréants, à la haine avérée de son successeur, qui allait soulever la populace contre lui. Il ne voulait pas quitter ses ouailles exposées à mille dangers. Le bon pasteur craignait pour sa bergerie dans laquelle le loup s'était introduit. Il devait lui donner l'exemple du courage et du dévouement poussé jusqu'à l'héroïsme. Les paroissiens de la Madeleine savaient maintenant comment il fallait résister à l'iniquité. De plus ne pouvaient-ils pas avoir besoin de lui en des temps qui allaient devenir plus critiques encore ?

D'ailleurs, l'évêque de Tournai, qui ne dépendait pour le spirituel que du Souverain Pontife et qui seul avait droit de juridiction sur le doyenné de Lille, continua à M. Saladin tous ses pouvoirs, lui donna même celui d'administrer les sacrements de baptême, de pénitence, d'eucharistie, d'extrême-onction et de mariage aux paroissiens de Saint-Pierre, de Saint-Etienne et de Saint-Sauveur, et lui confia toutes les autres charges inhérentes aux curés des dites paroisses, dont les recteurs avaient malheureusement prêté serment et n'avaient

---

[1] La paroisse de Saint-Pierre venait d'être supprimée.

reçu de l'évêque légitime aucune juridiction. On lui donnait aussi le droit de sous-déléguer les prêtres fidèles munis des lettres d'approbation pour toutes ces fonctions.

Personne ne saurait s'étonner de cette manière d'agir quand on sait en quel misérable état ces paroisses étaient réduites. Elles avaient à leur tête des prêtres infidèles à tous leurs devoirs et à tous leurs serments.

Il ne nous a pas été possible de savoir où M. Saladin avait élu domicile depuis le jour où on l'avait chassé de son église et de son presbytère. Comme tant d'autres, il disait probablement la messe dans quelque maison particulière, dans les chapelles des couvents qui n'étaient pas encore fermés.

Les honnêtes gens avaient conservé pour lui toute leur estime et toute leur vénération, tandis qu'ils n'avaient que du dédain pour les malheureux prêtres schismatiques, ces fils ingrats qui avaient abandonné leur mère, la sainte Église. Les protestants eux-mêmes ne leur cachaient pas toute la répulsion qu'ils leur inspiraient ! Les archives du diocèse de Tournai nous rapportent à ce sujet un fait curieux. Un protestant désirait faire baptiser un de ses enfants, mais il avait tellement en horreur les prêtres assermentés qu'il ne voulut d'autre ministre que le vrai curé. Celui-ci en référa aux vicaires généraux qui lui en accordèrent la permission, pourvu que le parrain et la marraine professassent la foi catholique romaine.

M. Saladin demeura jusqu'à la fin de sa vie doyen de chrétienté et fut toujours regardé comme tel par les maisons religieuses. C'est ce que prouve un fait qui se passait en mars 1792, juste un mois avant sa mort. Une jeune sœur d'une communauté de la Madeleine ne pouvant s'habituer au couvent, demanda à être relevée de ses vœux. L'examen de cette affaire très délicate fut confié à M. Saladin. D'une part, il ne fallait point exposer la religieuse à agir contre sa conscience par une désertion scandaleuse que le peuple aurait pu prendre pour une espèce d'apostasie ; d'un autre côté, les raisons alléguées par la suppliante devaient être examinées avec un grand esprit de justice et de sagesse.

Le vénéré doyen l'engagea à persévérer dans la pieuse intention qu'elle avait conçue de se consacrer à Dieu. A la prière du bon curé, elle différa sa sortie et prit du temps pour réfléchir, mais elle lui dit de nouveau que son état était pour elle « une cause de damnation. » Pour tranquilliser la conscience de la jeune religieuse, M. Saladin fit savoir à Mgr l'évêque de Tournai qu'il croyait convenable d'accorder à la suppliante la grâce qu'elle implorait avec tant d'instances. La jeune sœur fut aussitôt libérée de ses promesses sans aucune difficulté. On est écœuré quand on lit les diatribes des livres et des journaux impies qui déclamaient avec rage, alors comme aujourd'hui, contre les vœux monastiques. Tout homme intelligent peut voir, par ce trait, avec quelle facilité on sortait du couvent lorsque des raisons suffisantes étaient apportées.

Jusqu'ici M. Saladin avait encore pu assez tranquillement exercer son ministère, mais le mal devait se montrer sous d'autres faces. On verra bientôt, comme pour ouvrir les yeux des moins clairvoyants et pour répondre aux vœux que formait Diderot, se produire un acte des plus sacrilèges. Grâce en effet à des calomnies atroces, on vit surgir parmi nous une bande de scélérats, tels qu'il ne s'en était jamais vu. Dans les villages de l'arrondissement, des êtres dégradés commencèrent à poursuivre les prêtres insermentés, à troubler les exercices du culte, à signaler à la haine du peuple les citoyens et les fonctionnaires *qui voulaient s'opposer à ces désordres.* La Société populaire répandait de tous côtés des écrits où elle engageait les habitants des campagnes à dénoncer les prêtres fidèles, à les saisir, à les livrer aux autorités, etc.

Le conseil général du département du Nord lui-même avait provoqué ces mesures tyranniques. Le 10 décembre 1791, dans une de ses délibérations, il avait pris les arrêtés suivants :

1°. — *Afin de faciliter les lois concernant les prêtres et les ecclésiastiques non assermentés qui se trouveront* dans l'étendue de chaque commune, de désigner exactement leurs noms, ainsi que l'habit et la maison de retraite ou domicile particulier de ces ci-devant religieux qui pourraient y séjourner ;

2°. — Les dites municipalités devront faire sur la conduite des dits prêtres ecclésiastiques les observations qu'elles trouveront convenir en marge des états qu'ils enverront à leurs districts respectifs ;

3°. — Les prêtres non sermentés ne pourront exercer aucune fonction publique du culte à péril d'être poursuivis suivant la rigueur des lois et notamment de celle du 26 décembre 1790... ;

10°. — En général, les administrateurs des districts et des municipalités devront surveiller avec exactitude la conduite des prêtres, ecclésiastiques et ci-devant religieux non sermentés, dresser procès-verbal des plaintes contre eux portées et en envoyer sur-le-champ copie exacte par l'intermédiaire des districts au directoire du département.

On s'attaquait même aux prières que les catholiques distribuaient au peuple.

Sur la dénonciation de Sacqueleu, procureur de la commune, la municipalité s'était inquiétée d'une simple prière lancée le 21 juillet 1791, portant pour titre : *Oraison pour le repos de l'Église*. Cette prière avait le tort de ne montrer dans les prêtres constitutionnels « que des loups ravissants, d'impies et faux-prophètes et des apostats perfides qui ont renié la foi. » Elle avait encore le tort d'accuser « les plus pieux évêques (?), les pasteurs les plus éclairés (?) d'avoir voulu par un horrible attentat contre tout droit et raison, forger une église nouvelle sans autorité, sans mission, une église invisible, sans pasteur, sans évêques, sans prédécesseurs et sans apôtres, et d'entrer dans la bergerie, non par la porte de la vocation ou de commission, envoyés de la part des apôtres de J.-C., mais comme voleurs usurpant par eux-mêmes le sacré ministère pour perdre les âmes et séduire les ouailles. » Il fut ordonné que ledit libelle serait supprimé « et furent faites très expresses défenses à tous imprimeurs, libraires, colporteurs, d'imprimer, vendre, ou distribuer ledit libelle, sous peine de cent florins d'amende à chaque contravention. »

L'ancien curé de Saint-Pierre ne pouvait voir sans dépit le respect dont on ne cessait d'entourer M. Saladin et il excitait la populace contre lui, le représentant comme un aristocrate, un étranger qui voulait donner son pays aux Belges et aux Autrichiens.

Le bon pasteur resta calme au milieu de ce déchaînement de fureur. Il continua à exercer avec zèle, mais modestement et sans bruit, son saint ministère. Peu lui importaient les outrages dont on l'accablait, lorsqu'il sortait pour remplir son devoir près des personnes qui refusaient leur confiance aux prêtres constitutionnels.

Sans doute, la présence de M. Saladin ne laissait pas que d'entraver M. Nolf dans ses fonctions de curé schismatique. Le bon pasteur ne devait-il pas, même au péril de sa vie, protéger son troupeau contre les attaques du loup ? Il était gênant pour l'assermenté [1] de se trouver continuellement mis en parallèle avec un prêtre dont la vie toute de sainteté lui reprochait sa faiblesse, son ambition et sa forfaiture ! Aussi le plus grand désir de M. Nolf était-il de le voir disparaître [2]. Son souhait allait bientôt être exaucé.

On était arrivé au troisième dimanche après Pâques, 29 avril 1792. La nuit même, les troupes françaises qui faisaient une démonstration sur Tournai, avaient cédé, au Pas-de-Baisieux, à une terreur panique et elles rentraient à Lille dans le plus grand désordre. Les bruits de trahison circulaient partout. Toute la population était dans un indescriptible émoi.

Les gens du peuple, à cette époque, croyaient facilement tous les racontars les plus ridicules et les plus iniques. Il

---

[1] On appelait prêtre constitutionnel ou assermenté celui d'entre les prêtres catholiques qui, reconnaissant en principe la nouvelle délimitation des diocèses et l'élection populaire des ecclésiastiques, jurait d'obéir à ce décret si fameux connu sous le nom de constitution civile du clergé.

[2] Le mot est dur, mais nous n'exagérons rien.

y avait peu de journaux et ceux-ci se trouvaient entre les mains de quelques sectaires qui s'efforçaient, par des moyens infâmes, de tromper la population. On lui disait depuis longtemps que les aristocrates étaient partisans des ennemis et elle en était vivement émue.

Comme M. Saladin passait sur le quai pour aller dire la messe aux Ursulines [1], les *rivageois* l'insultèrent. Ne leur avait-on pas fait croire que le prêtre allait se réjouir avec les religieuses de la défaite des Français ? Le peuple mis en fureur guetta sa sortie. Quelqu'un fit remarquer que le curé pourrait bien ne pas sortir de ce côté; alors une partie de ces forcenés se transporta vers la rue Saint-Jacques, où se trouvait une autre issue.

Au couvent, les religieuses craignaient pour les jours du bon pasteur. Elles le pressèrent fortement de se retirer, au moins pour quelque temps, auprès de Mgr l'évêque de Tournai, son supérieur spirituel, afin de laisser passer cette tourmente révolutionnaire, trop violente pour durer longtemps. L'énergie qu'il avait toujours montrée jusqu'ici dans l'accomplissement de son devoir laisse deviner la lutte qu'il dut soutenir. Enfin, il promit de suivre les conseils qui lui étaient donnés.

Mais il fallait sortir, traverser les rues de Lille, franchir les portes de la ville et les avant-postes de l'armée française. On lui proposa alors de prendre les habits d'une femme de la campagne et de le conduire en lieu sûr. Il répugnait au saint prêtre de se déguiser ainsi et ce ne

---

[1] Il en avait été nommé supérieur le 9 juin 1786.

fut qu'après de nombreuses difficultés qu'il consentit à se revêtir de ce travestissement.

Vers deux heures de l'après-midi, M. Saladin sortit donc ; il traversait le pont Saint-Jacques, sur le territoire de sa propre paroisse, au bras d'un nommé Cornille, quand il se croisa avec un enfant qui venait de faire sa première communion. « Tiens, s'écria ce dernier, voilà M. le curé habillé en femme !... » Cette parole naïvement imprudente attira l'attention des passants qui aussitôt entourèrent le curé. On prononça autour du bon prêtre les propos les plus orduriers ; des menaces de mort se firent entendre : A la lanterne ! à la lanterne ! s'écriait la populace avide du sang du prêtre. Il fut en un instant terrassé et piétiné.

Un cavalier, probablement un fuyard de la déroute du Pas-de-Baisieux vient à passer. Il s'approche de la foule et s'enquiert du bruit. « C'est un aristocrate ! lui crie-t-on. — Si ce n'est que cela, répond-il, nous aurons bientôt fait. » Il tire un pistolet de l'arçon de sa selle, l'applique sur la tempe de la victime, et, froidement, l'achève en lui brûlant la cervelle. La foule surexcitée s'empare du cadavre et le hisse à la lanterne où il reçoit encore plusieurs coups de feu.

Voilà donc à quels excès peut se laisser aller le peuple le plus inoffensif quand il obéit aux excitations malsaines de la mauvaise presse et de quelques sectaires furieux. Personne n'eut le courage de défendre et de délivrer le malheureux prêtre, qui resta jusqu'au soir abandonné aux moqueries infâmes et dont le cadavre fut en butte aux sanglantes insultes d'une populace en délire.

Cette mort jeta un véritable effroi dans l'âme de tous les honnêtes gens de la populeuse ville de Lille. M. Saladin y était généralement aimé et respecté, on pleura sur son sort, on pleura plus encore les excès qui conduisaient une populace à des actes de barbarie aussi odieux, et pour conserver la mémoire de cet homme de bien, un artiste de Tournai, dont nous sommes fâché de ne pouvoir citer le nom, grava son portrait avec le quatrain suivant :

> Du serment sacrilége il rejeta la loi ;
> Au sein de la tempête il conserva le calme,
> Et tombant sous les coups, victime de sa foi,
> D'un glorieux martyre il mérita la palme.

Un mois plus tard, le 29 mai 1792, l'évêque de Tournai nomma à la place de M. Saladin, l'abbé Philippe-Joseph Butin, depuis longtemps vicaire de cette paroisse.

La mission de l'histoire est de venger la mémoire, trop souvent oubliée ou trahie, des honnêtes gens vaincus. C'est une des formes de la justice de Dieu. Le vénéré pasteur de la Madeleine a attendu trop longtemps une sorte de réhabilitation. M. Derode, dans son *Histoire de Lille*, raconte le sanglant épisode du Pas-de-Baisieux, le massacre épouvantable de Berthois et de Dillon, l'assassinat de M. Saladin. Il rappelle la façon dont les généraux furent vengés, puis il ajoute : « Du pauvre prêtre, on ne parla plus. »

On fit, à Saint-Etienne, l'oraison funèbre de Berthois ; l'Assemblée nationale disculpa et réhabilita Dillon, et la justice punit de mort leurs meurtriers. On vota des pensions à leurs familles ; on voulut élever en leur honneur, aux portes de Lille, un monument expiatoire et « du pauvre prêtre, on ne parla plus. »

Nous avons souffert de cet abandon, qui nous semble une injustice ; après un siècle, nous avons cru que l'heure était venue de la faire cesser dans la mesure de nos forces.

A un point de vue supérieur, l'histoire est encore un exemple et une leçon, *magistra vitœ*. La biographie bien incomplète de M. Saladin offre aux prêtres un modèle achevé de foi ardente et d'énergie sacerdotale. Comme ce Phinées que loue le livre de l'*Ecclésiastique* (ch. xlv, v. 29), le curé de la Madeleine demeura ferme quand une trop grande partie de son peuple se laissait entraîner aux excès révolutionnaires, *stetit in reverentiam gentis*.

Il fut obéissant à l'Église et dévoué à ses ouailles jusqu'à la mort. Si, à un siècle de distance, une persécution nouvelle se déchaînait contre la religion et les prêtres de Jésus-Christ, tous les membres de la tribu sacerdotale sauraient marcher sur les traces de M. Saladin et dédaigneraient d'imiter les tristes exemples de celui qui fut son indigne successeur.

Chapitre X.

Avant-propos. — Famille de M. Nolf. — Sa naissance. — Ses études. — Ses différents postes. — Siége de la paroisse Saint-Pierre. — M. Nolf nommé curé de la paroisse Saint-Pierre. — Convocation des Etats généraux. — Nolf est nommé député de l'Assemblée nationale. — Son rôle en cette Assemblée. — Lecture d'une adresse des jeunes gens de Lille. — Une lettre à ses commettants. — Sa vanité. — Nolf candidat à l'évêché du Nord. — Nolf candidat à la cure de la Madeleine. — Confirmation de ses pouvoirs par l'évêque intrus. — Prestation du serment. — Comment se passait une prestation de serment. — Encore la vanité de M. Nolf. — Nolf et la Société des Amis de la Constitution. — Le club de cette Société. — M. Nolf en devient le président. — Il en est chassé. — Le curé constitutionnel. — Le frère de M. Nolf, religieux de l'abbaye de Saint-Amand et vicaire de la Madeleine. — Nolf persécuteur des familles catholiques. — Démission des marguilliers. — Nolf, président du district, écrit à sa fabrique. — Il est chassé de son église. — Ce que devient l'église de la Madeleine. — Vol des tableaux et de l'argenterie. — Synode diocésain de l'Eglise du Nord, tenu à Lille dans l'église paroissiale de Saint-André, le 16 août 1797, pour l'élection d'un député au Conseil national. — Nolf de nouveau candidat malheureux. — Primat est nommé évêque de Limoges. — Nolf, président du presbytère, envoie, le siége vacant, le mandement du 15 janvier 1800, pour le carême de cette année. — Nouvelle réunion à Sainte-Catherine pour la nomination de l'évêque du Nord. — Nolf, président du presbytère, est candidat. — Discours de M. Nolf. — Lettre aux prêtres du vicariat de Tournai. — Ordre du jour : élection de l'évêque. — Nolf est simplement élu trésorier. — Concordat. — Mgr Belmas est nommé évêque de Cambrai et Nolf curé de Landas. — Mort de M. Nolf.

Quand on réfléchit à la grandeur de l'état sacerdotal, à la sublime mission du prêtre, on est émerveillé et quelque peu effrayé. Tout le monde comprend que le sacerdoce est tellement au-dessus des forces de la pauvre humanité qu'un Dieu seul a pu l'instituer ; aussi quelle vénération entoure le bon prêtre ! Les méchants eux-mêmes, dans les temps les plus troublés, ne peuvent s'empêcher d'avoir pour lui un certain respect ; il est doux, il est bon d'en parler. Nous avons éprouvé cette joie en racontant la vie de M. Saladin. Il a su, lui, tenir bien haut le drapeau du sacerdoce. Il a affermi, par son héroïsme, cette haute et belle idée que le peuple a du prêtre, homme de Dieu, homme de sacrifice, homme de vérité avant tout.

Mais en revanche, qu'il est triste d'avoir à parler de l'ecclésiastique qui a forfait à son devoir, qui a oublié ses serments, que l'ambition a aveuglé et précipité dans l'erreur !

C'est pourtant le rôle que nous avons à remplir en ce moment. Nous le ferons avec le plus grand calme. Nous chercherons à ne pas rabaisser le prêtre en disant pourtant les erreurs de conduite et de doctrine dans lesquelles il a pu tomber. Nous le demandons à Dieu.

Le 17 juin 1744, dans les dépendances d'une belle et grande ferme du petit village de Meurchin, se tenait une réunion intime entre la famille du propriétaire, M. Martinage, et quelques membres de la famille Nolf, de Wazemmes, petite commune voisine de Lille. Le notaire, M. Vanoye, était présent.

Il était question de signer le contrat de mariage, qui devait se célébrer religieusement quelques jours après dans l'église de l'endroit, entre Louis-Joseph Nolf et Marie-Rose Martinage. La dot du futur consistait en la somme de 2000 florins, puis cinq neuvièmes de 1708 verges de prés servant de blanchisserie au faubourg de la Barre et 301 quarterons de labour situés à Loos. Celle de la mariée consistait en la somme de 1000 florins; de plus, le père devait « la nipper comme à son état appartient. »

Les deux jeunes gens descendaient de familles honorables et possédaient un certain avoir. D'ailleurs, le jeune ménage entreprit aussitôt un commerce de toiles et de blanchissage, qui eut pour résultat d'augmenter le patrimoine, assez respectable pour cette époque, qu'on avait apporté en se mariant [1].

Plusieurs enfants naquirent de cette union.

Le premier, celui dont nous allons nous occuper, Pierre-Louis-Joseph Nolf, naquit le 17 mai 1746 [2] et fut tenu sur les fonts baptismaux par son oncle paternel et par Scholastique Martinage. Elevé dans une atmosphère de foi et de piété, Pierre avait profité de cette grâce. Un seul défaut, dès son plus jeune âge, gâtait toutes ses belles qualités : une vanité ambitieuse qui ne le quitta malheureusement jamais. Après de bonnes humanités, il entra au séminaire de Tournai et reçut la tonsure le 6 décembre 1768, fut ordonné sous-diacre le 11 mai 1769, diacre le 23 décembre de la même année et prêtre le 7 mars 1770. Il ne put être admis à cette dernière ordination que grâce à une dispense d'âge.

M. l'abbé Nolf avait une certaine science, mais c'était un esprit plus brillant que solide. D'un caractère violent et emporté, il devenait souple et insinuant quand les

---

[1] Ces détails, qui paraissent étrangers à notre sujet, prouvent que longtemps avant 1789, les paysans étaient devenus propriétaires fonciers, et cela dans une mesure qui n'a pas été dépassée depuis lors.

[2] M. Césaire David dit qu'il naquit le 2 mai 1746.

circonstances l'exigeaient. Il était grand, bien fait, il avait les yeux et les cheveux noirs : il possédait les qualités physiques et morales qui rendent une personne agréable et la font « arriver ».

L'abbé Nolf en effet arriva.

Le 23 octobre 1770, il fut nommé vicaire à Brillon, qu'il quitta bientôt pour revenir à Lille le 30 juillet 1771, comme vicaire à Saint-André. Au mois de septembre 1773, il devint directeur de la maison Saint-Charles, à Froidmont, puis, dans cette même paroisse, desserviteur le 9 janvier 1781.

Le desserviteur était un prêtre qui exerçait provisoirement les pouvoirs du curé décédé, en attendant que, les examens terminés, l'évêque pût nommer définitivement le curé de la paroisse.

Il faut croire que M. Nolf remporta quelques succès dans les concours, car en l'année 1783, le 29 août, il fut nommé curé de Saint-Pierre, à Lille. D'ailleurs, ce poste devait plaire à M. Nolf, son orgueil était satisfait. Il arrivait à Lille, qui était presque sa ville natale, dans les environs de Saint-André où il avait été précédemment vicaire et où, grâce à ses manières distinguées et à son grand désir de paraître, il s'était créé des relations étendues qu'il se promettait d'utiliser.

La paroisse de Saint-Pierre avait son siège dans une chapelle de la collégiale du même nom située à l'endroit où l'on a bâti le Palais de Justice actuel ; elle a été supprimée à la Révolution.

Ne contenant que cinq cents maisons, et de beaucoup la plus petite des paroisses de la ville, elle n'était pourtant pas sans importance.

A chaque instant, il pouvait s'élever des contestations

PIERRE-LOUIS-JOSEPH NOLF
d'après une gravure du temps.

entre la paroisse et le chapitre, qui se composait du prévôt, du doyen, du chantre, du trésorier, de l'écolâtre, de quarante chanoines, de cinquante chapelains.

D'ailleurs, au chapitre était réservée la nomination des vicaires et du curé. Celui-ci n'avait pas le droit de s'occuper de la fabrique de sa propre paroisse. De là, cet article que nous trouvons dans les doléances particulières du clergé paroissial de Lille : « Les curés des collégiales de Lille, Seclin et Comines participeront à l'administration des biens et revenus de leurs fabriques respectives. » Voilà pourquoi on choisit pour remplir cette tâche délicate l'abbé Nolf qui, vu son caractère, était capable de résoudre ou de tourner bien des difficultés.

Nous ne le suivrons pas comme curé de cette paroisse, mais nous l'examinerons comme homme politique, député à l'Assemblée nationale, membre et président des Amis de la Constitution et curé de la Madeleine. Nous verrons qu'il fut toujours un personnage très remuant, se laissant guider par une ambition insatiable. Une fois lancé dans la mauvaise voie, ses défauts apparaissent sans voile. M. Nolf était plutôt craint qu'aimé de ses confrères, et le jour n'est pas éloigné où il sera repoussé par le peuple sur lequel il avait cru un instant pouvoir compter.

Louis XVI porta un édit convoquant les Etats généraux. « Le Roi, y lisait-on, ayant entendu le rapport qui a été fait dans son conseil par le ministre des finances, a ordonné ce qui suit : Les députés seront au moins au nombre de mille, proportionnellement à la population et aux contributions de chaque baillage. Le tiers-état aura une représentation double », c'est-à-dire égale à celle des deux autres ordres réunis. Le jour de l'élection fut définitivement fixé au 27 avril 1789.

Mais avant cela, dans toute la France, on procéda à la

rédaction des cahiers de doléances [1]. Elu premier suppléant en cas de maladie ou autre empêchement légitime, M. Nolf alla représenter aux Etats généraux Mgr de Tournai qui, comme étranger, n'avait pu y être reçu. Hélas! il n'y défendit nullement les idées de son évêque; il se sépara même de lui complètement.

Le 5 mai 1789, le curé de Saint-Pierre siégea donc au milieu des mille trente-neuf députés, tous pleins d'enthousiasme et se croyant réellement appelés à reconstituer la société française sur de nouvelles bases. Il parut à l'assemblée avec le costume attribué aux députés du bas clergé, c'est-à-dire en soutane, manteau long et bonnet carré.

Il fut du nombre des curés qui s'empressèrent de se joindre au tiers-état pour obtenir la réunion des trois ordres en une seule assemblée nationale [2].

Il ne semble pas que M. Nolf ait eu, sur cette assemblée, une grande influence. Il ne se trouve même pas cité dans les biographies qui ont été écrites sur ses différents membres. Comme député, il joue un rôle bien terne et bien effacé. Jamais, dans aucune délibération, on ne le voit apparaître, ni prendre part aux discussions. Une

---

[1] Voir plus haut la part que MM. Saladin et Nolf ont prise à la rédaction des cahiers de doléances pour le clergé de la gouvernance de Lille.

[2] Lorsqu'il s'agit du serment, tous savent que sur plus de trois cents ecclésiastiques qui siégeaient au sein de l'Assemblée nationale, soixante-dix seulement imitèrent le malheureux exemple de l'abbé Grégoire qui, le premier, monta à la tribune pour y prêter le serment qu'il appuya d'un discours. Tous les autres, sommés de prêter ce serment refusèrent, plusieurs motivant ce refus par des paroles dignes des premiers confesseurs de la foi. Parmi ces abstenants ne se trouvait pas l'abbé Nolf. Il prêta, en effet, le serment à la suite de l'abbé Grégoire, dans la séance du lundi 27 décembre 1790, au milieu des applaudissements réitérés de la partie gauche et des tribunes.

seule fois, dans la réunion du dimanche 25 juillet 1790, il prit la parole au commencement de la séance.

M. de Boisragon avait formé, à Lille, une sorte de petit régiment d'enfants depuis l'âge de sept ans jusqu'à quatorze ans. Ces enfants faisaient l'exercice comme nos bataillons scolaires, et, à cause de l'admiration outrée qu'ils avaient suscitée autour d'eux, ils s'étaient pris au sérieux à un tel point qu'ils avaient envoyé une adresse à l'Assemblée nationale. M. Nolf avait été chargé de lire cette adresse. « Qu'il est consolant pour un pasteur, s'écrie-t-il, dont le devoir indispensable est de plier la jeunesse à l'obéissance et à la subordination dues à la puissance souveraine de la nation, d'apprendre qu'un militaire respectable, M. de Boisragon, ancien premier capitaine du régiment d'Orléans, s'occupe à rassembler de jeunes citoyens de sept à quatorze ans, à leur faire chérir la nouvelle constitution du royaume et à leur apprendre à la défendre et à faire germer dans leur cœur l'amour le plus pur et l'attachement le plus sincère à la patrie. Je pense que l'Assemblée nationale écoutera avec intérêt la lecture que je suis chargé de faire de l'adresse de ces jeunes citoyens. »

M. Nolf fit ensuite la lecture de l'adresse suivante :

« Lorsque nos parents et nos maîtres nous vantent sans cesse la sagesse de vos décrets ; lorsque de toutes parts nous entendons applaudir à votre immortel ouvrage ; lorsque toute la France vous comble de bénédictions, nos cœurs pourroient-ils rester insensibles ! Non, Messieurs, la reconnoissance, le respect et l'admiration sont de tout âge. Ces sentiments que vous inspirez à tous les Français, nous les partageons vivement. Puissions-nous les exprimer avec autant d'énergie que nous le sentons !... Les droits de l'homme, que vous avez proclamés par vos décrets, sont déjà gravés dans notre mémoire en traits ineffaçables. Il n'est pas difficile de s'inculquer dans l'esprit des connoissances aussi simples et aussi naturelles, et nous concevons aisément que si vos lois ont pour base ces principes sacrés, elles ne peuvent manquer de rendre heureux ceux qui seront soumis à leur empire.

» Nous venons de consacrer à l'Éternel notre drapeau. Il sera toujours l'emblème et le gage de notre dévouement à la patrie. Nous venons de promettre au pied de l'autel d'être fidèles à la nation, à la loi et au roi. Ce serment, qu'on ne peut exiger de notre âge, est l'expression libre et sincère de nos sentiments. Nous n'en professerons jamais d'autres. Nous vivrons pour la patrie, et nos derniers soupirs seront encore pour elle. »

Cette adresse reçut de l'Assemblée beaucoup d'applaudissements. On sent le Nolf dans le petit discours qui en précède la lecture ; c'est le style déclamatoire, emphatique et quelque peu ridicule que nous rencontrons dans beaucoup de productions de l'époque.

Dans une lettre à ses commettants, qu'il a signée avec ses collègues les députés du Nord, on retrouve le même langage, le même emportement. Il insulte ses adversaires, les appelle des séditieux, parce que, plus modérés, plus amis de la légalité, ils voulaient que les réformes se fissent avec mesure et après un sérieux examen. « Envoyés par vous à l'Assemblée nationale, et toujours tendrement attachés aux provinces dont votre choix nous a confié les intérêts, en même temps que ceux de la nation, nous ne pouvons vous dissimuler plus longtemps, ni la douleur profonde, ni les inquiétudes amères dont nous accablent les libelles et les propos séditieux que font circuler, au milieu de vous, vos plus grands ennemis. Ces esprits pervers, désespérés de ne pouvoir maintenir par la force les abus dont ils se sont engraissés si longtemps cherchent à les reconquérir par la ruse; ne pouvant plus vous tyranniser ouvertement, ils entreprennent de vous séduire. A les entendre, l'Assemblée nationale n'a rien fait pour votre bonheur et vous avez tout à craindre de l'exécution de ses décrets. Voilà en deux mots à quoi se réduisent leurs clameurs insidieuses. L'Assemblée nationale n'a rien fait pour votre bonheur!... Mais elle vous a déchargés des impôts : la dîme et le force-fief; elle vous a déclarés égaux en droits et elle a détruit le régime féodal ; elle s'est engagée à vous faire administrer gratuitement la justice par des juges que vous choisirez vous-mêmes, elle vous donnera bientôt des municipalités et des assemblées provinciales dont vos seuls suffrages nommeront tous les membres; elle a affranchi vos terres du droit exclusif de la chasse, elle a aboli tous les priviléges, toutes les exemptions... etc., etc. »

Nous ne voulons pas discuter ici la justice de toutes ces lois, de toutes ces revendications, de tous ces changements. Mais n'était-ce pas ridicule de se laisser aller à cet engouement pour tant de choses à la fois? N'eût-il pas été préférable d'examiner avec calme chacune des réformes proposées par les cahiers de doléances? Mais M. Nolf avait écrit une lettre, il l'avait rendue publique, et il était content !

Dès lors, il se crut un homme important ; aussi le voyons-nous annoncer son arrivée par les journaux de la localité : le peuple devait être averti de ses moindres mouvements. Le 12 avril 1791, en effet, la *Gazette* contenait cette note qui sent la réclame la plus sotte et la plus vaniteuse : « M. Nolf, député à l'Assemblée nationale et curé de Saint-Pierre, a obtenu un congé pour venir remplir ses fonctions pastorales pendant le saint temps de Pâques. Il a voulu savoir par lui-même si les enfants de sa paroisse qui se disposent à faire leur première communion sont assez préparés pour approcher de la sainte Table. Il a voulu aussi, selon son usage, habiller les enfants dont les parents sont trop peu fortunés pour faire cette dépense. »

M. Nolf savait qu'il ne pouvait plus être réélu député ; mais il faudrait bientôt un évêque pour le nouveau diocèse du département du Nord : de là cette agitation fébrile, ces missives prétentieuses de notre député.

A la séance du 21 mars 1791, MM. Treillard et Merlin demandèrent « que suivant le décret rendu le samedi précédent, l'Assemblée nationale procédât, le dimanche suivant, à la nomination du nouvel évêque, dans un lieu désigné par le département, de peur qu'à l'approche des fêtes de Pâques, le diocèse manquant d'évêque, le fanatisme ne renouvelât avec succès ses tentatives, c'est-à-dire ses attentats. » Cette proposition fut acceptée.

Il était visible que le curé de Saint-Pierre songeait à l'épiscopat. Jusqu'à présent il avait été assez heureux dans ses entreprises ambitieuses ; il espérait que son étoile ne pâlirait pas. Hélas ! la fortune est changeante, et M. l'abbé Nolf allait s'en apercevoir.

En effet, les électeurs, au nombre de 989, s'étant réunis le dimanche 27 mars, dans l'église collégiale de Saint-Pierre, pour le choix de l'évêque du Nord, procédèrent, après la célébration de la messe du Saint-Esprit, à l'élection d'un président qui fut M. Coppens, président du directoire du département. On choisit comme secrétaire M. Lejosne, et comme scrutateurs, MM. Michel Ravière et Teste de Vigne. Toutes ces opérations avaient duré longtemps et ce ne fut que le mardi soir, à cinq heures, que M. Primat, oratorien et curé de Saint-Jacques, à Douai, fut enfin nommé.

Pendant trois scrutins, les suffrages avaient été balancés; au dernier, M. Nolf n'échoua qu'à la minorité de quarante-deux voix. Quelle déception pour lui ! Il avait compté sur le crédit dont il jouissait à Lille et sur son titre de député pour arriver à l'épiscopat. Il fit contre mauvaise fortune bon cœur; soutenu, poussé par sa vanité, il ne perd pas courage et à l'avenir il va briguer d'autres dignités.

Sur ces entrefaites, on supprimait la paroisse de Saint-Pierre. Des sept paroisses de Lille, on n'en conservait que six, mais en même temps on apprenait que plusieurs curés ne prêteraient pas serment et que des élections pour les remplacer auraient bientôt lieu. M. Nolf songea à la Madeleine qu'il connaissait plus particulièrement. Ces élections se firent le dimanche 8 mai 1791, dans l'église collégiale de Saint-Pierre, et M. Nolf fut élu curé de la Madeleine. Il accepta naturellement; et pourtant, il n'ignorait pas que Primat n'avait aucun pouvoir à lui accorder. Il ne faut pas être grand clerc en droit canon pour savoir que le peuple n'avait pas qualité pour nommer à lui seul les évêques et les curés.

Du reste, M. Nolf avait pour se renseigner la lettre que Mgr d'Ypres avait envoyée à Primat. Par cette lettre, le prélat avertissait le prétendu évêque de Cambrai qu'il ne lui donnait aucune juridiction, ni à ceux qui seraient créés curés par lui. M. Nolf ne connaissait-il pas aussi les anathèmes que son propre supérieur ecclésiastique, l'évêque de Tournai, avait lancés contre les prêtres assermentés ? Il passa outre et fut tout disposé à prêter serment et à se laisser installer.

Quelques jours auparavant, l'évêque Primat avait confirmé les pouvoirs de M. Nolf par la lettre suivante :

« Sur ce qui nous a été exposé par MM. les maire et officiers municipaux de la ville de Lille, qu'à cause du projet de réunion et de démarcation des paroisses de la dite ville, réduites de sept au nombre de six, il a paru inutile au corps électoral du district de nommer à la cure de Saint-Pierre incorporée dans celles de Sainte-Catherine, Saint-André et de la Madeleine, à laquelle dernière cure le sieur Nolf, ci-devant curé de Saint-Pierre a été promu ; que certaine partie de la paroisse de Sainte-Catherine a aussi été réunie à celle de Saint-Étienne ;

» Considérant qu'en attendant que ledit projet ait été décrété, ou que le décret rendu ait été envoyé officiellement, il est intéressant de ne laisser aucune incertitude sur la validité de l'administration des sacrements aux ci-devant paroissiens de Saint-Pierre et à ceux de Sainte-Catherine dont les domiciles sont réunis à Saint-Étienne ;

» Considérant aussi que le bien de la religion, la paix

et la tranquillité publique exigent des mesures promptes et efficaces pour calmer les esprits et rassurer les consciences timorées, sur des changements purement temporels ;

» A ces causes, nous avons commis et par ces présentes commettons et établissons provisoirement MM. Nolf, Bécu, Housez et Delerue, curés des paroisses de la Madeleine, Saint-Étienne, Sainte-Catherine et Saint-André, de la ville de Lille, à effet d'exercer respectivement les fonctions curiales par eux et leurs délégués fonctionnaires publics assermentés, envers les habitants des paroisses réunis aux leurs, et ce, conformément à la démarcation et réunion projetées par le corps municipal de la dite ville de Lille, le quatre mars dernier ; leur donnons à cette fin tous pouvoirs requis et nécessaires en pareils cas ; exhortons les fidèles des parties de paroisses réunis aux cures susdites, de tenir et reconnaître les dits sieurs Nolf, Bécu, Housez et Delerue, pour leurs vrais et légitimes pasteurs provisoires et d'avoir en eux toute la confiance qu'exigent les lois de l'Église. Le Père Delerue, carme, ne continuera les fonctions de curé de Saint-André que jusqu'au moment de l'installation de M. Guffroy, absent.

» Fait et donné à Hondschoote, sous notre seing manuel et le contre-seing de notre secrétaire, le vingt-six mai mil sept cent quatre-vingt-onze.

Signé : † C. P. M. Primat,
Évêque du département du Nord.

» Par ordonnance :

» Bégat, *pro-secrétaire.*

» Pour copie conforme à l'original,

Signé : Waymel, *secrétaire-greffier.* »

Cette cérémonie de la prestation du serment ne se terminait jamais sans être souillée par quelque scène de désordre et de tumulte. Comme on n'était pas très sûr du peuple, les soldats en armes gardaient les abords de l'église. Afin de donner plus d'éclat, une musique se faisait entendre ; elle jouait le *Ça ira* aussitôt après que le curé avait prêté serment. C'est au milieu de tout cet apparat que M. Nolf satisfit à la loi. Il sera intéressant de connaître le procès-verbal relaté dans les registres de la fabrique :

« Aujourd'hui 22 mai 1791, onze heures du matin, le Conseil municipal de la ville de Lille s'étant transporté en l'église paroissiale de Sainte-Marie-Madeleine et s'étant placé en face de la chaire de vérité où était le sieur Pierre-Louis-Joseph Nolf, élu et conséquemment institué curé de la dite paroisse de Sainte-Marie-Madeleine, le procureur de la commune a requis que, conformément aux articles 38 et 39 du titre 2 du décret de l'Assemblée nationale du 12 juillet 1790, sur la constitution civile du clergé, sanctionné par le roi le 12 avril suivant, le dit sieur Pierre-Louis-Joseph Nolf prêtât, en présence des officiers municipaux, du peuple et du clergé, le serment de veiller avec soin les fidèles de la paroisse qui lui est confiée, d'être fidèle à la nation, à la loi et au roi, et de maintenir de tout son pouvoir la Constitution décrétée par l'Assemblée nationale et acceptée par le roi ; et le procureur de la commune a requis en outre, que le secrétaire-greffier de la commune écrivit sur le registre particulier à ce destiné le procès-verbal de la prestation de serment dudit curé à qui il servira d'acte de prise de possession. A l'instant, le sieur Pierre-Louis-Joseph Nolf a prêté, en présence des officiers municipaux, du peuple et du clergé, le serment de veiller avec soin sur les fidèles de la paroisse qui lui est confiée, d'être fidèle à la nation, à la loi et au roi et de maintenir de tout son pouvoir la Constitution décrétée par l'Assemblée nationale et acceptée par le roi. Dont acte.

» *Signé :* WAYMEL, *secrétaire-greffier.* »

M. Nolf, qui ne pouvait rien faire comme tout le monde, fait ainsi annoncer par le journal son installation :

« M. Nolf, ci-devant curé de la paroisse de Saint-Pierre, supprimée, et député à l'Assemblée nationale, a été mis en possession de la cure de la Madeleine. Ce pasteur respectable (?), regretté généralement, *mais surtout de la partie de ses ci-devant paroissiens qui, dans la division faite de la ci-devant paroisse de Saint-Pierre est devenue du ressort des deux autres paroisses, leur a fait faire une distribution abondante de pains.* Il a, ajoute-t-il, aussitôt exercé ses fonctions pastorales. Il a eu, dans l'après-midi, à baptiser deux jumeaux. »

Depuis le jour où il s'était montré infidèle à ses obligations, le nouveau curé semblait avoir perdu le bon sens. Il voulut faire partie du principal club qui existait alors à Lille et qui dirigeait l'opinion.

Peut-être ne serait-il pas hors de propos d'en donner ici une brève histoire.

Ce club avait été fondé, le 11 novembre 1789, par MM. Bécu, Duhem, médecins, Vantourout et Sta, hommes de loi, dont la pensée avait été d'activer ainsi la propagation des principes révolutionnaires. Pendant cinq années, il fut le centre d'une action puissante, variable dans son intensité, mais constante dans le but général : la destruction du passé, la conquête de l'avenir. Jamais peut-être assemblée n'eût plus de dénominations que celle-ci. L'énoncé seul de ces titres nous montrerait la marche graduelle des idées qui, très modérées au début, devinrent peu à peu d'un radicalisme sauvage.

Cette association reçut le titre officiel de *Société de surveillance*, lorsque la Convention ayant déclaré que la Révolution étant terminée (12 juin 1795), nul ne devait prendre le titre de révolutionnaire. Jusque-là, aucune autorité régulière ne l'avait guidée, il n'y avait plus de pouvoir debout, et par conséquent plus de sanction à demander. Dans les premiers temps, le candidat devait être présenté par un membre et il lui suffisait d'être connu par son amour pour la Constitution. Dans la suite, on voulait qu'il se fût rendu recommandable par quelque acte de surveillance républicaine, de sensibilité envers les braves défenseurs ou envers les infirmes, ou enfin par ses talents dans l'art d'enflammer ses frères. Sur la proposition d'un membre, l'admission était mise aux voix.

En 1793, il fallait être présenté par deux membres, et un placard affiché dans la salle indiquait les questions auxquelles il fallait répondre sur-le-champ, sous peine d'être noté d'incivisme.

Mais pour être juste, il faut ajouter qu'au moment du bombardement de la ville, les *Amis de la Constitution* — c'était le nom qu'ils portaient alors, — se distinguèrent par leur zèle à soutenir l'ardeur des Lillois contre les ennemis, à fournir aux armées nationales de l'argent, du linge, etc. Bientôt cette société fut elle-même dispersée.

C'est à ce club [1], dont il fut longtemps le président, que M. Nolf doit un peu de sa triste célébrité. Certes, il n'était pas le dernier à enflammer l'ardeur des sociétaires. Il avait la parole facile, du mouvement, du sentiment, et il mettait une certaine furie à soutenir ses idées. C'était un vrai jacobin, ainsi que nous l'apprennent les jugements de ses supérieurs ecclésiastiques.

Lorsque le 31 mai 1790, la *Société des Amis de la Constitution* de la ville et du district de Lille propose à la garde nationale de faire faire un drapeau d'union et de fédération aux trois couleurs, elle ajoute « qu'elle croit qu'il convient de déférer l'honneur de l'auguste cérémonie de la bénédiction à M. Nolf, curé de Saint-Pierre, l'un des dignes représentants de l'Assemblée nationale, de retour en cette ville pour quelques jours. » On voit, par là, combien il était prôné par les amis de la Constitution.

Pourtant, un jour vint où les sociétaires lui firent comprendre brutalement que rien, pas même l'apostasie, ne pouvait laver la tache dont la prêtrise l'avait souillé ! « Les prêtres, les ci-devant prêtres, lui dirent-ils, ont perdu la confiance publique, nous t'engageons à ne plus siéger parmi nous !... » M. Nolf se retira abattu. Ce ne fut pas le dernier affront qu'il eut à subir.

---

[1] Voir aux pièces justificatives, note LXVII, plusieurs lettres datées du mois d'octobre 1792 et signées de Nolf, président de l'Assemblée électorale du département du Nord et des administrateurs composant le Conseil général du district de Lille.

Il s'occupait trop de politique et cherchait trop à satisfaire ses ambitions malsaines, pour avoir le temps de travailler avec fruit dans sa paroisse. Depuis qu'il s'était déclaré l'ennemi de l'Église et de ses ministres fidèles, son sacerdoce était frappé de stérilité et sa personne n'inspirait plus qu'une pitié mêlée d'un certain mépris.

Qu'est-ce, en effet, à cette époque, aux yeux des bons catholiques, que le prêtre constitutionnel ? c'est le moine défroqué à qui les vœux deviennent lourds à porter, qui, malgré ses intrigues, n'est pas arrivé aux premières charges de son couvent et qui a trop d'orgueil pour obéir à ses supérieurs. Le curé constitutionnel, c'est le curé qui a oublié quelqu'un de ses devoirs, qui est gêné par l'autorité de l'évêque, qui veut se donner aussi plus de large ; c'est le prêtre qui ne prêche plus, et pour cause; c'est le prêtre qui ne fait plus le catéchisme ; c'est l'ecclésiastique ignorant qui s'est laissé conduire par quelques mécréants ambitieux. Ce prêtre poursuit de sa haine les familles catholiques de la paroisse parce qu'elles sont demeurées fidèles à leur foi et à leur véritable curé. Il s'acharne contre ses confrères restés par dévouement au milieu de leurs ouailles, sans craindre la mort qui les menace à toute heure ; c'est le prêtre qui ameute le peuple contre les curés non assermentés, qui se réjouit du meurtre de ceux qu'il remplace, parce qu'il n'a pas eu le courage de les imiter. Chaque trait de ce tableau s'appuie sur des faits historiques. Disons en passant que le nombre de ces malheureux fut assez restreint. Sur quarante-quatre mille prêtres qu'il y avait en France, quatre mille à peine prêtèrent serment.

M. Nolf était de ceux-ci. Une fois sorti du bon chemin,

il devint le soutien des curés constitutionnels, il fut le violent défenseur du nouvel état de choses. Il commença par détourner de son devoir son frère, plus jeune que lui de douze ans, et il le choisit comme vicaire.

Antoine-Joseph Nolf était religieux de l'abbaye de Saint-Amand. Il avait, disent les mémoires du temps, l'esprit obtus et n'avait pu être admis à confesser.

Né en l'an 1759, il avait été ordonné prêtre en 1784. Jamais on n'eut rien à lui reprocher pour ses mœurs ; il était d'une régularité de vie parfaite. Ce ne fut que sur les instances pressantes de son frère aîné que le religieux sortit du couvent et prit rang parmi les assermentés. C'est là une des plus grandes taches de la vie de M. Nolf. D'ailleurs, cet enragé, que les remords de conscience devaient tourmenter, fut lui aussi, autant qu'il le pouvait, mais en secret, le persécuteur du digne M. Saladin et il applaudit cruellement à son massacre.

Dès son arrivée à la Madeleine, il y eut une certaine partie de son ancienne paroisse de Saint-Pierre qui lui fut adjugée[1]. Comme si Primat eût voulu prouver lui-même que les fidèles n'acceptaient pas entièrement l'autorité des curés constitutionnels, il envoya un mandement aux anciens paroissiens de Saint-Pierre unis à ceux de Sainte-Marie-Madeleine, afin de les prier de reconnaître pour curé le sieur Nolf, et d'avoir en lui toute la soumission qu'exigent les lois de l'Église.

C'est en vain que le faux évêque vint au secours du

---

[1] La paroisse de la Madeleine ajoutait à son territoire la partie de la façade du quai renfermée entre deux canaux passant sous les maisons des sieurs Lesage et Frison.

pasteur intrus ; les fidèles n'éprouvaient pour lui que de la répulsion.

Le 8 mars 1792, il manquait à la Madeleine cinq marguilliers et les autres avaient démissionné, ne voulant pas être plus longtemps sous la tutelle d'un homme tel que M. Nolf.

Cinq autres furent élus et prêtèrent serment le 18 du même mois.

Il paraît que ces choix n'avaient pas été très heureux, car un mois s'était à peine écoulé que les paroissiens de la Madeleine firent une pétition pour supplier le maire et les officiers municipaux de leur donner enfin de vrais marguilliers. Trois de ceux qu'ils avaient nommés ne remplissaient aucun des devoirs inhérents à leur charge et étaient un scandale pour la paroisse ; les deux autres n'avaient pas accepté. Les officiers municipaux répondirent le 13 avril 1792 « qu'ils statueront sur ce qu'ils croiront devoir faire dans la huitaine. »

Il ne semble pas du reste qu'il y eut beaucoup d'entente entre M. Nolf et les nouveaux marguilliers. En effet, le 17 juin 1792, les administrateurs composant le directoire du district de Lille, dont il était président, écrivent aux citoyens marguilliers de la Madeleine :

« Le département nous ayant donné, par lettre du 13 du présent mois, des ordres précis de vous redemander ceux des ornements d'église qui sont le plus chargés d'or et d'argent, que vous avez obtenus en prêt lors de la suppression du ci-devant chapitre de Saint-Pierre, nous vous prions de nous les renvoyer sans délai, afin que nous puissions obtempérer au surplus de cette lettre.

» Nous ne doutons pas de l'exactitude que vous mettrez à ce renvoi ; votre amour pour le bien public vous en fait un devoir.

» Nolf, *président.* »

Les marguilliers répondirent par la lettre suivante :

« Citoyens,

» Satisfaisant à la lettre que vous nous avez fait l'honneur de nous écrire le 17 du mois passé, pour nous demander les ornements d'église qui sont le plus chargés d'or et d'argent, que nous avons obtenu en prêt, lors de la suppression du ci-devant chapitre de Saint-Pierre, nous vous observerons que nous n'avons jamais demandé ni emprunté dudit chapitre, depuis sa suppression, aucun ornement d'église notamment et que nous n'en avons reçu aucun qui puisse être compris dans l'objet de votre demande.

» Nous sommes très sincèrement, citoyens, vos dévoués concitoyens,

» *Les marguilliers de la paroisse de la Magdelaine.*

» Lille, le 2 juillet 1793. »

Les paroissiens de la Madeleine se sentaient forts ; ils avaient pour curé un homme influent, des marguilliers non moins influents, parmi lesquels on voyait le fameux Lesage-Senault. Ils demandèrent « qu'en échange de certains meubles « inutiles », on voulût leur accorder deux cloches en dépôt à la Madeleine pour remplacer les deux cloches existantes, actuellement au clocher de la paroisse, entièrement défectueuses et trop faibles pour se faire entendre dans toute son étendue. » Cette demande fut faite le 12 juillet 1793 et fut accordée le 20 du même mois.

Hélas ! tout cela ne devait pas durer longtemps, et bientôt les prêtres constitutionnels qui avaient provoqué l'expulsion des prêtres restés fidèles furent, à leur tour, chassés de leurs paroisses. Dans ce même mois de juillet, on procéda à la fermeture des églises. Quelque temps après, la déesse Raison fut adorée à Saint-Maurice.

Les révolutionnaires, nouveaux Vandales, détruisaient les édifices religieux ou les transformaient en magasins, en ateliers, en boucheries, en boutiques de toute espèce, en théâtres, et en d'autres lieux moins avouables. Ils les louaient, ils les vendaient à vil prix, et encore la plupart du temps, ne trouvaient-ils pas d'acheteur. Dans ce dernier cas, ils les démolissaient, en transportaient les débris plus loin, afin de s'assurer ainsi des acquéreurs.

L'église de la Madeleine ne fut pas vendue ; on en fit un atelier de sellerie ; elle devint aussi un dépôt de grilles et de ferrailles provenant des maisons religieuses ; nous en avons la preuve dans un acte de vente qui eut lieu en 1797, à la réouverture de l'église. Tel fut l'usage déplorable que l'on fit de ce sanctuaire où le Dieu eucharistique avait si longtemps résidé, où les saints mystères avaient été offerts tant de fois, où reposaient des grands, des guerriers, des hommes de robe, des prêtres, tous ceux qui, de quelque façon, s'étaient distingués parmi leurs concitoyens. L'église de la Madeleine servait aussi quelquefois de lieu de réunion pour les clubs, de salle de vote pour la section de l'*Union*. Peut-être, doit-elle d'être restée debout à ce que, pour y arriver, il n'y avait pas de marches à gravir.

M. Saladin avait donc bien eu raison de prédire l'abomination de la désolation. Le cœur du prêtre, qui est tout particulièrement le temple de Dieu, avait été profané, le temple de pierre le fut aussi.

On commença par enlever les choses les plus précieuses qui appartenaient à l'église. Les tableaux furent emportés au couvent des Carmes, où se trouve actuellement le lycée.

Les archives nous ont conservé l'inventaire de l'argenterie trouvée dans la ci-devant église de la Madeleine. Nous le donnons tout entier aux pièces justificatives, avec le document qui rapporte le résultat fourni par la fonte de cette argenterie [1].

Dieu permettait-il ce brigandage pour ouvrir les yeux de ces malheureux qui l'avaient si lâchement abandonné? Plusieurs d'entre eux avaient commencé à voir clair; et ils essayèrent de rétablir le culte constitutionnel.

Enfin, le 19 messidor 1793, deuxième année républicaine, voici la proclamation qu'on lut sur les murs de Lille:

« *La municipalité de Lille à ses concitoyens.*

» Citoyens, la liberté des cultes n'est plus un vain mot; la loi de prairial a pour objet d'assurer l'exercice du plus beau droit de l'homme, celui de rendre à l'Être suprême le tribut d'hommages qui lui est dû, et de le lui rendre dans la forme analogue à ses opinions religieuses.

» Vous n'abuserez pas de l'exercice de ce droit sacré. »

---

[1] Notes LXV et LXVI.

Cependant l'église de la Madeleine ne fut pas ouverte à ce moment-là, il fallut encore attendre. On avait tant à compter avec le peuple !

D'après l'indication même que nous trouvons au registre de baptêmes, elle ne fut rendue au culte qu'en 1797.

Pendant tout ce temps, qu'était devenu M. Nolf ? Nous pouvons assurer qu'il est resté parmi nous, ainsi que le témoignent les registres de baptêmes et de mariages.

Il adhéra au culte de la Raison qu'avait embrassé avant lui son maître Primat, comme il avait accepté la Décade, ainsi que semble le témoigner la lettre suivante :

« En ce neuvième jour du second mois de l'an 2e de la République, les maires et officiers municipaux de Lille aux Citoyens fabriciens de la paroisse de la Madeleine.

» Citoyens,

» En exécution de l'arrêté du département du Nord publié aujourd'hui, nous vous prions de faire sonner ce soir et demain matin à la pointe du jour, la cloche de votre paroisse pour annoncer le jour de la Décade qui doit être consacré au repos, et de continuer de même chaque Décade.

» Rohart, *greffier*. »

Bientôt les masses ne distinguèrent plus les prêtres qui avaient prêté serment de ceux qui s'y étaient refusés. Elles crièrent d'abord : « A bas les prêtres réfractaires ! » ; ensuite : « A bas la calotte ! » ; la proscription les atteignit tous. Les Montagnards vainqueurs leur firent dire, en 1793, par la bouche d'un journaliste : « Vous ne voulez pas de Constitution, vous, prêtres assermentés dont le crédit baisse et s'éclipse à mesure que le jour de la raison paraît dans l'esprit du peuple. Vous savez bien qu'une bonne Constitution morale et politique ne vous laisse rien à faire à l'avenir. » L'abjuration complète de toute religion fut décidée, et M. Nolf, qui avait chassé les autres, fut chassé à son tour.

Nous n'omettrons pas cependant de dire, en sa faveur, qu'il se présenta pour confesser l'abbé Nysse [1], condamné à être guillotiné. L'abbé Nysse voulut-il accepter le ministère du curé assermenté? C'est ce que nous ignorons. Une chose certaine, c'est que M. Nolf occupa la première place parmi le clergé constitutionnel de la ville et de tout le diocèse. Il fut le président du presbytère qui avait son siège à Saint-André, et nous allons le voir premier assesseur de Primat au synode diocésain, en 1797.

« Le 16 août 1797, an V de la République, l'évêque de l'église du Nord, revêtu de son rochet, de son camail violet et de son étole pastorale, assisté de deux aumôniers faisant les fonctions d'archidiacres, accompagné de tous les membres du conseil épiscopal résidant à Lille et aux environs, s'est rendu à l'église paroissiale de Saint-André, où il a trouvé une partie du clergé de son diocèse réunie pour la tenue du Synode, convoqué à ce jour par sa lettre pastorale en date du 27 juillet précédent.

---

[1] M. Nysse s'était réfugié à Tembriclet. Ayant été appelé auprès d'une sœur grise de Comines, sur le point de mourir, il se mit en devoir de braver tous les dangers pour exercer son ministère de charité. Malgré un déguisement il fut arrêté à Comines même par un jacobin, puis conduit à Lille devant le tribunal exécutif où on le condamna à mort.

» Sa prière faite au pied de l'autel, il a entonné le *Veni Creator*, que les assistants ont continué, et pendant lequel on a commencé la messe du Saint-Esprit célébrée par le citoyen Frassinetti, membre du conseil épiscopal.

« Après la messe, un des secrétaires a fait l'appel nominal pour les places désignées à chacun. M. Nolf, curé de la Madeleine, est le premier nommé pour prendre place au bureau, à côté de l'évêque, et y remplir les fonctions de scrutateur. »

Après le discours de l'évêque, on vota : le citoyen Besse, par 81 voix, et le citoyen Renaut, par 80, furent proclamés, le premier, député de l'église du Nord au concile national, et le second, suppléant ou adjoint à l'évêque en cas de besoin. Le curé de la Madeleine n'eut en tout que 8 voix et fut nommé membre du conseil épiscopal.

Pendant ce temps, Primat était élu évêque de Limoges et le presbytère fut chargé de régler toutes les affaires du diocèse. M. Nolf, qui en était le président, envoya le 15 janvier 1800 (25 nivôse, an VIII de la République), le mandement de carême pour cette année.

Il traitait des mortifications à faire pour dompter sa chair, son esprit, et expier ses fautes ; ce sont, dit-il, les trois objets du carême et il cite en exemple Jésus-Christ « qui châtia une chair innocente pendant 40 jours, mortifia un esprit docile par une retraite parfaite, sanctifia un cœur pur par une piété continuelle; voilà notre règle, notre conduite pendant le carême. » C'était là, à peu près, toute l'instruction. Le mandement était signé Frassinetti, curé de Sainte-Catherine, secrétaire et membre du presbytère.

Mais il importait de nommer un évêque. C'est à ce propos que les prêtres du département du Nord s'assemblèrent dans l'église Sainte-Catherine, à Lille, en exécution de la lettre de convocation qui leur fut écrite par le presbytère, le siège vacant.

C'était le 2 août 1800 ; après la messe du Saint-Esprit, qui fut célébrée par M. Frassinetti, curé de la paroisse, M. Nolf, président du presbytère, entonna le *Veni Creator*, le verset *Emitte spiritum tuum*, l'oraison *Deus qui corda*, etc., et le *Domine salvam fac gentem*. Le chant terminé, M. Nolf prit la parole et s'exprima en ces termes :

« Quel est le but et la fin que l'Église se propose en convoquant les synodes diocésains ? C'est sans doute de maintenir la religion et la foi en Jésus-Christ, de la propager, de réformer les mœurs, de ranimer l'esprit ecclésiastique, de relever la discipline de l'Église et resserrer l'union qui doit exister entre les prêtres et l'évêque ; notre devoir, ministres de l'Église, est que cette religion établie par Jésus-Christ, transmise jusqu'à nous par ses apôtres, ses disciples, les sages, les évêques, les pasteurs, demeure pure, saine et intacte, *ut unum iota aut unus apex non prœtereat aut arescat*. Notre devoir commun est de tenir debout l'arbre de vie. L'esprit de nouveauté, l'orgueil, la volupté s'irritent, se raidissent, se révoltent contre les vérités révélées ; mais la religion de Jésus-Christ, guidée et toujours animée de la grâce du Très-Haut, les foudroie par la force irrésistible de ses vérités immuables : *toties impugnata sed non expugnata*, dit saint Augustin, *est enim columna et firmamentum veritatis*.

» Outre ces objets, il en est encore d'autres exprimés

dans la lettre d'indiction du second concile national dont un extrait du résumé a été transmis par le presbytère à tous les archiprêtres et auxquels le synode doit donner de sérieuses attentions. Pour se conformer aux désirs des pasteurs du diocèse, le presbytère à écrit la lettre suivante aux vicaires généraux de Tournai afin de les inviter à se rendre au synode diocésain ou du moins à députer quelques-uns d'entre eux. »

Dans cette lettre, il conjure les prêtres du vicariat de Tournai de se soumettre et de venir voter dans le synode pour un évêque. « Voilà, leur dit-il, que nous différons cette élection dans l'espoir de vous voir, de vous entendre ou de vous lire, pour choisir un évêque de commun accord. Aujourd'hui encore, ajoute-t-il pour les attirer, quelques-uns de nos prêtres se proposent de donner leurs suffrages à quelques-uns d'entre vous ! » M. Nolf croyait sans doute les autres aussi ambitieux que lui.

Il est inutile de dire que les prêtres de Tournai, toujours fidèles à leur devoir, ne répondirent pas à cet appel.

Après la lecture de cette lettre, le curé de la Madeleine propose de former un bureau provisoire composé d'un président, de trois secrétaires et scrutateurs en même temps.

M. Nolf fut élu président du bureau provisoire et réélu ensuite par la voie du scrutin. Le président demanda aussitôt que l'on régla l'ordre du jour. L'assemblée arrêta qu'on procéderait, vers les onze heures, à l'élection d'un évêque. Le nombre des votants s'est trouvé de 64. Le citoyen Schelles, curé à Dunkerque, obtint 35 suffrages ;

Deledeuille, curé de Saint-Maurice, 15 ; le citoyen Taille, 4 ; le citoyen Nolf, 3 ; le citoyen Guyot, 2 ; le citoyen Caulier, 1, ainsi que le citoyen Renaut. On a dû procéder à un second scrutin que le synode fixa à trois heures après-midi, au sujet des trois citoyens qui avaient réuni le plus de voix dans le premier. M. Nolf, quatrième, était donc exclu. A trois heures de l'après-midi, le citoyen Schelles fut élu évêque et Deledeuille député au concile métropolitain.

Quant à M. Nolf, il fut élu, par acclamation, trésorier, « à charge de rassembler, par la voie des archiprêtres, une somme quelconque propre et suffisante à indemniser les citoyens évêque et député au concile métropolitain. » Il devait rendre compte de sa gestion après la fermeture du concile métropolitain.

Tel est le dernier fait qui nous est connu de la vie de M. Nolf.

En avril 1802, Mgr Belmas fut nommé évêque de Cambrai. Son esprit d'ordre et ses qualités d'administrateur firent renaître le calme, la tranquillité, la régularité dans le diocèse.

Il nomma aux différentes cures. Parmi ces nominations, on trouve celle de M. Antoine-Joseph Nolf à la cure de Roncq, le 28 brumaire an XI, (19 novembre 1802), il y mourut le 17 octobre 1814.

De notre curé Pierre-Louis-Joseph Nolf, l'ancien député, le brillant curé de Saint-Pierre, l'orateur couru des clubs, le vaniteux président du presbytère, il ne fut plus question que pour le déplacer. Il fut nommé curé provisoire de Landas le 7 germinal an XI (28 mars 1803), et le nécrologe du diocèse annonce son décès comme suit :

Nolf, Petrus-Ludovicus-Josephus in Landas desserviens, obiit 23 junii 1805.

Nolf, Pierre-Louis-Joseph, curé de Landas, est mort le 23 juin 1805.

C'est dans le plus pitoyable état qu'il légua la direction paroissiale à M. l'abbé Delahaye, appelé à lui succéder.

A son départ, tout était à refaire. La Révolution, à laquelle hélas ! il n'avait que trop pris part, s'était donné la mission de faire disparaître jusqu'aux derniers vestiges de la religion. Heureusement, ses projets ne se réalisèrent pas, et ce fut comme par enchantement que la foi reprit sa vivacité au cœur du peuple français, qui avait eu tant à souffrir. Aussi quels motifs de confiance pour les fidèles de notre temps de voir, que malgré de si grands maux et de si terribles tourments, l'Église ne meurt pas ! Pour les ministres de Dieu, quel bel exemple de patience et de courage ils ont reçu de leurs devanciers ! Car si les prêtres assermentés, qui s'étaient pourtant prêtés assez volontiers aux désirs des méchants, ont été eux-mêmes si durement éprouvés, que de sacrifices héroïques, mais inconnus, ont dû accomplir les prêtres restés fidèles !

SECTION II. — Depuis la Révolution jusqu'a nos jours

Chapitre I.

Le Concordat est conclu. — Mgr Belmas est nommé évêque de Cambrai. — Il désigne M. l'abbé Delahaye comme curé de la Madeleine (1803-1810). — Il met les chaises en régie. — Rétablissement des confréries. — Difficultés avec le vicaire à propos d'une maison appartenant à la fabrique. — La foudre tombe sur le dôme. — Mort de l'abbé Delahaye. — M. l'abbé Warenghien (1810-1819). — Restauration du dôme. — Un nouveau maître-autel. — Une lettre du baron Malus. — M. l'abbé Bézu (1819-1830). — Il installe les frères des Écoles chrétiennes à Lille. — Restauration de l'église. — Relèvement du culte. — Pose de nouvelles orgues par M. Carlier, de Douai. — Don d'un ornement complet confectionné par S. A. R. Madame la Dauphine. — Mort de l'abbé Bézu.

Il y avait longtemps que la France chrétienne, après de terribles jours de persécutions, de souffrances et de deuil, demandait de pouvoir enfin relever la tête et adorer au soleil le Dieu qu'abritaient jadis les voûtes de ses temples. Napoléon lui-même, ce jeune soldat qui venait de jeter par terre le pouvoir ignoble qui avait succédé à la Convention, signa un concordat avec le représentant du chef de l'Eglise, le 15 juillet 1801, et en ordonna la promulgation solennelle dans toutes les communes de la République.

Quelques jours plus tard, le préfet du Nord écrivait aux maires de son département :

« Citoyens,

» Depuis longtemps, la presque universalité des Français soupirait après le rétablissement de la religion.

» Le gouvernement français a conclu un concordat avec le souverain pontife de l'Église catholique.

» Je me persuade que la sagesse de ces mesures sera appréciée par tous les citoyens.

» Eh ! quel est, en effet, l'homme éclairé qui ne reconnaisse que la religion a été chez tous les peuples, et qu'elle est toujours le lien le plus solide de la société, le plus ferme appui des lois, le frein le plus puissant contre le crime et l'immoralité, la plus douce consolation des malheureux et la source la plus pure de toutes les vertus ?

» Quel est l'ami de sa patrie qui ne sente que sans la religion il n'est point de morale, et que sans la morale il n'est point de principes de justice, il n'y a point de véritable liberté ?

» Trop longtemps, Citoyens, les mœurs ont souffert de l'interruption du bon exercice du culte ; trop longtemps les discussions religieuses ont été une source de calamités et de divisions dans les familles ; trop longtemps elles ont eu une influence funeste à la tranquillité de l'État.

» Le bien public, la satisfaction et le repos des consciences, le besoin de la concorde réclamaient impérieusement le bienfait de la loi et de la convention que je vous annonce.

» Aussitôt que vous aurez reçu le numéro 172 du *Bulletin* où elles sont insérées, vous les publierez avec toute la solennité possible, de même que la proclamation des conseils que je vous adresse et que vous ferez afficher ensuite.

» Que cette publication devienne enfin, Citoyens, l'époque heureuse de la réconciliation de tous les cœurs ; que tous les habitants du Nord oublient à jamais ces haines, ces divisions passées que le malheur des circonstances a enfantées. Le gouvernement les y invite, la religion le leur commande. »

Le 6 août suivant, le préfet écrivait encore :

« .... Il m'est doux de vous apprendre que mes vœux n'ont pas été trompés. Citoyen maire, vous êtes dans votre commune l'homme de la loi, le garant de son exécution ; c'est à vous à assurer à vos concitoyens la jouissance de celle du 18 germinal. Réunissez-les pour leur faire partager ma satisfaction ; dites-leur que mon bonheur s'accroît de celui dont ils commencent à jouir ; exhortez-les à s'abandonner sans inquiétude à la bienveillance du gouvernement, à s'en rapporter, pour la conservation de l'intégrité de leur croyance religieuse, à la sollicitude du prélat que le pape a reçu dans sa communion et institué canoniquement. »

Ce prélat désigné pour le diocèse de Cambrai était Mgr Belmas. Son premier soin fut de procéder à la délimitation des paroisses dont la loi avait fixé le nombre. Il travailla ensuite à la réorganisation des églises, afin d'assurer aux ministres du culte les moyens de remplir leurs fonctions. Il devait, aux termes des prescriptions du gouvernement, pourvoir de nouveaux titulaires la moitié seulement des cures du diocèse et laisser à la tête de l'autre moitié des prêtres constitutionnels. Mgr Belmas se conforma à ces iniques instructions. D'accord avec ses vicaires généraux qui étaient chargés de lui signaler les côtés défectueux de l'organisation nouvelle, il choisit, pour les cures dont il pouvait disposer, des prêtres dignes de leur ministère et possédant la confiance du gouvernement. C'est alors qu'il nomma à la paroisse de la Madeleine M. l'abbé Delahaye, qui fut installé en 1803. L'intrus Nolf avait été transféré à Landas.

Qu'avait fait M. Delahaye pendant la Révolution? Nous ne le savons. Il est permis de croire qu'il n'avait pas prêté serment à la constitution civile du clergé. Sa nomination à la Madeleine semblerait le prouver. Il s'est passé peu de faits remarquables sous son administration. C'est en 1804 que les chaises furent mises en régie, à raison de 900 francs par an. Mais cette mesure n'eut son plein effet qu'à partir du 1er août 1805. La Révolution ayant supprimé les revenus des fabriques, celles-ci furent autorisées à chercher ailleurs les ressources qui leur étaient nécessaires pour l'entretien de l'église.

On trouve, à la date du 16 novembre 1805, des statuts et des comptes de fabrique prouvant l'existence de la confrérie de la Sainte Vierge. Les statuts donnés par Mgr Belmas sont imprimés dans le livret qu'on remet à chaque personne qui entre dans l'association. On peut déduire de là que M. Delahaye s'occupa, dès le principe, du rétablissement des confréries.

Celle des Trépassés date aussi de cette époque.

Une contestation s'éleva entre les marguilliers et le vicaire. Celui-ci leur avait loué par bail une maison qu'il avait déjà réparée. Or, les marguilliers voulaient l'en expulser avant la fin du bail ; le vicaire refusa d'obtempérer à cet ordre injuste, faisant ressortir d'ailleurs qu'il avait beaucoup dépensé pour l'aménagement de sa maison, que celle-ci perdrait de sa valeur et serait moins bien entretenue par le clerc à qui on voulait la donner. Il soumit le différend au tribunal de première instance qui lui donna gain de cause.

Dans le mois de mai 1809, un grand malheur vint frapper la paroisse de la Madeleine. La foudre tomba sur le dôme de l'église et l'incendia. Cet accident acheva de délabrer le sanctuaire, qui avait déjà eu tant à souffrir du vandalisme révolutionnaire. En attendant l'adjudication des travaux, on répara *grosso modo* les dégâts causés par la foudre pour permettre aux fidèles d'assister aux cérémonies du culte. Un an après, le 15 mai, mourut M. Delahaye à l'âge de quatre-vingt-deux ans.

M. l'abbé Albert-François Warenghien, son successeur, était né à Beuvry-lez-Béthune (Pas-de-Calais) en 1759. Nous ignorons ce qu'il devint pendant la Révolution ; il ne figure pas parmi les prêtres assermentés. Doyen-curé de Quiévy en 1804, de Mons-en-Pévèle de 1806 à 1810, il arriva en notre paroisse cette même année et il y demeura jusqu'en 1819, époque à laquelle il fut appelé à diriger la paroisse Saint-Etienne où il mourut en 1829.

Son passage à la Madeleine est marqué par deux faits principaux. Le 17 juillet 1815, les paroissiens de la Madeleine firent célébrer une messe solennelle, avec exposition du Saint-Sacrement, en action de grâces de l'heureux retour en France du roi, de la reine et de la famille des Bourbons. L'après-midi, on chanta les vêpres à trois heures, suivies du sermon donné par le curé d'Ascq, de la procession avec arrêt à la chapelle de la Sainte Vierge, du chant du *Te Deum* et de la bénédiction.

En second lieu, nous devons signaler la mise en adjudication par le comte de Muyssart, maire de Lille, des travaux à exécuter au dôme de l'église, incendié en partie en 1809. Le devis s'élevait à 741 fr. 70.

L'année suivante, au mois de mars, M. l'abbé Warenghien confia à François Mahieu la construction d'un autel pour le chœur. Cet autel coûta 1200 francs.

C'est M. Warenghien qui dota l'église de sa belle chaire de vérité et des orgues, achetées à l'église Saint-Pierre de Tournai.

Enfin, disons encore que ce bon curé, désireux d'augmenter les revenus de sa fabrique si pauvre, s'enquit, par de nombreuses démarches, si une partie des biens qui lui appartenaient autrefois n'auraient pu lui être remis. De là cette lettre très intéressante du baron Malus, que nous sommes heureux de reproduire :

« Paris, le 11 novembre 1817.

» *Messieurs les Marguiliers de la paroisse de la Madeleine, à Lille.*

» Malus, ancien marguilier de cette paroisse, chevalier de Saint-Louis, commandeur de l'ordre royal de la Légion d'honneur, commissaire ordonnateur des guerres et inspecteur général aux revues, en retraite.

» Messieurs,

» Je voudrois pouvoir me rappeller aussi facilement

quels étoient de mon tems les revenus de la paroisse de la Madeleine, comme j'ai présentes à l'esprit les fonctions de marguilier que j'y ai exercées pendant plus de vingt ans ; mais il m'en reste des idées si vagues, que je crains que ma réponse ne vous soit, à cet égard, d'aucune utilité.

» Je crois pouvoir vous assurer, néanmoins, que la fabrique ne possédoit aucun fonds territorial, et que le principal de son revenu, après les quêtes et les droits sur les mariages et les sépultures, consistoit en rentes sur les Etats. Vous avez pu apprendre néanmoins, par tradition, qu'elle avoit fait de très grandes dépenses pour orner le chœur, savoir celle des quatre tableaux de M. Lens qui y sont rentrés sortant du Muséum, où on les avoit portés dans la crise révolutionnaire, et la boiserie magnifique qui les entouroit, avec deux rangs de stalles très ornées et deux bancs pour les marguiliers et la confrérie du Saint-Sacrement qui étoient dans le même goût, et dont le pauvre Lequeux avait donné les dessins. Mais ces deux objets ont été le résultat de deux dons faits à la paroisse par un excellent homme qui dépensoit peu pour lui-même, mais qui ne refusoit rien aux pauvres ni à la décoration du temple. Les tableaux ont coûté 12000 fr., et la boiserie plus de 6000. Qu'est devenue cette belle boiserie ? Il me semble qu'elle n'a pas suivi la restitution des tableaux.

» Vous avez une chapelle de N.-D. de Bon-Secours qui n'est plus celle de mon tems.

» Celle-ci avoit été établie dans la chapelle de Saint-Léonard, lorsqu'on a détruit, je ne me souviens plus pourquoi, une petite chapelle de N.-D. de Consolation dont l'image, ou de vermeil ou de cuivre doré, avoit été religieusement déposée dans la chapelle du Béguinage, d'où elle a été transportée bien plus religieusement encore par le chapitre de Saint-Pierre, dans une procession solennelle suivie d'un office qui fut célébré dans l'église de la Madeleine, et l'image de N.-D. de Consolation placée en cérémonie dans une niche que nous lui avions fait préparer dans la chapelle de Saint-Léonard, qui étoit celle à droite en entrant dans l'église. On y faisoit tous les jours ou au moins les fêtes et dimanches, un petit salut après le salut du chœur, avec la bénédiction du saint ciboire, comme le vouloit la fondation de l'ancienne chapelle qui existoit hors de la ville, à environ une demi-lieue sur le chemin d'Esquermes ou de Loos.

» Je vous parle de cette chapelle, parce que je me rappelle que quelque petit revenu y étoit attaché, mais je ne pense pas qu'il fut territorial.

» Vous voyez, Messieurs, combien ces renseignemens sont peu importans pour votre fabrique, puisqu'il m'est impossible de rien préciser après un si grand laps de tems. Mais si je me suis étendu en discours inutiles, c'est par le plaisir que j'ai eu de m'entretenir avec vous d'objets qui m'ont été chers et qui concernent une église où j'ai été marié, où plusieurs de mes enfans ont reçu le baptême, et où reposent les cendres de mon père, de ma femme et d'une partie de ma famille.

» Je les recommande, ainsi que moi, à vos prières, et vous prie de recevoir les assurances de mon sincère et et inviolable attachement.

» Le Baron MALUS. »

Comme pour ses deux prédécesseurs, nous n'avons sur M. l'abbé Bézu, promu à la cure de la Madeleine en 1819, aucune donnée qui nous éclaire sur sa conduite pendant la période révolutionnaire ; lui non plus n'a pas prêté le serment constitutionnel.

Il était né à Haut-Mesnil (Pas-de-Calais) en 1760. Avant d'exercer le saint ministère à Lille, il fut vicaire à Fresnes-sur-l'Escaut (en 1803), à Escaupont (de 1803 à 1809), curé à Beuvry (de 1809 à 1816), doyen-curé de Lannoy (de 1816 à 1819), d'où on le transféra à la Madeleine.

A peine arrivé chez nous, ce bon curé montra tout l'intérêt qu'il portait à l'instruction de ses ouailles. De concert avec M. le comte de Muyssart, maire de Lille, il fit venir les frères des Écoles chrétiennes et les installa rue Comtesse, 2. Il célébra en présence d'une nombreuse assistance, une messe solennelle du Saint-Esprit, pendant laquelle il prononça un discours de circonstance.

Il s'occupa tout spécialement d'arranger l'église et de poursuivre le relèvement du culte. On consolida la toiture de l'église et M. Buisine fut chargé de poser les boiseries dans le chœur, pour remplacer celles qui avaient été vendues à la Révolution.

En même temps, M. Bézu augmentait le nombre des enfants de chœur et engageait deux choristes aux appointements de 600 francs. Il nommait aussi un maître de cérémonies. Enfin, en 1828, les marguilliers, voulant suivre l'exemple de leur doyen, s'adressèrent à M. Carlier, de Douai, pour l'achat d'un nouvel orgue. Mais des nécessités budgétaires les mirent dans l'obligation de se borner à l'achat du positif. Ils firent l'abandon de l'orgue alors en service, de ses colonnes et de l'escalier qui y conduisait. La soufflerie fut construite comme pour un orgue complet, moyennant 1500 francs.

Signalons encore un don magnifique de S. A. R. Madame la Dauphine, d'une chasuble confectionnée en entier de sa main. Les fidèles de la Madeleine lui en témoignèrent des actions de grâces publiques et solennelles, relatées dans la pièce suivante :

« L'an mil huit cent trente, le quatorze mars, à onze heures du matin, dans la trésorerie de l'église paroissiale de la Magdeleine à Lille, département du Nord.

» MM. les membres du bureau et MM. les conseillers de la fabrique de cette paroisse étant réunis, par suite de la convocation extraordinaire et spéciale qu'ils avoient reçue, M. le doyen de la Magdeleine leur a présenté un ornement d'église qui lui avoit été adressé par l'ordre de S. A. R. Madame la Dauphine, consistant en une chasuble confectionnée en entier de la main de cette auguste princesse.

» M. le doyen fait rappeler à ses collègues Messieurs les marguilliers de la paroisse de la Magdeleine, que pendant la messe paroissiale du dimanche 28 février, il avoit fait annoncer aux fidèles réunis pour le saint sacrifice, l'inestimable don qu'il avoit reçu de S. A. R., les avoit engagés à partager la reconnaissance que lui inspiroit ce bienfait et les avoit fait prévenir que le mercredi suivant il commenceroit des prières qui se prolongeroient pendant neuf jours, les invitant à s'y joindre ; que le jeudi onze mars, il célébreroit solennellement une messe d'actions de grâces et feroit réciter les prières d'usage pour le Roi et la famille royale.

» M. le doyen ajoute que des avis imprimés et distribués par ses soins, tant dans sa paroisse que chez les autres habitants de cette cité connus par leur attachement pour la religion et la famille royale, avoient donné à connaître la cérémonie qui devoit avoir lieu le 11 mars et les prières qui l'auroient précédé.

» En conséquence, il demande qu'il soit constaté au présent procès-verbal que, le jour indiqué, il a officié solennellement, revêtu de l'ornement donné par S. A. R. Madame la Dauphine, dont les loisirs les plus doux sont ceux qu'elle consacre au soulagement de l'humanité souffrante ou à orner les temples du vrai Dieu ; qu'après la messe d'actions de grâces et le *Domine, salvum fac regem*, il a fait chanter le psaume *Exaudiat* et avoit donné la bénédiction du Très-Saint-Sacrement.

» Qu'un grand concours de fidèles de tout âge et de toutes conditions, assistoient à cette cérémonie où tous les sentimens se confondoient en actions de grâces adressées au Très-Haut pour nous avoir rendu des princes si pieux et en vœux unanimes pour leur conservation, leur gloire et leur bonheur ; tandis que tous les regards se portoient avec une respectueuse émotion sur le tissu précieux, ouvrage de la fille des rois, confié à notre amour et à notre reconnaissance.

» De quoi il a été dressé le présent procès-verbal qui a été signé par M. le doyen de la paroisse de la Magdeleine, MM. les membres du bureau et MM. les conseillers, les jour, mois et an susdits.

» Savarin-Ledoux, Félix Dehau, Bernard-Serret, D. Virnot, J. Moillet, Huleu-Hazard, Ant. Yon, Bonnier de Layens, Bézu, curé de la Madelaine. »

M. l'abbé Bézu rendit son âme à Dieu en 1830. Avant de mourir, il avait obtenu, par une bulle du pape Pie VIII, datée du 1er juin 1829, l'érection canonique en l'église de la Madeleine de la confrérie du Sacré-Cœur. L'évêque de Cambrai fulmina cette bulle le 28 mai 1831.

Chapitre II.

M. l'abbé Désiré Savin (1830-1850). — Sa naissance. — Ses études. — Son vicariat à Dunkerque. — Il est nommé curé à Bondues. — Doyen-curé de la Madeleine. — Sa sollicitude pour les frères des Écoles chrétiennes. — Sa dévotion à sainte Philomène. — Sa simplicité. — Abjuration de M. Kolb. — Dons divers. — Sa maladie. — Sa mort. — M. l'abbé Herrengt. — M. l'abbé Arsène Bafaleur (1850-1879). — Ses brillantes études au petit séminaire de Cambrai. — Son entrée au grand séminaire. — Il est nommé professeur de philosophie. — La lettre pastorale sur la soumission due aux puissances établies. — Curé dans différentes paroisses. — Archiprêtre de Maubeuge. — Archiprêtre de la Madeleine. — Ses travaux à la Madeleine. — La procession du centenaire de Notre-Dame de la Treille. — Son éloquence. — Sa maladie. — Sa mort. — Ses funérailles. — Discours de M. l'abbé Lasnes.

M. l'abbé Pierre-Désiré Savin naquit à Dunkerque en 1794, en pleine Révolution. Ses parents, bons chrétiens, l'élevèrent dans la religion de ses ancêtres et lui inculquèrent cette foi ardente, cette exquise politesse, cette égalité d'humeur qui le faisaient chérir de ses administrés, et dont quelques-uns doivent encore se souvenir avec bonheur.

Dès qu'il fut ordonné prêtre, sa ville natale le posséda comme vicaire pendant quelques années. L'exercice du saint ministère dans une ville de marins aussi importante que Dunkerque lui était facile et agréable. Son amour de la classe ouvrière le portait vers ces âmes rudes en apparence, mais simples et confiantes qui le comprirent et imitèrent ses exemples. Aussi, fut-il surnommé « le catéchiste des mariniers. » Il devint ensuite curé de Bondues, où il resta peu de temps, et fut promu à la cure de la Madeleine en 1830. Son abnégation se montra quand il fut question de restaurer son presbytère. Bien que la maison curiale fut fort délabrée, M. Savin ne fit aucune démarche pour qu'on lui donnât une demeure convenable et digne du pasteur d'une paroisse urbaine.

Mais si une chambre modeste lui suffisait, il voulut que le temple de Dieu fût richement orné et fit des sacrifices énormes pour son embellissement intérieur. Il remplaça le vieux carrelage par un pavé magnifique. L'image de saint Eubert, l'apôtre de notre pays, fut exposée à la dévotion des fidèles et une nouvelle impulsion fut donnée au culte de sainte Philomène.

Une des grandes joies de M. l'abbé Savin dans son ministère à Lille fut la conversion de M. Kolb, directeur des tabacs, qui n'appartenait pas au culte catholique.

En 1789, Louis-Philippe Kolb, sergent-major au régiment suisse de Reinach, au service de la France, en garnison à Maubeuge, avait remarqué une jeune fille de religion et de vertu, Marie-Anne-Constance Nicot, dont le père avait servi dans les grenadiers du régiment suisse d'Epteingen, et l'avait demandée en mariage. Une seule difficulté s'opposait au mariage : Louis Kolb était luthérien, Marie Nicot, pieuse catholique. Cependant, la dispense de disparité de culte ayant été obtenue, le mariage fut célébré le 23 décembre 1790.

Louis Kolb était un homme de grande intelligence, bien doué pour les affaires. Il ne tarda pas à quitter le service militaire pour entrer dans l'industrie et le commerce. Un an après son mariage, nous le trouvons à Dunkerque, dans la manufacture des tabacs de M. Destiker. Les vingt-cinq premières années de son mariage se passèrent ainsi à Dunkerque. C'est là qu'il eut huit enfants, dont le second, Charles-Louis-Henri, devait s'illustrer plus tard, devant l'Église et la France, sous le nom de Kolb-Bernard.

A la mort de M. Destiker, on lui demanda de continuer l'entreprise et on lui offrit une participation par moitié dans les bénéfices.

Quelques années se passèrent ainsi, jusqu'à ce que les décrets du 23 décembre 1810 et du 12 janvier 1811 eurent rendu à l'État le monopole des tabacs. Ce pouvait être une ruine pour les affaires de M. Kolb; ce ne fut cependant qu'une transformation. Il fut chargé d'aller installer et diriger la fabrication du tabac dans diverses manufactures établies par le gouvernement à Bordeaux, à Lyon, à Strasbourg et finalement à Lille, où il prit domicile, vers 1817, avec sa jeune famille.

C'est là que M. Kolb continua à montrer ses qualités austères et son grand talent d'administrateur, grave, appliqué, silencieux. Après quarante-huit ans passés dans un foyer catholique, il était encore luthérien ; il avait même été précédemment nommé par ses coreligionnaires président de leur Consistoire de Lille. Il avait conservé toute la plénitude de son esprit, toute l'énergie inflexible de sa volonté, mais il allait avoir bientôt quatre-vingts ans ; et le voir approcher de son éternité sans qu'il fut entré dans le sein de la religion véritable était une cause de désolation pour sa famille entière et de désespoir pour le bon curé de la Madeleine.

Son fils Charles se chargea de le convertir. Aidé par

les prières de toute sa famille et de ses amis, avec le secours de Dieu et de sa grande intelligence, il réussit et le vieillard se rendit.

Le 3 juin 1840, M. Kolb père prononça son abjuration entre les mains de M. le curé de la Madeleine, puis reçut le baptême et la communion catholiques. La cérémonie eut lieu dans la chapelle des Dames du Sacré-Cœur. La famille entière était assemblée, très émue. Cette journée eut son retentissement dans la province entière [1].

Si M. l'abbé Savin poursuivait de son zèle ceux que la fortune avait favorisés, il n'aimait pas moins les pauvres qui trouvèrent aussi en cet excellent prêtre une affection paternelle et une aide qui ne leur fit jamais défaut.

L'institut des frères des Écoles chrétiennes fut l'objet de sa particulière attention ; il donna à ces écoles si utiles tout le développement possible. Les paroissiens le secondaient dans ses bonnes œuvres. M. Savarin-Ledoux fit une dotation à l'église en 1832 ; Mlle Marie-Catherine Bidé de la Grandville laissa une somme de 6000 francs pour les besoins urgents de la paroisse (1843) ; Mme Vve Descarpentries-Jombart légua, en 1850, 2000 francs pour la même cause.

Sur la fin de sa vie, un cancer qui s'était porté à la figure fit cruellement souffrir le bon curé. Mais pendant ses longs jours de souffrances, il s'oubliait pour ne penser qu'aux douleurs des autres. Un jour, il dépassa ce que ses forces lui permettaient encore : la veille de la fête de

---

[1] *Revue de Lille,* Kolb-Bernard, par Mgr L. Baunard.

la Toussaint, il resta plus de trois heures au confessionnal pour y distribuer les miséricordes de Dieu. Ces saintes imprudences hâtèrent sa mort ; c'est en vain que ses paroissiens firent une neuvaine pour obtenir sa guérison. Le dernier jour de sa vie, il vint à l'autel de la Sainte-Vierge et là, il adressa ses adieux à ses ouailles et alla recevoir de Dieu une récompense bien méritée. Avant de mourir, il avait donné à l'église une somme de 1000 francs.

Ses funérailles furent un véritable triomphe. M. l'abbé Bernard, vicaire général, qui l'avait en grande amitié, prononça son oraison funèbre à l'obit du mois.

Nous croyons être agréable aux paroissiens de la Madeleine en rappelant ici à leur souvenir un ancien vicaire de la paroisse, particulièrement cher à M. Savin, et dont la piété, le talent et le dévouement furent très appréciés. Nous voulons parler de M. l'abbé Herrengt, qui quitta le ministère paroissial pour aller mourir en Cochinchine, victime de son dévouement pour les âmes.

Charles-Ferdinand Herrengt était né à Comines le 4 février 1817. Après de sérieuses études au petit et au grand séminaire de Cambrai, il avait été appelé le 12 juin 1842, à la première ordination que présida Mgr Giraud.

Nommé vicaire à la Madeleine, il y remplit pendant neuf ans un ministère laborieux. En attendant qu'il put mettre à exécution sa résolution de devenir missionnaire, il s'exerçait, dans la paroisse même, au ministère apostolique, en s'occupant avec le plus grand zèle des prisonniers détenus à la maison d'arrêt.

Son père étant mort, l'abbé Herrengt donna sa

démission de vicaire de la Madeleine et fut remplacé aux quatre-temps de Noël 1851. Le 27 avril 1853, il s'embarquait au Havre, à bord du *Banca*, avec trois missionnaires destinés comme lui à l'Extrême-Orient.

Dès ce jour, dans une correspondance journalière, il laissa voir tous les sentiments qui se trouvaient dans son cœur de prêtre et d'apôtre. Souvent, il se reportait vers la paroisse de la Madeleine et vers ses chers prisonniers. Tout ce qu'il voit lui rappelle ces objets aimés de son cœur et lui est une occasion de manifester ses vifs regrets et son affection inaltérable.

Apôtre dans toute la force du terme, il fit le plus grand bien dans l'Annam, d'où il dut se retirer à Saïgon pour ne pas exposer sa mission aux plus grands dangers et peut-être à une ruine définitive. Quand la persécution, grâce aux armes françaises, diminua d'intensité, l'abbé Herrengt voulut retourner à sa mission. En même temps, il recevait à Saïgon une nouvelle bien inattendue : en novembre 1862, la Sacrée Congrégation le nommait évêque titulaire de Carpassium [1] et l'instituait vicaire apostolique de la Cochinchine orientale. Affligé dans son humilité et se croyant incapable de remplir la charge épiscopale à cause de sa santé ébranlée, le saint prêtre, envoyant à Rome ses motifs d'excuse, ne voulut pas accepter cette éminente dignité.

Peu de temps après, M. Herrengt fut atteint d'un refroidissement dans l'exercice de son ministère et tomba

---

[1] Carpasso, en l'île de Chypre.

mortellement malade. Il profita d'un moment de calme pour faire un testament admirable de foi et de charité et rendit le dernier soupir, le 20 juin 1863, entre les bras de M. Wibaux, son compatriote et son ami.

« En lisant les lettres de M. Herrengt, dit en terminant le docteur Salembier qui nous a fourni ces détails, on rencontre partout, au milieu de l'existence la plus accidentée, non seulement l'homme plein de verve et de courage, mais encore l'apôtre et le saint. Un souffle de foi ardente et d'indomptable héroïsme a passé sur ces pages jaunies, écrites au jour le jour sous le coup d'une épouvantable persécution. Esprit charmant, cœur généreux, caractère sympathique, rien n'a manqué à notre apôtre pour conquérir et conserver l'estime et l'affection de tous. Il est l'émule en souffrances et en gloire des Daveluy et des Retord, des Theurel et des Vénard. C'est au moment où il se préparait à reconstituer sa mission ravagée et pour ainsi dire à rebâtir le second temple, que la mort l'a enlevé à l'âge de quarante-six ans.»

M. l'abbé Arsène Bafaleur succéda à M. Savin.

Il était né à Cambrai, le 3 mai 1812. Après de brillantes études au petit séminaire, il entra au grand séminaire ; devenu prêtre, il y fut nommé professeur de philosophie.

En ce moment (1839), de très vives polémiques s'étaient élevées entre différents journaux : la *Gazette constitutionnelle,* la *Gazette de France,* l'*Univers* et l'*Emancipateur de Cambrai,* à propos du pouvoir de droit et du pouvoir de fait. Ces polémiques dégénérèrent bientôt en discussions théologiques et suscitèrent de profondes divisions parmi le clergé de Cambrai. Plusieurs fois même, il fut question d'interdire la lecture du journal l'*Emancipateur* qui faisait, avec raison pourtant, la distinction entre le pouvoir de droit et le pouvoir de fait. M. l'abbé Delautre, alors vicaire général, fut chargé de rédiger la lettre pastorale politique connue sous le titre de : *Instruction pastorale de Mgr l'évêque de Cambrai sur la soumission due aux puissances établies.*

Cette lettre fut signée par Mgr Belmas et envoyée pour être lue au prône de la messe paroissiale, dans toutes les églises du diocèse, le premier dimanche de carême (28 février 1841).

Notre jeune professeur de philosophie, dont les idées étaient très justes, d'accord avec le plus grand nombre de ses confrères, manifesta sa désapprobation au sujet de cette lettre et fut disgracié.

Il fut alors successivement nommé curé à Gouzeaucourt, Hantay et Eppe-Sauvage. C'est dans ce dernier poste que Mgr Giraud le rencontra dans une tournée de confirmation et l'apprécia à sa juste valeur. Sa Grandeur le nomma pro-doyen de Maubeuge, où, pendant les quelques années que son prédécesseur passa encore sur la terre, il sut montrer une grande délicatesse dans toutes ses paroles et ses actions ; il lui succéda à sa mort et resta doyen-archiprêtre de Maubeuge pendant huit années.

Il fut ensuite nommé doyen-curé de la Madeleine. Il marqua son passage par la célébration solennelle de deux jubilés, l'un en 1851, l'autre en 1854. Cette même année, afin de rehausser la pompe des cérémonies religieuses, il fit procéder à la restauration des orgues, dont il aimait à entendre les jeux variés et puissants.

Il aida beaucoup à la réussite de la procession générale

du jubilé centenaire de Notre-Dame de la Treille (1854). Grâce à ses exhortations et à ses démarches, les paroissiens de la Madeleine, dont la piété envers la sainte

L'ABBÉ A. BAFALEUR
Doyen-Curé de la Madeleine.

Vierge a toujours été très grande, contribuèrent pour une large part à la magnificence de cette fête unique en son genre.

« Il faut aller voir, dit M. l'abbé Capelle, dans la rue de Thionville, une décoration qui, par sa richesse, l'emporte sur toutes les autres. Sur une toile de vingt-cinq mètres carrés est représentée la Trinité adorable contemplant avec complaisance la vierge Marie, qui, placée sur un trône d'or, est entourée d'une légion d'anges exaltant sa grandeur. Au premier plan, d'un côté, le mayeur Jean Levasseur, à la tête des échevins, tous agenouillés, offre à la Mère de Dieu les clefs de la ville, tandis que de l'autre côté, la ville elle-même, personnifiée sous les traits d'une femme aux formes vigoureuses, entourée de la Foi, de l'Espérance et de la Charité, ratifie l'offrande présentée en son nom par son pieux Magistrat. Cette composition, conçue et exécutée par M. Brébar, peintre-décorateur, est complétée par l'histoire du culte de Notre-Dame de la Treille, au moyen d'écussons portant les armoiries ou les noms des personnages qui ont contribué à son développement. M. du Bosquiel, qui a commandé ce grand travail et qui en a fait couvrir la façade de son hôtel [1], est un vieillard mourant. Quelques jours avant la fête, il dit à sa famille: « Je veux que cette décoration soit placée et je veux qu'elle soit illuminée le soir du jour de la procession, lors même que, ce jour-là, Dieu aurait disposé de moi. »

Parlant plus loin des groupes fournis par la paroisse de la Madeleine, l'historien des fêtes de Notre-Dame de la Treille ajoute :

---

1 C'est le n° 28 de la rue de Thionville.

« Plus étendue que ses sœurs qui la précèdent [1], la procession de la Madeleine n'est ni moins brillante ni moins riche, et la couleur rose qu'elle a adoptée donne à la plupart de ses groupes un caractère qui n'appartient qu'à elle. La musique de Lomme lui prête le charme de sa voix, conjointement avec le chœur de cantiques qui chante les louanges de la Reine des vierges, dont la sainte image flotte au-dessus de la tête des jeunes personnes qui le composent. Après le corps de musique se présente la bannière de la patronne ; puis celle de saint Joseph entourée de jeunes garçons ; celle du Sacré-Cœur, confiée aux élèves de l'École mutuelle, et puis encore celle de sainte Philomène, qu'ont la gloire de tenir les élèves du pensionnat de Mlle Masurel. Ce n'est pas tout : derrière le chœur de cantiques s'avancent les élèves des sœurs de l'Enfant Jésus ; les externes forment les neuf chœurs des anges, et les gonfalons des pensionnaires rappellent les douleurs et les gloires de la Mère de Dieu. Les statues qui suivent sont celles de saint Eubert, second patron de la ville de Lille, et de la patronne de la paroisse.

» Voici les admirables bannières des sacrements portées par des demoiselles richement vêtues ; elles précèdent l'emblème qui a fourni à la procession de la Madeleine son cachet spécial. Cet emblème est la *Rose mystique*. Des arabesques découpées par le ciseau du sculpteur et unies au point central se tiennent comme pour composer un léger piédestal en forme de carré ouvert. Du milieu

---

[1] Saint-André et Saint-Maurice.

de sa partie supérieure sort une gloire surmontée d'une rose de grande proportion, dans laquelle est l'image de Marie ; de chaque côté s'élancent des anges offrant à la Mère du bel amour des branches de la fleur symbole de la pureté, et des guirlandes de roses, répandues en abondance sur cette décoration et sur son entourage, la complètent en l'enrichissant de gracieux détails. Ces guirlandes se trouvent à la base du piédestal qu'elles enlacent de leurs rinceaux, sous les pieds des anges qui semblent ne se tenir que sur elles, et autour du disque dont elles arrêtent les rayons. Elles se retrouvent encore sur les fronts et aux volants de la robe des dix jeunes personnes qui soutiennent ce charmant édifice, et jusque sur les légères banderolles qui voltigent à l'entour, ornées de ces inscriptions bibliques : *Nous courons à l'odeur de vos parfums. — Elle est semblable à un plant de roses. — Elle est la Rose vermeille plantée sur la rive des eaux. — Elle est belle comme un jardin de roses aux jours du printemps.* »

En 1859, M. Bafaleur obtint de Mgr l'archevêque de célébrer les prières des quarante heures dans sa paroisse, chaque année. Depuis sa mort, elles ne se célèbrent plus que tous les trois ans, alternant avec les paroisses de Saint-André et de Sainte-Catherine. Il travailla aussi sans relâche à donner à l'intérieur de l'église un cachet original. Il fit restaurer les couleurs des murailles qui, se ternissant, apportaient dans la maison de Dieu une obscurité qu'augmentèrent encore les vitraux qu'il y fit placer.

Ce qui distingua surtout M. Bafaleur, ce fut le talent de la parole qu'il avait excessivement facile. Ses sermons et ses discours étaient clairs, incisifs et élevés ; sa fécondité était étonnante. Pendant dix-huit ans, il eut à prêcher chez les sœurs de l'Enfant Jésus des professions religieuses ou des prises d'habit ; il ne se répéta pas une seule fois. Cependant, il faut reconnaître que, malgré de grandes qualités oratoires, M. Bafaleur ne savait pas toujours employer le pathétique que certains sujets de sermons paraissaient comporter.

Nous avons prié les anciens vicaires de M. Bafaleur de nous donner quelques renseignements nouveaux sur sa vie publique et privée ; tous nous ont à peu près redit ce que chacun connaît : ils ont loué, outre son talent oratoire généralement estimé, l'étendue et la profondeur de ses connaissances théologiques. M. Bafaleur semblait avoir pris pour devise la parole de saint Paul : « Malheur à moi si je n'évangélise pas. » Il aimait à répéter que le devoir propre du pasteur est d'enseigner, et ce devoir, il le remplissait avec une ardeur infatigable. Homme d'excellent conseil, il a laissé au fond de beaucoup d'âmes un souvenir impérissable, et ses amis savent combien son cœur était bon, tendre et dévoué au soulagement spirituel et corporel de toutes les misères et de toutes les douleurs. Un dernier trait achèvera l'esquisse de ce beau caractère. Il cultivait avec une délicatesse charmante la charité à l'égard du prochain. Que de fois lui a-t-on entendu dire au sortir d'une de ces réunions que son esprit rendait si aimables : « Messieurs, nous n'avons dit de mal de personne ; la charité n'a pas été blessée, louons Dieu. Tout est pour le mieux. »

Modèle de régularité dans les exercices de piété, il y persévéra jusqu'à son dernier soupir. Chaque jour, il désignait lui-même les chapitres de l'Imitation qui devaient lui servir de lecture spirituelle et il écoutait avec cet esprit de foi et de recueillement qu'il portait partout dans l'exercice de ses fonctions sacrées. Vers la fin de sa vie, il souffrit cruellement d'un mal de jambe. Il mourut le 24 février 1879, à quatre heures du matin, dans sa soixante-septième année, pleuré de tous, mais sans amertume ; car la mort du juste est comme un parfum d'édification qui console et élève l'âme. Il est mort vaillamment, la prière aux lèvres, dans le sourire d'une espérance dont la fermeté et la vivacité semblaient percer les voiles du temps et porter sa belle âme vers un monde meilleur. « Le plus beau jour de ma vie, disait-il, sera le jour de ma mort. » En effet, pour le vrai chrétien, pour le prêtre digne de ce nom, la mort n'est-elle pas l'entrée dans cette vie d'ineffable repos en Dieu, que nous devons conquérir sur la terre par les fatigues et les sacrifices du bon combat ? « Il vaut mieux que je m'en aille, disait-il encore, je vous serai plus utile là-haut qu'ici-bas. » N'est-ce pas là un écho des paroles de son divin modèle, le pasteur des pasteurs, qui sur le point de quitter ses disciples chéris, leur adressait cette suprême consolation : « Il vous est avantageux que je m'en aille. »

Pendant trois jours, ses paroissiens allèrent s'agenouiller et prier auprès de sa dépouille.

De très belles funérailles lui furent faites le 27 février, à onze heures du matin, au milieu d'une affluence considérable. L'église, parfaitement décorée, était trop petite pour contenir la foule pieuse et recueillie qui avait voulu donner au regretté doyen un dernier témoignage de son affection.

Après l'évangile, M. l'abbé Lasnes, doyen de Saint-Maurice, est monté en chaire et s'est fait l'interprète de la douleur de tous en prononçant le discours suivant :

> « *In omnibus teipsum præbe exemplum bonorum operum in doctrinâ, in integritate, in gravitate.*
> » En toutes choses, montrez-vous vous-même un modèle de bonnes œuvres dans la doctrine, dans l'intégrité, dans la gravité. »
> (Tit., ii, 7.)

« Mes Frères,

» Quand, il y a cinq mois à peine, l'excellent et saint archiprêtre que nous pleurons, m'accueillait avec tant de bienveillance et présidait lui-même à mon installation solennelle, pouvais-je penser qu'il dût être sitôt ravi à notre vénération et à notre affectueuse reconnaissance.

» Et vous, mes frères, qui l'avez connu de plus près et pendant de si longues années, pouviez-vous vous attendre à une séparation si prompte et si cruelle ? Vous l'avez vu, dès le début de cette année, reprendre son ministère avec une nouvelle activité et se consacrer en particulier à la formation spirituelle de vos chers enfants, qu'il préparait avec un soin extrême au grand acte de la première communion. Hélas ! ses travaux si fructueux devaient être si brusquement interrompus à un âge où sa forte constitution pouvait lui faire espérer encore un bon nombre d'années. Ah ! je comprends votre douleur et je la partage. Son Eminence perd en lui un collaborateur dévoué, le clergé un modèle accompli, et la paroisse un père.

» Il n'entre pas dans mon intention de faire ici l'éloge funèbre de votre tant regretté pasteur : cet usage n'est point admis dans les règles austères de l'Eglise. Je veux seulement, en quelques mots, exprimer nos regrets légitimes et réclamer le secours de vos prières.

» Du jour où il reçut la grâce du sacerdoce, M. Arsène Bafaleur s'appliqua lui-même la recommandation du grand apôtre : partout et toujours il se montra un modèle de bonnes œuvres dans la doctrine, dans l'intégrité, dans la gravité.

» *In doctrinâ*. — Sa doctrine était pure et sa science était profonde. Il y joignait une longue expérience des hommes et des choses et une prudence consommée, de sorte que dans la direction spirituelle des âmes, évitant les excès contraires, il faisait éclater la sagesse de ses conseils et la perspicacité de ses avertissements charitables.

» *In integritate*. — C'était un homme d'une intégrité irréprochable. Son âme droite et élevée ne connaissait pas les calculs de la cupidité ni les soucis de l'ambition; il ne voyait que le bien, la gloire de Dieu et le salut des âmes. Entièrement détaché de lui-même, il ne songeait qu'à rendre service aux autres en toute circonstance et la bonté de son cœur aimait à s'épancher sur tous ses paroissiens, principalement sur les pauvres, les malades et les enfants.

» *In gravitate*. — Mais ce qui resplendissait le plus en lui c'était sa gravité sacerdotale, tempérée par une grande affabilité et une exquise délicatesse de sentiments. *O magna sacerdotum dignitas*, dit un saint docteur. O sublime dignité des prêtres ! Bons paroissiens de la Madeleine, n'est-ce pas le trait caractéristique de votre bien-aimé pasteur ? La dignité ! Oui, c'était un saint et digne prêtre, un digne ministre du Seigneur ! La dignité sacerdotale le revêtait comme d'un manteau royal ; elle apparaissait par la gravité de sa démarche, la pénétration de son regard et la lenteur mesurée de sa parole, qui était cependant pleine de force et d'onction. Elle se manifestait surtout par la vivacité de la foi, la solidité de sa piété et le calme d'une conscience pure et sincère. En le voyant à l'autel, en chaire, dans tous les exercices de son ministère, on se disait : « Quel prêtre digne ! Quelle gravité ! Quel sérieux ! Comme il comprend bien la grandeur et la sublimité de ses fonctions ! »

» Calme pendant sa vie, il le fut également en présence de la mort. Il la vit venir sans s'étourdir et sans se déconcerter ; et il voulait savoir de ses médecins combien de jours, combien d'heures il avait encore à passer sur la terre afin de tout régler avant le départ, comme un voyageur qui plie sa tente pour rentrer dans la patrie. Puis, après avoir reçu les divins sacrements avec toute la lucidité de son intelligence, après avoir demandé lui-même les prières de l'agonie, il rendit son âme à Dieu avec la confiance d'un serviteur fidèle qui va se présenter devant son bon maître.

» Tel il fut parmi vous, bons paroissiens de la Madeleine : un digne prêtre, l'homme de Dieu, le père de vos âmes. Que ferez-vous pour lui en retour de tant de biens ?

» Quelques heures avant sa mort, en me serrant la main pour la dernière fois, il me disait, avec un accent indéfinissable : « Oh ! priez, priez pour moi ! » Car il savait combien elle est pesante dans une si haute dignité, la responsabilité d'un prêtre qui ne doit pas seulement répondre devant Dieu de ses propres actions, mais encore de la conduite de ceux qui sont confiés à sa sollicitude pastorale. Ce qu'il me demandait comme à un ami et à un confrère, je vous le demande à vous ses bien-aimés paroissiens, au nom de la charité et de la reconnaissance. Oh! priez, priez pour lui! vos prières lui seront plus utiles que vos regrets, quelque légitimes qu'ils soient. Vos regrets vous feront honneur à vous-mêmes en prouvant la sincérité de votre affection filiale pour un si bon père ; mais vos prières prouveront mieux encore votre affection et votre reconnaissance ; et en outre elles seront utiles à l'âme de votre regretté pasteur jusqu'à ce qu'étant entièrement purifiée, elle aille prendre possession du royaume de Dieu. Ainsi soit-il. »

Les offices se prolongèrent jusque vers une heure. Toutes les confréries de la paroisse rangées sous leur bannière en deuil, les élèves des frères et des sœurs, les membres du conseil de fabrique, plusieurs notabilités de la ville, un grand nombre de prêtres, tous les doyens de Lille accompagnèrent processionnellement jusqu'au cimetière le corps du vénéré défunt.

Ses paroissiens se cotisèrent pour lui élever un monument au cimetière. A l'église de la Madeleine, on plaça une pierre commémorative dans la chapelle des Trépassés, avec cette inscription :

A LA MÉMOIRE DE
Maitre Arsène BAFALEUR
chanoine honoraire de la métropole de Cambrai
doyen-curé de la Madeleine, a Lille, durant 28 ans
né le 3 mai 1812, décédé le 24 février 1879
muni des sacrements de l'Église.

Chapitre III.

M. l'abbé H. Fremaux (1879). — Etablissement d'un salut solennel en l'honneur de sainte Marie-Madeleine. — Démembrement de la paroisse. — Construction d'écoles de frères et de sœurs. — Restauration de l'église. — Consécration de l'église par Mgr l'évêque de Lydda. — Mission prêchée par les RR. PP. Rédemptoristes. — Erection d'un calvaire. — Noces d'argent de M. Fremaux. — Mission donnée par les Pères Jésuites. — Liste des curés.

Ici commence pour nous la partie non pas la plus difficile, mais la plus délicate de notre travail. Nous nous rassurons en pensant que les faits, sur certains sujets, parlent assez d'eux-mêmes pour que nous n'ayons pas besoin de suggérer à nos lecteurs les réflexions et les éloges qui s'en dégagent.

M. l'abbé Henri Fremaux naquit le 17 février 1839, à la Madeleine-lez-Lille. Il commença ses études chez les frères de la rue des Urbanistes et alla les continuer au collège Saint-Joseph, sous la direction de M. Blondel, mort depuis doyen de Landrecies. Il y remporta de brillants succès; il ne se distingua pas moins au grand séminaire de Cambrai où il entra après ses humanités.

Ordonné prêtre le 29 juin 1863, il passa un an dans l'enseignement au collège Saint-Joseph où déjà, avant d'être élevé au sacerdoce, il avait professé pendant trois ans.

En 1864, il fut nommé vicaire à la paroisse Saint-Christophe de Tourcoing, qu'il quitta au commencement de 1872, pour être pro-curé, puis curé d'Hergnies.

En 1875, une nouvelle paroisse, celle de Saint-Michel, se formait à Lille. On y envoya M. l'abbé Fremaux qui, pendant trois ans et demi, s'y dévoua avec un zèle incomparable et laissa ce quartier en bonne voie de formation. C'est alors qu'il fut appelé à la succession de M. Bafaleur que la mort enlevait à la cure de la Madeleine.

Le 3 avril 1879, M. l'archiprêtre Lasne, curé-doyen de Saint-Maurice, alla chercher le nouveau doyen chez M. Jonglez de Ligne, président de la fabrique, et l'installa dans ses nouvelles fonctions avec le cérémonial d'usage.

Pendant les premiers mois qui suivirent son arrivée, M. Fremaux se recueillit et examina la situation avant de rien entreprendre. Sa piété envers sainte Marie-Madeleine, qui avait pris naissance à l'ombre de l'église du faubourg, l'engagea à établir un salut solennel avec panégyrique de la sainte, le jour de sa fête. Cet office fut bientôt si fréquenté que l'église devint trop petite pour contenir le peuple. Une courte exhortation dont M. le doyen puise le texte dans la vie même de la pécheresse prépare à cette fête.

Une question très importante se posa à cette époque : celle du démembrement de la paroisse, qui eut lieu, hélas ! malgré le zèle et l'habileté des défenseurs des intérêts paroissiaux, malgré la force et la justesse des raisons apportées en faveur de l'ancien état de choses.

Le 7 avril 1880, en vertu d'une autorisation spéciale de

Mgr l'archevêque, le conseil de fabrique fut convoqué. M. le doyen donna lecture d'une pétition adressée au ministre des cultes par huit habitants du quartier extrême de la Madeleine, voisin de Saint-André, « pour obtenir leur réunion à cette dernière paroisse. » En réponse à cette pétition, les fabriciens de la Madeleine firent observer, sans s'opposer en principe à toute séparation :

1°. — Que l'agrandissement de la ville avait modifié quatre sur six des anciennes paroisses de Lille ; que les deux seules paroisses de la Madeleine et de Saint-André n'avaient pas été touchées ; qu'aucun motif nouveau ne demandait le changement proposé ;

2°. — Qu'à raison de ces modifications, imprévues lors de la reconstitution des paroisses, à raison de la disparition presque complète des cours d'eau qui servaient de base en bien des endroits à l'ancienne délimitation, la configuration actuelle du territoire des paroisses présentait ailleurs des anomalies, et qu'une délimitation nouvelle s'imposerait à bref délai ;

3°. — Qu'en ce qui concerne la paroisse de la Madeleine, la prévision de la future érection en paroisse de l'église de Notre-Dame de la Treille obligerait à un nouveau remaniement des territoires ;

4°. — Que les conseils de fabrique de l'ancienne ville, s'ils étaient consultés, seraient favorables à un remaniement général, déterminant la circonscription de chaque paroisse d'après des bases plus rationnelles et plus conformes à l'état actuel des choses ;

5°. — Enfin, dans le cas où la considération de la plus grande proximité d'une église paroissiale prévaudrait sur toutes les autres et servirait de principe unique pour la délimitation nouvelle, ce principe devrait être appliqué impartialement aux deux parties en présence; qu'en conséquence, l'îlot compris entre les rues Négrier, Saint-André, Voltaire et le passage des Trois-Anguilles devrait revenir à la Madeleine comme en étant plus proche.

Ces observations n'ayant pas reçu du conseil de fabrique de Saint-André l'accueil désiré, pour mettre fin à cette discussion déjà longue, la motion suivante, mise aux voix, fut adoptée par 7 voix contre 1 et 2 abstentions:

« Le conseil de fabrique de la Madeleine, considérant que les prétentions exagérées des pétitionnaires et du conseil de fabrique de Saint-André mettraient en péril certain l'équilibre du budget de la paroisse, est d'avis de ne consentir à aucun retranchement du territoire actuel, à moins qu'une nouvelle délimitation de toutes les paroisses avoisinantes ne vienne lui apporter des ressources à peu près équivalentes à celles dont il serait privé par cette mesure. »

Mais tous les efforts tentés par les marguilliers aboutirent à un résultat négatif. La nomination de M. Dennel, doyen-curé de Saint-André, à l'évêché de Beauvais, assurait aux marguilliers de cette paroisse des influences dont toutes les raisons du conseil de la Madeleine ne parvinrent pas à contrebalancer l'effet.

Quoique le conseil municipal de Lille n'eut pas délibéré sur ce sujet, le 19 mars 1880, le président de la République signait un décret « approuvant le projet proposé par l'archevêque de Cambrai et le préfet du Nord, de modifier la circonscription des paroisses de Saint-André et de la Madeleine de la ville de Lille, conformément au plan annexé au présent décret. »

Le cardinal Régnier adressa, le 24 mars suivant, un mandement où il ordonnait :

« Art. 1ᵉʳ. — La circonscription des paroisses de Saint-André et de la Madeleine de la ville de Lille est modifiée conformément au plan annexé au décret précité, et conséquemment les deux paroisses auront à l'avenir pour limites respectives : le milieu du canal du Magasin depuis les fortifications jusqu'à la rue Princesse, l'axe de la rue du Metz jusque la rue de Jemmapes, l'axe de la rue de Jemmapes jusque la rue Saint-André et de ce point l'axe de la rue Saint-André jusqu'à l'extrémité sud de cette rue.

» Art. 2. — La présente ordonnance sera lue et publiée au prône de la messe paroissiale dans les églises de la Madeleine et de Saint-André de la ville de Lille le dimanche qui en suivra la réception, et transcrite sur les registres des deux paroisses. »

Il n'y avait plus qu'à s'incliner devant cette décision : ce que l'on fit sans protestation.

Cette épreuve passée, d'autres inquiétudes vinrent assaillir le cœur paternel du vénéré doyen de la Madeleine. L'école Bernos, tenue par les sœurs de la Sagesse, était sur le point d'être laïcisée. En même temps, on reprenait aux frères des écoles chrétiennes la maison dans laquelle ils tenaient ouvertes les écoles libres de la paroisse. M. le doyen, aidé de ses meilleurs paroissiens, se mit à l'œuvre et recueillit les fonds nécessaires pour construire des classes qui garantissaient la conservation de la foi parmi les enfants. Nous en donnons l'historique complet dans la seconde partie de cet ouvrage.

Au milieu de ces graves préoccupations, on n'avait guère le temps de songer aux réparations urgentes qu'exigeait le mauvais état du dôme et de la façade de l'église.

On s'étonnera peut-être d'entendre encore une fois parler de restaurations : elles étaient bien fréquentes, dira-t-on. C'est vrai. Mais ces nécessités proviennent de l'architecture même de notre église. Les dômes se détériorent vite parce qu'ils sont très exposés aux intempéries des saisons, et on doit y veiller attentivement afin de prévenir des accidents déplorables.

Or, depuis longtemps l'entretien laissait à désirer. Vingt-cinq ans auparavant, l'architecte Cannissié avait préparé un plan de restauration : mais la Ville en avait toujours ajourné l'exécution, malgré les demandes périodiquement renouvelées par le conseil de fabrique.

Enfin, en septembre 1882, des blocs de pierre assez considérables pour créer par leur chute un danger public s'étant détachés de la façade, la municipalité, qui avait longtemps fait la sourde oreille, se décida à envoyer quelques ouvriers pour arrêter l'effritement des pierres. Ceux-ci ne réussirent qu'à défigurer totalement les colonnes et les autres ornements de la façade et à enlever à l'ensemble son caractère architectural.

Au mois de mai 1883, un fait se produisit qui aurait pu avoir des conséquences terribles : d'énormes plâtras se détachèrent du dôme et vinrent s'abattre lourdement sur le pavé du temple. Heureusement, à ce moment, l'église était déserte. La municipalité, avertie, ordonna de suite une enquête qui permit de constater l'état de délabrement complet dans lequel se trouvait l'édifice, depuis le faîte jusqu'au sol. Les ardoises tombaient en poussière ; plusieurs pièces importantes de la charpente étaient vermoulues ; les chéneaux étaient en ruine ; l'eau s'infiltrait partout. Les travaux s'imposaient.

M. Gavelle, adjoint, fit à ce sujet un rapport très détaillé au conseil municipal. Après une étude plus minutieuse, on reconnut que la restauration complète s'élèverait à la somme de 125,000 francs, dont la fabrique de la Madeleine devait payer le tiers.

Alors fut présenté un autre projet : la transformation de l'église, à laquelle certaines personnes se montraient favorables. On pria M. Cordonnier de faire le plan d'un nouveau temple, ce qu'il accepta. Il condamnait le dôme et la colonnade qui le soutient, et faisait une église à trois nefs dont, par malheur, le dégagement restait insuffisant, les bas côtés ne pouvant se prolonger jusqu'au niveau de la rue. La décoration intérieure était dans le genre Louis XIV. De larges baies laissaient pénétrer la lumière dans les nefs latérales. Des œils-de-bœuf étaient pratiqués dans celle du milieu, séparés par des panneaux à angles coupés comme dans les boiseries du temps. Les colonnes étaient reliées par des cintres. Tout cela constituait un ensemble quelque peu profane pour un monument de ce genre ; mais le sanctuaire de sainte Marie-Madeleine prête plus qu'un autre aux motifs décoratifs du XVIIe siècle. M. Cordonnier transformait également la façade ; une élégante niche, dans laquelle serait placée la statue de la patronne de l'église, devait remplacer l'horloge en bois.

Un campanile en style florentin du XVIIe siècle donnait à l'édifice un point de ressemblance avec l'église de la Trinité, à Paris. Enfin, à sa base, une horloge nouvelle était installée. Les bas-côtés de la façade, plats comme ceux des églises italiennes, étaient ornés de vases d'où s'échappaient des flammes de bronze, symbolisant, par leur multiplicité, l'ardente charité de sainte Marie-Madeleine.

Ce projet parut admirable et une pétition en sa faveur fut aussitôt adressée au conseil municipal. On y énumérait les avantages qu'on pourrait y trouver. C'était d'abord une économie pour la ville, car les prévisions ne seraient pas dépassées ; le budget de la fabrique y gagnerait lui aussi, car l'entretien des surfaces planes est beaucoup plus aisé et moins coûteux que celui des toitures courbes. De plus, une charpente entièrement neuve ferait beaucoup plus d'usage qu'une restauration incomplète. Une façade décorative plus élevée compenserait la disparition du dôme et donnerait à la rue de Thionville une perspective avantageuse. Enfin, la substitution aux piliers de colonnes de dimension moindre ferait gagner de l'espace à l'église.

Mais le plan de M. Cordonnier, accepté des uns, déplaisait aux autres parce qu'il ne conservait pas le dôme auquel les Madeleinois tenaient beaucoup. Là-dessus bien des controverses et bien des discussions. L'administration vint trancher la difficulté en rejetant la pétition, ou plutôt elle acceptait la transformation proposée en en laissant tous les frais à la fabrique, ce qui la rendait impossible. On en vint donc à la restauration complète. L'adjudication eut lieu le 16 février 1885 et M. Emile Rouzé obtint l'entreprise, moyennant un rabais de 15 %. Les travaux commencèrent au mois de mars suivant.

Les cérémonies du culte purent être continuées comme par le passé ; quelques tableaux seulement furent enlevés, d'autres recouverts de toile.

La charpente de la coupole fut presque entièrement démolie. Pour permettre le service divin, on isola par des barricades le parvis circulaire, et les vitraux furent retirés. On dressa jusqu'au milieu du dôme un échafaudage que l'on termina par un plancher. On comptait avoir fini cette partie du travail en trois mois ; mais des obstacles imprévus surgirent et s'opposèrent à la rapide exécution des travaux.

Au mois de février 1886, la restauration de la rotonde et des murailles intérieures était à peu près terminée ; restaient les soubassements à arranger et les pierres des voûtes à gratter ; puis il fallait s'occuper de la dorure des corniches. Le 22 juin, les ouvriers occupèrent le chœur, jusque-là réservé au culte et caché par un rideau. On posa dans l'hémicycle un autel de bois, qui servit pendant la durée des travaux du chœur.

Enfin, le 1er décembre, l'église était remise à neuf et Mgr de Lydda, vicaire général de Mgr Hasley, archevêque de Cambrai, retenu chez lui par la maladie, vint procéder à la consécration.

On sait que la consécration d'une église exige celle d'un autel fixe. La transformation du maître-autel s'imposait donc en la circonstance. La table en fut reconstruite dans les conditions exigées par les règles liturgiques, et on profita de cette occasion pour remanier le rétable en en complétant le symbolisme.

La pensée qui avait présidé à la conception de ce beau travail, exécuté par M. Buisine pendant les dernières années de M. Bafaleur, était de montrer, dans le sacrifice et le sacrement de l'autel, la source et l'aliment des vertus. Mais quatre vertus secondaires, les quatre vertus cardinales étaient seules représentées par des statues allégoriques ; il était essentiel que les plus importantes, les trois vertus théologales, y trouvassent leur place. La croix centrale fut relevée sur la niche d'exposition, et des deux côtés furent assises deux figures de la Foi et de l'Espérance, portées par un arrière-corps qui donne à cette partie du meuble plus d'ampleur. Quant à la Charité, elle est rappelée sur le rétable de l'autel par un monogramme du nom de Jésus qui signifie sauveur ; sur le tabernacle, par l'image du Bon Pasteur; au-dessus de l'exposition, par la représentation du Sacré-Cœur rayonnant dans un cartouche qui forme clef de voûte; au sommet, par le crucifix, au pied duquel se déroule, entourant le cartouche, une banderolle avec cette parole des saints Livres : *Deus caritas est*, Dieu est charité.

Dans le sépulcre de la table d'autel, l'évêque consécrateur déposa les reliques des saints martyrs Salvat et Modestine.

Après cette touchante cérémonie, Mgr de Lydda officia pontificalement et rappela, dans une allocution toute paternelle, que notre âme a souvent besoin, elle aussi, de réparation.

Mgr Dennel, évêque d'Arras, assistait en rochet à la messe pontificale. Une foule nombreuse était venue exprimer la satisfaction qu'elle éprouvait de la bonne issue de cette affaire qui avait fortement intéressé l'opinion publique.

La restauration des âmes dont parlait le prélat consécrateur avait été déjà effectuée. Trois semaines avant la consécration, les R. P. Rédemptoristes, appelés par M. le doyen, qui avait constaté que depuis de longues années aucune mission n'avait été prêchée, vinrent l'aider à ramener au bercail les paroissiens de la Madeleine, que les travaux de l'église avaient quelque peu éloignés.

La reconnaissance des paroissiens pour tant de travaux si bien dirigés, pour tant de peines si patiemment acceptées, éclata dans les belles cérémonies qui eurent lieu à l'occasion des noces d'argent de leur vénéré pasteur. Elles sont encore présentes à leur mémoire; mais, pour intéresser davantage, nous laisserons la parole à un enfant de la paroisse qui, par ses chroniques spirituelles, charme chaque semaine ses nombreux lecteurs :

« Hier, dimanche 1er juillet, la paroisse de la Madeleine était en fête ; son respecté doyen, M. l'abbé H. Fremaux, célébrait le vingt-cinquième anniversaire de son ordination sacerdotale.

» MM. les vicaires avaient invité les paroissiens à une messe solennelle célébrée à dix heures, sous la vieille coupole lilloise ornée de fleurs et de tentures du meilleur goût.

» Sous l'habile direction de M. Tahon, maître de chapelle, une messe de Gounod a été chantée magistralement. Une invocation pour violon, de M. Lecocq, exécutée par l'auteur avec cette sûreté, cette ampleur et cette pureté de son qui caractérisent le jeu inspiré de l'honorable professeur du Conservatoire; un duo pour violon et violoncelle, et la cantilène de Goldeman exécutée sur ce dernier instrument par un amateur de talent dont nous regrettons de ne pas savoir le nom, ont charmé les oreilles et élevé l'âme des assistants.

» Dans une touchante allocution, M. Fremaux, visiblement ému, a rappelé le souvenir du grand jour dont on fêtait l'anniversaire et, avec une charmante modestie, s'est excusé de n'avoir pu remplir, peut-être, au gré de son cœur, les lourds devoirs qu'impose la haute dignité du sacerdoce.

» Inutile d'ajouter que lui seul était de cet avis.

L'ABBÉ H. FREMAUX
Doyen-Curé de la Madeleine.

» Après cette cérémonie, les membres du conseil de fabrique, accompagnés par une députation des principaux paroissiens, se sont rendus au presbytère et ont offert à M. le Doyen, en même temps qu'une très forte somme (10,000 fr.) provenant d'une souscription et destinée à payer en partie les dettes de l'église, un magnifique bronze d'art de Barbedienne, le Christ de Clésinger.

» Les pauvres n'ont pas été oubliés dans la fête. Avec sa générosité habituelle, M. l'abbé Fremaux a fait distribuer de la viande et du vin à toutes les familles patronnées par les sociétés de Saint-Vincent-de-Paul.

» Le soir, à cinq heures, une magnifique soirée musicale et dramatique avait lieu dans la salle Ozanam, gracieusement décorée de tentures et d'oriflammes blanches et rouges, semées de fleurs de lis d'or.

» Un orchestre composé de soixante artistes ou amateurs distingués a brillamment exécuté, sous la conduite de M. Colinion, organiste de la Madeleine, l'ouverture du *Voyage en Chine* et celle de la *Dame de Pique*. M. Meyer, le savant organiste de Saint-Martin de Roubaix, a dirigé lui-même une brillante cantate de sa composition, exécutée par plus de cent chanteurs avec accompagnement d'orchestre. M. Tahon l'a puissamment secondé dans la direction des chœurs. M. Minssart a chanté les solos avec cette voix et ce talent dont l'éloge n'est plus à faire.

» M. Henri Bernard, le respectable président du conseil de fabrique, a adressé à M. le Doyen quelques paroles de félicitations qui ont été accueillies par des applaudissements et des cris répétés de : « Vive M. le Doyen ! » et que nous sommes heureux de pouvoir publier *in extenso*.

« Monsieur le Doyen,

» C'est à Messieurs vos dévoués et dignes vicaires qu'est due l'initiative de la fête que nous célébrons en ce jour, à l'occasion de vos vingt-cinq années de prêtrise. Tous les membres de votre conseil de fabrique ont été heureux de suivre cette impulsion pour vous remercier, avec les bons paroissiens de la Madeleine, du zèle infatigable que vous déployez au milieu d'eux depuis plus de neuf ans.

» C'est dans notre ville, où vous avez commencé par créer la paroisse Saint-Michel, que s'est écoulée jusqu'ici la moitié de votre vie sacerdotale. Vous avez ensuite évangélisé notre paroisse qui vous doit la création ou le maintien de toutes ses œuvres les plus précieuses. Et pour couronnement, vous nous avez procuré l'achèvement et la magnifique restauration de notre église.

» Nous sommes donc unanimes à nous féliciter, cher et vénéré M. le Doyen, de cette bonne occasion qui s'est présentée de vous témoigner notre reconnaissance et notre affection, en vous offrant à la fois ces fleurs et le don gracieux recueilli dans la paroisse, pour avancer l'extinction de la dette qu'ont laissé les travaux de restauration. Nos roses ne sont pas sans épines, mais nous sommes heureux de retirer au moins de vos pieds quelques-unes des épines que vous y aviez accumulées en travaillant pour nous.

» Vive M. le Doyen ! »

» M. l'abbé Fremaux, en répondant à M. Bernard, a remercié chaleureusement ses vicaires, principaux organisateurs de la fête, tous ceux qui ont bien voulu y prendre part et particulièrement son conseil de fabrique qui renferme, comme il l'a dit si justement, « l'état-major des catholiques de la cité. »

» Que dire du duo pour flûte et clarinette de MM. Quesnay et Muylaert; du quintette de Widor exécuté par MM. Empis, Colinion, Dreux, Meyer et Quesnay; de la tarentelle jouée au piano par M. Meyer, son auteur, si ce n'est que ces artistes se sont montrés à la hauteur de leur grande réputation.

» Après l'air du *Philtre*, chanté à ravir par M. Minssart, les chœurs et l'orchestre ont fait entendre deux chœurs de la *Jeanne d'Arc* de Gounod.

» L'effet produit par ce magnifique ensemble de cent soixante exécutants était véritablement grandiose.

» Une mention toute spéciale aux deux petits actes : *Une mauvaise étoile* et *On demande des domestiques*, que les jeunes gens du patronage, dont la modestie a voulu rester anonyme, ont enlevés avec un réel talent.

» A huit heures tout était terminé et chacun emportait un souvenir inoubliable de cette belle fête de la reconnaissance. »

Relatons, en terminant, un des faits les plus saillants de ces dernières années. Nous voulons parler de la mission qui fut donnée pendant le carême de 1891 par les Pères Jésuites, dans les six paroisses du vieux Lille. Bien que peu de temps s'était écoulé depuis la dernière mission, M. le doyen n'hésita pas à l'accepter de nouveau. Il en fut largement récompensé par les fruits merveilleux que ces pieux exercices apportèrent à la ville de Lille en général et à la paroisse de la Madeleine en particulier. Puissent ces heureux fruits se continuer longtemps parmi nous pour le plus grand bien des âmes, la plus grande gloire de Dieu et la consolation de notre vénéré pasteur, à qui nous souhaitons encore de longs jours.

LISTE DES CURÉS

de la paroisse de la Madeleine.

MM.
Jean Hovelacque, 1455.

. . . .

Pierre Martin, 1565-1603.
Jean Boniface, 1603-1627.
Jean Lenglart, 1627-1636.
Nicolas Calcus, 1636-1641.
Lucas Roussel, 1641-1646.
Antoine Cléty, 1646-1649.
Jean Castel, 1649-1654.
François Leboucq, 1654-1667.
Antoine Parent, 1667-1684.
Bon Bourgeois, 1685-1699.
Charles Liénart, 1699-1714.
V. de Becker, 1714-1716.
Jean Galliot, 1716-1746.
J.-François Haze, 1746-1751.
Auguste-J. Durigneux, 1751-1759.
Louis-Ferdinand Lorthiois, 1759-1762.
Deleporte, 1762-1764.

MM.
A.-P.-Joseph Debas, 1764-1774.
Honorez, 1774-1776.
Maclou-Joseph Verdier, 1776-1781.
A.-F.-Joseph Delabassée, 1781-1783.
Philippe-François-Joseph Saladin, 1783-1792. (Assassiné le 29 avril 1792).
Louis-Joseph Nolf, curé constitutionnel, 1791-1803.
Marc-Joseph Delahaye, 1803-1810.
Albert-François Warenghien, 1810-1819.
Julien-Daniel Bézu, 1819-1830.
Pierre-Désiré Savin, 1830-1850.
Arsène-Arthur-Joseph Bafaleur, 1850-1879.
Henri Fremaux, 1879.

Chapitre IV.

Des marguilliers. — Leur origine. — Leurs droits. — Leurs charges. — Leur union. — Solidarité des marguilliers de Lille. — Notice sur quelques marguilliers. — MM. Edouard Bonnier de Layens. — Antoine Yon. — Bernard-Serret. — Moillet. — Rapy. — Alexandre Jonglez de Ligne. — Victor Virnot. — Gustave Mourcou. — Henri Bernard. — Prosper Derode. — Liste des marguilliers.

Une paroisse, comme toute autre association religieuse, régulièrement établie, peut et doit avoir des biens temporels, dont l'acquisition et la possession ne sauraient entraîner l'ingérence du pouvoir séculier. Les règles canoniques et les lois civiles lui reconnaissent ce droit. En conséquence, il appartient à l'autorité ecclésiastique de choisir les régisseurs de ces biens et de leur tracer un réglement.

L'État n'a que le devoir de protéger l'administration régulière des biens ecclésiastiques.

Dans le principe, les évêques de chaque diocèse seuls géraient ces biens, dont ils employaient les revenus pour subvenir à leurs besoins propres, à ceux de leur clergé, des pauvres et des paroisses.

En 431, le concile de Chalcédoine leur prescrivit de s'adjoindre des économes ecclésiastiques. Vers le XIe siècle, la totalité des biens ayant été répartie en quatre portions distinctes, l'une réservée à l'évêque, l'autre au clergé, la troisième aux nécessiteux, la quatrième à l'entretien des églises, il devint nécessaire de créer divers administrateurs placés sous la haute direction de l'évêque. Aujourd'hui encore, au sacre de l'évêque, le consécrateur ne manque pas de lui dire, conformément au ch. 42, *de Electione,* qu'on lui confie *curam et administrationem talis ecclesiæ in spiritualibus et temporalibus.*

Longtemps les biens de l'église furent administrés par les clercs, un archidiacre ou un autre ecclésiastique. C'est au synode d'Exeter, tenu en 1287, que l'on parle pour la première fois des laïques. Ils sont supposés chargés du soin de la fabrique ; tous les ans ils doivent rendre compte de leur gestion au curé et aux notables de la paroisse et sont responsables des défauts de réparation.

Cet usage, paraît-il, se propagea rapidement parce qu'il facilitait le recouvrement des revenus de la paroisse et inspirait aux séculiers un plus grand désir de donner aux cérémonies du culte l'éclat qui leur convenait.

Mais quand et comment les marguilliers sont-ils devenus ce que nous les voyons présentement ? Mgr Affre répond à cette question : « Le concile de Mayence tenu en 1549 semble avoir établi, ou est du moins le premier qui ait indiqué un ordre de choses peu différent de celui qui existait avant la Révolution. Il veut que les revenus des fabriques soient administrés par les soins des laïques, mais que le curé soit néanmoins le principal fabricien. » C'est donc de là que date l'organisation des marguilliers. Avant la Révolution, les évêques seuls avaient juridiction sur les fabriques ; aujourd'hui les évêques et les préfets nomment d'abord chacun en nombre égal, les fabriciens qui se recrutent ensuite eux-mêmes. Autrefois, ceux-ci étaient choisis par les communes ; ils devaient être au nombre de huit, ainsi que l'atteste la pièce suivante :

« *A Messieurs les Mayeur et Echevins
de la ville de Lille.*

» Remontrent très-humblement les marguilliers de l'église paroissiale de la Magdelaine en cette ville, qu'une partie de leurs confrères ayans fini le tems prescrit par vos ordonnances pour servir en cette qualité, se sont retirés, en sorte que les remontrans ne se trouvent plus à présent que quatre servans, et comme le bien et l'utilité de l'église demandent qu'ils soient en nombre compétent qui est de huit, etc. »

Il résulte également de la même pièce qu'ils soumettaient la nomination de leurs confrères à l'approbation du Magistrat. Lorsqu'un membre était agréé, il était tenu bon gré mal gré de remplir les fonctions qu'on lui offrait, témoin la décision qu'on va lire :

« Quoique cette affaire regarde principalement les marguilliers de Saint-Maurice, il a été délibéré à l'assemblée générale, tenue à ce sujet, qu'on en garderait note dans toutes les trésoreries des paroisses pour servir de règle dans des circonstances pareilles.

» Le 14 août 1759, M. de Sainte-Aldegonde, comte de Genech, s'étant pourvu en cour pour se libérer du service de marguillier de la paroisse Saint-Maurice, et, en conséquence, M. le maréchal de Belle-Isle, ministre d'Etat, ayant demandé à M. de Caumartin, intendant de Flandre, à s'opposer à ce que mon dit seigneur de Sainte-Aldegonde fut nommé marguillier de ladite paroisse ; par égard pour

Mgr le maréchal et l'intendant, les marguilliers de Saint-Maurice comptèrent ledit comte de Sainte-Aldegonde du service de marguillier et présentèrent le 8 décembre de la même année trois sujets pour qu'il plut au Magistrat en choisir un pour le remplacer. Les marguilliers de toutes les paroisses de la ville aïans desapprouvez la conduite de ceux de Saint-Maurice, firent une assemblée générale dans la trésorerie de Saint-Etienne avec les députés des administrateurs particuliers de la charité des sept paroisses de la ville, qui avaient demandé de se joindre à eux, pour s'opposer à une innovation qui n'avait jamais eu d'exemple. Dans ce temps, M. de Sainte-Aldegonde a fait présenter 3oo florins au profit de la paroisse pour être libéré du service de marguillier [1]. »

On aime à voir cette noble fierté chez nos anciens marguilliers qui exigeaient l'égalité pour tous et ne craignaient pas d'encourir la disgrâce de deux hauts et puissants personnages, tels que le ministre d'Etat et l'intendant de Flandre.

Les marguilliers dans l'exercice de leurs fonctions jouissaient d'un pouvoir presque absolu. Ils pouvaient en quelque sorte agir sans prendre l'avis du curé. Celui-ci devait toujours leur faire parvenir ses *desiderata* et n'en réaliser aucun sans leur assentiment. Ils partaient aussitôt en guerre contre le pasteur qui s'arrogeait une de leurs attributions. On se rappelle l'hostilité qu'ils montrèrent à l'égard de M. Durigneux, coupable d'avoir pris l'initiative des réparations réclamées par le délabrement de son presby-

---

[1] Registre aux Résolutions, lettre D, fol. 63 à 73.

tère. Ils tenaient essentiellement à leurs droits et savaient les faire respecter.

Un fait qui se passa le 4 janvier 1761 en est une preuve bien frappante. « M. le curé, ayant eu une difficulté avec le sieur Debuisine, coustre de cette paroisse, a cru pouvoir lui retirer la recette des honoraires des prestres qu'il avait. Les marguilliers, ayant toujours été en possession de la donner à qui ils voulaient, l'ont fait connaître audit curé et en conséquence ont délibéré de remettre ladite recette ès-mains du sieur Desemerpent, bailly, jusqu'à nouvel ordre, sans avoir aucun égard à ce que le curé a fait à ce sujet. »

Un autre jour, un prêtre habitué, M. Rohart, désirant prendre un congé, quitta la paroisse sans la permission spéciale des fabriciens, ce qui lui valut une remontrance. En septembre 1775, ils retinrent un mois d'appointements à Dulieu, petit clerc, « qui s'étoit absenté contre la défense du marguillier du mois. »

Mais s'ils avaient des droits incontestés, ils avaient aussi des charges qu'ils s'étaient volontairement imposées et qu'ils remplissaient consciencieusement. Le Registre aux Résolutions nous a conservé la distribution des fonctions que les marguilliers avaient à remplir pendant une année.

« Les marguilliers assemblés ont délibéré s'imposer à chacun une fonction qui regarde l'administration de l'église.

| MM. de Stradin et de Beaufremez | auront soin, que la sonnerie se fasse à heure précise ; des cloches et cordes ; que les fosses soient de 4 à 5 pieds de profondeur ; que les trois poëlles mortuaires soient toujours bien tenus et avoir soin principalement de l'emplacement des pierres sépulcrales. |

MM. Dumont et Imbert de Sénéchal	auront soin de se faire rendre compte tous les trois mois ou plus souvent, par le sacristain, de l'état des cires, reliquaires, argenteries, ornements, linges et d'autres meubles concernant l'église ; déchargeront l'inventaire des meubles qui seront dépéris et y remplaceront les nouveaux.
MM. de Millescamps et Duquenie	auront soin des ouvriers et de tous les ouvrages concernant le dehors et le dedans de l'église.
MM. Hespel et Cardon	auront soin des obits et messes fondés ; surtout si on a soin de les exécuter et si les fonds sont suffisants pour qu'on les exécute ; avoir soin des lettres et papiers de l'église et de solliciter les procès et autres devoirs.
M. Hespel	la recette des rentes ; les dons ou présents qui se feront à l'église.
Le Baillif	des revenus de l'église, tels que les pierres sépulcrales, des châsses, des services, des cires, des pourchats, etc. Le baillif rendra ses comptes tous les ans en présence de 3 marguilliers : MM. Hespel, Millescamps et Cardon.

» Le 1ᵉʳ février 1756, il a été résolu que chaque marguillier prendra un mois pour faire alternativement son pourchat avec ses confrères et assistera les dimanches et festes aux processions qui se font pendant ledit mois, à la réserve du doyen qui doit être exempt de toute fonction. »

L'accord constant qui régnait entre les marguilliers d'une même paroisse faisait leur force. Pour entretenir ces bonnes relations, ils se réunissaient plusieurs fois l'an dans des agapes fraternelles. Les frais du repas étaient couverts avec les amendes payées par les marguilliers pris en défaut dans leurs charges.

Le même esprit de solidarité existait entre les marguilliers des églises d'une même ville. Dès qu'un différend surgissait entre la fabrique d'une paroisse et une famille, les marguilliers de la ville tenaient une assemblée générale, discutaient la chose en litige et aidaient leurs confrères à lui donner une solution équitable qui sauvegardât les droits et les intérêts des deux parties.

L'affaire des cierges de Bouland en est une preuve convaincante. On comprend la force morale d'une corporation ayant les mêmes vues et obéissant aux mêmes inspirations.

Les conseils de fabrique se composaient généralement et se composent encore des notables de la paroisse.

Celui de la Madeleine est privilégié à cet égard ; les personnages les plus marquants de la localité en font partie. Nous aurions voulu consacrer à chacun d'eux quelques lignes ; que de choses intéressantes n'aurions-nous pas eu à dire sur MM. Stappart, Cardon, Hespel, Lemesre, Ghesquière de Millescamps, Ghesquière de Stradin, d'Haffringues d'Hellemmes, Imbert de Sénéchal, Vanzeller-Dolnois, Déliot de la Croix, Malus, et tant d'autres qui n'ont pas peu contribué au développement de notre paroisse !

Le récit de leur vie pleine de bonnes œuvres eût été pour nous un enseignement précieux et fécond ; mais le modeste cadre de cet ouvrage nous interdit de longs développements. Nous nous bornerons donc à parler de ceux qui sont le plus rapprochés de notre époque.

En 1817, on remarquait parmi nos marguilliers M. Edouard Bonnier de Layens[1], dont le père était trésorier de France. Sous la Restauration, il fut adjoint au maire de Lille, M. de Muyssart. Peintre distingué, il demeura longtemps directeur du musée de Lille où il laissa plusieurs tableaux assez remarqués ; quelques-unes de ses œuvres ornent aussi l'église de la Madeleine. Les ancêtres de notre illustre marguillier, originaires de Templeuve-en-Pévèle, s'étaient fixés à Lille au XVIe siècle. On compte, parmi les membres de la famille de Layens, plusieurs officiers au Bureau des finances, des trésoriers de France, des assennes de la ville de Lille, un substitut du procureur du roi, un professeur de droit à la faculté de Paris et plusieurs ecclésiastiques parmi lesquels on peut signaler Charles-François Bonnier, directeur de l'hôpital de la Charité, à Lille, décédé en 1789 ; Alexis-Joseph Bonnier, bénéficier de la paroisse de Saint-Maurice, décédé vers la fin du XVIIIe siècle ; enfin deux religieux, dont l'un était carme déchaussé sous le nom de Jean-Marie, et l'autre, Bruno-François-Joseph Bonnier, fut définiteur général de l'ordre des Carmes à Rome, sous le nom de père François de Sales. On attribue à ce carme la composition des prières indulgenciées :

Jésus, Marie, Joseph, je vous donne mon cœur, mon esprit et ma vie ;

Jésus, Marie, Joseph, assistez-moi dans ma dernière agonie ;

---

[1] Ses armes sont : d'or, au chevron de sable accompagné en chef de deux merlettes et en pointe d'un trèfle versé de même, au chef d'azur chargé de trois étoiles d'or à cinq rais, rangées. Devise : *Super eminent.*

Bonnier de Layens

Jésus, Marie, Joseph, recevez-moi en votre sainte compagnie.

A la même époque, M. Désiré Virnot devint secrétaire de notre fabrique. Ce marguillier actif et zélé ne voulut point pourtant résigner les fonctions de pauvriseur. Il apporta dans l'exercice de cette double charge un dévouement absolu et un tact exquis.

Citons encore M. Antoine Yon, décédé à Ascq en 1845; M. Bernard-Serret, père de M. Henri Bernard, dont les vertus nous ont édifiés pendant tant d'années, et M. Moillet, qui mourut le 8 décembre 1852, à l'âge de 73 ans.

Homme du caractère le plus aimable et d'un commerce toujours affectueux, M. Moillet avait au cœur la générosité la plus large et la plus expansive. Il n'attendait pas que ses amis malheureux vinssent le solliciter ; il allait au devant de leurs vœux, il devinait leurs besoins, il prévenait leurs demandes.

Après avoir rendu d'éminents services, il semblait n'avoir rien de plus pressé que de les oublier; il se gardait bien d'en faire la moindre mention. Venait-on à l'en entretenir ou à y faire allusion, il détournait la conversation, tout confus de l'éloge ou de la reconnaissance de ses obligés.

Dans tout ce qu'il faisait, M. Moillet était poussé par un mobile plus élevé que la satisfaction de l'amour-propre; plus saint que la bienfaisance humaine. Indifférent à la louange, il agissait sous l'œil de Dieu et dans la vue de lui plaire. L'isolement où il se tenait depuis qu'il avait quitté les affaires et les habitudes modestes de sa vie le mettaient peu en relief ; mais dans l'ombre où il aimait à s'abriter, il ne cessa jamais de pratiquer les vertus qui l'ont rendu cher à sa famille, à ses amis, à la religion dont il fut le fidèle disciple, et aux malheureux dont il se montra toujours le protecteur et l'appui.

Inscrit au frontispice d'un musée légué à la ville, son nom vivra longtemps dans la cité ; car c'est M. Moillet qui, avec ses enfants, légua à la ville la collection que son fils Alphonse[1], voyageur intrépide et grand amateur d'antiquités et de curiosités, avait rapporté de ses longs voyages[2].

Quelques années plus tard, en 1840, M. l'abbé Savin fit choix de MM. J.-B. Rapy et Alexandre Jonglez.

M. Rapy avait été capitaine de cavalerie ; il était décoré de l'ordre de Saint-Ferdinand d'Espagne. Dès la fondation de la société de Saint-Vincent de Paul, il se fit inscrire comme membre actif et il en demeura vice-président jusqu'à sa mort, survenue en 1876. C'est dire avec quelle passion il s'était consacré à cette œuvre si bienfaisante et si populaire.

Les ancêtres de M. Alexandre Jonglez, d'origine espagnole, s'étaient établis dans le nord de la France lors de l'occupation des Flandres par l'Espagne. Né en 1800, il épousa en 1827 Mlle Henriette de Ligne, fille de M. Procope de Ligne et de Mme Marie d'Haubersart, nièce du comte d'Haubersart, pair de France. Les de Ligne sont installés à Liévin, en Artois, depuis 400 ans. Cette famille ne s'étant

---

[1] Voir la biographie intitulée: *Alphonse Moillet et son musée*, par l'abbé H. Desmarchelier.

[2] La famille Moillet fut alliée à la famille Mourcou, dont nous aurons à parler plus loin ; à la famille Peuvion, dont les membres les plus célèbres furent: le dernier abbé de l'abbaye de Vaucelles, l'abbesse de l'Abbiette, et Romain Peuvion, remarquable par ses découvertes dans les sciences et dans les arts ; à la famille Bouhébent, originaire de Saint-Gaudens, dont le nom a été donné à une fontaine, à Sales, et dont l'un des membres fut trésorier-payeur général du Nord (1830 à 1843).

JONGLEZ DE LIGNE

Bouhébent

perpétuée que par le mariage de Mlle Henriette de Ligne, le frère de celle-ci, mort célibataire, voulut que son nom s'adjoignit à celui de M. Jonglez, lequel hérita des biens, des armes et du nom des de Ligne et les transmit à ses enfants. Ses armes sont : d'or à la bande de gueules, chargé d'un écu d'azur au chevron d'or, en tête deux étoiles d'argent, un quintefeuille également d'argent en abîme. Devise : *Linea recta Deo.*

M. Alexandre Jonglez de Ligne, dont nous avons à nous occuper ici, était un homme de rare mérite ; il avait la foi vive des anciens temps. Sa charité pour les pauvres était admirable ; sa porte et sa bourse leur étaient toujours ouvertes ; il ne lui coûtait pas de quitter son dîner, même un repas de cérémonie, pour consoler un malheureux qui venait lui dépeindre sa misère. Le luxe était proscrit de son intérieur où revivaient les mœurs patriarcales. Les divers curés de la Madeleine, MM. Savin, Bafaleur, Fremaux, trouvèrent en lui un marguillier éclairé et dévoué aux intérêts de l'église. Lors du vol des ex-votos qui ornaient la chapelle de Notre-Dame de Bon-Secours, il acheta une chaîne d'or magnifique, qu'il plaça lui-même au cou de la statue de la sainte Vierge, en disant : « Le voleur a restitué la chaîne. » M. Alexandre Jonglez de Ligne est mort le 21 juin 1880.

Il avait pour collègues MM. Victor Virnot et Derode-Cuvelier, dont la famille a toujours été, depuis 250 ans, représentée dans les conseils de fabrique de plusieurs paroisses de notre ville.

Il nous reste à parler de trois personnes très connues dans la région par le bien qu'elles y ont répandu : MM. Gustave Mourcou, Henri Bernard et Prosper Derode.

M. Gustave Mourcou est né à Lille le 27 avril 1810. Il descendait d'une branche de l'ancienne famille de Morcourt, du patriciat tournaisien, établie en la capitale de la Flandre vers la fin du XVIe siècle. Cette branche fut anoblie par Louis XV en la personne du chevalier Nicolas-Joseph Mourcou, son conseiller au Bureau des finances et domaines de la généralité de Lille, receveur et payeur des gages des officiers dudit bureau. Le chevalier Nicolas Mourcou était le trisaïeul du marguillier de la Madeleine. Les armes de la branche lilloise sont : d'argent à trois mûres de pourpre, tigées et feuillées de sinople. Devise : *E virtute fama.*

Cette famille chrétienne a donné à l'Église plusieurs membres érudits et distingués. La *Bibliotheca Belgica*, de Foppens, cite au commencement du XVIe siècle dom Jehan de Morcourt, prieur de la chartreuse de Marly, près de Valenciennes. Bon poète latin, il a écrit en vers les vies de saint Bruno et saint Hugues, et composé différents ouvrages sur Luther, sur saint Laurent martyr et sur la Nativité de Notre-Seigneur. Le même ouvrage cite au commencement du XVIIe siècle, Pierre Mourcou, licencié en théologie, prédicateur renommé, pasteur de Lomme. Au siècle suivant, on trouve comme curé de Croix, près de Lille, Augustin Mourcou, docteur en philosophie. Ayant refusé le serment constitutionnel, ce vénérable prêtre fut chassé de sa cure, malgré trente-quatre ans de ministère.

En 1846, M. Gustave Mourcou s'alliait à une des plus honorables familles de Lille par son mariage avec Mlle Sylvie Malfait, femme d'une piété remarquable. Pendant les premières années de ce mariage, il demeura sur la paroisse Saint-Maurice et y fut nommé marguillier. Pauvriseur

Mourcou

de cette paroisse et inspecteur du travail des enfants dans les manufactures, il apporta dans ces différentes fonctions ces admirables qualités de bienveillance, d'exactitude et de modestie si appréciées de ceux dont il fut le collaborateur éclairé. Son œuvre de prédilection fut la société de Saint-François Régis, dont le but est de procurer sans frais aux indigents les pièces nécessaires à leur mariage et de leur éviter ainsi des formalités multiples et coûteuses. Cette institution charitable, fondée par son frère M. Jules Mourcou, l'âme de toutes les bonnes œuvres, trouva en lui un propagateur ardent que ne rebutèrent jamais les difficultés. M. Gustave Mourcou contribua également de tout son pouvoir à la restauration de l'antique basilique de Saint-Pierre, dont il eût été heureux de voir l'achèvement avant de mourir.

Vers la fin de l'année 1858, il se fixa sur la paroisse de la Madeleine, où il ne tarda pas à être reçu membre du conseil de fabrique. Pieusement attaché désormais à cette nouvelle paroisse, il lui consacra ce continuel dévoûment qui le fit tant regretter par celle qui l'avait perdu. Qui ne se rappelle ses vertus aimables, son amour intelligent du pauvre dont il a secouru les douleurs morales et physiques avec cette charité que la foi seule peut inspirer ? Que de personnes n'a-t-il pas édifiées par sa présence assidue, persévérante aux offices, par sa grande dévotion au Très Saint-Sacrement ? Sa piété simple et profonde se manifesta jusqu'à son dernier jour. Le 11 mai 1887, M. Mourcou avait encore assisté au salut du mois de Marie. Ce fut le dernier hommage public de sa piété filiale envers la Très Sainte Vierge. Le lendemain matin, Dieu rappelait à lui son fidèle serviteur.

Il fut puissamment secondé par M. Henri Bernard, cet homme juste et loyal qui s'occupa de toutes les œuvres de charité fondées à Lille. La cité lilloise et la paroisse de la Madeleine en particulier se glorifient l'une de lui avoir donné le jour, l'autre de l'avoir eu à la tête de sa fabrique pendant dix ans.

La générosité de ses offrandes se fit sentir à toutes les écoles libres, depuis l'humble asile qui abrite les enfants pauvres jusqu'à cette Université catholique qui fait l'admiration de la France. Lui aussi appelait de tous ses vœux le rétablissement de la basilique de Notre-Dame de la Treille, d'après les anciens plans. Il ne lui fut pas donné de voir s'accomplir cette grande œuvre. Mais chaque année, il était fier de renouveler la consécration de Lille à la Vierge faite pour la première fois en 1634, par le mayeur Jean Levasseur.

La société de Saint-François Régis attira naturellement son attention ; pendant cinquante ans, tous les dimanches, il s'astreignit à être présent au siége de la société, cherchant et donnant, avec une patience admirable, les renseignements qu'on venait demander. Durant ce long espace de temps, il ne s'absenta qu'un seul dimanche.

L'amour du pauvre était d'ailleurs profondément ancré dans son cœur ; il savait soulager discrètement les misères, et quand, par hasard, ses aumônes étaient connues, c'est que le bon exemple l'exigeait.

Administrateur des bureaux de bienfaisance et des hospices, il s'occupa de créer, quand ces établissements reçurent une autre direction, des bureaux libres de charité, pour recueillir et distribuer les dons des catholiques. Ces œuvres nombreuses n'absorbaient pas uniquement sa pensée. Il sut encore diriger avec constance et intelligence cette vaste entreprise industrielle qui a pour raison sociale : Bernard frères, et lui donna une importance considérable. A la Chambre de commerce, il se concilia toutes les sympathies par son équité et sa loyauté.

M. Henri Bernard mourut le 7 septembre 1889.

Deux ans et demi après, le 31 mars 1892, mourait M. Prosper Derode, qui honora grandement aussi le conseil de fabrique de la Madeleine.

M. Derode, par la mort prématurée de son père, se trouva, tout jeune, à la tête d'une importante maison de commerce qu'il sut faire prospérer. Le premier en France, il créa des relations importantes avec la Chine. Son honorabilité, sa droiture de caractère, le désignèrent au choix de ses concitoyens; nommé juge au tribunal de commerce en 1856, il en fut élu président douze ans après, et il garda ces fonctions jusqu'en 1877. Les nombreux procès qui résultèrent des marchés faits pendant la guerre de 1870 firent de sa carrière présidentielle une des plus chargées et des plus difficiles. Une récompense bien méritée vint couronner tant de bons et loyaux services : M. Derode reçut la croix de la Légion d'honneur.

A l'époque troublée qui suivit la guerre, M. Derode fut aussi le promoteur et l'organisateur de la banque d'émission qui rendit d'immenses services à la population. En 1868, il fut nommé membre de la Chambre de commerce dont il fut le vice-président pendant deux ans, et, jusque la fin de son existence, on le voit sur la brèche. Charitable, dévoué, actif, M. Derode n'a pas su s'épargner et cette dépense exagérée de lui-même a peut-être accéléré la fin de sa vie. Il est mort au milieu des siens, dans les sentiments chrétiens les plus vifs et avec une entière soumission à la sainte volonté de Dieu.

M. Derode était marguillier depuis 1852.

Voilà, tracée à grands traits, la physionomie des fabriciens les plus marquants de notre paroisse. Par le tableau qui suit, il sera facile de juger que les fils n'ont pas dégénéré de leurs pères et que la paroisse de la Madeleine, maintenant comme toujours, est administrée par les hommes éminents qui furent dans notre ville les instigateurs de tant d'œuvres de bienfaisance.

Nous voudrions parler d'eux avec la reconnaissance qu'ils méritent. Mais pourquoi blesser leur modestie, et d'ailleurs, comment nos paroles pourraient-elles ajouter quelque chose à leur si légitime réputation de piété, de justice et d'honneur ?

NOMS DES MARGUILLIERS

depuis l'année 1675 jusqu'à la Révolution.

MM.
Guillain Dehorn, doyen.
Philippe Libert.
Jean Duberon, g^d connétable.
Philippe Duberon, s^r de Lompré.
Wallet, s^r de la Bonne-Broche.
Pierre Delahaye, capitaine bourgeois.
Pierre Ghesquière.
Jean Demonchy.
Gilles Stappart.
Nicolas Cardon, doyen.
Gilles Salembier.
Henri Regnault.
G.-Mathieu Nicquet.
Simon Voet.
Jean Dewall.
François-Eustache Taviel.
R.-A. Poulle, s^r Duwas, avocat.
Romain Fruict.
Pierre Crespin.
Ignace Cardon.
Maximilien Lefranc.
Gilles Stappart.
François Ghesquière.
Henri-Joseph Dumortier.
Jacques Van Oost, peintre.
Gilles Cardon, doyen.
Antoine Cardon.
Jean Fontaine.
C.-F. Lefébure, s^r de Lafrenoy.

MM.
P.-C. Franz-Gomez, avocat.
Maximilien Poulle, écuyer, s^r de Barge.
François Detenre.
Jean Duthoit.
Louis Méresse.
François Libert.
Cuvillon, écuyer, s^r de Roncq.
Duberon, s^r de Boullarieu.
L.-C. Castellain, s^r d'Ascq.
Bernard-Monar.
C. Vantourout, notaire et procureur.
André Dhennin.
Martin-Antoine Lemesre.
Jacques Comer.
Jacques Delespaul.
Simon Morel.
J.-B. Derache.
J.-B. Desbuissons.
Louis-Joseph Verly.
Etienne-Joseph Delespaul.
Bentin, conseiller des eaux et forêts.
Bouchery, procureur.
Petitpas, écuyer, seig. de la Mousserie.
Huys.
Duretz.
Aublent.

MM.

Beaussart.
Delannoy-Deladeusle.
Ignace-Joseph Cardon.
Ferdinand - Ignace Hespel, écuyer, s^r de Lestoquoy, doyen.
Allard-Defferé.
Pierre-Jean-Jacques Lemesre.
Guillaume Crocquet.
Englebekt-Bosselman.
Théodore Godding.
Pierre - Philippe Lefebvre - Delafresnoy.
Desfontaines de Gueribon.
De Costa.
Decroix.
Chauvin, écuyer.
Chauvin, écuyer, s^r de Granval.
De Buisseret, écuyer, s^r de Beverecque.
Dubosquiel.
Lefebvre, écuyer, s^r Dascq.
Pierre-Joseph Dhennin.
Dismail.
Lenglart.
De Buisseret, écuyer, s^r Dhantes.
Dubosquiel, s^r de Bellenville.
Ignace-François Ghesquière, écuyer, s^r de Millescamps. doyen.
D'Haffrengues, écuyer, s^r de la Brique.
Baudoin-Dominique Vanhove, licencié ès-lois.
Le Couvreur, écuyer, s^r du Plisson.

MM.

Boutillier, écuyer.
Delespaul, écuyer, s^r de Fretin.
Ghesquière-Camps.
De Saint-Marc, écuyer.
Michel-François Ghesquière, écuyer, s^r de Stradin.
Taverne, écuyer, s^r de Beauval.
Dumont.
Charles - François Lemesre, s^r du Quesnil.
Louis- Joseph - Alexandre Debeaufremez, chevalier, s^r du Roseau.
Nicolas-Eugène Imbert, chevalier, s^r de Sénéchal.
Ernest-Joseph Cardon, s^r du Rotoy.
Augustin-Théodore Vanzeller, écuyer, seign. d'Hostove.
Louis-Joseph Castellain, s^r de Vendeville, trésorier de France au bureau des finances.
Albert-Joseph Cardon, écuyer, s^r du Broncart.
Lefebvre-Delattre.
Grenet de Marquette.
Vanzeller-Dolnois.
D'Haffrengues-d'Hellemmes.
Cardon de Garsignies.
Renard.
Deliot de la Croix.
Obert de Grevilliers.
Malus.
Lemesre, seign. du Brule.
Desurmont.
Herts, écuyer, s^r de la Brancarderie.

MM.
Dussart d'Escarne.
Vanzeller de Rodez.
Ghesquière de Millescamps.
Louis Bluysen.
J.-B. Prouvost.

MM.
Joseph Decroix.
Alexandre-Eustache Baussier-Mathon.
Lesage-Senault.
J.-B. Cuignet.
L. Pitar fils.

Depuis la Révolution jusqu'à nos jours.

MM.
Taviel, 1804.
Carpentier-Leperre, 1804.
Burette-Martel, 1806.
Vandergracth, 1812.
Bonnier de Layens, 1813.
Dubus-Hazard, 1814.
Dominique Virnot, 1814.
Savarin-Ledoux, 1814.
Antoine Yon, 1814.
Bernard-Serret, 1819.
Masurel, 1820.
J. Moillet, 1821.
C. Coigny, 1821.
Lancel-Schippens.
Dathis-Brame.
Félix Dehau, 1827.
Lafuite, 1831.
Benoit-Hallez, 1832.
Nys-Meurein, 1833.
Derode-Dathis, 1834.
Isidore Bonnier de Layens, 1837.
Rapy, 1840.
Jonglez de Ligne, 1840.
Lepercq-Herwyn, 1840.

MM.
Henry Cuvelier, 1841.
Victor Drinot, 1848.
Chrétien-Wicart, 1849.
Derode-Cuvelier, 1852.
Vernier-Vanhœnaker, 1854.
Henri Bernard, 1857.
Auguste Scalbert, 1860.
Gustave Mourcou, 1860.
D'Aubigny, 1866.
Hippolyte Fockedey, 1868.
Frappé, 1868.
Vrau père, 1870.
Philibert Vrau, 1870.
Paul Bernard, 1871.
Fevez, 30 avril 1876.
Emile Liagre, 30 avril 1876.
Debayser-Duprez, 26 juin 1879.
Mallez-Castain, 7 juillet 1880.
Maurice Bernard.
Adrien Gand, 2 juillet 1882.
Paul Rigot, 1890.
Joseph Bernard, 1891.
Ernest Maquet, 1892.

Chapitre V.

Les pauvriseurs. — Ils obtiennent des secours du Magistrat. — Leurs différends avec les marguilliers. — Leurs achats de biens de la fabrique pour agrandir leur trésorerie. — Leur différend avec les confrères du Saint-Sacrement.

Avant la Révolution, les bureaux de bienfaisance n'étaient pas connus. Chaque paroisse nommait un comité de plusieurs personnes, qui recueillaient les aumônes et se chargeaient de les distribuer aux pauvres, selon leurs besoins. Ces charitables fonctionnaires se remplaçaient à tour de rôle chaque mois. On les appelait pauvriseurs.

Les pauvres étaient nombreux et les libéralités ne suffisaient pas toujours aux nécessités du moment. On avait alors recours au Magistrat qui envoyait des sommes assez considérables, tant pour aider les malheureux que pour subvenir aux frais d'administration des pauvriseurs.

C'est ce qui résulte du moins d'une requête présentée en septembre 1685 par les pauvriseurs de la Madeleine, à l'effet d'obtenir de la ville 600 florins au lieu des 300 primitivement votés pour la construction de leur trésorerie. Ils avaient espéré avoir gratuitement ou au moins au prix coûtant le terrain qui leur était nécessaire ; mais les marguilliers ne voulaient l'abandonner qu'au prix de 50 florins la verge, parce que, disaient-ils, le budget de la fabrique était fort médiocre. Mais celui des pauvres était encore plus restreint, et les ressources auraient été totalement absorbées par l'achat du terrain.

Les échevins visitèrent les lieux et trouvèrent convenable le fonds situé à droite de l'église, que les marguilliers consentaient enfin à céder au prix coûtant. Il fut donc admis que la trésorerie des pauvriseurs s'élèverait à cet endroit. On eût pu croire l'incident clos ; mais les marguilliers cherchèrent noise à propos de deux entrées que voulaient avoir les ministres de la pauvreté, l'une par l'église, l'autre, par une allée de trois pieds à côté du portail où se feraient les distributions. D'après eux, celle de l'église pouvait suffire. Les pauvriseurs ne l'entendirent pas de cette façon et réclamèrent la mise à exécution de l'ordonnance rendue le 12 octobre 1685, laquelle accordait les deux entrées.

Les marguilliers partirent de ce principe que « chacun peut bâtir sur son fonds » pour refuser non plus seulement les deux entrées, mais encore le terrain précédemment vendu par eux. Cette décision imprévue exaspéra les administrateurs des pauvres, qui envoyèrent au Magistrat une virulente réplique contre les fabriciens de leur paroisse.

On examina minutieusement de nouveau l'église et le fonds avoisinant, et, le 17 décembre 1685, un arrêt du mayeur vint confirmer la décision du 12 octobre de cette même année : on ordonna la construction de la trésorerie avec les deux entrées demandées.

En octobre 1686, le receveur de l'église délivra aux pauvriseurs un reçu de 48 florins « pour l'acquisition de 3 verges 1/5 du fonds sur lequel est édifiée la trésorerie, au prix de onze florins, dix patars, la verge, y compris la mitoyenneté du mur. »

Durant quelques années tout marcha à souhait : la concorde régnait entre marguilliers et pauvriseurs.

Mais en 1723, les marguilliers, que les deux entrées continuaient à troubler, firent fermer clandestinement celle de l'église. Immédiatement, les pauvriseurs voulurent les contraindre à la rouvrir. Par une convention en date du 15 février, l'ouverture supprimée fut rétablie dans un autre endroit de l'église.

De 1723 à 1767, il ne se passa au bureau des pauvriseurs aucun incident digne d'être rapporté. Toutefois, il faut noter que, pendant 40 ans, notre ministère de la charité avait pris un grand développement ; les pauvres devenaient plus nombreux à mesure que s'accroissait le quartier. Aussi, en 1767, les pauvriseurs, voyant leur trésorerie insuffisante, demandèrent-ils aux marguilliers de leur vendre une portion du cimetière où ils pourraient édifier un nouveau local plus vaste avec communication par l'église. Un emplacement de 18 pieds de longueur sur 16 de largeur leur fut loué à raison d'une rente de huit sols parisis à payer par an.

Le 22 décembre 1779, ils firent la quête aux vêpres, afin de pouvoir soulager un peu plus efficacement la grande misère qui régnait dans la paroisse.

Depuis quelque temps, on doit le reconnaître, les marguilliers se montraient bienveillants envers leurs collègues de « la Pauvreté » et accédaient sans conteste à leurs sollicitations. Malgré ces preuves de sympathie, les pauvriseurs ne se montrèrent guère reconnaissants et émirent plusieurs prétentions exagérées.

La nuit de Noël 1775, à la messe de minuit, le pauvriseur du mois, présent dans le chœur pour faire le pourchat (quête), après l'intonation du *Gloria,* fut tout étonné de voir le fossoyeur venir pour le même motif, aux lieu et place du marguillier de service. Tout aussitôt le pauvriseur l'arrêta et lui montra l'irrégularité de sa démarche, d'abord parce qu'il n'avait pas qualité pour quêter ; en second lieu, parce qu'il commençait le pourchat avant le moment prescrit. Le fossoyeur le prit de haut avec son interlocuteur. « Je représente MM. les marguilliers, lui dit-il ; le peu de respect que vous me témoignez vient peut-être de ce que je n'ai pas ma robe de bedeau, je vais m'en revêtir. » Il se hâta de la mettre, en effet, et continua sa quête à travers les nefs. Outré de ce procédé, le pauvriseur s'élança sur ses traces et le força à lui céder le pas.

Réuni à la trésorerie après la messe, le comité des aumônes fit sommer les fabriciens de désavouer la conduite étrange de leur valet. Ceux-ci se contentèrent de répondre « qu'ils lui laveroient la tête. » Une réponse aussi vague ne pouvait les satisfaire ; le 2 février suivant, les ministres de la pauvreté dépêchèrent vers la fabrique leur notaire afin de savoir si oui ou non, elle condamnait la conduite tenue par le bedeau en la nuit de Noël. Dans le premier cas, elle est priée de le faire en termes catégoriques ; sinon, ils se pourvoiraient en justice afin qu'on leur donne raison. Un détail à noter : parmi les signataires de la sommation adressée aux marguilliers, nous relevons le nom de M. Lesage-Senault.

Le dimanche suivant, les marguilliers désavouèrent publiquement la singulière attitude de leur bedeau en la nuit de Noël. Il ne faut pas croire que tout se borna à cet aveu. Les pauvriseurs, pour éviter dorénavant toute surprise et empêcher pour toujours le bailli des marguilliers de prendre le pas sur eux, adjurèrent le Magistrat de rappeler à leurs confrères de la fabrique, l'ordonnance du 17 juillet 1686, laquelle disait : « Au cas que les marguilliers de la paroisse de la Magdelaine, négligeroient de faire les pourchats par eux-mêmes ; s'ils les faisoient faire par leur bailly ou autres valets d'église, les requérants auroient le pas sur lesdits bailly ou valet. » Ceci se passait le 28 septembre 1783. Quelques jours après, M. Godin, marguillier de la Madeleine, fut assigné à comparaître par devant le Magistrat pour s'entendre remettre en mémoire l'ordonnance sus-visée.

En 1777, les pauvriseurs avaient encore cherché à inquiéter les marguilliers en leur demandant s'ils voyaient quelque inconvénient à ce qu'ils allassent aux processions immédiatement après eux et avant les administrateurs du buffet du Saint-Sacrement. Communication de cette requête fut donnée aux administrateurs du buffet du Saint-Sacrement. Ceux-ci, en réponse, présentèrent à la fabrique un mémoire à ce sujet, dont copie fut remise aux pauvriseurs. Nous ne connaissons pas l'issue de cette affaire.

On sait que depuis la Révolution la liberté de la charité a été refusée aux paroisses et les bureaux de bienfaisance ont remplacé les pauvriseurs.

DEUXIÈME PARTIE
Les œuvres anciennes et nouvelles.

———

Cette seconde partie de notre travail est, à notre sens, la plus édifiante et la plus remplie d'enseignements. On est saisi d'admiration quand on songe aux nombreux établissements charitables qui florissaient à Lille et en particulier en notre paroisse au siècle dernier ; on demeure étonné des ressources dont notre cité disposait en faveur des indigents. Les vieillards, les pauvres, les malades trouvaient des soulagements à leurs maux et à leur dénûment. Les orphelins étaient protégés, les veuves obtenaient des secours et les ouvriers sans travail étaient assistés jusqu'à ce qu'un emploi leur permît de gagner leur pain. Cette charité féconde et ingénieuse revêtait toutes les formes ; elle s'adressait à toutes les classes de la société : à la noblesse, à la bourgeoisie, aux prêtres, aux militaires. Des dons spéciaux étaient réservés aux enfants indigents, aux infirmes, aux blessés, aux lépreux, aux voyageurs, aux pèlerins. Parfois les ressources surpassaient même les besoins de la misère à ce point qu'un jour, chose qui dépasse l'imagination, on en vint à déclarer que le pain des hospices ne serait plus donné à ceux qui pouvaient vivre de leur négoce.

La Révolution, qui inscrivit sur son drapeau ce mot : Fraternité, n'a conservé aucun de ces asiles de la charité ; elle les a confisqués pour les vendre et les démolir. Sous prétexte de venger de ses prétendus ennemis le peuple dont elle se moque, elle s'est emparée des trésors amassés par la charité et destinés à adoucir toutes les misères. Grâce à Dieu, les ruines accumulées par la Révolution ont pu être réparées en partie, et elles l'auraient été en entier si l'on n'avait pas diminué, comme on l'a fait par l'intervention de l'Etat, la plus sainte de toutes les libertés, celle de la charité. Les catholiques cependant se sont souvenus de leurs pères ; ils ont relevé les abris de l'humanité souffrante, ils ont reconstitué les associations charitables, si populaires avant la Révolution. Les catholiques de nos jours, disons-le fièrement, montrent qu'ils n'ont pas dégénéré de leurs ancêtres, malgré les difficultés nombreuses qu'ils doivent surmonter, malgré les mesquines tracasseries dont on se plaît souvent à les poursuivre.

En ces derniers temps, les fidèles de la Madeleine se sont distingués par leur dévouement et leur générosité. Puissent ceux qui viendront après nous continuer les saines traditions qu'ils ont reçues de leurs pères ! C'est pour eux que nous nous sommes imposé la tâche de décrire les œuvres établies autrefois dans notre paroisse et les associations qui viennent actuellement en aide à tant d'infortunes.

SECTION I. — LES ŒUVRES ANCIENNES

Chapitre I.

Confrérie du Très Saint-Sacrement. — But de la confrérie. — Sa fondation. — Bulle de Sa Sainteté Pie VII. — Composition de la confrérie. — Nombre de ses membres, confrères, consœurs. — Source et emploi de ses revenus. — Ses fêtes. — Ses agapes. — Ses présidents. — Confrérie du Sacré-Cœur. — Son antiquité. — Etablissement d'un salut en l'honneur du Sacré-Cœur de Jésus, le premier vendredi de chaque mois.

La confrérie, dit Mgr Bouvier, est la réunion de plusieurs personnes qui s'engagent à vivre ensemble ou à s'entr'aider dans les intérêts temporels et spirituels, comme des frères et des sœurs. Aussi les personnes unies de la sorte sont-elles appelées, dans le langage ordinaire, confrères et consœurs. C'est ainsi qu'au cœur de cette grande confraternité qui unit tous les chrétiens, il s'est formé, dès les premiers temps, une foule de sociétés particulières marchant sous l'étendard de la Croix vers un but spécial. Cette idée féconde de l'association, fille de la charité, donna naissance à la vie monastique et aux ordres religieux.

Dans l'Eglise du Seigneur, tout se lie et tout s'enchaîne. Le principe qui a présidé à la fondation de toutes les congrégations, gloire et rempart de la religion, est le même qui a donné naissance aux humbles confréries, qui sont l'ornement et le soutien de la piété dans nos paroisses. Comme les ordres religieux, les confréries sont des réunions de chrétiens plus fervents que la masse des fidèles et qui aspirent à la perfection par des moyens spéciaux. Comme les ordres religieux encore, les confréries sont des associations pour la prière et pour l'édification mutuelle. Toutes enfin ont leur raison d'être bien déterminée : l'une a été instituée pour adorer Notre-Seigneur Jésus-Christ dans son sacrement, celle-ci pour honorer la Mère de Dieu, une troisième pour rendre honneur à l'amour infini de Jésus, une autre encore pour hâter la délivrance des âmes du Purgatoire, etc.

Sans nous arrêter à examiner les avantages que la confrérie apporte à toute une paroisse et à chaque confrère et consœur en particulier, disons sans plus tarder que la paroisse de la Madeleine a le bonheur de posséder les confréries du Très Saint-Sacrement, du Sacré-Cœur, de la sainte Vierge et des Trépassés. Etablies depuis de longues années, ces belles associations n'ont cessé de produire d'excellents fruits : elles ont grandement contribué à entretenir dans la paroisse l'esprit de foi et de piété. De nombreux fidèles ont eu à cœur de s'enrôler sous la bannière de l'une ou de l'autre de ces saintes confréries.

La plus belle et la plus florissante des confréries de la paroisse est celle du Très Saint-Sacrement. C'est elle qui, ayant conservé le mieux son ancien esprit, a pu, par conséquent, produire le plus grand bien. Voici, aussi brièvement et aussi exactement que possible, l'historique de cette confrérie.

D'après ce qu'on pouvait lire dans l'ancien Registre aux Résolutions, la confrérie du Saint-Sacrement a été érigée le 4 mai 1698. Cet antique manuscrit a disparu; mais, à son défaut et pour appuyer nos assertions, nous avons, dans les archives de l'église, les comptes de la confrérie depuis 1698, année de sa fondation, jusqu'à 1726 ; puis ceux de 1752 à 1756, de 1758 à 1762, et enfin de 1804 jusqu'à nos jours.

« Les associés, qui se sont assujettis aux flambeaux pour les adorations et fonctions lorsque le Saint-Sacrement est exposé, ont obtenu des marguilliers, par apostille sur requête, le 4 mai 1698, le buffet qui est vis-à-vis de celui des dits marguilliers, pour y faire les fonctions qu'on leur a imposées et qu'ils ont acceptées. »

Plus tard, lors de la translation de la statue de Notre-Dame de Consolation de l'église Saint-André à l'église de la Madeleine, on signale la présence des confrères du Très Saint-Sacrement y portant des flambeaux.

Il serait difficile de dire comment la confrérie était dirigée à cette époque déjà lointaine; nous ne pouvons guère en juger que par le Registre aux Résolutions, où nous trouvons le nom des six membres qui ont dû en être les administrateurs.

Actuellement, ce sont les confrères du Saint-Sacrement qui portent le dais aux processions. A cette époque, au contraire, cet honneur était réservé de droit aux marguilliers. En 1788, il y eut à ce sujet une innovation attestée par la délibération suivante du conseil de fabrique de la même année :

« Dans notre assemblée du premier dimanche de juin 1788, nous avons couché la présente délibération : que nous étant trouvés, le jour de la petite Fête-Dieu, en un nombre peu suffisant en état de porter le dais pendant la procession, nous avons prié messieurs les confrères du Saint-Sacrement de le porter, qui l'ont accepté ; ainsi que de continuer à le porter par la suite, tant que nous ne soyons pas en nombre ; nous avons résolu de prier aussi ceux qui le porteraient de monter à la trésorerie pour se rafraîchir après la procession. »

A partir de cette époque, la confrérie du Saint-Sacrement déclina quelque peu à cause du malheur des temps. Elle était si peu fortunée que les confrères furent obligés de payer de leurs propres deniers les offices et les messes chantées en l'honneur du Très Saint-Sacrement. La misère se faisait alors sentir partout, la fièvre putride et la grippe sévissaient d'une manière cruelle et diminuaient le nombre des habitants de la ville. Un hiver rigoureux et froid (1787-1788) précéda la disette qui pesa sur les pauvres, au point que le peuple malheureux s'ameuta. On comprendra mieux, à la suite de tout cela, la requête suivante des administrateurs du Saint-Sacrement à la fabrique de la Madeleine. Nous la citons tout entière, malgré sa longueur, tant elle est instructive.

« Dans notre assemblée ordinaire du 6 septembre 1789, premier dimanche du mois, il a été fait lecture de la requête suivante à nous présentée par les maîtres et administrateurs du buffet du Saint-Sacrement.

A Messieurs,
Messieurs les Marguilliers de l'église paroissiale de la
Magdelaine, à Lille.

» Les maîtres et administrateurs du buffet du Saint-Sacrement ont l'honneur de vous exposer que depuis un siècle qu'ils sont établis dans cette paroisse, sous votre agréation, ils ont fait tous leurs efforts pour accroître la vénération des fidèles pour le Saint-Sacrement et augmenter le culte divin ; que du produit des pourchats ils ont fait chanter tous les jeudis de l'année la messe le matin, et les vêpres du Saint-Sacrement ou une hymne à son honneur pour le salut, après le sermon (il est à observer que la messe se paye par le buffet des Trépassés et est dite à son intention); que le jour de l'anniversaire de leur établissement, ils ont fait chaque année célébrer un office particulier avec procession dans la paroisse, pour à quoi fournir ils font, outre le pourchat ordinaire, un pourchat extraordinaire dans la paroisse; qu'ils ont assisté assidûment aux processions, les uns en portant le dais ou baldaquin, les autres avec des flambeaux, à leurs frais et dépens; que leurs prédécesseurs, pleins d'amour et de zèle pour le Saint-Sacrement, ont donné à l'église une remontrance[1] sur laquelle sont gravés les noms des donateurs, et sous la condition expresse qu'on ne pourroit jamais la changer et qu'elle seroit perpétuellement à l'usage de l'église; que dans l'espérance que les pourchats auroient mieux rapporté, ils avoient suppléé depuis plusieurs années à leurs frais et dépens, pour fournir aux rétributions des messes chantées et offices, mais que diminuant considérablement de plus en plus, ils se trouvent dans la dure nécessité de vous prier d'accepter leur démission et les clefs du buffet ou de vouloir bien vous charger du paiement desdits offices, jusqu'à ce qu'ils soient en état de le faire du produit des pourchats comme cela s'est pratiqué jusqu'à présent; espérant que, redoublant de zèle, celui qui les a toujours animés portera les paroissiens dans un temps plus favorable à redoubler leurs libéralités.

» Étoit signé: J.-B. CATELLE, C.-F. BOURGEOIS, F. JUNON, RAGUERNER, J. LAMBERT, DEROUBAIX, N.-J. SINE. »

---

[1] Ostensoir.

» Vu ladite requête, les motifs y allégués, le devoir et l'obligation indispensable de faire chanter la messe du jeudi ainsi que les saluts dudit jour et du dimanche, nous avons délibéré et délibérons que la messe que l'on chante le jeudi en l'honneur du Saint-Sacrement continuera d'être payée par le buffet des Trépassés et dite à son intention ; que la rétribution qu'on donne aux prêtres pour la chanter et les vêpres pour le salut dudit jour, ainsi que celle qu'on leur donne pour chanter les vêpres ou une hymne en l'honneur du Saint-Sacrement pour le salut du dimanche seront supportées par l'église, ainsi qu'il sera ci-après ordonné, et ce, jusqu'à ce que le pourchat du buffet du Saint-Sacrement puisse y fournir ; ordonnons que les pourchats qui se faisoient les jeudis à la messe et au salut, ainsi qu'au salut du dimanche, seront faits par celui que nous dénommons, l'avancement desdites messes et saluts, et que lesdits maîtres et administrateurs continueront à faire ceux ordinaires pendant la grand'messe des dimanches et fêtes et celui extraordinaire dans la paroisse pour payer l'office de l'anniversaire et les gages du valet pendant la vie de celui actuel, au cas qu'il y reste jusqu'à sa mort, lesquels seront alors aux frais desdits maîtres et administrateurs ; et que le surplus des produits desdits pourchats, chaque année, sera versé dans les mains de notre receveur pour avancement du paiement des offices dont nous nous chargeons jusqu'à ce qu'ils puissent y fournir.

» DE SURMONT, VANZELLER DE RODEZ, LEMESRE-DUBRULE, DUSSART D'ESCARNE, MALUS. »

Cette délibération nous apprend bien des choses sur la confrérie, sur sa constitution, sur ses usages. Si, d'une part, on éprouve une tristesse légitime à la vue du dépérissement de la foi et des bonnes habitudes, on constate, d'autre part, avec bonheur, qu'il y avait encore malgré tout, de belles âmes et des cœurs généreux et dévoués. Honneur donc aux administrateurs du Saint-Sacrement et aux marguilliers de 1789 ! Nous avons été heureux et fier de citer les noms de ces fidèles amis de Jésus-Hostie. Ne les oublions jamais et surtout sachons les imiter.

On ne voit pas trace de cotisations à cette époque, mais les confrères payaient de leur personne en faisant une quête extraordinaire dans la paroisse. Ils portaient des flambeaux « à leurs frais et dépens » ; ils faisaient don à l'église d'un ostensoir, et tandis que les pourchats diminuaient depuis quelques années, ils avaient encore à leur charge les rétributions des messes chantées et des offices.

Aux noms déjà cités dans la requête, il convient d'ajouter ceux d'autres confrères du Saint-Sacrement. En voici quelques-uns trouvés dans les registres de la confrérie dès avant 1762: Arnould Bodin, doyen ; J.-B. Delannoy ; J.-B. Delebecque ; Antoine Mahieu ; J.-B. Dezalouis ; Pierre-Joseph Ghesquière ; J.-B. Catel; Louis Witun ; Prévost, Beauvais, Delos, Dambre ; François Poteau.

Du reste, la confrérie du Saint-Sacrement est toujours vivante. Le 6 juin 1790, au jour de la Fédération, les curés de toutes les paroisses de Lille portent le Saint-Sacrement au Champ-de-Mars où la cérémonie commence par la bénédiction d'un drapeau orné des armes de toutes les villes confédérées. Après le chant du

Domine, salvum fac regem, le chanoine de Muyssart fait, au nom du clergé, le serment prescrit par l'Assemblée nationale. Lecture est donnée de la formule du serment préparé pour les députés assemblés devant l'autel de la Patrie ; ils lèvent la main en disant : Je le jure ! Aussitôt le bruit du canon accompagne le chant d'une hymne sacrée ; un prêtre élève l'Hostie sainte ; tous les assistants s'agenouillent et le tambour bat aux champs, dominé par la voix tonnante de l'airain.

Le Saint-Sacrement avait encore sa place dans les cérémonies patriotiques d'alors. Hélas ! quelques mois après, le 28 mai 1791, il n'en est plus de même : on nomme un prêtre assermenté à la paroisse. En 1792, le 29 avril, M. Saladin, noble victime du devoir, meurt assassiné ; deux années plus tard (juillet 1794), toutes les églises sont fermées pour n'être rouvertes que le 5 septembre 1797, après la Révolution.

Le 10 septembre 1801, le Concordat amène la fin du schisme et le rétablissement du culte.

Dès 1805, le 16 novembre, on constate de nouveau l'existence de la confrérie, grâce aux statuts donnés par Mgr Belmas, évêque de Cambrai, dont on trouve la teneur dans les livrets qu'on remet à chaque confrère au jour de son agrégation.

Plusieurs fois on a rédigé de petits ouvrages qui avaient rapport à la confrérie du Très Saint-Sacrement. Le premier de tous est une brochure à couverture bleue. Le seul exemplaire que l'on connaisse encore existe dans la bibliothèque de M. Quarré-Reybourbon.

Voici l'intitulé de cet opuscule :

Loué et remercié soit à jamais le Très Saint-Sacrement.

CONFRÉRIE EN L'HONNEUR DU TRÈS SAINT-SACREMENT,
ÉRIGÉE EN L'ÉGLISE PAROISSIALE DE LA MAGDELAINE A LILLE.

« Louis Belmas, par la miséricorde divine et la grâce du Saint-Siége apostolique, évêque de Cambrai. Le pasteur et plusieurs d'entre les fidèles de l'église paroissiale de la Magdelaine à Lille, nous ayant exposé qu'ils désiroient de tout leur cœur qu'une confrérie en l'honneur du Très Saint-Sacrement fut érigée et créée dans ladite église, avec l'intention d'y exercer plusieurs œuvres de piété et de charité, et à cet effet, nous ayant prié avec instance de vouloir et daigner instituer canoniquement cette confrérie ;

» Nous, louant leur bon propos et nous rendant avec bonté à leurs prières, avons trouvé bon d'ériger et érigeons, par ces présentes, dans ladite église paroissiale de la Magdelaine, une confrérie du Très Saint-Sacrement dans laquelle les fidèles de Jésus-Christ, des deux sexes, peuvent se faire inscrire; et les confrères et consœurs peuvent participer aux indulgences que nous rapporterons ci-après et que de l'autorité spéciale et expresse du Souverain Pontife leur accorde son Eminence le cardinal Caprara, légat *a latere* du pape Pie VII et du Saint-Siége apostolique, près de Napoléon, empereur des Français, selon la teneur du décret qui nous a été adressée en date du 30 mars 1804, savoir :

» A tous les fidèles de Jésus-Christ, des deux sexes, qui entreront désormais dans ladite confrérie, au premier jour de leur entrée, indulgence plénière, si, vraiment pénitents et confessés, ils reçoivent le Très Saint-Sacrement de l'Eucharistie. Aussi aux confrères et consœurs, tant à ceux qui sont inscrits qu'à ceux qui se feront inscrire, indulgence plénière à l'article de la mort, si, véritablement pénitents, confessés et communiés, ou au moins contrits, s'ils n'ont pu le faire, proféreront le nom de Jésus, de bouche, s'ils le peuvent, ou du moins l'invoqueront dévotement de cœur. Egalement indulgence plénière et rémission de tous les péchés aux mêmes confrères et consœurs qui, vraiment pénitents, confessés et communiés, visiteront avec dévotion l'église de la susdite confrérie le jour du Très Saint-Sacrement, depuis les premières vêpres jusqu'au coucher du soleil du jour de la fête, ou un jour de l'octave, chaque année, et y prieront pour l'exaltation de notre mère la sainte Eglise, selon l'intention de Sa Sainteté ; de plus, aux confrères et consœurs, qui également pénitents, confessés et communiés, visiteront dévotement l'église de la dite confrérie, y prieront comme ci-dessus : un dimanche de chaque mois (et nous assignons les jours de l'Epiphanie, de Pâques, de Pentecôte pour les mois auxquels tombent ces fêtes ; la fête du patron, pour le mois dans lequel on la célèbre, et pour les autres le premier dimanche de chaque mois), toutes les fois qu'ils rempliront ces œuvres, sept ans et autant de quarantaines; et toutes les fois qu'ils assisteront aux messes et autres offices divins, qui seront célébrés et récités dans la dite église selon les circonstances, ou qui assisteront aux congrégations de la dite confrérie, ou qui exerceront l'hospitalité envers les pauvres ; qui réconcilieront des ennemis ou y coopéreront, ou qui accompagneront jusqu'à la sépulture les corps des confrères et consœurs décédés ou de tout autre fidèle, ou qui également accompagneront les processions autorisées par vous, ou le Très Saint-Sacrement, tant dans les processions que lorsqu'on le portera aux infirmes, ou dans toute autre occasion ; ou qui, s'ils en sont empêchés, diront une fois, au coup de la cloche, l'*Oraison dominicale* et la *Salutation angélique*, ou réciteront cinq fois la même oraison et salutation pour les âmes des confrères et consœurs trépassés, ou qui ramèneront quelqu'un dans la voie du salut et qui enseigneront aux ignorants les commandements de Dieu et tout ce qui a rapport au salut, ou qui feront quelqu'autre bonne œuvre de piété et de charité : chaque fois et pour l'accomplissement de chaque œuvre mentionnée ci-dessus, la relaxation, dans la forme accoutumée de l'Eglise, de soixante jours de pénitence qui leur auraient été enjoints ou dont ils seraient redevables de toute autre manière. Les présentes ne vaudront que pour sept ans.

» Donné à Cambrai, sous notre seing et notre sceau et la signature du secrétaire de notre évêché, l'an du Seigneur mil huit cent quatre, le premier du mois d'octobre et le neuf du mois de vendémiaire, an treize de la République.

» Louis, *évêque de Cambrai.*

» Dane, *secrétaire.* »

Ce livret contient aussi une prière pour gagner les indulgences, qui commence par ces mots : « Prosterné devant vous », puis les litanies du Très Saint-Sacrement, une amende honorable à Jésus dans l'Eucharistie : « Aimable Rédempteur, » etc. ; enfin, une prière pour demander la bénédiction du Très Saint-Sacrement.

Comme on vient de le voir, ces indulgences n'étaient valables que pour sept ans.

La confrérie continuant à prospérer, on fit une nouvelle demande qui fut accordée par la bulle de Notre Saint Père le Pape Pie VII, en date du 9 avril 1816, dont nous donnons ci-après la traduction :

« Pie, évêque, serviteur des serviteurs de Dieu, à tous les fidèles de Jésus-Christ qui verront les présentes lettres, salut et bénédiction apostolique.

» Considérant la fragilité de notre vie, la malheureuse condition de l'humanité et la sévérité des jugements de Dieu, nous désirons ardemment que les fidèles en préviennent la rigueur par de bonnes œuvres et la piété de leurs prières, afin d'obtenir le pardon de leurs péchés et la félicité éternelle. Comme il Nous a été exposé que dans l'église paroissiale de la Magdelaine, à Lille, diocèse de Cambrai, il se trouve canoniquement érigée une confrérie sous le titre du Très Saint-Sacrement, à la gloire et en l'honneur du Dieu tout-puissant, pour le salut des âmes et le soulagement du prochain, et que cette confrérie n'est pas composée d'hommes d'un seul et même art, dont les confrères, Nos chers fils, ont coutume ou dessein de pratiquer des œuvres de piété, de miséricorde et de charité ; afin donc que cette dite confrérie puisse s'agrandir et s'affirmer de plus en plus, et que les confrères soient favorisés dans l'exercice de ces œuvres pieuses, qu'ils augmenteront encore dans la suite ; pour engager d'autres fidèles à entrer dans cette confrérie et à fréquenter ladite église avec plus d'assiduité et de dévotion, par la considération des grands avantages spirituels qu'ils en recueilleront, appuyé sur la miséricorde de Dieu et sur l'autorité des saints apôtres Pierre et Paul, Nous accordons de Notre autorité apostolique, indulgence plénière et la rémission de tous les péchés aux fidèles de l'un et de l'autre sexe, qui, le jour de leur entrée dans la dite confrérie, se repentant de leurs fautes, ayant été confessés et communiés, prieront dans ladite église, pour l'exaltation de la foi, l'extirpation des hérésies, la conversion des hérétiques et des infidèles, pour la paix entre les princes chrétiens et le salut du Pontife romain.

» La même indulgence est accordée aux confrères et consœurs de ladite confrérie qui, repentans, confessés et communiés, visiteront ladite église, chaque année, à la fête principale de la confrérie, qui sera désignée par l'évêque, et à ceux qui, à l'article de la mort auront reçu les sacrements, s'ils le peuvent, ou s'ils ne le peuvent pas, étant contrits de leurs péchés, invoqueront les noms de Jésus et de Marie, de cœur, s'ils ne le peuvent faire de bouche.

» De plus, Nous accordons aux confrères et consœurs de ladite confrérie qui, confessés et communiés, visiteront ladite église aux quatre fêtes de l'année qui seront assignées par l'évêque et prieront comme ci-dessus, sept années d'indulgences et autant de quarantaines.

» Enfin, Nous accordons auxdits confrères et consœurs, soixante jours d'indulgence, toutes les fois qu'ils assisteront aux messes de cette confrérie, à ses assemblées publiques et particulières, aux processions ordinaires et extraordinaires, soit de la dite confrérie, soit de toutes autres qui se font avec la permission de l'évêque ; lorsqu'ils assisteront à ensevelir les morts, qu'ils accompagneront le Très Saint-Sacrement porté aux malades ou infirmes, ou qu'étant empêchés de le faire, ils réciteront à genoux l'*Oraison dominicale* et la *Salutation angélique* pour le malade ; à ceux qui assisteront les étrangers pauvres (ou leur donneront l'hospitalité), qui procureront la paix entre les ennemis, qui ramèneront les âmes à Dieu, instruiront les ignorants sur les voies du salut, visiteront les malades et infirmes, consoleront les affligés, ou qui réciteront cinq fois le *Pater* et l'*Ave Maria* pour les âmes de leurs confrères et consœurs décédés dans la miséricorde du Seigneur, ou enfin qui feront quelques œuvres de charité corporelles ou spirituelles. Ces présentes étant à perpétuité. Donné à Rome, auprès de Sainte-Marie-Majeure, l'an de l'Incarnation du Seigneur mil huit cent seize, le neuf août, et de notre pontificat le dix-septième.

» Permis de publier les indulgences susdites, à condition que les statuts de ladite confrérie donnés et approuvés par Nous, le 16 novembre 1805, seront observés selon la teneur de la bulle. Nous avons approuvé et approuvons les jours choisis par les confrères, savoir : pour obtenir l'indulgence plénière, le dimanche dans l'octave de la Fête-Dieu, et pour l'indulgence de sept années et d'autant de quarantaines, les dimanches dans l'octave de l'Epiphanie et de la Madeleine, le dimanche immédiatement après la fête de la Transfiguration et de la fête de tous les saints.

» Donné à Cambrai, le 4 octobre 1816.

» Louis, *évêque de Cambrai.*

» Par commandement :

» De Muyssart, *chanoine et secrétaire.* »

Cette bulle fut insérée dans une brochure dont on trouve encore un exemplaire chez M. Quarré-Reybourbon. L'original en est déposé dans les archives de la trésorerie de notre église. On y trouve également la prière pour gagner les indulgences, « Prosterné, etc., » les litanies du Très Saint-Sacrement, l'amende honorable « Aimable Rédempteur, » la prière pour demander la bénédiction du Très Saint-Sacrement « Je ne veux point » ; enfin le réglement de la confrérie.

Le nouveau livret, qui fut imprimé en 1872 et que les confrères ont actuellement entre les mains, est le même que le précédent : on y a seulement ajouté le coutumier de la confrérie et quelques autres prières semblables à celles que l'on récite encore au commencement et à la fin des séances.

Nous ne saurions dire comment la confrérie a été composée dès le début. Nous savons seulement que les associés « ont tenté plusieurs fois de se soustraire à l'autorité des marguilliers, mais la fermeté et le bon droit des membres de la fabrique les ont fait rentrer dans les devoirs que leurs prédécesseurs s'étaient prescrits. » Par la suite, ils continuèrent d'être placés sous la surveillance du curé et de la fabrique, à qui, chaque année, ils devaient présenter les comptes de l'Association.

D'après le réglement actuel de la confrérie, le bureau est ainsi constitué : un président, un vice-président, un trésorier, un secrétaire.

Le trésorier est le vicaire chargé par M. le doyen de la direction de la confrérie. Les réunions générales ont lieu trois fois par an, le premier dimanche du mois, après la grand'messe ; les réunions mensuelles pour le bureau ont lieu le même jour et à la même heure, avec quelques membres qui font partie du conseil.

En pensant au temps où nous vivons et en examinant ce qu'a été la confrérie du Très Saint-Sacrement et ce qu'elle est actuellement, nous pouvons dire avec certitude que l'esprit de zèle ne diminue pas parmi les associés.

Voici quelques chiffres ; il ne nous a pas été possible de remonter plus haut, les registres n'existant plus :

En 1841, la confrérie compte 33 membres.
En 1842, » » 31 »
En 1843, » » 31 »
En 1844, » » 35 »
En 1845, » » 34 »
En 1846, » » 32 »
En 1847, » » 32 »
En 1848, » » 32 »
En 1849, » » 30 »
En 1850, » » 29 »
En 1851, » » 29 »
En 1852, » » 26 »

D'après cette statistique, à partir de 1848, probablement vu les difficultés de l'époque, elle diminua quelque peu et en 1853, elle était réduite à 26 membres. Mais bientôt elle prit un nouvel essor. En 1856, 45 membres en faisaient partie. Leur nombre s'accrut encore jusqu'au jour très rapproché de nous où, si nos souvenirs ne nous trompent point, il était de 72. On les comparait alors aux 72 disciples du Sauveur. Aujourd'hui, ils sont 74. Comment n'être pas satisfait d'un pareil progrès !

Ce résultat est d'autant plus beau et plus consolant que les limites de la paroisse ont été restreintes il y a une douzaine d'années. La diminution des paroissiens de la Madeleine inquiéta les membres de la confrérie. Aussi dans la séance du 8 octobre 1880, on s'occupa de rechercher de nouveaux confrères afin de combler les vides, « laquelle recherche se fera, ajoutait-on, le plus délicatement possible. » Cette recommandation prouve la sagesse de MM. les associés qui ne veulent pas d'indignes parmi eux. Elle est un honneur pour eux et une espérance pour l'Eglise, car ils sont nombreux et bons : chez eux la quantité ne nuit pas à la qualité ; nous en bénissons Dieu de tout notre cœur.

Mais il n'y a pas que des hommes qui fassent partie de la confrérie, il y a aussi des consœurs [1].

Dès le commencement de ce siècle, les dames faisaient partie de la confrérie. Aucun document ne nous assure qu'il en fut ainsi avant la Révolution. Quoi qu'il en soit, les registres accusent leur présence. Dans le compte-rendu de la séance du dimanche 1er octobre 1877, nous lisons ceci : « Nous vous faisons connaître qu'à partir du 1er mars la confrérie des dames sera confiée aux soins de Mme Feron-Vrau qui en a accepté la présidence. Placée en si bonnes mains, cette association ne tardera pas à s'étendre et le nombre des dames consœurs, déjà satisfaisant, augmentera encore par la nouvelle impulsion qui va lui être donnée. L'exemple qu'elles nous montreront excitera notre ardeur pour la dévotion au Saint-Sacrement. Notre vénérable doyen en aura, nous l'espérons, toute satisfaction. »

---

[1] Les consœurs sont au nombre de 175.

Ce bon mouvement ne fut pas suivi, et on a attendu jusqu'à l'année 1890 pour mettre ce projet à complète exécution. Deux réunions de consœurs furent établies, l'une, avant la solennité de l'Adoration perpétuelle, l'autre, avant la Fête-Dieu.

La première réunion eut lieu le 20 février 1890 et produisit tous les bons fruits qu'on en espérait : l'adoration de cette année (10 mars 1890) eût un plein succès.

Dans une seconde réunion, le bureau fut organisé, conservant Mme Feron-Vrau comme présidente. De plus, des dizainières furent chargées d'exciter le zèle des consœurs et des paroissiens au moment de l'adoration et des processions.

Les revenus de la confrérie en tous temps proviennent : 1º des quêtes particulières faites à certaines époques de l'année ; 2º des quêtes faites aux obits ; 3º des cotisations versées par les confrères et consœurs du Saint-Sacrement.

A une certaine époque, il y avait deux comptes : l'un dit du culte, l'autre, de la confrérie. Après les avoir examinés attentivement, nous ne trouvons pas d'autre explication à donner que celle-ci : c'est qu'une partie des sommes qu'on recevait était distraite pour les choses qui regardent plus spécialement la fabrique. C'est ainsi, par exemple, que chaque année, la confrérie fournissait le cierge pascal et le buis. Le reste était laissé à la disposition des confrères pour tout ce qui concernait leur œuvre.

Ainsi que nous avons pu le constater, la caisse a toujours été en bonne situation. Il vint cependant des jours critiques où l'on n'arrivait que difficilement à réunir les deux bouts, comme on dit vulgairement.

L'achat d'une bannière de 1500 francs vint encore

imposer de nouvelles charges. Malgré des souscriptions particulières, la confrérie ne put complètement payer sa dette et se remettre à flot qu'en 1872.

Depuis lors, les confrères craignirent encore un déficit et réclamèrent quelques quêtes supplémentaires. L'affaire dut être discutée ; il y avait à concilier les intérêts de la fabrique et ceux de la confrérie. Mais, grâce à la bonne volonté qu'on y mit de part et d'autre, tout s'arrangea promptement. Quant au budget actuel, il est unique et un simple coup d'œil suffit pour s'y reconnaître.

La confrérie emploie ses revenus à faire célébrer deux saluts toutes les semaines, un obit à la mort de chaque confrère et consœur, un obit solennel et une certaine quantité de messes chaque année pour le repos de l'âme des confrères, des consœurs et des bienfaiteurs décédés.

En donnant la définition d'une confrérie, nous disions qu'une union intime devait exister entre tous ses membres; ils ne doivent former qu'une seule et même famille, comme c'est le désir du Seigneur, *sint unum*.

D'après les notes qui sont restées au secrétariat, nous avons pu juger de l'entente qui exista toujours entre les confrères du Saint-Sacrement. Ces notes font mention des repas que, autrefois, ils prenaient ensemble. Après les agapes sacramentelles du matin, à la table de communion, le soir les trouvait réunis de nouveau dans des agapes fraternelles.

Le dimanche dans l'octave du Saint-Sacrement, après les vêpres, on voyait les confrères passer par la porte du bureau de bienfaisance et se diriger vers la trésorerie où la table était dressée. Là, tous les confrères unis au clergé de la paroisse, prenaient ensemble une collation.

Une aimable cordialité et la gaieté la plus franche régnaient pendant ces repas, ainsi que nous l'entendions dire, il y a quelque temps, de la bouche même d'un ancien confrère.

Après deux heures passées dans la plus parfaite entente, les confrères se retiraient heureux d'avoir si bien rempli leur journée.

Les notes de dépenses de ces repas nous ont été conservées et nous permettent d'entrer dans le détail de ce qui s'y passait. Les collations revenaient à 155 fr., 182 fr., etc. La dernière date de 1854. Ce fut à cette époque, en effet, que M. Bafaleur manifesta le désir de les voir supprimées. Cette décision provoqua un certain mécontentement, et quelques confrères allèrent jusqu'à donner leur démission. Le bon M. Vandenberghe, de qui nous tenons ces détails, semblait aussi regretter que ces réunions n'eussent plus lieu.

D'ailleurs, il paraît que cette coutume de rompre le pain en société n'était pas particulière aux confrères du Très Saint-Sacrement. Les marguilliers aussi prenaient leur repas ensemble à certains jours.

Le 1er février 1756, il fut décidé que « ceux qui manqueroient aux processions du jeudi de l'octave du Très Saint-Sacrement, à celles de Saint-Roch, au pourchat du vendredi saint, paieroient une amende au profit des repas fixés ce jour-là, et qu'outre cela, on paiera sa quote-part comme si on y avoit assisté. » Tout cela prouve avec quelle simplicité charmante on agissait autrefois, et combien les relations étaient faciles et aimables.

On a dit que les confrères du Saint-Sacrement se réunissaient, pour ces repas, dans le dôme de la Madeleine; c'est une légende à laquelle nous ne devons pas nous arrêter.

Le président, le doyen ou le maître des confréries, selon

les différentes dénominations qu'on lui a données, était un personnage important. Il devait stimuler le zèle des confrères et tenir la caisse. Le président prêtait serment entre les mains des marguilliers de gérer les biens de la confrérie comme siens.

Nous avons fait quelques recherches, restées infructueuses, pour donner les noms de tous les présidents. Nous pouvons nommer au moins les administrateurs que le Registre aux Résolutions nous signale. Ce sont MM. Arnould Bodin, Jean-Baptiste Delannoy, Jean-Baptiste Delebecque, Antoine Mahieu, Jean-Baptiste Dezalouis, Pierre-Joseph Ghesquière, Jean-Baptiste Catel, Louis Witu, Prévost, Dezalouis, Beaunard-Delos, Lohier, Dambres, François Poteau.

Avant la Révolution, on trouve longtemps, parmi les doyens de la confrérie, le sieur Gaspard Cochon; il tenait les comptes et les faisait approuver. Nous n'avons sur sa vie aucun détail. Toutefois, nous avons pu constater que ses comptes étaient parfaitement tenus et toujours approuvés par les marguilliers.

Depuis 1804, nous pouvons signaler encore deux administrateurs, MM. Masurel et Wiellese, et à partir de 1812, 1er avril, MM. Lemaître et Lutun fils. Parmi les autres présidents plus récents sont : MM. Frappé, Désiré Mallez et Adrien Gand.

M. Frappé fut président pendant 25 ans. C'est pendant sa présidence qu'on signale surtout les agapes fraternelles entre les confrères. Appelé au conseil de fabrique en 1868, il mourut deux ans après, laissant chez tous de grands regrets.

M. Mallez fut nommé en remplacement de M. Frappé.

On se rappelle encore dans la paroisse la piété évangélique de ce bon vieillard. Tous les saints honorés à la Madeleine ont dû particulièrement l'aimer ; il n'en oubliait aucun. Les sceptiques souriaient quelque peu lorsqu'ils voyaient M. Mallez, après avoir longtemps adoré le Saint-Sacrement, se mettre en devoir d'accomplir son pieux pèlerinage dans l'église de la Madeleine, pour donner un souvenir « à tous ses saints ». C'étaient d'anciens amis qu'il se plaisait à visiter chaque jour et à invoquer avec un recueillement touchant. Son exemple édifiait, et chacun aimait à se trouver auprès de lui pour s'adresser au bon Dieu ; on se sentait si bien soutenu. Dans sa famille, il était d'une gaieté charmante ; il se plaisait à rimer et à offrir à chacun, au jour de sa fête, le quatrain traditionnel. Ce fut aussi par une pièce de vers qu'il salua l'arrivée de M. Fremaux, doyen de la Madeleine, et qu'il lui souhaita la bienvenue au nom de la confrérie du Saint-Sacrement.

En la séance du 1ᵉʳ dimanche de mars 1882, on annonça que M. Mallez, le cher président, était dangereusement malade et on récita une prière à son intention. Puis, dans la séance du 1ᵉʳ juin, M. le doyen retraça en quelques mots touchants la belle vie de M. Mallez qui, depuis plusieurs semaines déjà, avait rendu son âme à Dieu. La mort du vénéré président nous était d'autant plus sensible qu'il s'était entièrement consacré à l'œuvre de l'adoration du Saint-Sacrement, dont il se préoccupait beaucoup pendant sa maladie ; l'on peut dire que sa dernière pensée a été pour elle.

Il importait de ne pas tarder à pourvoir à son remplacement. M. le doyen, en cette même séance, insista sur la nécessité d'élire un président le plus tôt possible. Il proposa au bureau le vice-président, M. Adrien Gand, dont la candidature a été adoptée à l'unanimité, malgré sa résistance. Nous ne dirons pas pourquoi son nom fut acclamé avec tant de bonheur. Nous laissons à l'ancien tribunal de Lille le soin de raconter sa vie d'autrefois, et à l'Université celui de faire son éloge aujourd'hui. Seulement, l'église a le devoir de rappeler que s'il a passé de l'un à l'autre, et abandonné sa première carrière, c'est pour des raisons que l'honneur et la foi lui conseillaient à l'envi. Que le Saint-Sacrement le bénisse de sa généreuse conduite, lui permette de faire dans son enseignement tout le bien qu'il désire et obtienne à ses fils la grâce de marcher sur ses traces, dans la voie du devoir généreusement et simplement accompli.

Confrérie du Sacré-Cœur.

Bien que moins ancienne que les confréries de la Sainte-Vierge et des Trépassés, nous avons cru bon d'en parler aussitôt après la confrérie du Saint-Sacrement, parce qu'elle semble la compléter.

Cette confrérie du Sacré-Cœur, la première qui fut fondée à Lille, a pris naissance le 4 mai 1729 dans la chapelle des Ursulines, qui était sur le territoire de la paroisse. C'est aussi chez ces religieuses qu'a été célébrée à Lille la première messe en l'honneur du Sacré-Cœur. Une plaque commémorative de cet événement se trouve dans la maison des sœurs de la Sagesse [1]. Le 19 mai

---

[1] Place aux Bleuets.

1767, les religieuses obtinrent la permission de chanter, le vendredi après l'octave du Saint-Sacrement, la messe et les vêpres du Sacré-Cœur. Tous les prêtres qui célébraient ce même jour chez elles avaient le privilège de dire la messe propre de la fête.

La confrérie du Sacré-Cœur fut de nouveau canoniquement érigée dans l'église paroissiale de la Madeleine, par une bulle de N. S. Père le Pape Pie VIII, à la date du 1er juin 1829, publiée par Mgr l'évêque de Cambrai le 28 mai 1831.

Afin d'entretenir et d'accroître cette dévotion, M. l'abbé Fremaux établit, il y a douze ans, un salut solennel le premier vendredi de chaque mois à huit heures du soir. La maîtrise presque tout entière y est convoquée ; il y a sermon, et les réunions de jeunes filles de la paroisse chantent un cantique à la fin du salut.

Puisse le mouvement vers le salut du premier vendredi de chaque mois s'accentuer de plus en plus pour la plus grande gloire du cœur de Jésus !

La confrérie compte 450 membres.

Chapitre II.

Confrérie de la sainte Vierge. — Son érection. — Différends entre les administrateurs et le curé. — Lettres intéressantes des parties à propos de la bulle d'érection et des cérémonies faites dans la chapelle de la Très Sainte-Vierge. — Composition de la confrérie de la Très Sainte-Vierge. — Rétablissement de la confrérie en 1803. — Edicules nombreux élevés à la Très Sainte-Vierge dans la paroisse de la Madeleine. — Pieuse habitude des paroissiens de la Madeleine de faire célébrer des messes de quartier pendant le mois de mai. — Courtes notices sur les madones de notre paroisse.

La ville de Lille, spécialement dévouée à Marie, possède depuis longtemps une confrérie de la Sainte-Vierge installée dans chaque paroisse. A la Madeleine, cette confrérie, érigée en 1705, possédait un autel sous le vocable de Notre-Dame de Bon-Secours.

Affiliée à la confrérie de Notre-Dame de Bon-Secours de Peruwelz (Belgique), elle fut, comme celle-ci, dissoute pendant la Révolution. Ce ne fut qu'en 1880 que la confrérie de Péruwelz fut de nouveau érigée en archiconfrérie, mais d'après la bulle, elle ne peut s'agréger que les confréries de Belgique. Le curé de Bon-Secours est en instance à Rome pour obtenir, sur notre demande, de pouvoir affilier à cette archiconfrérie les confrères et consœurs des pays étrangers voisins.

Les commencements de notre confrérie ont été fort troublés. Les administrateurs, poussés peut-être par un zèle indiscret pour la dévotion à la sainte Vierge, désiraient des privilèges trop étendus. Autrefois, on les avait accordés trop facilement et on en reconnaissait les inconvénients ; l'autorité ecclésiastique n'était guère disposée à donner suite aux demandes formulées en ce sens par les confréries plus récentes.

Nous entrerons dans quelques détails sur les difficultés qui surgirent alors. D'ailleurs, les pièces qui les concernent nous font connaître complètement l'état de la paroisse de la Madeleine.

Dès le début, le nombre des confrères et des consœurs fut très grand. La confrérie n'avait aucun bien-fonds, elle subsistait avec les libéralités des confrères et de quelques personnes zélées pour l'honneur de la sainte Vierge.

Au mois de janvier 1705, dans une requête à MM. les doyen, chanoines et chapitre de Saint-Pierre, à Lille, « les curé, marguillliers et maîtres de la confrérie de la chapelle de Notre-Dame de la Madeleine, érigée depuis peu de jours, leur demandent de permettre d'exposer à la vénération des fidèles, dans le chœur de leur église, une nouvelle image de la bienheureuse vierge Marie, le dimanche 13 de septembre, dans l'octave de sa Nativité, avec deux bustes dans lesquels sont renfermées les reliques de saint Hippolyte et de saint Florence, martyrs, pour être portés le même jour processionnellement dans ladite église de la Madeleine, à l'heure qu'ils indiqueront ; ils demandent en outre de faire sonner la grosse cloche en payant les sonneurs, comme aussi de leur permettre de porter ladite image à la procession de cette ville, qui se fait tous les ans, le dimanche dans l'octave de la Fête-Dieu, comme les autres confréries. »

Ces messieurs accordèrent, le 3 septembre 1705, aux requérants de pouvoir exposer dans leur église l'image de Notre-Dame de Bon-Secours, le 13 septembre, « pour être transportée, après la messe, le même jour, du chœur dans ladite église processionnellement ». Il ne leur fut pas accordé de la porter à la grande procession.

Un conflit s'était élevé entre les administrateurs et le curé à propos de la vérification des comptes, que l'article 9 du réglement donnait au curé le droit de contrôler.

Au mois de janvier 1706, éclatent de nouvelles difficultés. « Pierre-Antoine de Coninck, Jacques Caulier, Liévin du Laurier, Noë Grégoire, Antoine de la Croix et J.-B. Lagache se plaignent de ce que le sieur pasteur de la Madeleine détient les bulles et refuse de les leur rendre, pour les mettre en dépôt dans un coffre à plusieurs clefs, dont le pasteur aurait l'une ; que comme ils font dire une messe tous les dimanches après la grand'messe, ils désirent faire bénir l'eau et la répandre aux fidèles, à l'instar de ce qui se pratique dans toutes les autres paroisses de la ville, cérémonie que, jusqu'ici, le pasteur a empêchée.

» Donc, d'abord, ils demandent que les bulles leur soient remises pour être enserrées dans leur coffre ; — 2º Qu'après la grand'messe, il sera permis au prêtre qui dira la messe de faire la bénédiction et la distribution de l'eau, sans tirer à conséquence que les comptes à rendre et arrêtés en la manière pratiquée à Lille par toutes les autres confréries. »

Cette supplique, adressée à l'évêque de Tournai le 24 janvier 1706, fut renvoyée au doyen de chrétienté à Lille, pour qu'il donnât son avis.

Le 31 janvier, M. le Doyen émettait l'avis que la bulle fut remise aux vicaires généraux, et, le 6 février, ceux-ci enjoignaient au curé de la leur envoyer « pour disposer de la dite bulle ainsi qu'ils jugeront convenir. »

Voici l'origine de ce premier conflit. Les administrateurs de la confrérie avaient remis leur bulle au curé, maître Liénart, pour la traduire. Celui-ci s'était bien gardé de la leur rendre, s'appuyant sur ce qui se faisait précédemment. La bulle, envoyée aux vicaires généraux le 6 février 1706, fut quelques mois après remise au curé de la Madeleine, qui semble avoir obtenu ainsi gain de cause.

Aussi, le 9 janvier 1707, les administrateurs, ne se tenant pas pour battus, firent de nouvelles réclamations, et voici la réponse qu'y fit le curé.

« Maître Liénart, prêtre, licencié ès-droits, pasteur de la Madeleine à Lille, se trouvant signifié d'une requête présentée à sa charge le 7 janvier 1707, à M. l'abbé Bécuan, official de Tournai, par les maîtres de la confrérie établie dans la dite église sous le titre de Notre-Dame de Bon-Secours, remarque que cette requête tend à trois sens différents. La première, que l'audition des comptes de la dite confrérie soit adjugée aux marguilliers de la dite église ou autres commis par les magistrats, nonobstant la clause expresse du réglement fait par MM. Aubry et de Wœrden, lors vicaires généraux, qui dénomment le commis de Mgr l'évêque de Tournai ou le pasteur de la dite église, pour seuls auditeurs des dits comptes, à l'intervention néanmoins des marguilliers. La seconde, on se plaint que le rescribent retient les bulles de la dite confrérie et le réglement, et on requiert qu'ils soient mis dans un coffre-fort, dont il aura une des clefs différentes des autres. La dernière, à ce que le rescribent ait à permettre au prêtre qui dit la messe tous les dimanches après la messe paroissiale, de faire la bénédiction de l'eau bénite en la manière accoutumée dans les autres paroisses de Lille.

» Pour la première, les dits maîtres requièrent virtuellement et nécessairement que la clause concernant l'audition des comptes soit déclarée abusive, du moins qu'elle soit considérée comme de pur style et sans effet. A l'égard de quoi, comme c'est un droit qui regarde la juridiction épiscopale, le rescribent ne sauroit être pris à partie. Il laisse partant la question à discuter entre ceux à qui il appartiendra, étant trop importante pour être jugée sur ce qu'il pourroit représenter, et le jugement à rendre ne saurait qu'apporter que de fâcheuses suites dans le diocèse.

» Quant à la seconde, il représente que les demandeurs font suffisamment voir qu'ils ne veulent pas que le curé se mêle en aucune manière de la confrérie, ni qu'il retienne par devers lui les titres qui établissent le bon ordre qu'on y a voulu mettre. Le peu de recours qu'ils ont au rescribent pour tout ce qu'ils font dans ladite confrérie en est une preuve manifeste. Il croit avoir droit de retenir les dites bulles par devers lui. Celles des confréries de saint Léonard et de sainte Agathe, érigées depuis plus de cinquante ans dans ladite église, sont entre ses mains, sans que les maîtres des dites confréries lui aient fait la moindre difficulté au sujet de la détention ; d'où il paraît qu'il y a un usage que le curé de cette église soit le dépositaire des titres des confréries y érigées.

» Il ne prétend cependant point de s'opposer à cette demande. Il n'est point assez pointilleux pour prendre le soin et être seul gardien de ces titres. Il a eu l'honneur ci-devant de les présenter à Mgr l'évêque, qui les lui a rendus. Il est encore prêt à s'en défaire et à les mettre en mains des maîtres ou de tel autre que M. l'official trouvera convenir.

» Cette demande des maîtres fait voir qu'ils ne tendent qu'à se rendre indépendants du curé, sur quoi M. l'official est prié de faire une sérieuse attention, et les offres que le rescribent fait témoignent qu'il ne cherche que l'union et la paix avec lesdits maîtres et tous autres.

» Et quant à la dernière demande des suppliants, il ne paraît point qu'elle leur puisse être accordée et contre laquelle il se rend opposant.

» Ces moyens d'opposition font voir : premièrement, que par un pareil accord, on donneroit occasion non-seulement aux marguilliers, mais encore aux maîtres des autres confréries, de changer et augmenter les offices divins comme on a taché de faire jusqu'à présent par de vaines tentatives, et d'introduire quantité de nouveautés dans ladite église, auxquelles le curé ne pourroit remédier. Secondement, que l'usage de l'eau bénite en question n'est point telle dans son église ni dans les autres de la ville de Lille. Si on fait l'eau bénite après la messe paroissiale dans quelques paroisses de Lille les plus peuplées, il peut y avoir des raisons particulières, et quand il n'y en auroit point, on n'y sauroit tirer la moindre conséquence pour la paroisse de la Madeleine, qui est une des plus petites de la ville et qui contient dix chapelles dans son circuit dans lesquelles on fait tous les dimanches de l'année l'eau bénite, étant suffisant par ladite paroisse de la faire deux fois tous les dimanches, la première à la seconde messe basse pour ceux qui sont obligés à quelque voyage, et l'autre immédiatement avant la messe paroissiale.

» En troisième lieu, que de permettre la demande des maîtres, ce seroit préjudicier à la messe paroissiale en donnant occasion à la diminution du peuple qui y assiste en fort petit nombre et qui décideroit, du moins une partie, de recevoir l'eau bénite à la messe basse en question. Et enfin, parce que bénir l'eau et la répandre au peuple est une fonction pastorale, qui, par conséquent, ne se peut faire sans le consentement du curé. On citeroit bien des arrêts du Parlement qui ont maintenu les curés dans ces sortes de droits attachés à leur ministère contre ceux qui prétendroient les y forcer. »

Assurément, maître Liénart ne pouvait pas être plus accommodant. En somme, après avoir donné ses raisons, dont on ne peut méconnaître la justesse, il s'en remettait encore à la décision de ses supérieurs. Aussi faut-il attribuer à la ténacité du caractère flamand, parfois déraisonnable, les réclamations que firent de nouveau les administrateurs de la confrérie, le 26 février 1707.

Ils persistaient à demander que les marguilliers fussent seuls à contrôler les comptes, que les bulles leur fussent remises, « parce qu'elles pourroient s'égarer dans la possession du pasteur venant à mourir, par la négligence de ses héritiers ou d'un pasteur subséquent. » Enfin, ils voulaient l'aspersion de l'eau bénite à laquelle « maître Liénart s'est opposé nonobstant l'usage des autres paroisses de Lille, sans attention à la commodité des paroissiens et des membres de ladite confrérie. En ne faisant l'eau bénite qu'à la seconde messe basse, c'est forcer les paroissiens à abandonner un honnête repos les jours de dimanche après avoir travaillé une semaine tout entière : d'un autre côté, tous les habitans d'une maison ne peuvent sortir à la fois ; les uns vont à la messe un peu plus tard, pour que le logis ne soit point abandonné et qu'il y ait quelqu'un à recevoir les honnêtes gens qui ont quelque visite ou quelqu'autre chose à faire. »

Les raisons apportées par les confrères ne sont pas solides ; quelques-unes paraissent même un peu naïves. Ils se plaignent encore d'un événement malheureux qui a, disent-ils, fait grand bruit en ville. Voici comme ils le racontent. « Les impétrans ayant fait faire un salut à l'honneur de la sainte Vierge, le jour de la Purification, se sont mis en devoir de payer le clergé après l'office achevé. Ils ne furent pas peu surpris que maître Liénart témoigne du mécontentement à leur charge, prenant prétexte qu'ils avoient allumé un trop grand nombre de chandelles à la chapelle de la confrérie et usant de menace que la première fois qu'ils feroient allumer à la chapelle plus de chandelles qu'il y en a sur le maître-autel, il les ferait éteindre ou les iroit éteindre lui-même. Cette affaire à fait du bruit dans la ville ; il importe, pour prévenir aux voies de fait et à des altercations ultérieures avec le pasteur, qu'il lui soit fait défense de troubler les maîtres dans l'observation des règles de la confrérie et de leur empêcher de faire allumer toutes les chandelles que les âmes dévotes offriront à la sainte Vierge. »

L'abbé Liénart fit à cette nouvelle attaque une réponse très adroite et très intéressante, que nous tenons à reproduire entièrement. Cette pièce nous donne bien des détails remarquables sur les habitudes de la paroisse de la Madeleine et des autres paroisses de la ville.

« Il est fâcheux qu'un curé soit obligé de plaider contre des paroissiens qui devroient de leur côté chercher la paix et ne point l'inquiéter dans le bon ordre qu'il tache de maintenir dans une église à laquelle il est préposé. Ainsi les demandeurs devraient approuver la fermeté que l'opposant a eue jusqu'à présent de ne pas se rendre aux représentations qu'ils lui ont faites de réduire la confrérie de Notre-Dame de Bon-Secours sur le pied des autres confréries de la ville de Lille.

» Un curé ne peut pas, de sa propre autorité, changer un réglement fait par deux vicaires généraux qui ont dû être informés des usages de la ville de Lille au sujet des confréries. Les clauses qu'ils y ont mises, et entr'autres celle qui adjuge l'audition des comptes au défendeur, est une marque de pouvoir qu'ont les ordinaires dans l'établissement de ces sortes de sociétés.

» C'est à tort que les demandeurs reprochent aux curés de Lille leur peu de délicatesse au sujet des comptes dont il s'agit. Ils firent, il y a quelques années, de très-humbles remontrances au Roi, au sujet des confréries et du temporel de leurs églises. L'affaire, qui n'est pas encore finie, a été renvoyée à l'avis de M. de Baquel, intendant de cette province. Si on établissoit dans leurs paroisses quelques nouvelles confréries avec les clauses contenues dans celle de Notre-Dame de Bon-Secours, ils ne seroient pas moins zélés que le défendeur à les soutenir. Les demandeurs se flattent apparemment qu'on aura égard à l'offre qu'ils font d'appeler le défendeur à la reddition des comptes dont il s'agit, *modo et tempore conventis*. Pour faire cette offre, ils devoient être autorisés du Magistrat de Lille ou des marguilliers de la Madeleine, et exhiber par écrit le consentement de ces messieurs. On a raison de croire que les demandeurs ne butent pas moins à faire donner dans un piége, qui dans la suite les rendra indépendants du défendeur et de ses successeurs, en demandant la remise des bulles et du réglement dans le coffre-fort qu'ils proposent. Ils seraient fâchés qu'à l'avenir les curés de la Madeleine puissent montrer des titres qui prouveront le bon ordre qu'on a voulu mettre dans la confrérie en question.

» Leurs intentions se prouvent assez par les raisons qu'ils allèguent pour la remise desdites bulles et du réglement, comme si ces originaux n'étoient pas dans une égale sûreté entre les mains d'un curé et avec les papiers de la cure, que dans une église ou dans les mains des laïques qui n'entendent pas un mot de latin et qui ne sauraient lire une ligne d'une bulle, qu'ils n'ont pas fait venir à leurs propres frais, mais aux frais de la confrérie.

» Les autres raisons qu'apportoient les demandeurs ne sont pas plus solides. Il y a eu déjà six à sept curés à la Madeleine depuis l'érection des confréries de Saint-Léonard et de Sainte-Agathe, et cependant les bulles et tous autres papiers concernant ces confréries sont venus jusqu'au défendeur, sans que les maîtres qui y sont établis en aient jamais craint la perte ni qu'ils aient souhaiter de les avoir dans leur buffet, qui est pourtant aussi bien fermé que ne pourra être le coffre-fort en question. Aussi, quand le défendeur voudroit être le seul gardien des bulles dont il s'agit, il n'aurait qu'à alléguer la possession que ses prédécesseurs lui ont transmise. Il déclare néanmoins que, malgré les suites que pourra avoir un réglement contraire à tout ce qu'il vient de proposer, il ne sauroit être pris à partie, ces deux faits concernant tout à fait la juridiction épiscopale. Il s'est déjà offert et il s'offre encore de passer par tout ce qui pourra être décidé, tant pour la reddition des comptes que pour la détention ou la remise des bulles en question.

» L'eau bénite que ces maîtres demandent les dimanches à une messe basse, qui se dit après la messe paroissiale, est donc le seul article qui regarde le défendeur.

» Cette messe basse ne se dit que depuis un an par la permission expresse du défendeur ; il s'en suit qu'il peut l'empêcher, *ejus est nolle cujus est velle*, et ainsi l'eau bénite en question deviendra inutile, ou si les autres maîtres des confréries et des buffets de la Madeleine veulent avoir le même droit, il faudra en faire à quatorze ou quinze messes basses qui se célèbrent dans ladite église. Les maîtres du buffet des Trépassés qui, par leurs quêtes, font dire par an treize à quatorze cents messes, ceux des confréries de Saint-Léonard et de Sainte-Agathe, qui sont des plus anciennes de la ville de Lille, ne devront pas être moins privilégiés que ces derniers venus. Ainsi, ce ne sera plus qu'une confusion et à la fin, pour ne pas être entièrement abandonnée des paroissiens, il faudra que le curé change aussi la messe paroissiale en messe basse. Il y a longtemps que les maîtres du buffet des confréries de Saint-Léonard et de Sainte-Agathe ont fait la même prière que les demandeurs ; nonobstant le refus que leur en a fait le défendeur, ils n'ont pas suivi le zèle amer de ces derniers et ils se sont rendus aux raisons qu'on leur a alléguées pour ne la point permettre.

» Il paraît que les demandeurs ont une idée bien grossière de la sanctification du dimanche, qui ne leur est pas donné pour faire ou recevoir des visites ; il ne faut donc pas, pour le dûment sanctifier, qu'ils demandent une messe basse, qui durera au plus une demi-heure avec l'eau bénite ; cela seroit commode pour les personnes qui n'aiment pas les offices publics et solennels, mais ce seroit servir Dieu à sa mode, ce qui ne s'accorde guère avec les principes de la religion.

» Ce n'est rien dire que d'avancer l'usage des autres paroisses de Lille. On ne fait que cinq fois l'eau bénite par chaque dimanche de l'année dans l'église de Saint-Maurice, quoique cette paroisse, de compte fait, contienne trois fois autant de communiants que celle de la Madeleine, et qu'elle n'ait point la moitié des couvents d'hommes et de filles qui se trouvent dans cette dernière. On ne la fait que deux fois dans celle de Saint-Pierre. Ainsi, l'usage prétendu des autres églises de Lille ne favorise pas la prétention des demandeurs, outre que quand cela serait, chaque église de Lille a ses usages.

» Ce qu'ils allèguent en disant qu'il ne faut pas être curé pour faire la bénédiction et l'aspersion de l'eau bénite, n'est pas mieux fondé. Dans ces sortes de fonctions qu'on permet aux prêtres séculiers ou réguliers, il y a toujours un consentement exprès ou du moins tacite du curé, comme réciter l'évangile sur la tête des paroissiens à certaines fêtes de l'année, donner la communion à ceux qui se présentent devant ou après quelques messes basses, ce que même beaucoup de prêtres, tant séculiers que réguliers, n'osent faire dans l'église du défendeur sans lui en avoir demandé chaque fois la permission.

» En effet, le curé est le chef de la paroisse qui lui est confiée et recteur de son église, parce que tout s'y doit faire sous ses yeux et par sa participation : *Nullus aliquod officium in alienâ ecclesiâ sine pastoris ejusdem loci licentiâ facere præsumat*, dit le synode de Namur (1631), art. 3, cap. 43. Le premier concile provincial de Cambrai avait dit auparavant la même chose en des termes aussi forts, aussi clairs : *de ministeriis ecclesiasticis*, cap. 9. Ainsi, les arrêts des parlements qu'on pourroit citer ne regardent pas la multiplication des eaux bénites, comme le veut insinuer la réplique des demandeurs, mais le droit dans lequel ils ont maintenu les curés qu'on ne peut faire aucun office ni même célébrer de messes dans leur église sans leur consentement. (Part. 3, *Journal des And.*, l. 6 cap., 29).

» Si les demandeurs savoient s'instruire de cette autorité légitime que doit avoir un pasteur dans son église pour les services qu'on y fait, ils ne se plaindroient pas si hautement de ce qui est arrivé dans l'église de la Madeleine au salut de la Purification de la sainte Vierge. Ils avoient mis au moins soixante chandelles allumées jusqu'aux vitres de la chapelle de leur confrérie, pendant que le maître-autel, où le défendeur devoit exposer le Saint-Sacrement, n'en avoit que six. L'opposant ne croit pas avoir manqué en faisant voir à ces maîtres, après l'office achevé, que de pareilles illuminations ne convenoient pas pendant un salut et dans le temps où le plus auguste des mystères de notre religion était exposé sur un autre autel à la vénération du peuple, avec six chandelles seulement. Cet avis donné par le défendeur est conforme au réglement fait par M. de Choiseul-Duplessis-Praslin, évêque de Tournai, dont la mémoire sera éternellement en bénédiction dans ce diocèse, dans son synode du 13 juin 1673, n° 5. Le défendeur a pris même la précaution de dire à ces maîtres qu'il ne désapprouvait pas leur zèle, mais que ces illuminations se doivent faire au grand autel, pendant l'exposition du Saint-Sacrement ou dans leur chapelle, devant ou après le salut. Ils ont tort de se plaindre que cela ait fait du bruit dans la ville ; mais quand cela seroit, peut-être arrêteroit-on par ce moyen le zèle des peuples qui se portent pour l'ordinaire dans l'excès à l'égard des choses extérieures et des cérémonies sensibles, d'autant plus qu'il n'est presque pas possible que l'opposant combatte cet excès dans un prône ou dans un sermon, à moins qu'il ne veuille s'exposer à passer pour un ennemi du culte de la sainte Vierge et de vouloir entièrement retrancher ce dont il pourroit demander la modération.

» Enfin, si saint Charles, dans le 4ᵉ concile de Milan (part. 2, cap. 18), a défendu de porter aucune relique en procession dans le temps qu'on y porte le Saint-Sacrement ; si le synode de Namur de 1639 défend la même chose, de crainte, sans doute, que le peuple ignorant ne les honore au lieu du Saint-Sacrement ou qu'il ne leur rende autant d'honneurs qu'au Saint-Sacrement même, n'en peut-on pas dire autant d'une image de la sainte Vierge pour laquelle on allume soixante chandelles dans le temps qu'on n'en met que six pour le Saint-Sacrement exposé à la vénération du peuple ?

» Le défendeur a remarqué plus d'une fois que le peuple ignorant, attiré par ce qui frappe les sens, est toujours sans comparaison plus nombreux devant la chapelle en question que dans le chœur, et qu'ainsi il néglige de rendre à Dieu tout le respect qui lui est dû dans ce sacrement, ce qui pourroit donner matière aux hérétiques, dont l'insolence augmente plus que jamais, de nous reprocher que les peuples ne croient pas à la présence réelle.

» On doit conclure de ceci que le défendeur n'a pas manqué dans les avis et corrections qu'il a donnés aux demandeurs, mais qu'il s'est acquitté des devoirs attachés à sa charge et qu'il a tâché de faire observer cette règle prescrite par l'apôtre : *Omnia honeste et secundum ordinem fiant* (saint Luc, I, Cor., 14).

» Au moyen de tout ce que dessus et de ce que M. l'official est prié de suppléer, d'offrir, le sieur défendeur conclut comme par son écrit, tenant lieu de défense, dont il tient le contenu pour répéter, offrant preuves et demandant dépens. »

Toutes ces difficultés furent résolues en faveur du curé qui semblait vraiment avoir le droit pour lui, et désormais il n'en fut plus question.

Ce qu'il y a de plus remarquable dans ces querelles, c'est l'union des confrères, c'est la charité qui régnait quand même entre les adversaires, malgré l'opiniâtreté qu'ils mettaient à défendre leurs droits.

L'organisation de la confrérie était la même que celle du Saint-Sacrement. Le président ou doyen était chargé des comptes et de la caisse. Il prêtait serment entre les mains des marguilliers et faisait la promesse formelle de gérer les biens de la confrérie comme siens. Ce fait nous est révélé par cet acte trouvé au Registre aux Résolutions :

« Le 25 décembre 1762, les marguilliers acceptent Philippe-Etienne Vanderbekem, pour maître de la confrérie de Notre-Dame de Bon-Secours, après serment par lui prêté d'administrer les biens de la dite confrérie comme siens. »

Quand la tourmente révolutionnaire fut passée, on rétablit la confrérie vers 1805 ou 1806. Les archives, en effet, nous fournissent des comptes à partir de cette époque. Elle fut renouvelée par une bulle de Sa Sainteté Pie VII en 1817.

Il y a quelques années, les paroissiens de la Madeleine se sont souvenus que la Vierge avait toujours été plus particulièrement honorée chez eux, et ils ont rétabli dans quelques-unes de leurs rues l'image vénérée de Marie. En ce moment, vingt statuettes, placés dans des endroits différents, témoignent à la Mère de Dieu que les Madeleinois se mettent entièrement sous sa protection.

Chaque année, les habitants des différentes rues de la paroisse se cotisent pour faire célébrer une messe solennelle en l'honneur de leur madone.

Nous croyons devoir donner ici en quelques mots l'historique des plus anciens édicules élevés à Marie dans notre paroisse.

1. Notre-Dame de la Paix, rue des Bateliers, 1.

La famille Watrigant se charge de l'entretien de la

petite chapelle, à la grande reconnaissance des habitants de la rue des Bateliers, qui sont fort attachés à leur madone. Tous les samedis, des chandelles brûlent devant cette vierge.

2. Sainte Mère de Dieu, cour du Moulin-à-Chiens, 13.

La famille Giraud a pris cette vierge sous son patronage.

3. Notre-Dame des Anges, rue à Diables.

Cette madone et les deux précitées sont très anciennes.

4. Notre-Dame des Bateliers, quai de la Basse-Deûle, 47 (à la Brèche).

La statue fut placée à cet endroit vers 1860 par M. l'abbé Grégoire. Elle avait d'abord été bénite solennellement par M. Bafaleur, doyen-curé de la paroisse, en présence de la corporation des portefaix et des vingt hommes de la grue, auxquels il adressa une allocution de circonstance. Les principaux articles du réglement de cette association, que M. Grégoire venait de fonder, étaient d'assister à la messe le dimanche, de ne pas travailler ce jour-là et de faire ses Pâques chaque année. La société a été dissoute il y a environ douze ans, mais la madone est restée.

5. Notre-Dame de Bon-Secours, rue du Metz, 26.

Cette madone se trouve sur l'ancienne propriété de M. Vandenberghe. Elle appartenait, il y a quelque trente-sept ans aux Béguines. A leur départ, elles prièrent M. Vandenberghe de vouloir bien la recueillir et la placer sur sa propriété. C'était d'ailleurs le désir de tous les voisins qui tenaient beaucoup à leur bonne vierge.

6. Notre-Dame de Délivrance, rue Saint-Joseph, 3.

Cette dévotion, provenant d'une image miraculeuse de Marie retrouvée à Rome et donnée par Sa Sainteté Pie IX aux Pères Rédemptoristes de la ville sainte, était établie à Lille dans l'église des mêmes Pères, rue de Paris et cour des Bourloires, fermée depuis l'exécution des décrets. Le petit habitacle qui abrite la vierge vient d'être remis à neuf. La statue date, dit-on, du XVIIe siècle.

7. Notre-Dame de la Treille, rue de la Monnaie, 10.

Cette statue a été placée, il y a trente-quatre ans, par M. Bouillet, sculpteur. Elle est l'œuvre de cet artiste même.

8. Notre-Dame de la Treille, place du Concert, 11.

Elle est placée sur la propriété de M. Vrau. Notre-Dame de la Treille est plus particulièrement honorée dans ce quartier, grâce au souvenir de la basilique de Saint-Pierre bâtie en cet endroit, et dont une entrée se trouvait rue Saint-Pierre.

9. Notre-Dame de Flandre, rue Comtesse.

10. Notre-Dame de Consolation, rue de Courtrai, 19.

Cette vierge est à juste titre très vénérée dans la paroisse, où elle a été solennellement transférée en 1785. La famille Bernard se charge de l'entretien de la petite chapelle.

11. Notre-Dame de Grâces, rue des Pénitentes, 8.

Une cinquantaine de personnes se cotisent chaque mois pour l'entretien de la chapelle. Elles ont pour trésorier M. S. Deluègue, père.

12. Notre-Dame de la Bonne Mort, rue du Marché-aux-Bêtes, 1.

Presque chaque soir un cierge brûle en son honneur.

13. Notre-Dame de Piété, rue de Gand, 26.

« J'ai connu, nous écrit le propriétaire de la maison, deux statues et deux niches différentes. La statue de la sainte Vierge qui se trouve actuellement sur la maison doit porter au cou une petite croix d'or. Cette statue a été bénite, en ma présence, par M. Debailleul, alors vicaire de la Madeleine. Le petit habitacle a été dessiné et construit par M. Deperne. Quant à la statue précédente, j'ignore à quelle époque elle a été placée et pour quel motif général ou spécial. »

14. Notre-Dame de Hal, rue de la Halle.

Mme Comère vient de remettre la madone dans le petit habitacle qui en avait été privée depuis un certain nombre d'années. Le pèlerinage de Notre-Dame de Hal, en Brabant, est fort célèbre. Parmi les pèlerins, on cite Philippe-le-Bon, Charles-Quint, François Ier et les archiducs Albert et Isabelle. Avant 1793, il y avait à Lille une confrérie de Notre-Dame de Hal.

15. Mère du Sauveur, rue du Pont-Neuf.

16. Reine Immaculée, rue de Thionville.

Ces deux madones ont été placées la première en 1884, la seconde en 1886.

17. Mère admirable, rue des Canonniers.
Don de M. Buisine, 1889.

18. Sainte-Marie, rue du Gard.

Cette madone, qui date de 1889, est située sur la propriété de M. Tahon-Decourchelle.

19. Notre-Dame de Lourdes, rue du Mont-de-Piété, 8.

Don de M. Grandel et de M. Perus, propriétaire de la maison.

20. Siége de la Sagesse, place aux Bleuets.

Chapitre III.

Confrérie des Trépassés. — Origine de cette confrérie. — Différentes pièces attestant son existence. — Un compte des recettes et des dépenses. — Prêt d'une somme d'argent à la fabrique. — Rétablissement de cette confrérie. — Nombre des associés.

Nous n'avons pas trouvé la date exacte de l'établissement de la confrérie des Trépassés. Ce qui est certain, c'est qu'elle existait déjà en 1707. En effet, maître Liénart, dans ses querelles avec les administrateurs de la confrérie de Notre-Dame de Bon-Secours, fait remarquer qu'à cette époque la confrérie des Trépassés, grâce au produit de ses quêtes, faisait célébrer quatorze ou quinze cents messes par an et la regarde comme plus ancienne que la confrérie de la sainte Vierge, qui avait été établie en 1705.

Nous trouvons encore ailleurs des traces de son existence.

Le 31 mars 1756, Caboche, doyen, Pierre-Martin Lemay, Jacques-Joseph Honoré, Nicolas Vanbrouck, Gilles Lernould et Paul Decarnin, administrateurs de la confrérie, rendent leurs comptes pour trois ans, à partir du 1ᵉʳ janvier 1753, à MM. Louis-Eugène Obert, écuyer, de Lassus et J.-B. Vrans, écuyers, échevins de la ville.

Le 1ᵉʳ dimanche de septembre 1762, les marguilliers approuvent « un plan de fausse porte que les confrères des Trépassés ont présenté pour placer vis-à-vis de leur chapelle, les jours des offices solennels qui se font dans la dite chapelle, à condition qu'il n'y aura jamais de clous attachés dans les murailles et qu'ils ne pourront consommer aucune chandelle de suif, de même que toutes les autres confréries. »

La bulle d'institution n'existe plus, et les comptes qui nous restent, commencent en 1753. Nous en avons trouvé plusieurs registres aux Archives départementales. Cette confrérie était une des plus riches de la paroisse.

Voici un compte des recettes et des dépenses trouvé dans le registre général, servant à l'annotation des recettes et des débours effectués pour la chapelle des Trépassés à partir du 1ᵉʳ janvier 1756.

« Le 29 septembre 1779, nous, soussignés, administrateurs du buffet des Trépassés, érigé en la paroisse de Sainte-Marie-Madeleine de cette ville, avons reçu du sieur confrère Frelin pour la célébration des augustes sacrifices :

Soixante-douze florins . . .	72
Le pourchat a produit. . . .	51 8
Les troncs ont produit . . .	3 6
Reçu 400 messes pour le repos de l'âme de Mᵐᵉ Baufremez du Rousseau	200 00
Reçu 200 messes pour le repos de l'âme de M. du Quenil. . .	100 00
Le reste du mois précédent. .	2174 13

Payé aux RR. P. Carmes chaussés	33	0
Payé à M. Favier.	20	16
» M. Debuire	18	0
» M. Aprattery. . . .	18	0
» M. Rohart.	18	0
» M. Métequy	17	8
» M. Bannière	16	16
» M. Delannoy. . . .	16	16
» M. Jacquez	4	16
» M. Gusard.	14	8
Total de la dépense en florins.	178	0

Recettes. . .	2601	7
Dépenses . .	178	0
	2423	9

Grâce à cette encaisse, la confrérie des Trépassés souffrit moins du malheur des temps. Nous voyons en effet que les marguilliers, le 24 mars 1788, reconnaissent trouver dans la caisse des administrateurs du buffet des Trépassés la somme de trois mille six cent treize florins, quatre patars.

Le 10 mars 1788, c'est une somme plus importante encore, la somme de quatre mille deux cent deux florins, dix-huit patars, deux cinquièmes, que l'on y trouve. On comprend maintenant pourquoi la fabrique appauvrie et endettée demanda, en 1789, à l'évêque de Tournai, la permission de réduire, pour les besoins de la fabrique, en rente héritière, la somme de trois mille florins reposant dans la caisse de la confrérie.

Cependant, elle devait bientôt avoir le même sort que

les autres confréries. Dans l'assemblée ordinaire des marguilliers du 2 février 1791, « sur ce qu'il a été exposé que le nombre des messes et le pourchat des Trépassés diminuent considérablement, qu'on est obligé de payer quatorze patars aux prêtres étrangers, qu'on en reçoit à dix et moins, qu'il se trouve des habitués qui depuis leur nomination à l'habituation, ont eu d'autre place qui les empêche de dire la messe à la paroisse, désormais ces messes seront supprimées. »

Cette confrérie, dissoute pendant la Révolution, fut rétablie en 1804, en même temps que celle de la Sainte-Vierge. Depuis lors, elle n'a jamais pris beaucoup d'extension et ne semble plus jouir de son ancienne splendeur.

Un vicaire est chargé de l'administration des biens de cette association qui compte 120 membres.

Chapitre IV.

Corporation de Sainte-Marie-Madeleine. — Son ancienneté. — Son siége à Saint-Etienne. — Sa composition. — Ses habitudes. — Ses statuts. — Ses jours de fête. — Son rétablissement en 1890. — Les patronnés de sainte Marie-Madeleine assistent en grand nombre à une messe le 27 juillet 1890. — Seconde fête en 1891. — Présentation des statuts. — Leur acceptation. — Rétablissement définitif de la corporation.

De tout temps les hommes, et principalement ceux qui ont des intérêts communs, ont senti le besoin de s'unir pour améliorer leur profession et leur position future. De là, la fondation de ces corporations si florissantes au siècle dernier.

A Lille, elles étaient très nombreuses et très prospères ; leurs réglements, pour la plupart succincts et sévères, établissent clairement le sérieux du but et des moyens. Parmi les trente-six corps de métiers qui existaient en notre ville, celui des apothicaires et des épiciers avait une certaine vogue, quoique ses membres fussent très inférieurs en nombre, vu la population relativement peu importante de la ville à cette époque.

Leur patronne était sainte Marie-Madeleine ; mais le siége de la société se trouvait à Saint-Etienne, l'église dédiée à la pécheresse convertie ayant été bâtie quelques centaines d'années après l'institution de ce corps. Nous voyons en effet qu'il existait dès 1595, puisqu'en cette année, la scission survenue entre les apothicaires, les épiciers, les merciers, etc., fut cause de la création de nouveaux statuts. Près d'un siècle plus tard, ils demandèrent la révision de plusieurs articles, et de nouvelles ordonnances leur furent données le 20 janvier 1635. Ce sont ces dernières qui nous font entrer plus avant dans la connaissance de cette corporation et nous en apprennent le fonctionnement.

Les apothicaires qui voulaient devenir francs-maîtres étaient obligés de loger et de prendre leur nourriture chez le maître, sans rien gagner pendant trois ans, s'ils n'étaient fils de maîtres. Les trois ans d'apprentissage couraient à partir du jour où l'on s'était fait inscrire sur le registre de la corporation (art. 4). Ce temps écoulé, le candidat à la maîtrise devait simplement subir un examen spécial destiné à montrer sa connaissance théorique du métier et fournir un chef-d'œuvre, témoignant qu'il en possédait la pratique : double épreuve excellente qui lui valait un diplôme ou certificat, s'il en était reconnu apte et digne.

Les maîtres apothicaires ne pouvaient avoir qu'un apprenti; mais pendant la troisième année d'apprentissage, un second leur était accordé.

L'apprentissage des épiciers durait deux ans et, comme chef-d'œuvre, ils devaient « ouvrer trois havots de soille et les convertir en pain d'épice et faire une pouldre galantine » ; puis, il y avait un examen « sur la connaissance de toutes sortes d'épiceries et autres marchandises dépendant dudit style. »

Le candidat reçu payait un droit d'entrée dans la maîtrise, et cet argent était versé à la caisse commune.

Les cérémonies religieuses de la corporation, nous l'avons dit, avaient lieu dans l'église paroissiale de Saint-Etienne, devant l'image de la sainte patronne.

« Tous maistres et maistresses, chefs d'hostel, sont tenus d'assister à la messe qui se chante en la chapelle de Madame Sainte-Marie-Madeleine, patronne d'iceulx styles, le 22e de juillet et aussi à l'obit qui se célèbre le lendemain dudit jour, pour les âmes des fidèles trépassés desdits styles, à peine de payer deux livres de cire en valeur de 48 sols parisis à appliquer au prouffit de la dite chapelle, sauf empeschement légitime et advertissement. »

Le corps tout entier contribuait aussi à l'éclat des fêtes. Tous ses membres devaient assister avec des chandelles et des torches « aux jours du Saint-Sacrement et aux processions de la ville, sous peine d'amende, pourvu toutefois qu'il y ait eu sommation et qu'il n'y ait pas eu d'empêchement légitime, dont on auroit averti. »

Chaque année, en la fête de sainte Marie-Madeleine, on procédait à l'élection de deux nouveaux maîtres, qui tenaient leurs fonctions pour deux ans, après approbation du Magistrat. Les vieux maîtres (ainsi dénommait-on ceux qui sortaient de charge) avaient mission de décorer et de parer la chapelle trois fois par an : à la fête de la sainte, au jour de la dédicace de Saint-Etienne et à la fête du patron de cette église, et, conjointement avec les deux nouveaux, « bien et diligemment solliciter à ce que la dite chapelle et ornemens d'icelle soient bien et duement maintenus et entretenus en bon ordre. »

Les maîtres de ces styles et ceux du siége pouvaient, le jour de sainte Marie-Madeleine, « dépenser au disner jusqu'à la somme de trente-six livres parisis, et s'il advient que la dépense dudit disner excède les dites trente-six livres, le surplus se paiera à compte de tête pour ceulx l'ayant faite. »

Ils devaient en outre veiller à l'observation du réglement, prévenir ou punir les fraudes. Ils visitaient les ateliers et boutiques à des intervalles rapprochés, mais non fixes, afin de surprendre les délinquants.

Quelques jours après la fête de la patronne, les vieux maîtres rendaient compte de leur gestion par devant deux échevins. S'il y avait déficit, on prélevait la somme sur les suppôts de la corporation.

Telles étaient la composition et les principales règles de la corporation de Sainte-Marie-Madeleine, qui fut violemmentsupprimée à la Révolution, ainsi que toutes les autres.

Quand le calme fut rétabli, on essaya de les ressusciter. mais non pas telles qu'elles étaient instituées auparavant, C'eut été une utopie, même en les prenant à l'époque de leur splendeur. Vu le bouleversement des choses, il n'était plus possible de les remettre en l'état d'autrefois.

En ce moment, quelques-unes de ces corporations tentent de se reconstituer, surtout au point de vue religieux. Les anciens patronnés de sainte Marie-Madeleine, c'est-à-dire les chocolatiers, les confiseurs, les épiciers, les parfumeurs, les savonniers, les raffineurs et les pharmaciens ont voulu, en 1890, lui apporter un témoignage public de vénération et d'amour.

Dans trois réunions préparatoires, au cours desquelles on constitua un bureau provisoire composé de

MM. Maurice Bernard, président ; Bourlet, vice-président ; Jean Bernard, secrétaire ; Victor d'Halluin, trésorier, et de plusieurs autres personnes, on étudia les moyens de fêter la sainte patronne. En raison du peu de temps qui restait pour organiser la fête, on dut se borner à faire chanter une messe solennelle en son honneur. A cet effet, on rédigea la circulaire suivante, qui fut envoyée à tous les intéressés et qui reçut le meilleur accueil :

« Depuis quelques années, il se produit un mouvement vers le rétablissement des fêtes corporatives. Déjà à Lille, nous voyons les filateurs et les filtiers célébrer la fête de saint Nicolas ; les cordonniers, la Saint-Crépin ; les ouvriers de l'industrie du fer, la Saint-Eloi ; les charpentiers, la Sainte-Anne, etc.

» Le moment nous a paru favorable pour rétablir la fête de sainte Marie-Madeleine, patronne des confiseurs, épiciers, parfumeurs, pharmaciens, raffineurs et savonniers. Cette fête se célébrait dans notre cité au XVIe siècle, ainsi que l'atteste un document de 1595, et elle était parfaitement suivie.

» Nous vous prions donc, M   , d'assister à une messe solennelle qui sera célébrée en l'église de sainte Marie-Madeleine, à Lille, le lundi 28 juillet, à onze heures.

» Les patrons, les employés, les ouvriers et leurs familles sont tous également invités.

BAUIN-HAMEAU; BEAUFORT-GOSSART; BERCHE-VANDEN-BROUCKE ; BERNARD frères ; BOURLET frères ; DEVERNAY-VERDONCK ; V. D'HALLUIN ; FERNAUX-DEFRANCE; GRYMONPREZ-DELBART; LABBE; Vve MEERT; SCHMIDT ; THIEULLET ; VANDECASTELLE ; VERDONCK-PLANQUE ; WATRELOT-DELESPAUL.

» P.-S. — Les patrons qui désireraient un plus grand nombre d'invitations pour leurs employés et ouvriers, peuvent les demander à M. l'abbé Desmarchelier, rue du Pont-Neuf, 40.

» Une liste de souscription sera présentée pour couvrir les frais de la messe et des invitations. Les cotisations sont reçues à partir de 0.25 centimes. »

A la date fixée, grâce au zèle déployé par chacun des membres du bureau, douze cents personnes, appartenant aux divers corps de métiers qui se réclamaient de sainte Marie-Madeleine, se trouvaient réunies dans l'église de la Madeleine.

La messe en *mi bémol* de Dubois, grand prix de Rome et organiste de la Madeleine à Paris, fut exécutée avec grande perfection par la maîtrise. M. l'abbé Fremaux avait tenu à officier lui-même et à rehausser ainsi cette solennité. A l'évangile, il est monté en chaire et, dans un langage clair et élevé, il a adressé aux membres de l'Association une solide allocution que nous regrettons vivement de ne pouvoir reproduire *in extenso*. En voici la substance:

L'orateur s'est inspiré de ces paroles de saint Pierre : *Secundum eum qui vocavit vos sanctum, et ipsi in omni conversatione sancti sitis.* En conformité avec celui qui vous a appelés et qui est la sainteté essentielle, soyez saints vous aussi dans toutes vos occupations.

« Rien dans ce monde, qui est l'ouvrage de Dieu, n'est livré au hasard. C'est Dieu qui, par les aptitudes et les inclinations qu'il nous donne, par les ressources qu'il nous assure et les circonstances qu'il fait naître, appelle chacun de nous à l'une des vocations qui se partagent ce monde : *vocavit vos.* Quelque diverses que soient ces vocations, toutes viennent de lui et doivent conduire à lui ; tous ont à suivre sa volonté manifestée par chacune d'elles pour arriver à la sainteté... Dieu, comme premier maître, doit être servi le premier. Or, il a destiné la plupart de ses enfants à le rechercher dans ses créatures, dans ses œuvres visibles, par le travail...Vous êtes de ce nombre, mais ne vous en plaignez pas, car, dès lors que son cœur de père a formé ce dessein, vous êtes assuré d'y trouver gloire et avantages.

» *Gloire.* — Si Dieu, en plaçant l'homme dans le paradis terrestre, lui a imposé le travail, il avait pour dessein tout d'abord de glorifier l'homme lui-même ; s'il lui a fait cultiver les plantes, élever et conduire les animaux, c'était afin de montrer sa supériorité sur eux. En second lieu, par le travail, Dieu s'associait l'homme dans son œuvre et lui communiquait davantage sa ressemblance.

» *Avantages.* — En effet, entre la gloire et les autres biens temporels qu'il procure, tout est profit spirituel dans le travail chrétien, et surtout les fatigues, les peines, les souffrances qu'il impose... Enfin, depuis le péché, Dieu y a attaché des mérites d'expiation et de préservation.

» Aussi, a conclu l'orateur, avez-vous bien fait en venant aujourd'hui dans ce temple, adorer Dieu comme l'auteur de cette grande et sage loi du travail. Vous avez bien fait de relier le présent au passé en vous plaçant pour continuer la chaîne respectable de la tradition, sous la protection puissante de Marie-Madeleine, qui versa l'huile embaumée sur les pieds du Sauveur, qui pourvut souvent aux besoins de son humanité, qui prodigua les aromates et les parfums pour ensevelir son corps... Puissiez-vous bientôt achever votre dessein et former entre vous une vraie charité fraternelle. »

Le saint sacrifice s'acheva au milieu du recueillement de cette foule encore tout émue des bonnes paroles qu'elle venait d'entendre.

Après la messe, nombre d'assistants, sur l'invitation de M. le président du bureau provisoire, se sont rendus au cercle de Notre-Dame de la Treille, rue de Thionville, pour s'entretenir de l'avenir de la jeune corporation. M. Maurice Bernard prit la parole et fit connaître l'intention des membres du bureau d'étudier pendant l'année les mesures à prendre pour constituer définitivement la corporation. Il demanda à chacun d'y réfléchir sérieusement et nous fit l'honneur d'être le centralisateur des observations qu'on jugerait à propos de faire. Il termina en donnant à tous rendez-vous pour l'année suivante.

Ces magnifiques commencements permettaient d'espérer que la corporation de sainte Marie-Madeleine serait féconde en excellents résultats. Aussi encouragèrent-ils le bureau provisoire à étudier les statuts qui devaient être proposés l'année suivante à l'approbation des personnes ayant adhéré à l'association. Ces statuts furent adoptés à l'unanimité et déposés à la mairie de Lille le 12 novembre 1891.

Depuis ce jour, la corporation fonctionnait à la grande satisfaction de tous ses membres, lorsque le

10 novembre 1891, dans une lettre adressée à M. le secrétaire, M. Vel-Durand s'étonnait que M. le procureur de la République n'eût pas encore ordonné la dissolution de la société, qui n'était pas d'accord avec la loi sur les syndicats professionnels. Le procureur, mis en demeure d'agir ainsi, ne manqua pas, quinze jours après, de demander la dissolution de la corporation dans les huit jours, sous peine de poursuites. La corporation fut dissoute, mais quelques membres se réunirent pour mettre à l'étude de nouveaux statuts qui furent présentés le 12 avril 1892.

De nouveau donc, la corporation existe. Puisse-t-elle grandir et devenir pour la ville de Lille une nouvelle cause de prospérité au spirituel et au temporel !

Chapitre V.

Confrérie des bateliers. — Son siége dans la chapelle Saint-Vital, place du Château. — Ils se retirent à Saint-André. — Ils reviennent à la Madeleine en 1697. — Opposition des marguilliers de Saint-André. — Différend entre les marguilliers de la Madeleine et les bateliers. — Tentative de rétablissement en 1875.

Les bateliers naviguant sur la Deûle et la Lys avaient formé entre eux une confrérie placée sous le patronage de saint Pierre, et dont le siége se trouvait en la chapelle Saint-Vital, située sur la place du Château. Lors de la démolition de ce sanctuaire, ne sachant où se retirer, ils transportèrent la statue de saint Pierre, les ornements et autres choses leur appartenant en l'église paroissiale de Saint-André, où ils firent célébrer leurs messes d'usage pendant quelques années.

Cependant, c'était un peu loin pour eux; d'ailleurs, la nouvelle église de la Madeleine était achevée, et comme elle remplaçait la chapelle Saint-Vital, il leur semblait que leur corporation serait mieux à sa place à cet endroit. Le 1ᵉʳ janvier 1697, ils firent célébrer une messe à la Madeleine et voulurent y porter tout ce qui appartenait à leur confrérie. Les marguilliers de Saint-André les en empêchèrent, sous prétexte que le Magistrat n'avait pas autorisé ce transfert. Les bateliers s'adressèrent aussitôt au mayeur et aux échevins, qui reçurent, d'autre part, les doléances du bailli de Saint-André. Celui-ci disait que la confrérie manquait à ses promesses et que les solennités se faisaient depuis plusieurs années en l'église Saint-André sans aucune difficulté. Néanmoins, les bateliers obtinrent gain de cause et s'installèrent à la Madeleine le 24 janvier suivant.

Le 13 janvier 1713, les marguilliers leur permirent de poser l'image de leur patron dans la niche droite de la chapelle de Notre-Dame de Bon-Secours. Cette image était en bois doré et argenté. Elle ne pouvait être retirée sans le consentement des marguilliers, qui devaient l'entretenir ; mais les bateliers pouvaient sans empêchement aucun, la porter aux processions. Au jour de la fête de saint Pierre, ils pouvaient l'exposer à la dévotion du peuple à leurs frais et dépens, et mettre sur leur buffet une urne destinée à recueillir les offrandes des personnes pieuses. Ces offrandes servaient à l'ornementation de l'image de saint Pierre ou de la chapelle.

On pourrait conclure de là qu'une cordiale entente existait entre marguilliers et bateliers. Mais le 30 mai 1762, on interdit à ces derniers l'offrande et l'eau bénite aux messes qu'ils faisaient dire. Pour quels motifs eut lieu cette interdiction ? La transaction suivante, passée le 26 juin 1764, nous l'apprendra :

« Les soussignés, sindics et supposts de la navigation de la Basse-Deusle de Lille, déclarent qu'ils sont prêts à mettre fin à la cause où ils sont impétrants de commission, de revendication du dix juillet mil sept cent soixante-deux, contre MM. les marguilliers de la paroisse de la Magdelaine, en cette ville, sous les conditions suivantes : sçavoir qu'ils continueront à faire célébrer en la dite paroisse leurs messes et offices comme on le pratiquoit cy-devant ; que chaque mois de l'année, il sera célébré une messe comme par le passé, avec l'offrande et l'eau bénite, sous la mesme rétribution que l'on payait autrefois; qu'il sera aussi célébré une grand'messe chaque année le jour de saint Pierre-ès-liens, ensuite en laquelle il y aura adoration et bénédiction ; que le lendemain, il sera pareillement célébré une grand'messe, à l'instar de ce qui se pratiquoit cy-devant, avec aussi adoration et bénédiction; que les bateliers de la dite Basse-Deusle ne choisiront plus aucun chapelain pour leurs messes et offices; que ce sera M. le curé de la dite paroisse qui fera célébrer et régira le tout à sa guise et sous l'usage ancien et sous les mesmes rétributions ; que les messes de chaque mois seront célébrées, sçavoir : pendant l'été, à sept heures et pendant l'hiver, à huit heures; que les bateliers seront réintégrés dans leur buffet et pourront replacer ce qu'ils ont emporté dans les mesmes endroits où ils étoient cy-devant.

» Si M. le curé de la dite paroisse de la Magdelaine, de mesme que MM. les marguilliers veulent acquiescer aux propositions cy-dessus, les dits bateliers de la Basse-Deusle consentent que la contestation finisse ; parmy compensation de dépens.

» A Lille, le 26 juin mil sept cent soixante-quatre, le tout cependant sous le bon plaisir de M. le commissaire de la Basse-Deusle. Et étoient signés : Antoine-Joseph Preuvost, Pierre Sauvage, Louis Caboche, Joseph

Urmène, Jacques-François Maurez, Antoine Lesecq, J.-B. Vannoukeff, Egitte Leleu, J.-P. Comère. »

Plus bas était écrit : « Autorisés les bateliers à l'effet cy-dessus.

» Lille, le 23 juillet 1764.
» *Signé :* Joseph Vanderveren,
» Echevin, commissaire du rivage de la Basse-Deusle. »

Les conditions furent acceptées de part et d'autre et dès ce moment, les bateliers n'eurent plus aucun démêlé.

Cette confrérie disparut en 1791.

M. l'abbé Grégoire, vicaire de la Madeleine, a essayé de la relever en établissant une association entre les bateliers et les portefaix de la Basse-Deûle. Ce bon prêtre célébra une messe, à laquelle les sociétaires assistèrent en grand nombre. Puis il bénit la statue de Notre-Dame des Bateliers et la plaça où elle se trouve encore aujourd'hui, quai de la Basse-Deûle, à la Brèche. Mais cette société ne tarda pas à être dissoute. D'ailleurs le commerce de la batellerie a presque disparu de ce quartier ; elle n'avait donc plus pour ainsi dire de raison d'être.

Les bateliers ont conservé les saines traditions de leurs ancêtres. Parmi les confrères et les consœurs de la confrérie de la sainte Vierge, bien des noms sont les mêmes que ceux signalés dans les actes de cette corporation.

Dans la sacristie de la Madeleine, on peut voir les petits navires dont nous parlons plus haut, qui étaient dans la chapelle de la sainte Vierge, à côté de la statue de saint Pierre.

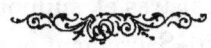

Chapitre VI.

Corporation des ciriers. — Son antiquité. — Ses statuts. — Don au musée de Vicq de plusieurs objets appartenant aux ciriers. — Différentes modifications des statuts.

Cette corporation existait longtemps avant l'érection de l'église de la Madeleine. Elle devait être établie dès avant 1565, puisqu'en juin 1636, les statuts furent renouvelés par le Magistrat, les anciens étant défectueux et offrant plusieurs inconvénients. Nous citerons les principaux articles de ces ordonnances, pour l'édification de nos lecteurs.

« Art. I. — Pour régir le style des ciriers, seront élus deux maistres, lesquels seront tenus entendre les torses et chandelles d'icelui et les droits dudit style, ensemble les amendes et forfaitures collectées et reçues ; ils seront tenus rendre compte par chascun an, le jour et feste des dix mille martyrs, le vingt-deux juin, auquel jour l'un des dits maîstres sortira de charge pour un aultre lui estre substitué.

» Art. II. — Les maistres et suppots dudit style seront tenus, le jour du Saint-Sacrement et procession, accompagner et suivre leurs torses, comme aussy aux enterremens et services des confrères, à peine de vingt sols parisis au proufficl de la chapelle.

» Art. III. — Nul ne poldra parvenir à la franchise dudit style ni tenir boutique en ceste ville que préalablement il ait passé chef-d'œuvre, à peine de dix livres d'amende.

» Art. IV. — Pour estre admis à chef-d'œuvre et parvenir à franchise, sera besoin d'avoir au préalable faict apprentissage soubz francq-maistre de cette ville tenant boutique et luy appartenante, espace de deux ans continuels et s'appliquer journellement à l'ouvrage de son maistre.

» Art. V. — Chacun apprenti debvra estre annoté sur le registre dudit style en dedans ung mois et payer six livres parisis et ne commencera le tems de l'apprentissage à courir que du jour de la dicte registrature ; et à l'exspiration des deux ans, debvra tel apprenti faire raport aux maistres qu'il aura achevé son tems en payant lors quarante sols parisis, à faulte de telle assistance ledit maistre fourfera vingt livres parisis d'amende.

» Art. VI. — Pour faire chef-d'œuvre et parvenir à franchise et maistrise, chacun sera tenu de faire une chandelle de deux livres et demie de cire de sept pieds de longueur, dont le trou aura cincq poulces de rondeur et douze poulces de profondeur ; ensemble une torche sur un baston de cincq poulces de rondeur avec trois quarterons de cire, couverte de cincq quartiers de longueur, et encore deux chandelles chascune pesante un quarteron et longue de six quartiers, portant trou d'un poulce et demi de rondeur et cincq poulces de profondeur ; le tout bien et duement fait et achevé au contentement des maistres.

» Art. VII. — Tous fils de maistres passans chef-d'œuvre et reçus à franchise seront tenus payer au prouffit de la chapelle chascun six livres, les aultres douze livres et tant les ungs que les aultres au serviteur pour ses salaires et services, quatre livres parisis.

» Art. VIII. — Tout maistre sera tenu avoir sa marque particulière qu'il debvra sans aucun délai faire imprimer sur le plomb du corps dudit style ; il sera aussy tenu imprimer sa dite marque sur toutes torches et chandelles procédantes de sa fabrique et boutique, commençant au poids de demi-livre et en dessous, à péril de six livres parisis d'amende.

» Art. IX. — Nul ne pourra faire ou faire faire chandelles, hasses, flambeaux soit de cire jaune ou blanche, si elles ne sont de mesme bonté par dedans que par dehors, à peine de six livres d'amende par chascune pièce.

» Art. X. — N'étans les chandelles trouvées peser leur vrai poids de cire bonne, y aura pareille amende.

» Art. XI. — Nul ne poldra faire, ou faire faire ou avoir chez soi, chandelles parées d'or ou d'argent ou estain battu, saulf celles qui se feront pour les jours et festes de saint Nicolas, de sainte Catherine, lesquelles sera permis avoir ung mois auparavant et huit jours après ; celles qui seront trouvées paravant ou après ledit tems, seront rompues et brisées, touchant ceulx en contravention payant pour chascune pièce pareille amende que dessus.

» Art. XII. — Ceulx aiant faict chef-d'œuvre et reçus à franchise ne tenant boutique ouverte payront par chascun an douze sols parisis au prouffit dudit style.

» Art. XIII. — Tout maistre ayant tenu boutique et le délaissé paravant leur trépas, désirant estre maintenus ès-droits de leur franchise pour eulx et leurs enfans payant pareils douze sols parisis ; et à leur trespas se debvra payer pour leur morte-main la somme de soixante sols parisis.

» Art. XIV. — Sera deue pareille morte-main après le trespas de ceux qui seront trespassés tenans boutique.

» Art. XV. — Tant pour les ungs que pour les aultres seront portées aux convoys de leur enterremens et service ou à l'ung d'iceulx, s'il n'y en a que ung, les torches dudit style.

» Art. XVI. — Tous ceulx et celles francqs dudit style tenans boutique ouverte seront tenus payer les frais d'année, suivant les comptes rendus par les maistres.

» Art. XVII. — Personne ne poldra vendre ni débiter aulcune partie des dites cires mises en œuvre en aultre lieu ou endroit que en sa boutique et maison, sur peine de vingt sols parisis d'amende par chascune pièce.

» Art. XVIII. — Tous ceulx et celles qui seront trouvés avoir apporter ou faict apporter en ceste ville, baille ou banlieue, aulcunes chandelles, torches ou aultres sortes de cires mises en ouvrage, fourferont l'amende de vingt sols parisis par chascune pièce.

» Art. XIX. — Si aulcun dudit style estoit refusant, deffaillant ou déloyant de fournir, entretenir et accomplir ces présentes ordonnances, à la dénonciation des maistres, il y sera contraint par nous et notre commandement, par toutes voyes et manières de contraintes dues et raisonnables, jusqu'au plein et entier payment, fournissement et accomplissement et à ses dépens. »

Quelle sollicitude pour les intérêts de la corporation ! Le Magistrat pensait à tout ; pas le moindre détail ne lui échappait.

A quelle époque cette société eut-elle son siége en l'église de la Madeleine ? Nous ne saurions le préciser. Ses registres, que la fabrique a remis à la ville le 15 mai 1875, auraient pu nous renseigner ; mais jusqu'ici il nous a été impossible de nous les procurer. A cette même date, la ville achetait un écusson en argent représentant saint Paulin, patron des ciriers, coiffé de la mitre, tenant de la main gauche la crosse et de la droite une truelle. En bas, du côté gauche, se voit une ruche traversée par deux lances.

Le coffre, tout en chêne, a trente centimètres de profondeur sur cinquante de longueur et trente-cinq de largeur. Le couvercle est orné de dessins et de l'inscription suivante :

« SAINT-PAULIN. — *Ce coffre avec les lettres, les livres et broche, le tout servant et apertenant au corps d'estille des ciriers de cete ville de Lille en Flandre, fait en l'an 1728. Jean-Baptiste Mauviez, maitre de cete année.* »

Le 8 octobre 1672, une modification fut apportée aux statuts de 1636. « Ceux qui feront chef-d'œuvre paieront, au lieu du repas, 24 livres parisis aux maistres ».

Le jugement que ceux-ci portaient sur l'examen à passer devait être gratuit, et le repas offert par le candidat reçu était destiné à les remercier. Mais ce dîner était trop coûteux pour les parents de l'élu, en raison du grand nombre de personnes qui y étaient invitées. C'est pourquoi on changea la teneur de l'article VI, ainsi que nous l'avons dit.

Avec le temps, les ciriers croissaient dans notre ville et les deux maîtres ne suffisaient pas à veiller aux fraudes nombreuses qui se commettaient. Le Magistrat leur accorda, le 5 mai 1681, d'avoir quatre maîtres, deux anciens et deux plus jeunes, rééligibles après un délai de six ans.

Quelques amendes et sentences rendues contre des membres pris en contravention ont été recueillies par nous. Le 15 novembre 1708, Etienne Boular est condamné à l'amende pour avoir vendu des chandelles faites de cire, de suif et de mauvais ingrédient. Joseph Bocquet subit la même peine en 1738 et en 1742, pour avoir vendu des flambeaux défectueux. Pareille sentence est rendue contre Féliman, parce que, dans six chandelles par lui vendues, on avait trouvé « une couteresse d'un quart d'once à la livre. »

Le 24 mai 1751, on ajouta une clause au réglement déjà existant. Elle ordonnait de se servir seulement de trois sortes de cire : de la cire royale, demi-royale et commune, et de la faire examiner, une fois travaillée, par les deux maîtres sortants.

La corporation des ciriers disparut en 1789 ; depuis, on n'a pas essayé de la rétablir. Du reste, le système d'éclairage, tout à fait différent de celui d'autrefois, s'oppose à cette restauration. De plus, la liberté du travail, qui existe aujourd'hui, fait qu'il n'y a plus de ciriers proprement dits. Ceux qui, par hasard, exploitent encore cette industrie, y ont joint quelque autre branche commerciale, de sorte que l'une soutient l'autre.

Chapitre VII.

Confrérie de sainte Marie-Madeleine. — Confrérie de saint Léonard. — Confréries de saint Roch et de sainte Agathe.

Le 26 avril 1662, sur la demande d'un grand nombre de Madeleinois du faubourg, Mgr François Vilain de Gand, évêque de Tournai, rendait un décret par lequel la susdite confrérie se trouvait établie en la paroisse *extra-muros* de Sainte-Marie-Madeleine. Nous donnons, à titre de curiosité, le texte intégral des règles que l'évêque approuvait dans son décret :

« 1°. — En cette confrérie seront admis hommes et femmes et toutes personnes ayant reçu le saint sacrement de confirmation ou étant en âge de le recevoir, gens non scandaleux ni suspects d'hérésie.

» 2°. — Le jour de leur entrée en ladite confrérie, tous les confrères et consœurs se mettront en état de grâce et ce par une bonne confession et communion, avec promesse de rendre participans tous les confrères et consœurs de toutes les bonnes œuvres qu'ils feront toute leur vie, afin que par les mérites d'icelles et de ceux de leur sainte patronne, ils puissent obtenir de Dieu une parfaite contrition à l'article de la mort.

» 3°. — Tous les jours, au matin et au soir, les confrères et consœurs, après un sérieux examen de leur conscience, tascheront de réciter un acte de contrition en telle ou semblable manière : « Mon Dieu, je vous demande pardon de tous les péchés que j'ai commis en cette journée et toute ma vie ; je m'en repens de tout mon cœur pour avoir offensé une bonté infinie, je propose de m'en confesser au plus tost. »

» 4°. — Ce devoir fait, ils feront prières et oraisons pour remercier Dieu, lui offrant et lui dédiant de tout leur cœur, proposant de le servir fidèlement tout le temps de leur vie, lui offrant aussi toutes leurs pensées, paroles et œuvres.

» Tous les confrères et consœurs, par une sainte coutume, se confesseront et communieront une fois le mois, ou du moins aux grands jours et festes solennelles que l'Église célèbre au long de l'année et particulièrement au jour de la feste de leur sainte patronne, sainte Marie-Magdelaine.

» Tous les premiers vendredis de chaque mois, on chantera à l'autel de ladite sainte la messe à son honneur, à l'intention de tous les confrères et consœurs, à laquelle ils assisteront avec révérence et attention.

» Le jour de la feste de sainte Marie-Magdelaine, vers les cinq heures du matin, on chantera les matines, puis se célébrera la messe basse. A neuf heures, on fera la prédication, puis la messe solennelle, suivie de la procession avec le vénérable Saint-Sacrement. Le lendemain, sur les huit heures, se chantera un obit à trois psaumes et trois leçons avec commendates pour les âmes des confrères et consœurs trépassés.

» M. le pasteur ou son lieutenant, avec les maistres de la chapelle, recevront ceux et celles qui se présenteront en ladite confrérie et tiendront registre des noms de ceux et celles qui entreront, avec les aumosnes qui se feront, dont tous les ans ils seront obligés, étant requis, bon et fidèle compte à Mgr l'illustrissime et révérendissime évêque ou son député. »

Telle était l'organisation de cette confrérie que la Révolution abolit et dont jamais on n'a tenté la restauration.

Confrérie de saint Léonard.

Erigée d'abord en la chapelle Saint-Vital le 24 décembre 1658, cette confrérie ne tarda pas à être transférée en l'église de la Madeleine, quand celle-ci remplaça la chapelle du château de Courtrai. Elle avait pour siége la chapelle actuelle du Saint-Sacrement.

Les confrères et consœurs de saint Léonard devaient autant que possible assister à la messe tous les jours, ainsi que leurs enfants et domestiques. Ils terminaient leurs prières du matin et du soir par une formule de ce genre : « Mon Dieu, je crois en vous de tout mon cœur ; mon Dieu, j'espère en vous de tout mon cœur ; mon Dieu, je vous aime de tout mon cœur. » Après leur examen de conscience, ils exprimaient ainsi leur acte de contrition : « Mon Dieu, je me repens de tout mon cœur de vous avoir offensé pour l'amour de vous qui êtes souverainement bon ;

j'en espère le pardon de votre bonté et miséricorde infinie, proposant de ne plus vous offenser et d'en éviter les occasions, moyennant votre grasce. »

Ils devaient aussi instruire leurs enfants et domestiques des vérités de la foi et communier après confession une fois par mois ou du moins aux fêtes solennelles et à celle de saint Léonard. Quand un confrère était décédé, les maîtres étaient tenus de faire en sorte que l'on pût célébrer une messe pour le repos de son âme.

Cette confrérie, comme les autres, disparut en 1791.

Aujourd'hui, saint Léonard est particulièrement honoré à Raches, qui possède un fragment de l'un des bras du saint, provenant du diocèse de Limoges. Une portion de cette relique a été donnée à l'église de la Madeleine et à celle de saint Vital.

La fête de saint Léonard se célèbre le 14 novembre.

Confréries de saint Roch et de sainte Agathe

Deux autres associations, celle de saint Roch et celle de sainte Agathe, existaient encore en la paroisse de la Madeleine. Malheureusement, il ne nous reste aucun monument capable de nous renseigner. Malgré nos recherches minutieuses, nous n'avons pu retrouver la bulle d'érection ni les registres de ces confréries.

Ces nombreuses confréries qui avaient leur siége en notre paroisse prouvent surabondamment la vive foi qui régnait chez ses habitants.

C'est grâce à elles, grâce au bien caché qu'elles faisaient, que Lille a su éviter les écueils de la tourmente révolutionnaire et ne pas tomber dans ces horreurs qui ont souillé tant d'autres villes. Aussi ne s'étonnera-t-on nullement de voir qu'aujourd'hui encore, notre cité est le centre de beaucoup d'œuvres charitables qui rayonnent dans le diocèse, dont quelques-unes sont peut-être ignorées de nos concitoyens, malgré les secours qu'elles apportent aux nécessiteux. Comme toujours, la paroisse de la Madeleine est à la tête de la plupart de ces œuvres dont nous allons parler.

SECTION II. — Les œuvres nouvelles.

Chapitre I.

La réunion de l'Enfant-Jésus. — Rapport de Mme d'Aubigny à Mgr Régnier (1864). — Origine de la réunion. — L'œuvre des dots. — Démembrement de la paroisse, terrible épreuve pour la réunion. — Mme Beylot. — Mme Moillet. — Mme Dambricourt. — Sœur Sainte-Anne. — Sœur Sainte-Victoire. — Mme Feron-Vrau.

Il existe deux patronages de jeunes filles dans la paroisse de la Madeleine. Le patronage appelé réunion de l'Enfant-Jésus est le plus ancien de la ville de Lille. C'est dans un rapport rédigé par Mme d'Aubigny, en 1864, que nous trouvons ce précieux renseignement. Le compte-rendu de Mme d'Aubigny nous fournit d'autres détails très intéressants sur cette réunion. Aussi croyons-nous devoir commencer l'historique de ce patronage, en rappelant dans quelle circonstance ce travail a été lu et en le donnant en entier pour l'édification de nos lecteurs. Nous nous permettrons ensuite d'ajouter certains faits que Mme d'Aubigny ne pouvait consigner dans ce rapport.

C'était le 19 janvier 1864. Mgr l'archevêque, accompagné de M. l'abbé Bernard, vicaire général, de M. le doyen et du vicaire chargé spécialement du patronage, se rendit à la communauté de l'Enfant-Jésus. Toutes les jeunes filles et les dames patronnesses avaient été convoquées. C'étaient Mmes Benjamin Bernard, Louis Bernard, Benoist, Vernier, Steverlynck, Lammens, d'Aubigny, Baudon, Reumaux et Fockedey.

Après une distribution de récompenses, Mme d'Aubigny lut le rapport suivant :

« MONSEIGNEUR,

» Enhardies par votre bienveillant accueil pour toutes les œuvres pieuses de notre populeuse cité et pour tout ce qui a rapport au bien matériel et spirituel de la classe ouvrière, nous prenons la respectueuse liberté de vous entretenir quelques instants du patronage des jeunes filles de la Madeleine, patronage qui fut le berceau de tous les autres de la ville. Il compte environ quarante ans d'existence et fut fondé par M. l'abbé Somade, alors vicaire de la paroisse, et par Mmes Beylot et Moillet, qui s'adjoignirent d'abord Mlle Théry et, quelques années plus tard, Mlle Adèle Kolb, laquelle entra au Sacré-Cœur en 1833.

» L'œuvre fut alors soutenue pendant dix ans par Mlles Théry et Dehau, et en dernier lieu, par Mlle Emilie Kolb [1], aidée de Mlle Blanchot.

---

[1] Mlle Emilie Kolb aspirait secrètement au Sacré-Cœur, où elle n'entra qu'après la mort de ses parents ; elle était avec sa mère la tête et le cœur de la maison qu'elle mettait tout ensemble dans l'ordre et dans la joie. Préludant dès lors à sa future vocation religieuse, elle se consacrait au service des meilleurs amis de Dieu, les pauvres, qu'elle visitait, qu'elle instruisait, qu'elle assistait, donnant son temps et son cœur à toutes sortes de bonnes œuvres. (*Revue de Lille*, Kolb-Bernard, par Mgr L. Baunard, p. 492.)

» En 1843, Mmes Dambricourt et Benoist l'adoptèrent et, en 1848, les sœurs de l'Enfant-Jésus en demeurèrent définitivement chargées.

» Mais cependant, Mme Dambricourt ne perdit point de vue les jeunes filles de ce patronage ; elle ne cessa jusque dans ces derniers temps de les visiter et de pourvoir seule ou presque seule aux dépenses qui étaient nécessaires. A son départ, on réorganisa la chose, et aujourd'hui l'œuvre compte dix dames patronnesses.

» Une quête fut faite dans la paroisse ; elle produisit 936 francs et quelques souscriptions pour les années 1865 et 1866.

» Ces ressources sont faibles, Monseigneur. Cependant il faut peu de chose à Dieu pour opérer beaucoup de bien, et c'est ce qui nous donne courage. L'œuvre a pris immédiatement une extension nouvelle ; elle comprend, de fait, deux patronages : celui des sœurs de la Sagesse qui compte 180 jeunes filles, et celui de l'Enfant-Jésus qui en compte 250 à 300 : ensemble 450. Les fonds que nous avons recueillis ont servi à l'achat du mobilier pour la fondation chez les sœurs de la Sagesse, et à procurer les moyens de distraction et d'amusement qui étaient réclamés des deux côtés.

» En outre, il a paru utile de donner comme témoignage de satisfaction un souvenir durable à celles de nos jeunes filles qui, depuis bien des années, fréquentent le patronage avec un zèle et une persévérance dignes de tous les éloges. Elles sont au nombre de douze.

» Distribuées par vous, Monseigneur, à celles qui les ont méritées, les récompenses dont je viens de parler leur seront d'un prix inestimable.

» Telle est, en ce moment, la situation de l'œuvre. Mais,

Monseigneur, à la vue de ces chères enfants, notre cœur se prend à déplorer combien peu d'entr'elles nous restent jusqu'à leur mariage. Beaucoup, en quittant les bonnes sœurs, dévient du droit chemin. Alors, nous avons songé à offrir un cadeau à celles qui, après avoir été assidues pendant un certain nombre d'années, ne nous abandonneraient qu'après un mariage contracté dans des conditions honorables. Nous ne sommes pas sans espoir de trouver, pour subvenir à cette œuvre spéciale, le concours de jeunes personnes aisées au moment où elles-mêmes doivent se marier ou entrer en religion.

» Un cahier a été établi à cet effet et attend votre approbation, Monseigneur. Nous y inscrirons ensuite les sommes reçues ou déjà promises.

» Pleines de confiance, nous travaillerons alors au succès de cette entreprise nouvelle qui nous a paru de la plus haute importance, et, la mettant sous la protection de Dieu, nous vous prions, Monseigneur, de nous accorder votre bénédiction pour nous, pour nos jeunes filles, pour leurs bienfaiteurs et pour les bonnes religieuses qui leur consacrent le peu de temps dont elles peuvent disposer. »

Après la lecture de ce rapport, Mgr l'archevêque se fit présenter le livre préparé pour les souscriptions en faveur des dots et voulut bien y consigner qu'il approuvait et bénissait l'œuvre. De plus, ouvrant la souscription, il s'inscrivit pour la somme de 200 francs, et M. l'abbé Bernard pour 100 francs.

Cet heureux début n'était-il pas un gage certain de l'avenir de l'œuvre nouvelle ?

Indiquons ici comment se donne cette dot. Aux jeunes filles qui entrent au couvent, la dot est fournie en argent (50 fr.) ; mais à celles qui se marient, on a trouvé plus convenable de donner des objets qui seront conservés longtemps dans le ménage, tels que meubles, literies, draps, etc.

En quittant Lille à la fin de 1869, Mme d'Aubigny fit remettre à M. le doyen les fonds de l'œuvre des dots, montant à la somme de 986 fr. 21. Cette somme fut versée à la caisse de MM. Bernard frères. On prit alors la décision suivante : Quand cette somme serait épuisée par les cadeaux de noces ou les récompenses pour les dépôts à la caisse d'épargne, l'œuvre des dots serait confondue pour les recettes et les dépenses avec celles du patronage de la Sagesse. Cette fusion, après avoir reçu l'autorisation des diverses personnes qui avaient fait des dons pour cette œuvre eut lieu le 31 décembre 1876. Depuis ce temps, les patronages de l'Enfant-Jésus et de la Sagesse ont un budget commun, tout en formant deux réunions séparées.

Grâce à ces heureux changements, la réunion continuait à prospérer sous l'habile direction des zélés vicaires de la paroisse et des bonnes sœurs de l'Enfant-Jésus, lorsque en 1880, elle faillit disparaître. Il était question de distraire une partie de la Madeleine pour la donner à Saint-André et la réunion de l'Enfant-Jésus se trouvait comprise dans la partie cédée. Ce fut un *tolle* général. Elle avait coûté tant de sacrifices, tant de soucis aux habitants de la paroisse ! Il ne leur était pas possible de s'en séparer. Ce fut même une des raisons qu'on apporta contre le démembrement qui fut pourtant décidé. Mais le cardinal Régnier, dans une nouvelle visite qu'il fit à la réunion, promit que tant qu'il vivrait, elle conserverait son local et continuerait à nous appartenir.

Le vénéré prélat ne devait plus vivre longtemps, hélas ! et il semblait à tous que la réunion de la Madeleine touchait à sa fin. En effet, peu de temps après la mort de S. E. le cardinal Régnier, la paroisse Saint-André entra en possession du local. Pendant trois semaines, la réunion fut fermée. Après de nombreux pourparlers habilement dirigés, elle se rouvrit sur la Madeleine, dans la maison qu'elle occupe actuellement rue du Pont-Neuf. Toutes les élèves répondirent à l'appel.

La réunion de l'Enfant-Jésus allait donc exister ; elle devait même devenir plus vivace que jamais. A tous ceux qui se rendent compte des épreuves qu'elle a supportées, des dangers qu'elle a su éviter, elle paraît immortelle. Veuille Dieu qu'il en soit ainsi !

Il nous a semblé que les paroissiens de la Madeleine liraient avec plaisir les renseignements que nous avons pu recueillir sur la vie des fondatrices de ce patronage. Nous avons à parler particulièrement de Mmes Beylot, Moillet et Dambricourt et des sœurs de l'Enfant-Jésus qui leur ont succédé comme directrices. Par elles, nous connaîtrons mieux la vie extérieure de notre réunion dominicale.

Sous la Restauration, Mme Beylot, née Olivier, était venue de Bordeaux à Lille avec son mari, qui, le premier, apporta dans le Nord l'usage des vins du Bordelais. Dans sa ville natale, elle avait vu des réunions de jeunes filles chrétiennes et admiré la salutaire influence de ces institutions sur les mœurs générales. Nous savons déjà par le rapport de Mme d'Aubigny, que c'est de concert avec M. Somade, vicaire de la Madeleine, qu'elle essaya de fonder une association de ce genre avec les jeunes filles de son voisinage.

La réunion avait lieu le dimanche aussitôt après l'office. On s'était déjà vu quelques instants le matin avant d'aller à la grand'messe qui se chantait vers huit heures et demie. Mme Beylot, imitant saint François de Sales, parcourait les différentes rues de son voisinage, une sonnette à la main, pour appeler les jeunes filles, et s'exposait ainsi aux lazzis des voisins et aux qualifications les plus désagréables. Mais cette femme de Dieu, désireuse de la gloire de Notre-Seigneur et animée du zèle le plus ardent pour le salut des âmes de ces filles, ne se laissait pas abattre par ces petites persécutions et redoublait d'efforts pour amener à Dieu les enfants de la paroisse.

D'ailleurs, elle avait déjà sa récompense sur la terre ; les jeunes filles, reconnaissantes des soins maternels qu'elle leur prodiguait, lui avaient voué une affection sans bornes. Le dévouement, le respect de ces jeunes filles pour leur chère directrice, étaient admirables. L'énergie que la petite communauté mettait à supporter les tribulations inhérentes à toute œuvre de zèle et de sacrifice montrait visiblement que Dieu était avec elle. Était-elle obligée de se dissoudre pour un moment, elle se reformait avec une rapidité étonnante. Souvent elle dut changer de domicile. La réunion, qui se trouvait d'abord cour du Moulin-à-Chiens, fut transportée successivement dans une maison entourée d'une prairie, sur l'emplacement de la Manufacture des tabacs actuelle ; puis rue du Marché-aux-Bêtes, à peu près vis-à-vis du n° 18 ; rue de la Halle ; rue

Dauphine, aujourd'hui rue de Jemmapes ; rue de Courtrai, vis-à-vis de la maison Bernard. Un peu plus tard, elle retourna près du rempart.

Mme Beylot mourut à Libourne, le 18 août 1848. Elle se trouvait dans cette ville depuis plusieurs années. Son mari, qui était d'un caractère hardi et entreprenant, avait voulu quitter Lille et revoir son cher Bordelais. Mme Beylot fut à Libourne ce qu'elle avait été à Lille. Elle consacrait, nous a dit Mme de Sèze, tous ses instants aux pauvres et aux bonnes œuvres. Elle était l'aide de son curé, qui était lui-même un homme d'un grand zèle. Elle fut mise à la tête d'une réunion de dames pieuses qui établirent un refuge pour les domestiques sans place, un asile pour les orphelins, etc. Elle protégeait les frères des écoles chrétiennes que son mari avait appelés à Libourne et dotés avec une grande générosité.

Dame de charité, Mme Beylot visitait assidûment les pauvres de la ville, les prisonniers et les malades de l'hôpital. Sa demeure était constamment envahie par les malheureux de tous genres qu'elle ne renvoyait jamais les mains vides. Au moment de la révolution d'Espagne, un grand nombre de familles émigrèrent à Libourne. Mme Beylot s'occupa de leurs intérêts jusque dans les plus petits détails ; elle fut en un mot leur providence. Son activité tenait du prodige. Rien ne lui coûtait pour mener à bien les œuvres de charité qu'elle avait entreprises. Elle se laissait absolument manquer de tout pour pouvoir donner davantage. Sa mise était celle des plus pauvres ; dans sa dernière maladie, on n'a même pas trouvé chez elle le linge nécessaire pour la soigner.

Mme Beylot avait rencontré en Mme Moillet une collaboratrice dévouée. Cette dame, née Cuvelier, était depuis 1811 l'épouse de M. Moillet, qui fut longtemps le président des marguilliers de la Madeleine. Ce mariage unissait deux des plus anciennes et des plus respectables familles de Lille, comptant parmi leurs parents les Dathis, les Danel, les Bigo, et offrait le modèle de toutes les vertus domestiques. Mme Moillet était en relations très suivies avec sœur Nathalie, la sainte personne qui fut la fondatrice et la première supérieure générale de l'ordre de l'Enfant-Jésus, avec Mmes de la Granville, Vandercruyssen, Lemesre-Dubrusle, qui l'avaient en haute estime. M. Moillet lui laissait la liberté la plus complète dans l'accomplissement de ses œuvres pieuses. Il s'y intéressait toujours et bien souvent il n'hésitait pas à s'y associer de tout cœur. Les vertus de Mme Moillet resteront dans la mémoire de ceux qui l'ont connue, comme ses actions, ignorées du public, porteront toujours leurs fruits. Une personne digne de foi, qui a vu de très près Mme Moillet, a porté sur elle le jugement suivant : elle était l'âme de son intérieur, la providence des malheureux, la coopératrice intelligente et active de toutes les bonnes œuvres. Elle mourut en 1833, à l'âge de 45 ans, laissant cinq enfants dont l'aîné avait 18 ans et le plus jeune 5 ans à peine [1].

Nous avons vu plus haut que la réunion, après différentes pérégrinations, s'était enfin fixée près du rempart.

---

[1]. On peut voir au chapitre des marguilliers que les enfants de M. et Mme Moillet se sont montrés dignes de leurs parents par leur dévouement à la cause de Dieu.

C'est là qu'on rencontre comme directrice Mlle Blanchot, qui s'occupa activement du patronage avec Mlle Mélanie Morel et Mlle Villate. Encore une fois elle dut quitter cette demeure et s'établit avec Mme Dambricourt à l'endroit où se trouve actuellement le bureau de bienfaisance.

Mme Dambricourt, qui avait succédé à Mlle Blanchot dans la direction du patronage, fut puissamment aidée par une de ses nièces, Mlle Augustine, et par ses deux filles Anna et Céline Dambricourt. Elle fonda une seconde division dont elle confia la direction à ces dernières. Nous ne voudrions pas oublier Mlle Jacquart, maîtresse de musique des demoiselles Dambricourt, qui avait la charge difficile et fatigante d'exercer les jeunes filles à chanter des cantiques pour les fêtes et le mois de Marie.

On ne saurait trop louer le dévouement de ces dames Dambricourt. Leur conduite, si noble pourtant, n'était pas toujours approuvée par leur famille, qui se voyait quelquefois délaissée. Ces dames s'ingénièrent de mille façons à satisfaire aux exigences de leurs parents, tout en restant attachées à la réunion.

Les demoiselles Dambricourt avaient dû laisser à leur mère toute la direction du patronage. Bientôt la santé et les occupations de Mme Dambricourt ne lui permirent plus de consacrer à ses chères filles de la réunion toutes ses soirées du dimanche. Elle n'allait les visiter que de temps à autre, après avoir confié la direction de la première division à Mlle Mélanie Morel et celle de la seconde à Mlle Mélanie Villate. Mais, malgré le dévouement et l'abnégation des deux directrices, malgré la bonne volonté d'un grand nombre de jeunes filles, la réunion semblait décliner. Mme Dambricourt en était fort attristée.

Elle sentait qu'il fallait à la tête du patronage des personnes stables qui, fortes du prestige et de l'activité que donne la vocation religieuse, exemptes des préoccupations qui assaillent nécessairement les gens du monde, imprimeraient à la réunion un nouvel élan et ranimeraient par une direction ferme et immuable, le zèle et la piété des jeunes filles. Aussi quelle ne fut pas sa joie en apprenant que les sœurs de l'Enfant-Jésus allaient désormais se charger de la réunion.

Ce fut le premier dimanche d'octobre 1850 que les jeunes filles quittèrent le local qui se trouvait alors près de l'église, pour s'installer rue Saint-Sébastien avec les nouvelles directrices, et, le 19 novembre suivant, la réunion se fixa rue du Metz, dans l'ancienne maison-mère de l'Enfant-Jésus. Elle fut définitivement établie sous le patronage du saint et immaculé Cœur de Marie. Pour la première fois, trente-deux jeunes filles reçurent le titre d'enfant de Marie. Cette association a été affiliée à la congrégation primaire le 12 août 1874. Toutes les anciennes enfants de Marie se sont réunies le 8 décembre 1864 dans la chapelle de la communauté, ont renouvelé leur consécration à la sainte Vierge et ont reçu de nouveau le ruban et la médaille des mains de M. Bafaleur, archiprêtre, doyen de la Madeleine.

La sœur Sainte-Anne de Jésus fut mise à la tête de la réunion.

Quelques années plus tard, la bonne religieuse fut remplacée par la sœur Nathalie, actuellement supérieure générale de l'ordre. Elle nous disait elle-même la piété qui régnait parmi les jeunes filles ; elles se plaisaient tant à la réunion que rien ne pouvait les en faire sortir: ni les plaisirs publics, ni les fêtes de quartier n'étaient capables de les en distraire, et si par hasard quelques-unes d'entr'elles étaient moins sérieuses, on les grondait doucement et aussitôt elles revenaient à de meilleurs sentiments.

On se réunissait quelquefois le soir, de huit heures à neuf heures ; on devait s'occuper de bonnes lectures et de prières. Un soir, on se mit comme d'habitude à prier et à lire. On s'y trouvait si bien que le temps s'écoulait sans qu'on s'en aperçut. Enfin, la supérieure, impatientée de tant de retard, vint en demander le motif : — Il n'est pas encore neuf heures, lui répondit-on ! — Mais il est dix heures et demie, reprit la bonne supérieure, qui, en présence de tant de piété, n'eut pas le courage de gronder ni ses religieuses ni ses jeunes filles.

La sœur Sainte-Victoire fut nommée directrice de la réunion en 1865. Voilà donc 37 ans qu'elle la dirige avec un zèle et un dévouement sans égal. Des dames pieuses continuent cependant à s'y intéresser. Mme Feron-Vrau, dont les ouvrières font partie du patronage, se distingue entre toutes par son dévouement à cette belle œuvre dominicale. C'est à sa générosité que la réunion doit la maison qu'elle occupe actuellement.

Chapitre II.

Les frères des Ecoles chrétiennes à Lille. — Leur arrivée. — Le cher frère Honoré, premier directeur. — Les frères s'établissent rue des Urbanistes (1822). — Le cher frère Adrien. — M. l'abbé Bernard. — Etablissement des retraites de première communion. — Les frères sont installés dans les écoles communales (1853). — Le cher frère Evergile, successeur du frère Adrien. — Les frères s'installent rue du Metz. — Puis, rue de la Monnaie. — Les frères quittent les écoles communales. — L'école de la Madeleine est transférée place du Concert. — Plus tard, rue de Thionville.

Ce fut le 29 juillet 1819 que les frères, appelés par MM. le comte de Muyssart, maire, Dussart d'Escarne, Lemesre-Dubrusle, adjoints, furent installés rue Comtesse, 2.

Une messe solennelle du Saint-Esprit fut célébrée à la Madeleine par M. l'abbé Bézu, doyen, qui prononça un discours de circonstance. Soixante enfants, divisés en deux classes, y assistaient. Tels furent les humbles commencements des Ecoles chrétiennes de Lille. Mais l'arbrisseau planté sur le territoire de la Madeleine allait devenir un grand arbre dont les ramifications devaient s'étendre jusque dans les autres paroisses de la ville.

Le frère Honoré, directeur à Aire-sur-la-Lys, avait été chargé par ses supérieurs d'ouvrir l'établissement et d'installer comme premier directeur le frère Tite, qui venait de Meaux. Le frère Honoré, qui avait été retenu à Aire et n'avait pu prendre aussitôt la direction des frères à Lille, y revint définitivement le 20 septembre 1820.

Les frères étaient mal logés rue Comtesse, et les classes étaient devenues trop petites. Le frère Honoré se mit à la recherche d'un local plus convenable et s'établit rue des Urbanistes, où il réunit trois classes le 1er octobre 1821. Bientôt une maison voisine fut appropriée pour loger les frères ; ceux-ci en prirent possession le jeudi de la mi-carême 1822 ; leur chapelle fut bénite le 3 août suivant. C'est là que la communauté séjourna jusqu'en 1859. Le frère Honoré, après avoir montré tant de zèle, fut nommé visiteur le 17 septembre 1830 et eut pour successeur le frère Epiphane, qui fut presque aussitôt remplacé par le frère Adrien, d'heureuse et sainte mémoire.

Le frère Adrien arriva à Lille le 11 mars 1831 et dirigea les frères et les classes avec une grande sagesse et une grande habileté jusqu'à sa mort. L'ère des difficultés était venue ; il fallait un homme énergique et habile pour y faire face. Le frère Adrien fut à la hauteur des circonstances.

En 1831, la commission de l'enseignement primaire, présidée par un certain M. Comère, chercha querelle aux frères. Le conseil municipal leur retira leur traitement et décréta, selon l'expression de Mgr de Ségur, « ce qu'on appelle aujourd'hui dans une langue barbare, la laïcisation des écoles. » Ils durent quitter les écoles communales ; mais les catholiques lillois reconnaissants résolurent de les conserver.

Les ardents défenseurs des frères, les doyens de la ville et un grand nombre de laïques fondèrent une commission des Ecoles chrétiennes. Elle maintint l'établissement de la rue des Urbanistes comme école libre, et en paya le loyer à l'administration des hospices. La persécution avait augmenté encore le zèle et le dévouement du frère Adrien. « Prudent et zélé, nous dit M. le comte de Ségur, intelligent et pieux, il prépara pendant deux ans le terrain que l'abbé Bernard devait cultiver, et le jeune prêtre trouva en lui le coopérateur le plus utile et le plus dévoué. » C'est en 1839 que l'abbé Bernard commença à s'occuper de l'instruction religieuse des enfants de l'école des Urbanistes, située dans le voisinage de sa demeure. Il s'aperçut bien vite que la préparation de ces pauvres enfants à leur première communion était insuffisante, faute de retraites spécialement prêchées pour eux. Les retraites préparatoires n'existaient point encore à Lille à cette époque. Les frères d'une part, les parents de l'autre, étaient chargés de cette délicate besogne, et bien que l'esprit chrétien, plus vivant alors dans les populations, la rendît moins difficile, elle restait souvent bien imparfaite.

L'abbé Bernard, d'accord avec le frère Adrien, résolut de porter remède à ce mal, et, avec l'élan ordinaire de sa charité, il se mit à l'œuvre sur le champ. Il commençait pendant les mois qui précédaient la première communion, par voir et entretenir séparément les enfants en âge de la faire. Il les recevait dans une salle de la maison d'école, et il passait souvent des heures entières dans ces entretiens, qui étaient de véritables leçons de catéchisme et de piété. A l'approche du grand jour, il les réunissait tous dans la chapelle de la maison, leur prêchait une retraite en règle, conformément aux traditions de Saint-Sulpice, et les préparait ainsi à recevoir dignement Notre-Seigneur Jésus-Christ. Les fruits de ces pieux exercices furent si abondants, si évidents pour tous, que l'habitude des retraites préparatoires à la première communion se répandit rapidement dans toutes les paroisses de Lille, et de là dans le reste du diocèse.

M. Bernard adressait fréquemment aux frères des paroles d'édification et se faisait leur chapelain gratuit et volontaire. Il célébra tous les jours la messe dans leur chapelle pendant une année entière. Il fit restaurer cette modeste chapelle à ses frais, mit des vitraux aux fenêtres, habilla les enfants de chœur, et fit faire les cérémonies du culte sinon avec éclat, du moins avec toute la convenance et la dignité possibles.

L'abbé Bernard, devenu doyen de Sainte-Catherine, puis vicaire général de Cambrai, conserva toujours avec le bon frère Adrien et l'établissement de la rue des Urbanistes les rapports les plus affectueux. Il y avait dans cette maison modèle une classe d'honneur, composée des élèves les plus forts de toutes les écoles de Lille. En 1854, au moment du jubilé séculaire de Notre-Dame de la Treille, l'abbé Bernard demanda à ces jeunes gens d'élite d'offrir comme premier hommage à la patronne de Lille une truelle précieuse qui servit à poser la première pierre de la basilique. En échange de ce présent, il leur offrit une riche bannière représentant d'un côté Notre-Dame de la Treille et de l'autre saint Pierre.

L'état de choses créé en 1831 par la fameuse commission de l'enseignement primaire dura une vingtaine d'années; mais en 1852, le conseil municipal fût renouvelé. La raison et la justice avaient parlé, et en 1853, les frères furent appelés dans les écoles communales. Grâce au nouveau maire, M. Richebé, qui avait fortement appuyé leur réinstallation, l'école de la rue des Urbanistes redevint communale.

Quand le frère Adrien, chargé de bonnes œuvres et de mérites, fut atteint, en 1857, de sa dernière maladie, l'abbé Bernard vint l'assister et le consoler sur son lit de mort. « Je me rappelle, écrit Mgr Delannoy, l'avoir vu à l'époque de la dernière maladie du bon frère Adrien, venir encore s'entretenir avec lui et lui donner, comme il le disait avec une charmante simplicité, ses commissions pour le ciel. » Parmi ces commissions d'outre-tombe, en voici une dont le souvenir a été gardé et qui nous a été racontée par des témoins auriculaires. « Mon bon frère, lui dit l'abbé Bernard, vous allez voir au paradis la sainte Vierge et saint Pierre, à qui nous élevons une basilique; demandez-leur bien de nous protéger et de bénir notre entreprise. — Je n'y manquerai pas », répondit le mourant, avec la candeur d'un enfant. Simplicité admirable, inspirée par Jésus-Christ lui-même à ces petits, auxquels il aime à révéler ses secrets et qu'il préfère aux savants de ce monde.

Le frère Adrien mourut le 21 juin 1857, il avait 68 ans.

Le frère Evergile lui succéda et gouverna avec non moins de talent et de prudence les maîtres et les classes.

La communauté des frères s'était accrue, et il fallait trouver un local plus spacieux. C'est pourquoi, en 1859, elle quitta la rue des Urbanistes et s'installa rue du Metz, 32, dans la maison qui avait vu naître quelques années auparavant la congrégation des sœurs de l'Enfant-Jésus. Les classes seules restèrent rue des Urbanistes jusqu'au 21 juin 1868.

Etablis pour la troisième fois, en 1859, sur la paroisse de la Madeleine, les frères quittèrent cette maison aux vacances de 1866 et allèrent demeurer définitivement au n° 39 de la rue de la Monnaie. Quant à l'école de la rue des Urbanistes, elle continua à prospérer et à donner les meilleurs résultats.

Mais les succès des bons frères, leur popularité, la confiance qu'ils inspiraient aux parents chrétiens excitèrent la rage des ennemis de la religion. Le 21 juin 1868, ils durent de nouveau quitter les écoles communales, après avoir pris l'avis de l'autorité diocésaine.

L'école de la Madeleine, redevenue libre, fut transférée place du Concert, dans les dépendances de l'hôtel que la famille Bernard avait mis à la disposition de Mgr Régnier. Pendant tout le temps que l'école exista place du Concert, les frères qui y faisaient la classe eurent leur résidence soit à l'hôtel de la Monnaie, soit rue de l'Hôpital-Militaire, et il n'y eut qu'un chef de district. Mais les propriétaires de la maison eurent besoin de leur immeuble et demandèrent à la commission des Écoles chrétiennes de chercher un autre local. C'est alors qu'on fit dans la paroisse une quête, dont le produit servit à acheter la spacieuse et belle propriété que les frères occupent actuellement, rue de Thionville.

Les classes y furent installées aux premiers jours d'octobre 1882, après la bénédiction solennelle de l'établissement qui fut placé sous le patronage de saint Maximin. Elles conservent toujours à peu près le même nombre d'élèves, soit 225. Il y a l'école gratuite et l'école payante où les élèves donnent trois francs par mois. Parmi les élèves de cette catégorie, se trouvent les enfants de la maîtrise, dont la fabrique paie la rétribution.

Le soir, il y a aussi un cours pour les adultes qui travaillent dans les ateliers de la Madeleine.

Depuis 1882, on y a établi des cours de musique qui sont d'un grand profit pour les élèves, et qui pourraient fournir à la maîtrise d'excellents sujets.

Chapitre III.

L'asile Saint-Pierre et les sœurs de la Sagesse. — Les Ursulines avant la Révolution. Leur célébrité. — Leurs bienfaits. — Elles sont chassées. — Les bâtiments de l'ancien couvent servent d'entrepôt de marchand de vin. — Ces bâtiments reviennent en partie en la possession des sœurs de la Sagesse qui y établissent un asile. — Sœur Saint-Irénée, première directrice. — Agrandissement de la maison. — Elles entrent dans l'école de la rue de Thionville. — Elles sont laïcisées. — Scènes étranges. — Les enfants sont recueillis dans les dépendances de la maison Bernard. — Polémique avec le *Petit Nord*. — Magnifique rentrée des anciennes élèves des sœurs. — Mort de la mère Irénée. — Sœur Marie Berchmans. — Ses bienfaits. — Sœur Agnès de Montepulciano.

Certaines maisons, certains quartiers ont-ils une prédestination particulière? L'historique de l'établissement des sœurs de la Sagesse dans la paroisse de la Madeleine semblerait le prouver.

Tout le monde sait que les sœurs de la Sagesse habitent actuellement l'emplacement sur lequel se trouvait le couvent des Ursulines. Or, il existe une similitude remarquable entre les Ursulines et les sœurs de la Sagesse.

La maison des Ursulines, qui avait été fondée en l'année 1638, continua d'exister malgré les malheurs des temps. En pleine Révolution, les religieuses ursulines, au nombre de quarante environ, et ayant pour supérieure la mère Anne-Claire Louage de Saint-Stanislas, faisaient l'éducation de cent-vingt ou cent-trente pensionnaires de différentes nations. En outre, elles avaient comme élèves externes quatre cents jeunes filles qu'elles instruisaient gratuitement. Cette prospérité nous dit en quelle estime étaient les sœurs ursulines. Les pièces suivantes nous montrent combien cette estime était justifiée. Voici ce qu'écrivait leur économe le 16 janvier 1791 [1] :

« Je supplie humblement Messieurs du District de ne pas vendre les trois maisons que nous possédons ; elles font partie de notre clôture. Nous pourrions en avoir besoin dans la suite pour nos pensionnaires, le nombre étant de 90, environ 60 demi-pensionnaires et 200 externes. Vous nous obligeriez infiniment, si vous ajoutez à cette grâce, celle de nous croire avec les sentiments de la plus haute estime, Messieurs,

» Votre très-humble et très-obéissante servante, sœur M. Desfossez, dite de Saint-Xavier, économe.

» Au nom de toute la communauté d'Ursulines à Lille, le 16 janvier 1791. »

« Vu par nous, administrateurs composant le Directoire du District de Lille, la pétition des religieuses ursulines de la ville, tendant à ce que trois petites maisons qu'elles avaient détachées de leur clôture pour en tirer profit, en les donnant en loyer, ne soient point vendues, attendu que le nombre de leurs pensionnaires augmentant, elles pourroient avoir besoin de ces maisons et les réunir à

---

[1] Extrait du Registre aux Résolutions du district de Lille.

leur dite clôture; la lettre de la municipalité de la dite ville de Lille, à qui la pétition a été communiquée, ouï le procureur syndic;

» Le Directoire estime qu'il n'y a pas d'inconvénient à accorder l'objet de la demande dont il s'agit et qu'on seroit fort embarrassé si le nombre des pensionnaires des Ursulines augmentant, ne fut-ce que d'un huitième, il fallut augmenter les bâtimens servant à leur pensionnat lorsque les petites maisons dont il s'agit seroient vendues.

» Ces maisons sont construites de manière à pouvoir estre facilement incorporées aux bâtimens du couvent, sur lequel elles sont bâties, dans les mêmes proportions et le même alignement, de telle sorte que pour la réunion, il ne s'agissoit que de percer les portes de communication dans l'intérieur et de murer la porte d'entrée sur la rue.

» A supposer même que l'accroissement très vraisemblable du nombre des pensionnaires de cette maison importante d'instruction ne soit pas bien prochain, et n'oblige pas bientôt à augmenter les bâtimens pour le pensionnat, les trois petites maisons étant neuves, en très-bon état et très-bien louées, la Nation gagnera autant et plus à en continuer la location qu'à les vendre dans ce moment-ci.

» D'ailleurs, une des trois petites maisons sert aux écolières externes, d'entrée dans le couvent; elle n'est louée qu'à cette charge et les externes ne peuvent entrer que par là. Il est certain au surplus que la maison des Ursulines de Lille mérite bien de la faveur; elle est nécessaire dans la ville de Lille. La plupart des mères de famille y font élever les jeunes personnes de leur sexe, et le public y trouve d'ailleurs une école gratuite où les enfans apprennent les principes de leur religion et de la morale, à lire, orthographier, coudre, rentraire, tricoter, faire de la dentelle et autres ouvrages propres aux femmes.

» Si une pareille maison d'éducation n'existoit pas, les bons citoyens désireroient sans doute qu'on cherchât à en procurer l'établissement ; il faut donc conserver quelques petites maisons qui deviendront probablement nécessaires pour augmenter cet établissement si utile.

» Fait au Directoire du District de Lille, dans sa séance du dix-sept mars du matin, où étoient MM. Vanœnaker, vice-président, Brunel et Fiévet, administrateurs, M. Malus, procureur syndic, présens.

» Pour extrait conforme audit registre,

» Couvreur. »

« Sur requêtes présentées au Directoire du département du Nord, vu par nous, administrateurs composant le Directoire du département du Nord, la pétition des religieuses Ursulines de Lille, tendant à ce que trois petites maisons qu'elles avoient détachées de leur clôture ne soient point vendues ; l'avis du District de Lille, en date du 17 de ce mois, ouï le procureur général sindic :

» Nous, administrateurs susdits, considérant le besoin que lesdites Ursulines pourroient avoir de ces trois maisons en cas que le nombre de leurs pensionnaires augmente ;

» Considérant leur utilité dans la ville de Lille pour l'éducation de la jeunesse ;

» Avons délibéré et délibérons qu'il sera sursis à la vente et adjudication des dites trois maisons, que dans le cas où elles ne seroient point occupées par les pensionnaires, elles continueront d'être louées au profit de la Nation, dans les formes prescrites par les décrets de l'Assemblée nationale.

» Fait à Lille, en la séance du Directoire ; présens : MM. Coppens, président, d'Esquelbecq, Pankouke, Leroux, Cramé, Delecroix, Gossuin, Aubépin, Lamette, administrateurs ; Warenghien, procureur général sindic ; Lagarde, secrétaire général ; le 2 avril 1791.

» Pour copie conforme audit registre,

» Etoit signé : Lagarde. »

Ce couvent, comme les autres, ne tarda pas cependant à encourir la haine des sectaires de la Révolution, surtout depuis le jour où le bon M. Saladin en était sorti pour être massacré et pendu sur le pont Saint-Jacques. Il fut supprimé vers le milieu du mois de septembre 1792 et servit d'entrepôt de marchand de vin.

C'est sur l'emplacement de cet ancien couvent qu'est situé l'asile Saint-Pierre, place aux Bleuets, au fond d'un long corridor. Le reste du couvent est reconnaissable aux n°s 3, 5, 7 et 9 de la place aux Bleuets qui appartiennent à la famille Bernard et sont occupés en partie par elle.

La fondation de l'asile est due à Mme Bernard-Serret. La maison, construite d'abord pour un asile de petits enfants, réunit l'utile et l'agréable : deux vastes cours, deux galeries et des classes bien aérées. Ce fut le 8 octobre 1851 que cette maison fut bénite par M. l'abbé Bafaleur, curé-doyen de la Madeleine. La fondatrice, toute la famille Bernard, toutes les sœurs de Sainte-Catherine assistaient à cette cérémonie et quelques jours après, le 15 octobre, l'asile s'ouvrait sous la direction de sœur Irénée et de sœur Chérubin, dépendantes de la maison de

Sainte-Catherine. Les enfants augmentant sans cesse en nombre, on accorda bientôt une nouvelle religieuse. Enfin, le 28 janvier 1853, les supérieurs généraux chargèrent M. Bernard d'établir l'asile Saint-Pierre en communauté sous la direction de la sœur Irénée.

Les premières années furent difficiles ; les bonnes sœurs eurent à supporter toutes sortes de privations. Pleines de confiance en la bonté divine et soutenues par leur amour de la pauvreté, elles savaient s'en réjouir et, malgré tout, le bonheur habitait au milieu d'elles.

Un autre événement allait les encourager davantage. Le 20 janvier 1854, elles avaient le bonheur insigne de posséder chez elles le Très Saint-Sacrement. Ce bon Maître descendit dans une petite mansarde aussi nue que l'étable de Bethléem. Dès ce moment, un professeur de Saint-Joseph vint chaque jour célébrer la sainte messe.

Au mois d'août de la même année, M. Louis Bernard, dont la famille continuait à être la bienfaitrice des religieuses, fit élever la maison d'un étage ; en même temps, une chapelle plus convenable fut établie.

Les sœurs étaient heureuses, mais quelque chose manquait à leur bonheur : leur plus grand désir était de soigner les pauvres. Les supérieurs s'étaient fait promettre par la famille Bernard que dans peu de temps ce noble vœu serait exaucé ; mais la promesse tardait à se réaliser.

Sur ces entrefaites, dans la rue de Thionville s'élevait un bâtiment qui, disait-on, devait servir d'asile communal. Aussi l'on peut deviner combien les religieuses désiraient d'être chargées d'un établissement qui répondait si bien à leurs vues.

Ce désir fut communiqué à la provinciale, la sœur Marie-Angèle, qui le trouva excellent et engagea les religieuses à prier l'autorité municipale de leur confier la direction de l'asile.

Leurs prières furent écoutées, et, le 5 novembre 1855, elles entraient dans cet asile que M. le doyen de la Madeleine bénit le même jour. Les autorités de la ville, le maire et le conseil municipal s'étaient réunis pour assister à l'installation des religieuses et à la bénédiction de l'établissement.

Sœur Marie-Salomé fut nommée directrice et eut pour adjointe sœur Hérinbert. Toutes les deux venaient de prononcer leurs derniers vœux et étaient parfaitement aptes à remplir leur charge. Aussi ce pieux établissement prit, avec la grâce de Dieu, un développement très utile et donna de grandes consolations aux bienfaiteurs.

M. Bernos, fondateur de l'asile, visitait les classes plusieurs fois l'an, malgré ses quatre-vingt-six ans. Ses visites étaient toujours marquées par une distribution de bonbons aux enfants.

Le nombre toujours croissant des élèves exigea bientôt la présence d'une nouvelle religieuse, qui arriva le 13 avril 1855.

L'année 1856 fut remarquable par deux autres événements. Le 20 mars, on fit l'inauguration d'un chemin de croix dans la chapelle de la communauté. Puis, les économies permirent de remplacer la modeste cloche de la maison par une autre de dimension plus grande, pour sonner convenablement la messe et tous les exercices religieux. Le baptême de cette nouvelle cloche se fit avec une grande solennité. On l'appela Félicie-Eugénie, du nom de son parrain et de sa marraine, qui firent ce jour-là une abondante distribution de dragées.

En 1857, le 15 octobre, deux autres sœurs sont demandées, l'une pour continuer l'instruction des petites filles jusqu'à l'âge de 15 ou 16 ans, l'autre pour leur apprendre à travailler.

De cette année date la pieuse coutume de donner à dîner aux élèves qui font leur première communion. Ce sont les enfants des classes payantes qui servent leurs petites compagnes moins favorisées des biens de la fortune.

Jusqu'en 1860, les dépenses nécessitées par l'asile de la place aux Bleuets étaient supportées par Mme Louis Bernard, à qui on remettait les sommes, d'ailleurs insuffisantes, perçues des enfants par les religieuses. A partir de ce moment, on paya un loyer à la famille Bernard et la communauté se chargea seule de l'entretien de la maison et de ses habitants.

Depuis vingt-six ans, les sœurs de la Sagesse dirigeaient à la plus grande satisfaction des parents l'asile et les classes de la rue de Thionville. C'est à cette époque que nos édiles, poussés par la fureur de la laïcisation, enlevèrent aux religieuses leur titre d'institutrices communales. On ne pouvait légalement s'y opposer ; les clauses du traité n'avaient pas prévu la laïcisation. Pourtant, la volonté du donateur avait été certainement que ces classes fussent confiées à des religieuses. Nul doute ne pouvait subsister à cet égard.

Ce n'était pas assez pour les laïcisateurs de commettre cette infamie. Ils devaient par un nouvel acte de tyrannie, donner encore une preuve de leur haine sectaire et fanatique. Craignant que les élèves ne suivissent les sœurs dans le nouveau local que la générosité des paroissiens leur avait préparé, ils n'avaient pas encore accordé l'autorisation d'ouvrir l'école libre et l'on était arrivé aux premiers jours d'octobre, et leur école, l'école communale laïque, allait s'ouvrir.

L'école libre était cependant bien aménagée et toute prête à recevoir ses élèves ; maintenant encore, on ne peut visiter les belles et grandes classes de la rue de Thionville sans être émerveillé de leur magnifique disposition.

L'autorisation d'ouvrir l'école n'arrivant pas, il fallait donner des classes provisoires aux enfants qui ne voulaient pas abandonner leurs chères maîtresses. La famille Bernard, qui est toujours au premier rang quand il s'agit d'accomplir une bonne action, aménagea ses magasins de manière à recevoir les enfants. Mmes Bernard et leurs amies les surveillaient pendant la journée, les faisaient travailler, leur fournissaient de la laine pour tricoter des gilets et des bas et leur donnaient des mouchoirs et des essuie-mains à ourler ; tous ces objets devaient ensuite être distribués en récompense aux enfants. M. le doyen et MM. les vicaires de la paroisse allaient deux ou trois fois le jour catéchiser les enfants et aidaient ainsi dans leur œuvre délicate les maîtresses improvisées. Le jour de la rentrée, les maîtresses laïques n'eurent que treize élèves en tout. La colère des laïcisateurs éclata et se répandit en méchancetés de tout genre. On trouva qu'il était bon de leur répondre.

Un homme d'une plume exercée, le R. P. Marquigny, de sainte mémoire, en fut chargé. C'est cette réponse que nous allons insérer ici : elle dira clairement quelle était la situation.

« Le *Petit Nord* se plaint des agissements cléricaux. Il demande s'il est vrai que les enfants de l'école libre de la Madeleine, en attendant l'ouverture de cette école, reçoivent un asile provisoire dans la maison d'une notabilité réactionnaire, où les bonnes sœurs, à défaut d'instruction, leur distribuent des travaux de couture et de tricot plus ou moins lucratifs. Le *Petit Nord* se repentira sans doute d'avoir soulevé cette question.

» Sans son intervention, en effet, nous aurions peut-être gardé le silence sur les faits dont nous allons parler et qui, s'ils ont le talent d'irriter le *Petit Nord*, seront du moins pour nos amis un sujet d'édification et un exemple profitable.

» On sait que les catholiques de la Madeleine ont décidé la création, rue de Thionville, d'une école libre et gratuite confiée aux sœurs de la Sagesse, qui dirigeaient, avant la laïcisation, l'école communale de la rue de Thionville. L'administration académique qui, en cette circonstance, ne s'est pas départie de sa malveillance ordinaire à l'endroit des établissements libres, ayant apporté certains retards à l'expédition des pièces, l'école libre ne s'ouvrira que le 14 octobre, tandis que l'école communale laïcisée s'est ouverte dès les premiers jours du mois avec une ...... quinzaine d'élèves pour six maîtresses. Or, depuis ce temps et sans que les sœurs soient intervenues le moins du monde en cette affaire, les cent soixante-dix petites filles qui fréquentaient l'école libre trouvent, comme le dit le *Petit Nord*, un asile provisoire dans la famille Bernard. Là, entourées des soins dévoués des dames de cette excellente famille, ces petites filles se livrent effectivement à des travaux de couture et de tricot, mais nullement lucratifs, et si on ne leur fait pas la classe, c'est en vue de rester dans la plus stricte légalité.

En exposant ces faits dans leur touchante réalité, nous avons voulu, en même temps que nous apportons au *Petit Nord* une rectification nécessaire, rendre un légitime hommage à une initiative généreuse qui, en vérité, ne nous étonne nullement de la part de ses auteurs, mais qui n'en est pas moins digne de louange, surtout si on la compare à l'égoïsme invétéré des talons rouges officiels. Nous remercions le *Petit Nord* de nous avoir fourni l'occasion de ce saisissant parallèle.

» D'ailleurs, les dispositions des petites filles répondent admirablement à la sollicitude de leurs bienfaiteurs. Et puisque nous n'avons aucune raison de le taire, citons ce mot charmant et absolument authentique de l'une d'entr'elles. Comme elle sortait précisément de la maison réactionnaire contre laquelle s'indigne le *Petit Nord*, un fonctionnaire, envoyé sans doute en ces parages par l'administration académique, l'accosta et lui demanda pourquoi elle ne fréquentait pas l'école communale : « Parce que maman, répondit-elle, veut que je fasse ma religion. » Dans sa simplicité, cette réponse est un témoignage significatif de la vivacité des sentiments chrétiens dont sont animés ces jeunes enfants.

» Mais passons à une autre dénonciation du *Petit Nord*. Ce qui est certain, dit-il, ce sont les rumeurs habilement semées dans le quartier pour faire craindre aux indigents une défaveur marquée dans la distribution des secours du bureau de bienfaisance, s'ils envoient leurs filles à l'école laïque.

» Nous croyons, nous, que si quelqu'un sème des rumeurs de ce genre, ce sont des amis de l'école laïque officielle aux mains desquels se trouvent pour le quart d'heure les secours du bureau de bienfaisance, à l'exclusion précisément des cléricaux. Ceux-ci seraient donc bien en peine d'exercer auprès des indigents la pression dont parle le *Petit Nord*.

» Il en est de même du troisième grief du *Petit Nord*, et quand il se plaint qu'on poursuit les enfants jusque dans les couloirs de l'école laïque pour les enlever à l'institutrice et les ramener à leurs anciennes maîtresses, il nous paraît qu'il fait le procès des amis de l'enseignement officiel, lesquels, nous l'avons déjà dit, ne craignent pas d'avoir recours aux manœuvres inimaginables pour assurer le recrutement des écoles municipales.

» Ce n'est pas tout. S'il faut en croire l'organe de M. l'inspecteur d'académie, les élèves des sœurs attendent l'institutrice laïque à la sortie de la classe et la reconduisent jusqu'à son domicile en la poursuivant de leurs huées depuis la rue de Thionville jusqu'à la rue de Gand.

» Ici encore, nous ne savons jusqu'à quel point le fait assez invraisemblable allégué par le *Petit Nord* est exact; mais il aurait tort d'en faire remonter la responsabilité jusqu'aux sœurs et d'accuser les déplorables sentiments qu'elles inspirent à leurs élèves ; et dès lors, étant absolument spontanées, ces manifestations attesteraient en somme l'impopularité des écoles sans Dieu et le profond attachement des enfants du peuple à l'enseignement chrétien.

» Au demeurant, le *Petit Nord* a cherché à justifier l'achèvement prochain de la laïcisation de nos écoles. Deux écoles communales, en effet, sont encore congréganistes, et parbleu ! il faut bien qu'on les laïcise, en dépit des obstacles que rencontrera cette opération ; car, d'une part, les dames de la Sainte-Union sont propriétaires de la maison qu'elles occupent, rue Sainte-Marie, et de l'autre, l'école de la rue de Flandre a été donnée à la ville à la condition d'y conserver la direction des congréganistes. »

Quelques jours après, le 14 octobre, tandis que les institutrices laïques continuaient à n'avoir que treize élèves, les religieuses recevaient dans le nouvel établissement de la rue de Thionville les cent-soixante-dix élèves dont il a été question plus haut. Depuis ce temps, l'école libre s'est encore développée. De plus, on a établi, rue du Pont-Neuf, une école et un asile payants, qui comptent en tout soixante-dix élèves. Les écoles catholiques sont donc véritablement en prospérité chez nous.

Mais tous ces ennuis avaient achevé de détruire la santé de la chère supérieure, la sœur Irénée. Après vingt-cinq ans et sept mois de profession, elle allait recevoir la récompense des éminentes vertus qu'elle avait pratiquées pendant sa longue existence.

Il serait trop long de parler en détail des vertus de cette bonne religieuse. Disons seulement qu'elle fut toujours animée d'un grand esprit de foi, d'un brûlant amour de Dieu et d'une grande charité.

Son humilité était admirable. Dans les événements heureux ou malheureux, elle disait : « Le bon Dieu l'a permis pour mon plus grand bien. » Cette pensée lui donnait du courage dans les épreuves qu'elle eut à subir. Tous les ans, le Seigneur visitait cette sainte âme par les souffrances.

Mais il semblait aux collaboratrices de la mère Irénée que leur supérieure ne devait jamais mourir ; elle savait si bien les soutenir et les encourager dans toutes les difficultés. Aussi, lorsque le 18 janvier 1885, elle ne put se lever, elles étaient loin de penser que huit jours après, la bonne mère aurait quitté la terre. Le médecin, qui avait été appelé pour une autre religieuse et qui fit par hasard une visite à la bonne mère, ne la trouva pas en bonne santé et déclara le lendemain qu'elle était en danger. Le jeudi soir, elle eut une forte crise, et la sœur qui la veillait crut prudent de faire appeler M. le doyen. Celui-ci tira les religieuses de leur embarras, en annonçant lui-même à la sœur Irénée qu'elle était dangereusement malade. « Je vais donc mourir, s'écria-t-elle, quel bonheur ! Pourvu que je ne manque pas mon coup ! » Après l'avoir confessée, M. le doyen alla chercher le Saint-Sacrement à la chapelle. Puis il s'entretint avec la bonne sœur pendant vingt minutes et lui parla du ciel d'une manière si touchante que toutes les religieuses présentes ne purent s'empêcher de pleurer. La mère Irénée seule était gaie et consolait ses consœurs par les paroles les plus douces.

Les quelques jours qu'elle vécut encore furent une suite ininterrompue d'oraisons jaculatoires. D'ailleurs, la mort n'avait rien d'effrayant pour elle. Un jour, elle dit à son père spirituel : « Je suis bien contente de mourir ; il est vrai que je n'ai jamais rien fait pour le bon Dieu ; il sait bien pourtant que je l'ai toujours beaucoup aimé. » Enfin, le lundi soir vers six heures et demie, après plusieurs crises, elle tomba en agonie et quoiqu'elle souffrît horriblement, elle répondit aux prières des agonisants que M. le doyen lui-même avait voulu réciter. Voyant les sœurs agenouillées près de son lit verser des larmes abondantes, elle leur disait : « Ne pleurez pas, mes enfants, c'est un jour de fête. » Un peu plus tard, elle demanda à la provinciale de faire lever ses sœurs qui, croyait-elle, devaient être fatiguées d'être si longtemps à genoux.

Ce fut le mardi soir, vers sept heures, que la sœur Irénée, souriant aux anges, rendit sa belle âme à Dieu, au milieu des religieuses éplorées. Elle avait soixante-douze ans et six mois. Les nombreuses visites qu'on fit à sa dépouille mortelle témoignèrent de la haute sympathie dont la bonne mère était entourée.

On tarda un peu à remplacer la sœur Irénée; mais l'établissement ne perdit rien pour attendre. La sœur Marie Berckmans, dont le nom de famille est un des plus beaux de la Belgique, avait été longtemps économe de l'important pensionnat de la Sagesse à Haubourdin, et elle se trouvait toute désignée pour remplacer la sœur Irénée.

Une main jeune et habile était peut-être nécessaire pour remonter ce que la bonne mère Irénée, affaiblie par l'âge, avait été forcée de négliger.

La sœur Marie Berckmans, grâce à sa solide piété pour le Saint-Sacrement, à son amour de la vie de communauté, à son zèle pour le bien spirituel de ses sœurs et des enfants, allait donner une nouvelle vie à la maison tout entière.

Elle possédait toutes les qualités qui font les bons administrateurs: droiture, finesse d'observation, sûreté de coup d'œil, rectitude de jugement et vivacité d'exécution. Ces précieuses qualités jointes à de grandes vertus lui attirèrent tous les cœurs.

Aussi, pendant les sept ou huit années qu'elle passa à l'asile Saint-Pierre, quelles transformations merveilleuses s'accomplirent! Elle fit construire sur l'emplacement de l'ancien canal une salle de récréation et un réfectoire pour les enfants ; une marquise permettant de traverser les cours à l'abri de la pluie ; des trottoirs dans les cours ; un petit toit de verre couvrant le couloir d'entrée ; enfin, une petite marquise abritant la statue de la sainte Vierge.

Les classes furent restaurées ; la première fut agrandie et embellie par la formation d'un petit musée. Une quatrième classe fut formée afin qu'on pût mieux s'occuper des petits enfants, dont le nombre augmentait chaque jour. Non-seulement la supérieure travailla énergiquement au maintien de la bonne éducation qui avait toujours été le caractère distinctif de la maison, mais encore elle sut trouver ces mille petites choses qui assurent le bien-être des enfants et aident beaucoup au développement de l'instruction. Tout le monde sait avec quel tact, avec quelle habileté, la sœur Marie Berckmans stimulait l'ardeur de ses élèves auxquelles elle prodiguait les conseils et les encouragements.

Pendant la direction de cette bonne supérieure, le nombre des sœurs s'est élevé de quinze à vingt. D'une activité dévorante, elle fonda un ouvroir, plusieurs classes et un asile, rue du Pont-Neuf.

Grâce à elle, la chapelle bien restaurée possède actuellement des décorations du meilleur goût. Elle veillait avec un soin scrupuleux à la conservation, à l'entretien et à l'ornementation de tout ce qui devait embellir la maison du Seigneur. Aussi, les supérieures, qui appréciaient à leur juste valeur les éminentes qualités de sœur Marie Berckmans, l'appelèrent à Paris, à la direction d'une maison importante, et enfin à la charge de provinciale.

Elle a été remplacée par sœur Agnès de Montepulciano,

qui marcha sur les traces des deux supérieures qui l'avaient précédée, aussi longtemps que sa santé le lui permit. Une maladie longue et douloureuse, qui devait la conduire au tombeau, la força à se démettre de sa charge ; elle retourna à la maison-mère où elle mourut le 1er novembre 1891, dans les sentiments de la piété la plus vive.

La sœur Virginie-Marie (Lucie Morel), qui lui a succédé, continue avec tact et succès les traditions de ses devancières.

Les sœurs de la Sagesse ont aussi ouvert en 1863 une réunion dominicale où elles assemblent, chaque dimanche, leurs anciennes élèves. On avait fondé une congrégation des enfants de Marie, qui ne fut agrégée à celle de Rome que le 25 mars 1884. La réunion dominicale des sœurs de la Sagesse a le même règlement et les mêmes coutumes que la réunion déjà très ancienne des sœurs de l'Enfant-Jésus.

Chapitre IV.

Conférence de Saint-Vincent de Paul. — Sa fondation à Lille. — Le premier sectionnement. — Second sectionnement et conférence définitivement paroissiale. — Ses membres défunts.

Il y avait déjà six ans environ que la société de Saint-Vincent de Paul existait à Paris, lorsque quelques personnes charitables se prirent à penser qu'à Lille, cette ville si profondément catholique, le terrain était tout préparé pour la fondation d'une société semblable à celle de la capitale. Ces généreux chrétiens ne durent pas se chercher longtemps ; l'amour des pauvres les eut vite rapprochés. Au premier mot, ils se comprirent et le 25 novembre 1839, ils se réunirent dans une modeste chambre de la Bibliothèque des bons livres, rue du Gland (aujourd'hui rue de la Préfecture), sous la présidence de M. l'abbé Wicart, doyen de la paroisse Sainte-Catherine. Ce jour-là fut pour ainsi dire dressé l'acte de naissance de la conférence de Lille et son bureau fut constitué séance tenante. Les membres furent : MM. Kolb, président ; Jules Mourcou, vice-président; Romain Peuvion, trésorier; Stéphane Jaspar, secrétaire, et Mullier, gardien du vestiaire.

Au début, la conférence comprenait une douzaine de

membres actifs qui visitaient quatorze ménages. Mais bientôt l'on vit à chaque séance de nouveaux confrères s'adjoindre aux ouvriers de la première heure. Enfin, les membres devinrent si nombreux qu'ils songèrent maintes fois à former plusieurs conférences qui auraient leur siége particulier dans certains quartiers de la ville. La question du sectionnement de la société revint à l'ordre du jour le 6 juillet 1851. M. Mourcou, qui présidait, crut opportun de recueillir les observations de ses confrères pour ou contre la division. Celle-ci fut unanimement acceptée. On nomma aussitôt une commission spéciale chargée des détails de l'organisation, dont le rapport fut adressé à M. Kolb-Bernard le 3 août suivant. La commission concluait à un triple fractionnement de la société.

La conférence de la Madeleine et de Saint-Maurice se réunit au local du patronage, 15, place du Lion-d'Or, jusqu'au 6 septembre 1851. Les trois conférences restèrent sous la direction du conseil particulier, dont la présidence fut décernée à M. Kolb-Bernard.

Le 6 septembre, on forma le bureau de chaque conférence. Celui de la conférence de la Madeleine et Saint-Maurice eut pour président M. Chon, notre paroissien. Aux côtés du zélé président se tenaient MM. Rapy, vice-président ; Werquin, secrétaire ; Benoit-Hallez, trésorier ; Rossignol, gardien du vestiaire.

Les séances ordinaires n'avaient lieu que tous les quinze jours, conformément au réglement de Lille. La réunion hebdomadaire fut définitivement résolue le 23 juillet 1852.

Avant le sectionnement, la conférence unique de Lille étendait son action sur toutes les paroisses de la ville, sans être attachée à l'une d'elles d'une façon plus particulière. Lorsqu'elle fut partagée en trois sections, chacune de celles-ci se trouva rapprochée des églises de sa circonscription, ce qui permit au clergé paroissial de montrer efficacement tout l'intérêt qu'il portait à cette œuvre et d'accorder aux confrères de Saint-Vincent de Paul une aide plus directe. Le curé est un père ; il aime à voir sa famille réunie à l'ombre de son église ; son cœur prend une part plus grande à ses besoins, à ses joies, à ses douleurs. Aussi, dès que le doyen de la Madeleine, M. Bafaleur, eut appris que la conférence était installée place Saint-Martin, il vint présider une séance et rappela aux confrères les nombreux devoirs de leur sublime fonction. Non content de donner cet encouragement à ses paroissiens, il se rendit à la séance générale du 11 avril 1853 où il prononça un éloquent discours, dont nous retenons ce passage : « Aimons nos frères, comme Dieu nous aime ; pour lui pas de distinction de personnes ; il ne voit que des enfants, même dans les ingrats. Donnons-nous donc tout entiers à Dieu, au prochain, comme Dieu a donné son fils unique pour nous. »

La société de Saint-Vincent de Paul avait obtenu de magnifiques succès pendant les années qui suivirent le premier fractionnement. Mais, désireuse de multiplier son action, elle crut que le moment était venu d'augmenter encore les conférences en les rendant paroissiales. Le 8 novembre 1857, le conseil particulier se préoccupa de savoir comment on réaliserait la division projetée. Il fit d'abord la révision de toutes les familles à visiter et les répartit d'une manière égale entre les confrères. Chaque conférence fut invitée à former son bureau afin que les réunions paroissiales eussent lieu le dimanche suivant. La combinaison réussit à souhait et à partir de cette époque, elle fonctionna à merveille, donnant les résultats les plus admirables au point de vue moral comme au point de vue matériel.

Mais la mort avait frappé dans les rangs des dévoués enfants de Saint-Vincent. M. Nys-Meurin, l'un des plus anciens membres de la conférence, était mort le 19 juillet 1856. Déjà atteint par la maladie qui allait l'emporter, il avait néanmoins voulu visiter ses pauvres la veille du jour où il dut s'aliter. C'était un de ces hommes qui se détachent aisément des choses terrestres, et dont le cœur se laisse glisser volontiers sur la douce pente de la charité.

Lorsque le gouvernement impérial supprima le conseil général de la société de Saint-Vincent de Paul, des protestations s'élevèrent de tous côtés contre cette mesure arbitraire. Toutes les conférences établies dans les grandes villes de France émirent des vœux en faveur du rétablissement de ce conseil, dont les avis et les encouragements leur étaient si précieux. Ces vœux furent transmis à l'empereur. Le 16 février 1862, pour avoir l'air de faire preuve de bonne volonté, le ministre de l'intérieur adressa cette question aux conférences : « Les conférences veulent-elles avoir à Paris un conseil général formé de la plupart des membres de l'ancien comité, mais ayant pour président supérieur un haut dignitaire de l'Eglise nommé par l'empereur, ou préfèrent-elles continuer à fonctionner isolément comme elles y sont autorisées aujourd'hui ? » Les conférences ne pouvaient admettre une modification essentiellement contraire à l'esprit et à la lettre de leur réglement; elles se résignèrent donc, dans l'intérêt des pauvres, à continuer leur œuvre isolément, sans autre lien que le désir commun de faire tout le bien possible.

La conférence de la Madeleine ne se contentait pas de visiter les paroissiens les plus nécessiteux et de leur venir en aide ; elle s'occupait aussi d'autres œuvres comme celle de la Sainte-Famille et visitait les enfants des écoles, qui recevaient des récompenses selon leurs notes et leurs besoins. Le 17 avril 1864, elle créa une bibliothèque, afin de procurer aux enfants des lectures saines et fortifiantes, qui les aideraient à se maintenir dans la voie droite.

Les membres de la société puisaient dans la retraite qu'ils faisaient chaque année les exhortations et les conseils qu'ils donnaient à leurs pauvres. Ils avaient vraiment l'esprit de saint Vincent de Paul, esprit qu'entretenaient les visites habilement espacées des quatre vice-présidents du conseil particulier, qui étaient MM. le comte de Melun, le comte de Caulaincourt, Pajot et Ed. Lefort. D'ailleurs les vieilles familles de Lille s'étaient fait un devoir d'appartenir à une société appelée à rendre à la classe pauvre de signalés services. Elles entendaient ainsi respecter les traditions de leurs ancêtres, la droiture et la simplicité dans l'opulence.

Une de ces familles chrétiennes était représentée à la conférence de la Madeleine par M. Virnot. L'éloge funèbre de ce membre dévoué fut prononcé en l'assemblée générale du 19 juillet 1868, par M. Chon, président. Pour l'édification de nos lecteurs, nous devons citer quelques passages de cet éloge funèbre si bien mérité : « Son assiduité, son exactitude aux réunions étaient exemplaires ; il arrivait le premier et il en sortait le dernier. Trésorier de la conférence, il s'arrangeait de manière à ce qu'il n'y eut jamais de déficit dans la caisse, sans en rien dire à personne. Il importait que son nom restât dans la conférence de la Madeleine ; son fils s'est fait un devoir de l'y remplacer. »

Quelque temps après, on eut encore à déplorer la mort de M. Vernier-Vanhœnaker, membre actif de la conférence, représentant, lui aussi, d'une vieille famille lilloise. M. Vernier n'abandonna la visite des pauvres que lorsque ses forces le trahirent.

En 1870, en cette année si funeste à la France et à la papauté, M. Frappé fils fit un pèlerinage à Rome et alla présenter au pape les hommages respectueux des catholiques de Lille. M. Frappé reçut la bénédiction spéciale du Souverain Pontife pour la conférence de la Madeleine.

Au mois de mai de cette même année, M. de Melun fut élu président du conseil particulier en remplacement de M. Kolb-Bernard, démissionnaire. En raison de ses fréquentes absences, M. de Melun ne crut pas devoir accepter ces fonctions, et M. Kolb, très sollicité, retira sa démission. Pour l'aider dans sa tâche, on lui adjoignit MM. de Melun et Pajot comme vice-présidents, et tous dirigèrent de concert les conférences de Lille.

Pendant la guerre, les associés de Saint-Vincent de Paul se réunirent le samedi soir au lieu du dimanche matin, afin de pouvoir se rendre aux exercices de la garde nationale. Aucun des membres ne dut partir pour repousser l'étranger du sol de la patrie. Cependant on eut à déplorer la mort de deux braves, MM. Alphonse et Armand Fockedey, fils du trésorier de notre conférence. Engagés volontaires dans les zouaves pontificaux, ces héros tombèrent pour la France à la bataille d'Ivrée-l'Évêque. La ville tout entière et les conférences s'associèrent à la douleur de la famille Fockedey. M. Lefort disait à l'assemblée générale du

26 février 1871 : « C'est un honneur pour les conférences de Lille de compter deux de leurs membres parmi les héros qui sont morts sur le champ de bataille, victimes de leur dévouement à la France et à l'Eglise. Les deux frères, dans tout le cours de leur existence, s'étaient constamment montrés dignes l'un de l'autre ; la même pensée de généreuse abnégation s'était emparée de leur cœur et Dieu leur donna de consacrer par la même effusion de sang l'union de leur véritable fraternité. »

Malheureusement, là ne devait pas se borner l'œuvre de la mort. Presque toutes les conférences de Lille eurent à enregistrer des pertes sensibles. Notre paroisse, en particulier, fut cruellement éprouvée. Après MM. Fockedey, après M. Frappé père, nous eûmes à déplorer la mort de M. Vrau père, dont le nom marquera dans les fastes de la charité. Son âge et sa santé gravement atteinte l'avaient contraint de se retirer en Belgique ; il y succomba après quelques semaines de séjour.

M. Vrau père s'attacha surtout aux œuvres du patronage et de la jeunesse et sut distribuer aux pauvres une grande partie des richesses dont l'avait généreusement comblé la divine Providence. Membre de notre conférence, il fut toujours assidu aux réunions et se dévoua avec bonheur aux familles qu'il adopta. Ses exemples n'ont pas été perdus. M. Vrau fils a marché sur les traces de son père et l'on sait le développement que ses largesses ont permis de donner non seulement aux écoles et aux facultés catholiques, mais encore aux conférences de Saint-Vincent de Paul.

Quand le calme eut succédé au terrible ouragan qui s'était abattu sur notre malheureuse patrie, les réunions eurent lieu à nouveau le dimanche et furent suivies comme par le passé. On reprit la visite des écoles qui avait commencé quelques années avant la guerre.

En 1875, on résolut de donner une fête le lendemain de Noël aux enfants de toutes les familles assistées. Depuis cette époque, Noël vient tous les ans apporter quelques douceurs aux deshérités de la fortune.

L'année suivante, au mois d'avril, la mort vint encore visiter notre conférence et nous prit cette fois M. Rapy, vice-président. M. Rapy, dès l'origine des conférences, s'était donné tout entier à cette œuvre de bienfaisance et avait puissamment contribué à son expansion. M. Paul Bernard le remplaça et M. Paul Rigot devint trésorier.

Deux ans plus tard, M. Félix Bernard disparaissait à son tour. Il s'était signalé dans les dernières années de sa vie par un surcroît de zèle qui l'a rendu le promoteur de deux grandes institutions en notre ville : les petites-sœurs des pauvres, qui font l'édification du siècle, et l'asile pour les femmes incurables. Au milieu de ces démarches, de ces fatigues, il n'avait que des paroles agréables et d'une douce gaieté ; aussi était-il aimé de tout le monde. Dieu surtout devait chérir un serviteur qui s'adonnait joyeusement aux œuvres de charité : *hilarem datorem diligit Deus*.

Aprés M. Félix Bernard, ce fut le bon M. Noyelle, qui était resté membre actif de notre conférence jusqu'à ce que ses 89 ans lui eussent interdit la visite de ses familles.

Au mois d'octobre 1881, M. Louis Bernard nous quitta lui aussi. De toutes les pertes que les conférences ont eu à regretter, il n'en est peut-être pas de plus douloureuse. Le président du conseil particulier, en annonçant cette triste nouvelle, n'eut qu'à laisser parler son cœur pour exprimer l'affliction générale. M. Louis Bernard était doué de ces qualités qui attirent l'estime des hommes et les grâces de Dieu. Il était de cette famille où la charité est pour ainsi dire héréditaire, et a donné des coopérateurs à toutes les bonnes œuvres de la ville.

M. Georges Bernard, neveu de M. l'abbé Bernard, fut membre actif de la conférence paroissiale, et, lorsqu'il fut obligé de résider à Santes, il en resta membre honoraire jusqu'à sa mort. MM. Jonglez de Ligne et Louis Cornille se firent inscrire aussi parmi les membres honoraires en 1880, après avoir visité leurs familles pendant de longues années.

En cette année 1880, le conseil particulier proposa de modifier l'organisation des conférences, ce qui fut mis en vigueur à partir du 13 mars 1881.

L'année suivante voit naître la funeste loi scolaire, qui donna un nouvel essor à la générosité des catholiques. Quelques membres de Saint-Vincent de Paul demeurèrent en permanence au local du patronage pour recueillir les noms des enfants qui continuaient à fréquenter les écoles libres.

Telle est, esquissée à grands traits, l'histoire dans notre paroisse de cette admirable société de Saint-Vincent de Paul, qui fait un bien immense sous des dehors si modestes et s'étend à tous les besoins des indigents, consolant les uns, ramenant les autres à la pratique de la vertu, donnant à tous des avis salutaires.

Chapitre V.

Dames de charité. — Patronage de jeunes garçons. — Œuvre du vestiaire. — Œuvre des funérailles des pauvres — Œuvre de la Sainte-Enfance. — Œuvre de la propagation de la foi. — Œuvre de Saint-François de Sales. — Œuvre des écoles pauvres du diocèse. — Œuvre de la prière en commun dans les familles.

Les conférences des dames de Saint-Vincent de Paul ne font pas partie de la société de ce nom et ne sont pas vis-à-vis du conseil général dans les mêmes conditions que les conférences d'hommes. Toutefois, elles ont une organisation à peu près semblable, des moyens d'action analogues, comme les visites à domicile, enfin un but identique : l'amélioration du sort moral et matériel des pauvres. Il n'était pas possible que les femmes chrétiennes ne suivissent pas les exemples de leurs maris. Dès 1840, quatre ans après la fondation d'une conférence d'hommes à Lille, l'association des dames s'établit dans la maison des sœurs de Saint-Vincent de Paul. Mme Bernard-Serret en fut la présidente jusqu'à sa mort arrivée en 1852 ; elle fut remplacée par Mme la comtesse de Vennevelle, à laquelle succéda, en 1875, Mlle Flamen.

En 1858, sur le désir de Mgr Régnier, cette association se divisa, elle aussi, en conférences paroissiales ; c'est alors que fut créée la conférence de la Madeleine.

Sans doute les conférences des dames et celles des hommes n'ont, à tout prendre, ni une direction, ni une origine communes. Mais, nous l'avons déjà fait remarquer, leurs statuts, leur but, leur action sont semblables ; elles ont toujours pu marcher d'accord et s'entr'aider sur le terrain de la charité. Pour nous en convaincre, il suffirait de jeter un coup d'œil sur leur réglement.

Cette conférence comprend 27 dames actives, 46 dames honoraires, et visite 87 familles pauvres.

Patronage de garçons.

Le premier patronage de Lille et peut-être de la France fut fondé en 1828, par M. l'abbé Bernard. Il était situé vis-à-vis de la caserne de cavalerie [1] ; mais bientôt la Régie acheta ce terrain. M. l'abbé Bernard, d'accord avec le frère Adrien, transféra son patronage dans l'école de la rue des Urbanistes. Afin d'attirer les enfants aux offices du dimanche et les retenir loin des tentations et des périls du cabaret ou de la rue, on leur offrit des divertissements et des jeux. Le local devint trop étroit pour contenir tous les enfants et les jeunes gens qui répondaient à l'appel du fondateur. Celui-ci sollicita et obtint du génie militaire la concession du terrain inoccupé, situé derrière l'hôtel des Canonniers. Cet emplacement fut entouré d'une palissade et des jeux de toute espèce y furent installés. Cet état de choses dura jusqu'en 1848 et produisit les meilleurs résultats.

---

[1] Rue du Pont-Neuf.

Après la révolution de février, la concession fut retirée et l'on dut se réfugier dans les limites exiguës de l'école des frères. Néanmoins l'élan était donné et de toutes parts allaient surgir les patronages destinés à conserver la foi et les mœurs de la jeunesse populaire.

Une autre association de ce genre s'ouvrit rue de la Préfecture, sous le nom de grand patronage, et, en 1854, le père Cœurdacier en accepta la direction. Le 20 octobre de cette même année, les doyens réunis décidaient la création d'une œuvre semblable dans chacune des paroisses de Lille, et l'année suivante les divers quartiers de la ville avaient leur patronage propre. Malheureusement, ces fondations ne tardèrent pas à tomber. Le grand patronage, dont les locaux étaient magnifiques et les jeux variés et choisis attirait un grand nombre de jeunes gens des différentes paroisses. Le père Cœurdacier résilia quelques années après ses fonctions de directeur, et les frères des Écoles chrétiennes continuèrent l'œuvre commencée. Chaque année, les paroisses de la ville versaient une certaine somme pour les enfants de leur quartier qui fréquentaient le grand patronage. Survint alors des difficultés qui firent renaître l'idée d'établir des patronages paroissiaux. On y donna suite, et cette fois on fut plus heureux. Grâce à une quête fructueuse, la paroisse de la Madeleine fut dotée d'un établissement de cette sorte, qui fut bâti rue des Pénitentes. C'était à la fin de la vie du vénérable M. Bafaleur. Son successeur, M. l'abbé Fremaux, procéda, en 1880, à la bénédiction du patronage et élabora le réglement qui est encore actuellement en vigueur. Depuis cette époque, l'habile direction donnée à notre patronage l'a rendu très prospère, et le bien qu'il a fait à la paroisse est immense. Il compte aujourd'hui deux cents jeunes gens de 10 à 25 ans qui viennent y chercher de salutaires distractions.

Œuvre du vestiaire.

Cette œuvre consiste à distribuer aux enfants des écoles catholiques de la paroisse certains secours et en particulier des vêtements. La municipalité avait exclu de ses largesses les enfants qui ne fréquentaient pas ses écoles. Elle espérait arriver par ce moyen à combler les vides des écoles laïques ; car la misère, mauvaise conseillère, aurait certainement poussé un certain nombre d'enfants à déserter nos classes. Les catholiques virent le but de la municipalité et établirent aussitôt cette œuvre charitable. Elle est alimentée par une quête dont se charge Mlle Gabrielle Bernard, et son utilité est reconnue telle que la somme recueillie par souscriptions monte quelquefois à 1200 francs.

Douze ou treize demoiselles de la paroisse se réunissent une après-midi par semaine pour confectionner des habits et terminent chez elles les ouvrages commencés.

Plus de huit cents vêtements sont ainsi distribués chaque année aux enfants qui reçoivent plus ou moins selon leur situation de fortune et leurs notes.

Il y a annuellement deux distributions : la première, un peu avant le nouvel an ; la seconde, dans le mois de mai.

Œuvre des funérailles des pauvres.

Œuvre populaire, s'il en fut, en raison des nobles sentiments qui la firent naître et qu'elle inspire. Le pauvre, en effet, tient beaucoup à rendre les derniers devoirs d'honneur et de piété à la dépouille de ceux qu'il a aimés. Malheureusement, il est, de nos jours, en butte aux tracasseries de l'impiété qui exploite avec une infernale habileté ce respect des morts. C'est pour accorder aux indigents un convoi décent et soixante billets de faire-part, que fut fondée, en 1886, dans notre paroisse, sous le patronage de M. Fremaux, doyen, cette œuvre dont le président est M. Maquet. Elle pourvoit, par an, à trente-cinq convois environ.

Œuvre de la Sainte-Enfance.

Cette œuvre fut autrefois très prospère en notre paroisse, lorsque les écoles étaient toutes chrétiennes. Depuis cinq ou six ans elle a repris une nouvelle vigueur. Elle produit 8 ou 900 francs par an, grâce aux cotisations hebdomadaires jointes à la recette du jour de la fête.

Œuvre de la propagation de la foi.

Etablie spécialement pour les grandes personnes, cette œuvre produit de magnifiques résultats, tout en demeurant stationnaire.

Œuvre de Saint-François de Sales.

Cette œuvre a pour but d'aider le clergé à conserver et à défendre la foi et à ranimer la vie chrétienne dans les pays catholiques : 1° par le soutien des écoles chrétiennes et œuvres de persévérance ; 2° par la diffusion des bons livres et des objets de piété ; 3° par des retraites et prédications populaires ; 4° par des secours en argent aux pauvres églises de campagne menacées d'interdiction. Pour faire partie de l'association, il suffit de donner son nom à un chef de dizaine ou à un directeur de l'œuvre et de lui remettre la cotisation de 60 centimes par an, un sou par mois; de réciter chaque jour un *Ave Maria* avec l'invocation : Saint François de Sales, priez pour nous.

Œuvre des écoles pauvres du diocèse.

C'est Mgr Hasley, archevêque de Cambrai, qui l'a établie par son mandement du carême de l'année 1887.

Elle fonctionne de la même manière que l'œuvre de la propagation de la foi et produit des fruits merveilleux. La charité des catholiques du Nord est vraiment inépuisable. Ainsi les comptes-rendus de l'année 1888, arrêtés le 31 août, donnent un total général de 89.467 francs 97. La paroisse de la Madeleine y figure pour une somme de 1840 francs. Vu le chiffre de sa population, c'est, si nous ne nous trompons, la paroisse qui donne le plus.

Œuvre de la prière en commun dans les familles.

Cette œuvre est née de la considération du triste état moral de la famille et de la société actuelle, qui a engagé à porter un remède efficace à ce mal domestique et social. Ce remède souverain, le seul universellement pratique, est la prière du soir en commun, partout rétablie et maintenue dans la famille.

Animés de ce zèle que le péril des âmes augmente, un bon nombre de prêtres et de missionnaires ont compris qu'il était temps de relever de ses ruines le sanctuaire domestique démoli par les révolutions et de le placer sous la protection de Jésus, Marie, Joseph, famille modèle de toutes les vertus.

Les pratiques de l'association sont :

a) La prière du soir en famille, devant l'image (pacte d'union) et terminée par l'invocation : Jésus, Marie, Joseph, éclairez-nous, secourez-nous, sauvez-nous.

b) Chaque année, une réunion générale des familles à l'église paroissiale, et la rénovation annuelle de consécration à la Sainte Famille.

A peine M. l'abbé Fremaux eut-il connu l'association des familles, fondée à cette fin, qu'il se dévoua sans réserve à cette œuvre, en la propageant dans la paroisse, trouvant que c'était un moyen puissant de sanctifier les familles sans leur imposer de nouvelles pratiques.

Plus de trois cents familles se sont associées à cette œuvre et la pratique de la prière en commun se répand de plus en plus en notre paroisse.

M. le doyen se charge lui-même du sermon le jour de la fête de l'œuvre. Depuis la dernière mission (1891), une autre réunion est venue se greffer sur celle-ci. Le premier mardi de chaque mois, à trois heures, les personnes faisant partie de cette association se réunissent pour entendre une instruction familière de leur vénéré pasteur. Deux cents personnes environ se rendent chaque fois à son appel.

Chapitre VI.

Description de l'église de la Madeleine. — Extérieur de l'église de la Madeleine. — Nécessité de dégager l'église et d'y adjoindre plusieurs portes de sortie. — Le dôme. — Dimension de la lanterne. — Le chœur. — Le maître-autel. — Deux anges adorateurs. — La *Résurrection de Lazare*, œuvre de Jacques Van Oost, marguillier de la Madeleine. — Statues de saint Pierre et de sainte Madeleine. — Deux copies de Rubens, par Bonnier de Layens : 1º *Madeleine près d'exhaler le dernier soupir*; 2º *la Vierge présentant l'Enfant Jésus à saint François*. — Boiseries du chœur. — Quatre grands tableaux de Lens, peintre d'Anvers. — Curieux historique de ces tableaux. — Leur valeur. — Pavé du chœur. — Grille par Beudar. — Calorifère. — Deux tableaux d'Arnould de Vuez. — Chapelle des Trépassés. — Deux copies représentant : 1º le *Christ en croix*, de Van Dyck; 2º la *Descente de croix*, de Rubens. — Autel. — Pierres tombales. — *Quatre docteurs*, par Jordaens. — Chapelle du Très Saint-Sacrement. — Le banc de communion. — Porte du tabernacle en argent. — Châsse perdue de sainte Marie-Madeleine. — Tableau de Van Dyck. — Edicule à sainte Madeleine. — Calvaire. — Chapelle de la sainte Vierge. — Autel. — *Adoration des bergers*, de Rubens. — Chapelle du Sacré-Cœur. — Les statues de saint Roch et de sainte Philomène. — Confessionnaux. — Chaire. — Chemin de croix. — Orgues. — Buffet d'orgues.

Nous avons eu déjà l'occasion de décrire la jolie façade de l'église de la Madeleine, qu'on peut apercevoir dès le commencement de la rue de Thionville. Contentons-nous d'admirer encore une fois la magnifique statue de trois mètres de hauteur, qui représente la patronne de la paroisse, debout, ayant aux pieds une tête de mort.

Il est permis de regretter que le contour de l'église soit complètement caché par des bâtisses vulgaires, qui offrent plusieurs inconvénients. Elles empêchent de saisir par une vue d'ensemble les proportions de notre bel édifice religieux et de ménager sur les côtés deux autres sorties qui seraient bien nécessaires.

Une seule porte, si grande soit-elle, n'est pas suffisante les jours de fête. Aussi ne pouvons-nous retenir une protestation contre un tel état de choses, au nom de l'art comme au nom de la sûreté publique.

D'ailleurs, supposons, pour un instant, l'église dégagée des constructions qui l'entourent ; n'est-il pas juste de penser que le dôme de la Madeleine apparaîtrait plus beau, plus majestueux ? Seule entre tous les monuments consacrés à Dieu dans la ville de Lille, l'église de la Madeleine possède une coupole dont tout le monde admire l'élégante hardiesse.

La curiosité nous prit un jour de monter dans la lanterne qui s'élève au sommet du dôme, et nous constatâmes qu'elle était assez spacieuse pour permettre à une quinzaine de personnes de s'y mouvoir à l'aise. Ce dôme, d'une hauteur de 37 mètres à l'intérieur, de 55 à l'extérieur, commande tout d'abord l'attention. Somme toute, l'architecture de l'édifice, sans être très pure, ne laisse pas que de produire un excellent effet. Si l'on excepte les côtés qui peut-être n'ont pas assez de lumière, toutes les parties sont bien combinées, toutes les lignes bien tracées, et on les aperçoit facilement depuis que l'église a été blanchie et restaurée. Décrivons un à un les objets d'art qu'elle renferme, en commençant par le chœur.

Le chœur, haut de 19 mètres, long de 22 mètres et large de 9 mètres, réclamait et obtint une restauration plus complète, plus soignée que le reste de l'édifice ; ces soins particuliers lui étaient dus d'ailleurs pour mettre plus en évidence tant d'œuvres remarquables qu'il contient [1].

Voici d'abord un autel de marbre et de bois. Non seulement l'ensemble en est splendide, mais les détails soignés d'une façon exquise et le symbolisme parfait de ses différentes parties disent quels soins ont été apportés à sa facture.

L'ornementation du tombeau se compose de grands rinceaux et d'un cartouche portant le monogramme du Christ, auquel s'accrochent des guirlandes de fleurs et de fruits.

Les gradins qui soutiennent les chandeliers sont ornés de riches feuillages. Le tabernacle, encadré par les piédestaux des colonnes de l'exposition, se compose d'un chambranle cintré portant un socle pour l'ostensoir. Le fond de la niche est fermé par des feuillages à jour ; l'archivolte, portée par un entablement, est surmontée d'un fronton sur le côté duquel sont assises des statues symbolisant la Foi et l'Espérance. Au centre de l'arcade, le Sacré-Cœur sur médaillon représente la Charité ; le tout est enrichi de feuillages, de guirlandes et de banderolles.

Sur le rétable, à droite et à gauche du tabernacle, sont placés des reliquaires dans des cadres munis de glaces. Les quatre colonnes qui forment contreforts sont surmontées de statues représentant les quatre vertus cardinales.

---

[1] La longueur de l'église est de 65 mètres.

Enfin, aux deux extrémités de l'autel s'élèvent sur des piédestaux deux grands candélabres à seize branches.

Depuis quelques mois, on a placé à droite et à gauche de l'autel deux anges adorateurs.

Au-dessus de l'autel, au fond, apparaît un beau tableau ovale, *la Résurrection de Lazare,* surmontée d'un fronton, au centre duquel est gravé un monogramme du Christ, entouré de rayons. Ce tableau est de Jacques Van Oost le jeune, peintre et marguillier de la paroisse de la Madeleine [1].

Jacques Van Oost le jeune faisait partie de l'école flamande. Né en 1629, il mourut à Bruges en 1713, à l'âge de 73 ans. Son père, Van Oost le vieux, fut son premier maître. Elève d'un peintre aussi distingué, il acquit bientôt une grande habileté. Mais l'artiste, avide de progrès et désireux de contempler les chefs-d'œuvre étrangers, voyagea en Italie et en France pour se perfectionner.

Bien que son talent fût très admiré à Bruges, néanmoins il choisit Lille pour résidence. Les nombreux amis et admirateurs qu'il avait dans cette ville avaient sans cesse recours à son talent, désormais célèbre et incontesté, et ne laissaient jamais un seul instant son pinceau inactif.

Bientôt un autre lien le retint à Lille. Marie Bourgeois s'en était fait aimer ; il l'épousa et pendant quarante-et-un ans il continua d'habiter Lille, où il devint marguillier de la paroisse de la Madeleine. Ce n'est qu'après la mort

---

[1] Ce tableau est dominé par une gloire magnifique ; cette gloire et la sculpture des coins du tableau sont dues à M. Huidiez (8 octobre 1823).

de son épouse qu'il se retira à Bruges, laissant à Lille un grand nombre de ses œuvres.

Le tableau que Van Oost jeune a peint pour la Madeleine est d'un grand effet. Il nous montre Jésus-Christ ressuscitant Lazare, au milieu d'une immense foule de peuple étonné et admirant la puissance divine du Sauveur. A ces larges draperies, à ces figures bien dessinées et remplies d'expression, à ce beau coloris qui tend à se rattacher à celui de Van Dyck, on reconnaît la touche généreuse et hardie de l'illustre peintre. Malheureusement, il a souffert d'un commencement d'incendie, lorsque l'autel était adossé au mur. Détail intéressant : c'est Van Oost lui-même, marguillier de la Madeleine, qui offrit ce tableau, lors de la consécration de l'église par l'Electeur de Cologne[1].

De chaque côté de ce tableau, deux statues de six pieds et demi, l'une de saint Pierre, l'autre de sainte Marie-Madeleine, nous rappellent que cette église, consacrée à sainte Marie-Madeleine, est aussi fille de la collégiale Saint-Pierre. Ces deux statues sont en terre cuite et ont été dessinées et fournies par M. Cadet de Beaupré le 18 novembre 1816.

A droite et à gauche de l'autel, on remarque encore deux autres tableaux, qui représentent, l'un Marie-Madeleine près d'exhaler le dernier soupir entre les bras de deux anges, qui la portaient chaque jour sur le Saint-Pilon ; l'autre, la Vierge debout, présentant l'Enfant-Jésus à

---

[1] Ce tableau fut remis à la fabrique de la Madeleine le 23 février 1815, grâce à la protection de notre compatriote le maréchal Mortier, duc de Trévise, commissaire extraordinaire du roi dans la 16e division militaire.

saint François, à demi prosterné et la tête éclairée par une auréole céleste qui enveloppe les divins personnages. Ces tableaux, splendides copies, dont les originaux sont du grand Rubens, ont été faits par M. Isidore de Layens. Cet artiste fut autrefois directeur du musée de Lille ; il appartenait à une ancienne et noble famille lilloise qui avait l'honneur de compter parmi ses ancêtres un frère de notre sainte héroïne, Jeanne d'Arc. Les connaisseurs trouvent en ce peintre un beau talent. Les copies sont bien faites, bien rendues, et elles sont là à leur place. D'ailleurs, c'est un souvenir précieux pour l'église de la Madeleine, dont M. de Layens fut longtemps marguillier.

Le chœur est entouré de belles boiseries qui sont l'œuvre de M. Buisine. Elles avaient été faites une première fois, en 1775, sur les plans de l'architecte Lequeux, et avaient inspiré à une âme généreuse la pensée de faire un don magnifique à l'église de la Madeleine. Ce don consistait en quatre grands tableaux qui sont encore maintenant dans le chœur. L'histoire de ces tableaux est intéressante à divers points de vue [1].

Le Registre aux Résolutions [2] qui relate les faits qui se sont accomplis en l'église de la Madeleine cinquante ans avant la Révolution, nous avait beaucoup renseigné à ce sujet. Depuis lors, nous avons pu consulter aux Archives départementales les pièces authentiques [3], dont les délibé-

---

[1]. Ces tableaux ont été nettoyés et revernis une première fois en 1822, par Biot, une deuxième fois par Holvoët, en 1888.

[2] Voir Registre aux Résolutions lettre D.

[3] Voir aux pièces justificatives note XLVIII, 1, 2, 3, 4, 5, 6, 7, 8, 9, 10, 11, 12, 13, 14, 15, 16.

rations du Registre aux Résolutions étaient un complet résumé. Nous nous servirons de ces deux sources.

Un jour, c'était au mois d'avril 1777, M. Maclou-Joseph Verdier, curé de la Madeleine, se présenta devant le conseil de fabrique, qui se composait alors de MM. d'Haffringues-d'Hellemmes, Vanzeller d'Aulnois, Déliot de la Croix, Lefebvre-Delattre, du Cliquennoye, Grenet de Marquette, Lemesre-Dubrusle, Malus et Renard, et l'avertit qu'une personne pieuse, encouragée par la pose de nouvelles boiseries dans le chœur, était disposée à l'orner de quatre beaux tableaux ; son intention était surtout qu'on reproduisît quelques scènes de la vie de sainte Marie-Madeleine.

La donatrice priait les marguilliers de prendre les renseignements nécessaires pour y employer un artiste dont la réputation et les talents répondissent au désir qu'elle avait que cet ouvrage fût digne du lieu auquel il était destiné.

En ce moment florissait à Anvers un peintre dont la réputation s'étendait au loin. André-Corneille Lens [1] faisait surtout l'histoire et les portraits. Élève de Charles Ykens et de Bal. Beschery, il avait été nommé, en 1763,

---

[1] La tombe de Lens se trouve à Bruxelles dans l'église de la Chapelle.
D. O. M.
Les Amis des Arts
a la mémoire
d'André-Corneille LENS,
Régénérateur de la peinture en Belgique et parfait chrétien.
Il réunit la pratique de toutes les vertus
a un talent enchanteur.
Décédé le 30 mars 1822, agé de 83 ans.

un des six directeurs-professeurs de l'Académie d'Anvers. Un goût pur, un ton simple et agréable, un bon coloris et une bonne entente du clair-obscur, telles étaient les qualités qui distinguaient cet artiste. Épris des idées de Winkelmann sur la supériorité artistique des anciens, il tenta de substituer en Belgique les principes de cette école à ceux de Boucher, le peintre galant du XVIIIe siècle. Il n'avait pas manqué de succès ; il faisait école.

Ce fut ce peintre fameux que les marguilliers chargèrent M. Jacquez de voir, pour lui proposer de composer quatre tableaux, dont ils se réservaient d'indiquer les sujets. M. Jacquez devait aussi s'entendre avec Lens sur le prix de l'ouvrage.

Ces tableaux devaient représenter quatre scènes de la vie de sainte Marie-Madeleine :

1. — Madeleine pénitente aux pieds de Notre-Seigneur, chez Simon le Pharisien (L., vii. 37).

2. — Madeleine convertie écoutant Notre-Seigneur chez Marthe (L., xv. 38).

3. — Madeleine gémissant au pied de la croix sur le Calvaire ou assistant à l'inhumation de Notre-Seigneur (Joan., xix. 23).

4. — Madeleine consolée par la vue de Notre-Seigneur, après sa résurrection, dans le jardin (Joan., xx. 14).

« Quant aux dimensions, les tableaux devaient être de 99 pouces de hauteur, de 120 pouces de largeur, leur élévation à environ huit pieds de terre, ayant chacun une fenêtre en face, en sorte qu'au-dessus de chaque tableau il y aura une grande fenêtre. »

M. Jacquez, imprimeur lillois, était riche et possédait une belle collection de peinture. *L'Almanach des artistes*, édité à Paris en 1777, le signale parmi les principaux amateurs.

M. Jacquez faisait de M. Lens le plus grand cas. Il écrit à son sujet à M. Vanzeller d'Aulnois :

« J'ai été voir Lens, peintre en histoire, dont j'ai vu quelques tableaux finis chez lui, qui m'ont paru de la plus grande beauté. Il est ici regardé par tous les curieux chez qui j'ai été comme le premier peintre qui existe à présent en Europe. Je ne craindrais même pas d'avancer qu'il aurait après sa mort la réputation d'avoir presque égalé Rubens.»

Les marguilliers adressèrent donc leur demande par l'entremise de M. Jacquez, et, le 20 mai 1777, M. Lens leur répondait :

« Messieurs, en réponse de celle que vous me faites l'honneur de m'écrire, et laquelle m'est remise par M. Jacquez, libraire, j'ai l'honneur de répondre que je ferai les quatre tableaux proposés, dont je suis d'accord avec MM. les marguilliers, quant aux sujets. Nous le sommes également quant au prix, excepté les toiles et les châssis.

» Comme M. Jacquez m'a fait entendre que la générosité de quelque particulier faisait la base de cette dépense, je vous assure de bonne foi, Messieurs, que j'ai adopté l'esprit de générosité, en vous faisant ma proposition. »

Dans sa lettre, il ajoute qu'il espère fournir les tableaux avant deux ans : une commande de la cour de Vienne pourrait seule le mettre en retard.

Les marguilliers prièrent M. le curé de faire part de cette réponse à la bienfaitrice pour les instruire ultérieurement de ses intentions.

M. le curé ayant déclaré que cette personne acceptait le prix demandé, il y eût une nouvelle entente avec l'artiste.

L'acte des engagements réciproques fut rédigé et signé par les deux parties, afin d'y avoir recours au besoin. Quant aux 8,400 florins destinés au prix principal des quatre tableaux, ils avaient été remis par M. le curé au conseil de fabrique qui les mit en dépôt chez M. Renard.

« Le 25 juin, Lens présenta les esquisses et pria MM. les marguilliers de vouloir bien lui dire leur sentiment avec une entière liberté et de ne point divulguer leur accord, d'autant qu'il s'est un peu trompé en quelque point ; mais comme ce n'est point l'intérêt qui le guide, cela ne fait rien pour le présent. »

Comme il leur était demandé, les marguilliers apportèrent leur sentiment sur les différents tableaux :

« L'ordonnance et la composition du premier ont été généralement admirées. On remarque bien que : 1° le ciel de gauche, qui fait si bien ressortir la belle figure de la Madeleine, est découvert par une ouverture extrêmement grande, qui devrait naturellement être rétrécie par un portique qui indiquât les limites du lieu de la scène ; 2° que le lit du Sauveur paraît un peu élevé ; 3° que la table est trop basse et trop resserrée entre Notre-Seigneur et le Pharisien ; 4° que dans ce tableau, il y a trois mains à peu près du même caractère, etc. Mais en revanche, on trouve que la figure de sainte Madeleine est très belle, que la main du Sauveur est d'un genre et d'une correction exquise et merveilleusement assortie à ce qu'il dit et à ce qu'il exécute, que celle du Pharisien n'est pas moins bonne dans son genre et semble caractériser la joie caustique de cet homme, qui se flatte de prendre Notre-Seigneur en faute. »

Dans le second tableau, tout a été admiré sans la moindre réserve :

« On observe seulement que Marthe placée debout, en évidence et presque sur le premier plan du tableau, sera si frappante et si belle, qu'il ne faut pas moins que tous les talens de M. Lens pour rassurer sur l'expression qu'il convient de répandre dans toute la figure de Madeleine, qui est le principal personnage.

» Du reste, on remarque par exactitude que si Marthe est sur un escalier, les marches en paraissent extrêmement petites. »

Dans le troisième tableau, la seule observation que l'on ait faite est celle-ci :

« Dans cette admirable composition, le cou de la Madeleine est un peu gros, ce qui toutefois peut se défendre par les effets de la position et surtout de la douleur qui grossit les muscles.

» En tout, néanmoins, cette Madeleine est plus fortement composée que dans les tableaux précédents. »

Le sujet du quatrième tableau, « qui est d'une simplicité extrême, peut être le triomphe de l'art; il peut aussi en être l'écueil. Un théâtre écarté, deux personnages sur la scène, dont l'un doit être, pour ainsi dire, sans action, et l'autre, ressentir en un moment tous les effets de la crainte, de l'amour, de la douleur, de la joie, voilà ce que doit présenter cet intéressant tableau. Madeleine y est seule en vue ; c'est elle qui remplit tous les effets de l'action. Ce qui s'est passé dans son cœur, à son arrivée près du sépulcre, le sentiment douloureux dont elle était pénétrée en ne trouvant pas le corps de son divin Maître, la vue des anges dont elle est encore tout effrayée, la question touchante qu'elle adresse à un homme qui se trouve près d'elle et qu'elle prend pour le jardinier, le saisissement, le frémissement surnaturel qui s'opère dans toute sa personne, au nom de Marie, dont elle s'entend appeler, ce cri de : « Mon Maître » qu'elle laisse échapper du fond de son cœur, ce tendre empressement qui la porte à se précipiter dans les bras du Sauveur qu'elle vient de reconnaître, tout cela doit éclater à la fois sur son visage et dans tous les mouvements de son corps. Le passé, le présent et l'avenir, tout doit se peindre en elle, en sorte qu'on puisse lire son histoire et deviner toute la scène d'après le seul portrait que la scène représente.

» Voilà l'idée qu'on s'était formée du sujet de ce tableau et voici les remarques qu'on a faites sur son exécution. »

Nous passerons ces remarques ; il serait trop long de les apporter ici. Nous en avons donné suffisamment pour montrer que les marguilliers de cette époque étaient des hommes de goût et de sens. Ils avaient en haute estime M. Lens, et ils le traitaient avec une grande délicatesse.

M. Lens, qui était, de son côté, plein d'égards pour les

critiques dont il avait provoqué lui-même les judicieuses observations, leur répondit en ces termes :

« Je vous dois des remerciemens sincères pour les réflexions que vous avez eu la bonté de me communiquer. Elles détermineront ce qu'un examen réfléchi auroit seulement pu faire après des réflexions réitérées. Malgré que les mêmes considérations m'étoient passées par l'esprit comme des questions à résoudre, leur résolution étoit restée incertaine. Au premier moment qu'on compose, on se permet quelques petites négligences pour ne pas devenir froid, en voulant paraître correct.

» Ce n'est qu'actuellement que je pense suivre en sûreté le précepte d'Horace : *sœpe stylum vertas*. Je ne me flatte pas cependant du bonheur de saisir toutes les finesses que je sens. La quatrième Madeleine m'embarrasse, des circonstances étrangères la rendent difficile. L'horizon est donné par l'horizon du tableau, qui est au-dessus de l'homme.

» Les trois autres représentations de cette sainte exigent ici un transport spirituel, qui est si près de l'emportement corporel, qu'il n'y a qu'un point à saisir. Le point marqué, c'est une femme effrayée qui, sortant d'une caverne, se jette aux pieds du premier venu. Cette joie intérieure où le corps prend si peu de part, devant s'exprimer cependant par le mouvement du corps, pouvoit facilement la rendre contemplative, en extase. Ce ne seroit pas une équivoque quand elle seroit dans une gloire, quand le paradis seroit ouvert devant elle. Mais ici, le passage rapide de la douleur qu'elle ressentit de la perte de son Sauveur, à la joie de le voir ressuscité, exige absolument un transport. C'est à l'exprimer le mieux possible que je ferai mon devoir. Pour les figures qui n'ont d'autres défauts que de paraître lourdes dans le dessin, cela n'est d'aucune conséquence pour les tableaux. »

Le 12 juillet, les marguilliers lui renvoient les esquisses et lui disent que l'ensemble leur paraît si beau qu'ils leur appliquent avec vérité ce précepte d'Horace :

> Verum ubi plura nitent in carmine, non ego paucis
> Offendar maculis.

Lens se mit à l'œuvre et se disposa à satisfaire aux conditions qu'il avait acceptées du conseil de fabrique.

Un peu plus d'un an après, les tableaux étaient terminés.

Dans l'assemblée extraordinaire du 9 octobre 1778, le conseil de fabrique reconnaissait que M. Lens avait satisfait aux conditions, « et autorisoit M. Renard à lui payer la somme de 8,732 florins 15 sols 4 décimes, pour prix principal et frais accessoires des quatre tableaux. »

Que dire de ces peintures ? Tout le monde en admire la fraîcheur, le coloris, la belle disposition. Pour marquer l'importance qu'on y attachait autrefois, on les recouvrait d'une toile. D'ailleurs, leur prix, les démarches, les délibérations qui eurent lieu à leur sujet prouvent qu'on n'avait pas pris le premier artiste venu pour les exécuter. Depuis lors, cependant, Lens a perdu dans l'estime publique. Certains critiques reconnaissent dans ces tableaux une bonne médiocrité et croient qu'il ne gagnera plus à l'avenir.

Charles Blanc, tout en le vantant beaucoup, semble lui reprocher des défauts assez notoires. Après avoir dit que Lens se distingue par sa grâce et sa simplicité, il ajoute : « Malheureusement, à une correction classique, à une composition soignée, à des attitudes bien étudiées, il joint des formes rondes, sans vigueur dans ses personnages, l'abus des tons rosés et violets qui efféminent sa peinture, des fronts bas, des yeux microscopiques, etc... »

On remarque quelque chose de tout cela dans les tableaux de l'église de la Madeleine, mais il n'en est pas moins vrai qu'ils sont d'un grand effet et qu'ils frappent singulièrement ceux qui les voient.

On doit, en toute justice, leur accorder une certaine valeur artistique.

Ces boiseries, ces tableaux dont on venait d'orner le chœur, firent penser à en restaurer le pavement.

Les pierres sépulcrales avaient vieilli et ne semblaient plus à leur place dans le chœur embelli et devenu si riche [1].

Il fallait nécessairement les remplacer.

C'était la pensée de M. l'abbé Verdier, qui, en mourant, laissa à cet effet une somme d'argent à son successeur, M. Saladin. De plus, un généreux paroissien vint peu de temps après apporter à M. Saladin une autre somme d'argent pour le même objet. M. Lequeux, l'architecte qui avait présidé jusque-là à la décoration du chœur, fut chargé d'en faire le plan et le devis qui monta à la somme de 3,150 florins; ce plan fut accepté et exécuté [2].

Il y avait à peine un an que le chœur était pavé à neuf quand les nouveaux tableaux subirent des dégradations inexplicables.

---

[1] Voir pièces justificatives, note LXII.
[2] Ibid., note LIX.

« Les marguilliers observoient journellement depuis plusieurs mois que les tableaux du chœur de la dite paroisse, placés au-dessus des stalles, peints par le sieur Lens, peintre de Sa Majesté impériale et royale, résidant à Bruxelles, se dégradoient par une espèce de vapeur blanche moisie, qui s'y attachoit et se répandoit sur la majeure partie des dits tableaux, plus sensiblement dans toutes les ombres et en ôtoit tout l'effet. Ce qui leur causoit le plus d'inquiétude, c'est que la chose paraissoit augmenter tous les jours de plus en plus. »

Les marguilliers chargèrent un expert, peintre de l'Académie des Arts de Lille, d'examiner d'où cela pouvait provenir.

L'expert ne sut trop à quoi attribuer ces dégâts. Était-ce à l'air ambiant et humide de l'église ? Était-ce au nouveau pavement ? Il l'ignorait. Il n'était pas plus certain du moyen qu'il devait employer pour faire disparaître les taches, et il conclut qu'il était plus « à propos d'en faire part audit sieur Lens, afin qu'il indiquât lui-même les moyens de rétablir ce qui paraissoit endommagé et faire, d'après les renseignements, ce qu'il appartiendroit. »

L'artiste consulté fit les recommandations suivantes :

« 1°. — Il est essentiel qu'on les garantisse du soleil par des rideaux qui ne donnent aucun passage à ses rayons.

» 2°. — L'humidité étant très nuisible, il est à souhaiter qu'on ouvre de temps en temps quelques fenêtres du chœur, surtout quand le temps est très beau. L'auteur prie très particulièrement les marguilliers de faire attention s'ils ne voient point paraître de petites taches blanches, principalement sur les couleurs les plus noires. Ce moisi doit être ôté tout de suite avec un linge bien doux, mouillé dans l'eau tiède, à chaque fois qu'il paraîtra, parce que le nitre qui se trouve dans l'humidité mangerait ensuite les couleurs et que ces taches blanches formeraient par le temps des taches noires. Mais quand ces taches seront ôtées doucement à chaque fois qu'on s'en apercevra, le moisi ne nuira aucunement et diminuera à mesure que l'humidité qui se trouve dans l'huile et la couleur s'évaporera par le parfait sèchement de la couleur, qui pour les grands tableaux ne se fait qu'au bout d'une quinzaine d'années. Quoique les tableaux paraîtraient infiniment plus vifs et les détails plus visibles, s'ils avaient un vernis ou une huile blanche, l'on prie MM. les marguilliers de ne pas permettre que l'on y mette quoi que ce soit avant l'entier durcissement de la couleur qui ne peut se faire qu'au bout d'une quinzaine ou vingtaine d'années, et pour lors une huile blanche, ou quelque vernis ne pourront qu'embellir les tableaux qui, par les moyens de cette précaution, ne changeront jamais de couleur. »

On nous pardonnera d'avoir donné en grande partie les rapports de ces deux personnages au sujet des tableaux. Ils montrent bien quelle était la valeur de ces peintures et de quels soins on entourait les œuvres d'art à cette époque.

En 1793, ces tableaux furent enlevés et transportés en la maison des Dominicains (Lycée). Ils ne furent rendus à l'église qu'en mars 1806. Pendant de longues années, on les préserva de l'humidité en les couvrant d'un rideau. Actuellement, il n'est plus nécessaire de prendre les mêmes précautions. Tout danger d'humidité a disparu, grâce à la restauration de l'église et à l'établissement du calorifère.

Le chœur de l'église de la Madeleine était fermé, comme il l'est encore maintenant, par une grille des plus remarquables, sorties d'un des meilleurs ateliers de ce temps.

Le 21 avril 1761, la fabrique entra en pourparlers avec Nicolas-Joseph Beudar et lui demanda de fournir pour les fêtes de Pâques de 1762 une grille servant de fermeture au chœur, selon le plan fourni et pour la somme de 800 florins, à la condition qu'elle serait de la meilleure qualité de fer à lime.

Cette grille, fort remarquée des connaisseurs, coûta un peu plus de mille florins et fut posée le 10 juin 1762, jour de la Fête-Dieu [1].

Pouvons-nous sortir du chœur sans parler du calorifère qui vient d'y être établi ? C'est le four à air libre pour brûler tous combustibles pulvérulents, inventé par M. Michel Perret.

Nous sortons du chœur et, de chaque côté, nous trouvons deux tableaux d'Arnould de Vuez.

Cet artiste fut élève du père Luc, récollet à Paris. Tout jeune encore, il fut envoyé dans cette ville et recommandé au père Luc par un juif, qui lui avait donné les premières notions de peinture. Dans la suite, il visita l'Italie et travailla en France avec Lebrun. Enfin, il vint se fixer à Lille, où il fut honoré du titre d'échevin. Arnould de

---

[1] Voir pièces justificatives, note XL.

Vuez fit beaucoup de tableaux pour les églises de Lille. Il s'inspirait de Raphaël dans ses compositions et imitait parfaitement le marbre dans ses bas-reliefs ; malheureusement, il est mauvais coloriste et donne quelquefois à ses personnages des poses peu naturelles.

Les deux tableaux de la Madeleine représentent : l'un, la Samaritaine, l'autre, la Cananéenne. L'obscurité de l'église à cet endroit et la couleur sombre de ces tableaux ne permettent pas de les juger facilement. Il faut, pour les apprécier, les voir vers onze heures du matin, ou par un temps très clair [1].

Passons maintenant à la chapelle des Trépassés, siège d'une confrérie qui porte ce nom. Un nouvel autel y a été placé peu de temps avant la restauration de l'église. Dans la tombe ouverte de l'autel, le Christ est étendu comme dans le sépulcre.

De chaque côté de l'autel se trouvent deux réductions de tableaux, représentant le *Christ en croix*, de Van Dyck, et la *Descente de croix*, de Rubens.

L'autel, sans être bien riche, ne manque pas de cachet. Il a bien le caractère qui convient à la place qu'il occupe dans l'église de la Madeleine.

On remarque encore dans la chapelle des Trépassés les pierres tombales de deux curés de la paroisse : MM. Bon Bourgeois, décédé le 20 juillet 1662, et Augustin-Joseph Durignieux, décédé le 11 avril 1759. On a posé aussi sur

---

[1] Ils furent rendus à la fabrique de la Madeleine en mars 1806, par autorisation de M. le préfet.

un panneau de la même chapelle une plaque de marbre à la mémoire de M. l'abbé Arsène-Alfred-Joseph Bafaleur, décédé le 24 février 1879.

Nous voici maintenant dans la chapelle du Saint-Sacrement. Deux portraits de docteurs de l'Eglise, qui ont leurs pendants en face dans la chapelle de la Sainte-Vierge, nous apparaissent. Les quatre docteurs sont facilement reconnaissables à leur caractéristique.

Dans la chapelle du Saint-Sacrement, à droite, saint Jérôme, avec sa figure austère, enseignant les saintes Ecritures à sainte Paula et à sainte Eustochie, ses filles spirituelles ; c'est peut-être le plus beau des quatre. A gauche, saint Grégoire le Grand enseignant le plain-chant. Dans la chapelle de la Sainte-Vierge, saint Ambroise ; près de lui son secrétaire. Sur sa tête plane une colombe, image du Saint-Esprit éclairant le saint, tandis qu'il écrit. Enfin, saint Augustin et le petit enfant, rappelant un miracle, à propos du mystère de la sainte Trinité.

D'après la tradition, ces œuvres admirables sont de la main de Jordaens.

M. Ghesquière de Millescamps, qui écrivait en 1750, dit à ce sujet : « Ces quatre tableaux, qui représentent les Pères de l'Eglise et sont placés au-dessus des confessionnaux, sont un don d'autant plus précieux de Mme Mayoul, que les connaisseurs en peinture les estiment de Jordaens. »

M. l'abbé Bernard, dans sa monographie, fait la même remarque. Voici ce qu'en dit, à son tour, M. Chon : « La tradition attribue à Jordaens les quatre docteurs de l'Eglise. C'est encore l'opinion commune. Cependant, certains guides en font honneur à Seghers, et H. Bruneel penche à croire qu'ils sont d'Arnould de Vuez. J'avoue, moi qui ne me donne pas pour un expert en peinture, que je serai assez embarrassé, vu ces avis différents ; néanmoins oserai-je affirmer qu'à mon sens, ils ne peuvent être de Jordaens, si facile à reconnaître dans ses œuvres.

» Rien, dans ces docteurs de l'Eglise, ne reproduit les types vigoureux, presque toujours communs et même outrés qui sont la marque de cet émule et disciple de Rubens. Quoi qu'il en soit, ces toiles ont une incontestable valeur artistique ; seulement, je pense qu'elles étaient mieux en vue sur les piliers intérieurs de la coupole qu'à la place qu'elles occupent aujourd'hui. »

Nous nous permettrons de ne pas être tout à fait de l'avis de M. Chon, ni même de M. Bruneel. Ils ne jugent de ces tableaux que par ce qu'ils en connaissent extérieurement. M. Ghesquière, qui avait été chargé par ses confrères de faire un abrégé de l'histoire de la Madeleine, en 1761, n'était pas bien loin de l'époque où le don de ces tableaux avait été fait. Il était en outre aidé dans ses recherches par tous ses confrères. Il se trouvait donc dans les meilleures conditions possibles pour porter sur ces tableaux un jugement exact. N'aurait-il pas raison ?

D'ailleurs, Jordaens lui-même n'a-t-il pas été obligé de donner à ses personnages le caractère qui leur convenait ? Pouvait-il peindre saint Jérôme, par exemple, avec une figure joufflue, lui, l'anachorète, lui, le modèle de l'homme mortifié ?

Cependant, par prudence, comme les autres, nous nous abstiendrons de formuler nettement une opinion. Nous dirons seulement, avec des artistes de valeur auxquels nous avons eu l'honneur de montrer les richesses artistiques de la Madeleine : ces tableaux sont certainement d'une grande valeur ; ils appartiennent sûrement à l'école flamande ; nous n'osons affirmer qu'ils sont de Jordaens.

La chapelle du Saint-Sacrement était autrefois dédiée à saint Léonard, patron d'une confrérie qui existait avant la Révolution. Elle fut aussi destinée, un jour, à recevoir l'image de Notre-Dame de Consolation, qui avait été transportée de l'église Saint-André en l'église de Sainte-Marie-Madeleine. Il n'y a pas longtemps encore, elle était fermée par un grillage semblable à celui de la chapelle de la Sainte-Vierge. Pour la commodité des fidèles, qui communient ordinairement dans cette chapelle, la grille, d'ailleurs sans valeur, a été enlevée. C'est regrettable, car cette chapelle ne cadre plus avec les autres.

Le banc de communion est en chêne avec, au centre, un ostensoir dans un grand médaillon porté par des anges. L'ornementation se compose de rinceaux au riche feuillage dans lequel s'accrochent des guirlandes de fleurs et de fruits.

L'autel, tout en marbre blanc, est du style Louis XIV et sort des ateliers de M. Buisine. Au centre du tombeau se trouve un cartouche avec un agneau pascal et aux angles des têtes d'anges portant la corniche.

La porte du tabernacle est assez ancienne et assez remarquable pour que nous nous y arrêtions. C'est une œuvre d'art de beaucoup de valeur et un présent de Mme Mayoul.

Elle est en argent pur repoussé au marteau et ciselé avec talent par le célèbre orfèvre-ciseleur François-Joseph

Baudoux,[1] qui jouissait alors et avec raison d'une grande réputation.

Tout le monde sait que la ciselure consiste principalement à façonner et à modeler au moyen du ciselet et du marteau une feuille mince d'or ou d'argent reposant sur un lit de cire. La cire, en maintenant le métal, amortit les coups et empêche les crevasses et les déchirures. Ce procédé, commandé par l'épargne des métaux précieux, a été en usage de tout temps ; mais il a pris une grande extension à partir du XIVe siècle. On voit par là quelle doit être la dextérité de l'artiste pour exécuter des ouvrages aussi délicats et aussi parfaits que celui que nous allons examiner.

Les Hébreux, fatigués de la longueur du chemin qu'ils venaient de parcourir, ont fait entendre de nouvelles plaintes : « Pourquoi nous avez-vous tirés de la terre d'Egypte et conduits au désert ? Nous n'avons plus ni pain ni eau, nous ne pouvons plus supporter cette manne. » Alors l'Eternel a fait sortir du sable des serpents de feu, dont la morsure donne la mort. Le peuple a imploré la protection de Moïse, qui, d'après l'ordre de Dieu, fait dresser dans le camp un serpent d'airain. Quiconque le regarde avec foi, après avoir été blessé, est aussitôt guéri. Telle est la scène qui est exactement retracée par Baudoux. On voit au pied de la croix à laquelle le serpent est attaché une foule surprise par les venimeux reptiles. Les

---

[1] Il était membre de l'Académie des Arts de Lille, et quand il mourut, le 27 septembre 1788, à l'âge de 68 ans, il fut sincèrement regretté par ses concitoyens pour son talent et pour ses vertus.

Israélites, effrayés, essaient de les retenir, de les empêcher de mordre.

Mais comment s'en délivrer ! Il y en a partout ; ils volent dans l'air ; ils rampent à terre. Personne ne peut y échapper. Sur un geste de Moïse, des Israélites blessés à mort regardent le serpent d'airain, et ils implorent la protection du Ciel. Les morts et les mourants sont amoncelés les uns sur les autres. Dans le ciel, d'épais nuages semblent obscurcir les rayons du soleil et jeter sur toute la scène une horreur plus grande. Les arbres sont admirablement détachés et représentent parfaitement la nature. L'immense perspective du désert est très bien rendue.

Si maintenant nous prenons un à un les personnages, nous ne pouvons qu'admirer leur attitude, leurs traits, leurs membres si bien dessinés. Chaque figurant se détache aisément de la scène que l'artiste a voulu décrire.

Il est très rare, selon nous, de trouver, dans une œuvre analogue, plus de grandeur dans l'ensemble et plus de fini dans le détail.

Cette porte cintrée sur sa largeur rappelle, par sa forme, la fin de l'époque de Louis XIV, si féconde en chefs-d'œuvre. Alors la France tenait le premier rang en Europe pour la gravure et la ciselure. Qu'on nous permette d'ajouter que cette œuvre superbe, dont l'encadrement fut un peu modifié il y a environ trente-cinq ans, lors de la restauration de l'autel, peut dignement figurer auprès des plus belles créations de Benvenuto Cellini et de tant d'autres artistes.

Les Archives départementales ont conservé la note de

l'argent qui a été employé pour ce tabernacle, dont le poids était de 70 marcs 5 onces et 4 gros.

Le total de la somme payée monte à 1,663 florins 5 patars 1/2.

Le florin, à cette époque, valait, si nous ne nous trompons, 1 fr. 25, ce qui fait à peu près pour le tout 2,500 francs. Si l'on veut réfléchir à la valeur de l'argent en ce moment-là, on peut juger du cas que l'on faisait du talent de Baudoux, à qui on allouait une pareille somme.

L'œuvre que nous venons de décrire nous fait d'autant plus regretter la perte de la belle châsse de sainte Marie-Madeleine, qui était du même auteur et qui a disparu à la Révolution. Nous en avons connu l'existence par une pièce qui se trouve aux Archives départementales et que nous allons, pour mémoire, reproduire ici :

« Nous, marguilliers de la paroisse de Sainte-Marie-Madeleine, en cette ville de Lille, sommes convenus avec le sieur François Baudoux, marchand orfèvre en cette dite ville, sçavoir : qu'il s'engage de faire construire une châsse conformément au plan qui nous a été représenté, laquelle se partagera en deux parties, dont il n'y aura que les devants qui seront garnis en argent et en cuivre doré, dont chaque moitié pèsera en matière d'argent cent dix onces plus ou moins. Les médaillons qui seront dans le milieu de la dite châsse, dont l'un représentera la Madeleine pénitente, et l'autre l'apparition du Sauveur en jardinier, seront en argent, de même que les palmes des cartelles, les testes d'anges, fleurs et autres ornemens qui s'y trouvent. Il sera permis au dit sieur François

Baudoux, en cas qu'il ne puisse perfectionner le dit ouvrage avec les deux cents quatre-vingts onces, d'en ajouter quelques-unes pour la solidité et le bien-être.

» Il lui sera payé pour le poids d'argent à raison de cinq florins par chaque once.

» Les consoles de la dite châsse seront en cuivre doré à l'or moulu le plus fin et le mieux conditionné, de même que toutes les moulures, cartelles, consoles, ce qui coûtera la somme de huit cents florins pour les deux moitiés. Il lui sera payé tant pour la façon de l'argent que du cuivre qu'il emploiera, le tout, pour la somme de douze cents florins.

» Le dit orfèvre s'engage de faire construire à ses frais et dépens la dite châsse en bois, par le menuisier qu'il trouvera à propos ; de plus, ce qui doit servir de base à la décoration du dit ouvrage et les ferrailles qui seront nécessaires à sa construction.

» Il est encore convenu de faire nettoyer à ses frais, l'argenterie et l'autel pour la première fois qu'on exposera les châsses, afin que le tout soit à l'unisson. Il s'engage de fournir la dite châsse dans le courant du mois de juin 1764, bien conditionnée et finie selon l'art, au dire d'experts.

» Pour lors, il lui sera payé la moitié du prix de la dite châsse et l'autre dans le courant de deux années, et plus tôt, s'il est possible.

» Les marguilliers ont nommé les sieurs de Millescamps et Duquenil, leurs confrères, pour être présents à la pesée de l'argent qui entrera dans la ditte châsse.

» Ce faisant, les parties ont promis de tenir et entretenir sous l'obligation, sçavoir les dits premiers comparans les biens de leur église, et ledit second comparant les siens propres.

» Fait en double, à Lille, le 17 août 1763.

» Cardon du Bronquart, Cardon du Roty, Ghesquière de Millescamps, Lemesre, Duquenil, Dupetit-Vendeville, Ghesquière de Stradin; F. Baudoux. »

La pièce principale du rétable de la chapelle du Saint-Sacrement est le tableau de Van Dyck, pour lequel M. Buisine a fait un cadre avec riche couronnement. Cette peinture très sombre nous représente le Christ en croix, et Madeleine à ses pieds. Il fait nuit, et le clair de lune ne laisse presque pas voir la figure de la sainte pénitente. Le Christ surtout est magnifique. On sait d'ailleurs qu'il n'y a pas de peintres qui en aient fait de plus admirables. Mais c'est surtout dans la figure de Jésus qu'il faut aller chercher toute l'expression que Van Dyck a donné à son dessin. Il y en a qui mettent en doute que ce tableau soit l'original, mais ceux-là mêmes croient qu'il a dû être peint du vivant de Van Dyck et le regardent comme très beau[1].

Le fond de la chapelle est recouvert par un ouvrage en bois de chêne. De chaque côté, des colonnes cannelées à chapiteaux corinthiens supportent une archivolte artistement travaillée, et forment comme deux niches contenant l'une, la statue de saint Paul, et l'autre, probablement celle de saint Augustin.

---

[1] Il fut rendu à la fabrique de la Madeleine au mois de mars 1806, sur l'autorisation du préfet.

Si nous continuons notre promenade à travers l'église, nous rencontrons le support et l'entourage de la statue de sainte Madeleine agenouillée.

Symétriquement placé par rapport à sainte Madeleine, est un calvaire qui gagnerait beaucoup si les personnages étaient peints d'une couleur moins tendre.

Nous voici arrivés à la chapelle de la Sainte-Vierge.

Elle est fermée par une grille. A l'extérieur sont placés les portraits des deux docteurs dont nous avons parlé plus haut.

A l'intérieur, en face l'un de l'autre et adossés à la muraille, sont un confessionnal et un édicule à saint Joseph. Celui-ci a été placé un peu avant la restauration de l'église. C'est, croyons-nous, l'objet d'un vœu à saint Joseph, en vue de cette restauration si difficilement obtenue.

L'autel est en pierre blanche et sculpté dans le style de l'église ; il n'a rien de bien remarquable. Mais cette médiocrité est rehaussée par un magnifique tableau, œuvre du grand maître flamand Rubens : l'*Adoration des bergers*.

Saint Joseph et la sainte Vierge contemplent avec amour l'Enfant Jésus, couché dans la crèche, sur un peu de paille. Des bergers, des hommes, des femmes sont là, admirant l'Enfant. Comme tout converge vers Jésus, l'objet principal du tableau ! Comme la finesse des traits et des vêtements de la Vierge est bien rendue ! C'est bien le coloris de Rubens.

Cette belle peinture est signalée dans un guide de 1772 et dans l'inventaire de Watteau en 1793. « Ce tableau, dit Houdoy, a été déshonoré par des repeints, qui pourraient peut-être être enlevés. » Son authenticité ne peut par conséquent être mise en doute.

D'ailleurs, les tentatives souvent répétées des administrateurs du Musée pour l'obtenir, montrent la grande valeur qu'ils lui reconnaissent. La maison Plantin, qui s'occupe beaucoup de Rubens et suit partout ses œuvres, a catalogué ce tableau, et, il y a quelques années, elle envoya un de ses artistes pour en faire la description qui paraîtra, croyons-nous, dans une histoire complète de Rubens et de ses œuvres.

La chapelle du Sacré-Cœur, que nous rencontrons ensuite, est élégante. Une statue du Sacré-Cœur surmonte l'autel, qui est du style Louis XIV.

Le devant de l'autel et le rétable sont garnis de glaces, ce qui lui donne un certain caractère d'originalité.

Dans cette même chapelle se trouvent deux autres statues, l'une de saint Roch, dont la confrérie était autrefois très florissante, l'autre de sainte Philomène, dont le culte était fort en honneur il y a quelque trente ans. Actuellement encore de nombreux pèlerins viennent « servir » cette sainte.

Faut-il citer les confessionnaux? Ils ne sont guère remarquables que par leur grande simplicité.

Peut-être pourrait-on signaler la chaire, bien qu'elle soit de petite dimension, probablement afin de ne pas nuire à la vue de la chapelle du Saint-Sacrement. Elle est d'un beau travail de sculpture, si l'on s'en rapporte au jugement d'hommes compétents. Cette chaire avait été placée à l'église Saint-Pierre, de Tournai, réunie à Notre-Dame. Elle était le chef-d'œuvre de Lecreux, sculpteur très avantageusement connu. Elle fut achetée par la fabrique de la Madeleine le 2 août 1813. On pouvait dire à ce moment que la ville de Lille ne possédait pas un ouvrage aussi parfait en ce genre.

Le chemin de la croix ne mérite guère d'être remarqué. Ce sont de mauvaises peintures sur carton qui n'ont aucune finesse, aucune perspective. Elles sont à remplacer quand la fabrique aura pu faire quelques économies.

Quant aux vitraux, nous ne pouvons rien faire de mieux que de rapporter ce qu'en dit M. Chon dans ses *Promenades lilloises* : « Nous avons vu poser à la Madeleine des vitraux modernes qui sortent de la maison Durieux, de Reims.

» Leurs encadrements, on s'en souvient, était d'abord d'une nuance si foncée qu'ils interceptaient la lumière au point d'obliger parfois à allumer les becs de gaz en plein jour. On a corrigé heureusement ce grave défaut et les fenêtres n'empêchent plus d'y voir clair. Plusieurs verrières de la galerie circulaire et du dôme où sont représentées les scènes du Nouveau Testament ont de l'éclat. Pourtant j'estime plus remarquables les verrières du chœur en demi-grisaille. La pose des unes et des autres date de l'administration du vénérable abbé Bafaleur, doyen-curé. »

Les fonts baptismaux contiennent un joli bénitier avec sa base et sa colonne en marbre noir, avec ornement et feuilles en marbre blanc. Il a été dessiné et fourni par Verly fils, architecte et directeur du dépôt de marbrerie, le 30 juin 1829.

Qu'on nous permette, en terminant, de parler des orgues et de rappeler aux paroissiens de la Madeleine que, malgré les améliorations qui y ont été apportées, elles ne sont pas suffisantes pour une église de cette importance. La maîtrise est une des meilleures de la ville, l'organiste est un véritable artiste ; il ne manque qu'un instrument convenable.

On pourrait en même temps songer à rapprocher la maîtrise en lui faisant une place en avant du buffet d'orgue. Elle serait plus facilement dirigée, se ferait mieux entendre et répondrait plus sûrement au célébrant.

TROISIÈME PARTIE

La Madeleine-lez-Lille et Saint-Vital.

SECTION I. — La Madeleine-lez-Lille

Chapitre I.

La Madeleine-lez-Lille avant la Révolution. — Son origine. — Ses malheurs. — Erection d'un cimetière et bénédiction par M. l'abbé Verdier (1779). — Division de la paroisse. — Tableau des vicaires desservants. — Siége de Lille (1792). — L'église est vendue et démolie.

Depuis la division du territoire de la Madeleine en deux paroisses régies par un seul curé, assisté d'un vicaire desservant le faubourg, nous avons pour ainsi dire abandonné la paroisse *extra muros*, pour compléter l'historique de celle de la ville. Il nous faut donc revenir en arrière afin de connaître les événements dont la commune de la Madeleine-lez-Lille a été le théâtre, depuis l'année 1683 jusqu'à nos jours.

Elle commençait à peine à se relever des ruines causées par le siége de 1667, lorsque celui de 1708 amena de nouveau les armées royales sur son territoire.

Le siége de 1708 est un des plus fameux de l'histoire. Lille était défendue par Boufflers et Vauban, et assiégée par Marlborough et le prince Eugène, les meilleurs généraux de l'époque. Nous n'allons pas entreprendre de narrer tout au long les diverses péripéties de ce siége mémorable ; ce récit n'entre pas dans le cadre de notre ouvrage. Nous nous bornerons à signaler les faits intéressant l'église, qui occupa alors une place importante.

Le 12 août 1708, dès que les Impériaux eurent campé à Marquette, Boufflers fit mettre le feu aux habitations de la Madeleine. Tout fut réduit en cendres, les arbres furent abattus et les murailles rasées. L'église et le presbytère, seuls épargnés, donnèrent asile à deux postes français ; ceux-ci fortifièrent la position en élevant des retranchements qui la rendirent redoutable.

Le 21 août, les Impériaux étendirent leurs lignes du Trou de la Madeleine jusqu'en face de la porte de la ville. Mais les Français, retranchés dans l'église, ne se lassaient pas d'entraver leurs opérations. Aussi trois canons furent braqués sur l'édifice religieux et le battirent en brèche. Le 24, dès le point du jour, trois cents grenadiers ennemis se précipitèrent à l'assaut de l'église et s'en emparèrent après un combat acharné. Elle ne resta pas longtemps en leur pouvoir. Le 26, vers sept heures du soir, quatre cents hommes d'élite sortirent de la ville, malgré le feu terrible vomi par les batteries ennemies, et arrivèrent, sans se débander, jusqu'au sanctuaire, que les Impériaux durent abandonner, malgré leur opiniâtre résistance. Tous les défenseurs furent mis en fuite ou impitoyablement massacrés.

Le 6 septembre, les ennemis furent de nouveau maîtres

de ce poste important, qu'ils occupèrent jusqu'à la fin du siége. Dans un caveau, ils trouvèrent quarante-trois tonneaux de poudre, de cent livres chacun, que nos soldats n'avaient pu emporter. Enfin, le 23 octobre, le prince Eugène fit son entrée triomphale dans Lille par la porte de la Madeleine, ce qui termina ce siége meurtrier.

Vers le milieu de ce même siècle, en mai 1747, Louis XV, se rendant à Lille, fit aux Madeleinois l'honneur de visiter leur territoire.

Le cimetière de la ville ayant été inondé en 1779, le Magistrat, par une ordonnance du 1ᵉʳ décembre, choisit la Madeleine-lez-Lille pour y établir un lieu d'inhumation provisoire. Il fut situé derrière la maison vicariale, sur l'emplacement de l'ancienne église [1]. M. l'abbé Verdier, pasteur, doyen de chrétienté, bénit ce cimetière le 17 janvier 1780, et deux jours après, on y commençait les inhumations. La commune possédait déjà un lieu de de sépulture spécial pour les militaires, ce qui fut supprimé pendant la Révolution.

Celle-ci arrivait à grands pas. Le 9 avril 1790, une collision se produisit sur les glacis de la porte de la Madeleine, entre les quatre régiments en garnison à Lille. Les officiers, accourus pour arrêter l'émeute, ne parvinrent pas à se faire écouter des soldats. Ces malheureux égarés se chargèrent avec fureur et arrosèrent de leur sang ce terrain si souvent témoin des plus glorieux combats.

---

[1] L'ancienne église occupait une partie du terrain où s'élève la nouvelle mairie.

La France déplorait encore ces horreurs fratricides lorsque les Autrichiens vinrent assiéger Lille. Le 15 octobre 1792, le général Ruault fit abattre les arbres, les haies et les clôtures dans un rayon de deux cents cinquante toises aux alentours de Lille. Tout le monde connaît l'issue de ce siége si glorieux pour les Lillois. L'année suivante, un camp d'observation fut établi sur le territoire de la Madeleine [1].

Telle est, retracée à grands traits, l'histoire politique de cette paroisse depuis l'époque où elle fut séparée de la Madeleine *intra muros*. Nous allons maintenant l'étudier plus longuement au point de vue religieux.

Tout d'abord, voici en quels termes est conçu l'acte qui approuve la division du territoire madeleinois [2] :

« *Extractum ex Registro actuum hujus Tornacensis diœcesis sub pontificatu Ill[mi] et R[mi] D. D. Gilberti de Choiseul du Plessis-Praslin, episcopi Tornacensis, in archiviis episcopalibus Tornaci quiescente. Die 6ª Aprilis 1683, Insulis.*

» Sur la requeste présentée par les marguilliers de la paroisse de la Magdelaine à Lille et sur les remontrances verbales d'icelle, Monseigneur a limité les deux paroisses conformément à la sentence d'union rendue par M. le vicaire général qui réservoit la connoissance des limites à Monseigneur et a ordonné que le peuple de la dite

---

[1] Tiré de l'opuscule *Wazemmes et la Madeleine* par Quarré-Reybourbon.
[2] Archives de la Madeleine-lez-Lille.

paroisse, qui est ou seroit à l'avenir dans l'enceinte des murailles de la dite ville de Lille sera et demeurera affecté et assigné à la nouvelle église bastie dans la ville, et que le peuple qui seroit hors de l'enceinte des dites murailles sera et demeurera affecté à l'ancienne église ou paroisse de la Magdelaine qui est hors de la dite ville. Déclarant qu'encore que les dites deux églises soient ainsy distinguées par leurs limites, elles ne feront qu'une seule et même paroisse soubz le régime d'un seul et même pasteur et soubz la même invocation de sainte Marie-Magdelaine.

Concordat cum dicto Registro, quod testor hâc 18ª maii 1733.

» Signé : JACQUART. »

La paroisse de la Madeleine-lez-Lille, bien que placée sous la juridiction du curé de la Madeleine de Lille, avait son conseil de fabrique particulier qui gérait ses revenus. Un état du rapport des chaises dressé avant la Révolution montre l'empressement des fidèles à assister aux divins mystères.[1]

En 1762, la fabrique reçut 185 livres 16 sols
  1763 » » 182 » 4 »
  1764 » » 189 »
  1765 » » 199 » 11 »
  1766 pour trois mois 52 » 18 »

---

[1] D'après les pièces trouvées à la mairie de la Madeleine.

Nous avons fait le tableau des curés et vicaires qui depuis l'année 1700 se sont succédé aux deux Madeleines ; nous croyons intéresser nos lecteurs en le plaçant sous leurs yeux.

DATES	CURÉS DES DEUX PAROISSES	VICAIRES
1700-1703	Ch. Liénart	
1707	. . . .	Jacques Dupriez.
1708-1716	Pas d'église au faubourg.	
1717	. . . .	Simon-Ulric-François Martin, inhumé en 1726, par Galliot.
1719-1721	. . . .	J. Galliot.
1721-1726	J. Galliot	J.-B. Pol.
1726-1732	Le même.	C.-J.-J. Morel.
1733-1736	Le même.	C. Ourclacq.
1736-1737	Le même.	Vincent-Louis Montuis.
1737-1743	Le même, mort le 10 mars 1744.	J.-B. Castelain.
1743-1746	. . . .	P.-F. Lahaize.
1747	A.-J. Durigneux	N-F.-J. Faynions.
		J.-B. Debuire, prêtre habit.
1748-1749	Le même.	J.-F. Vinchent.
		J. Dujardin.
1750	Le même.	V. Salé.
		N. Cornet.
1751-1754	Le même.	V. Salé.
1754-1755	Le même	F. Favier.
1755	Le même.	H. Grandel
1756-1759	Le même, mort le 11 avril 1759.	J.-C. Caillez.
1760-1762	L.-F. Lortuiois, desservit.	Le même.
1762-1763	Le même.	J. Dhenin.
1764-1769	A.-F.-J. Dehas	Le même.
1769-1774	Le même, mort le 5 sept. 1774.	J.-J. Lejeune
1775	Honorez, desserviteur. . .	Le même.
1776-1780	M.-J. Verdier, curé . .	Le même.
		J.-F. Isabeau, chapelain.
1780-1781	Le même, doyen de chrétienté, mort le 19 octobre 1781 . . .	N.-S.-J. Chombart.
1782	A.-F.-J. Delabassée, dessr.	Le même.
1783-1787	Saladin, curé	Le même.
1788-1790	Le même.	Dubois.
1791-1792	Saladin, arrêté, pendu à un réverbère du pont Saint-Jacques, le 29 avril 1792.	A.-F. Nolf.
1792	J. Nolf, prêtre intrus . .	Delerue.
1792-1802	Les églises sont fermées.	

Ce tableau mentionne M. l'abbé Dubois comme vicaire à la Madeleine au moment où éclata la Révolution. Ce prêtre, après avoir failli, s'était rétracté et avait abjuré le serment sacrilége qu'il avait trop légèrement prêté. C'est alors qu'il fut rempacé par M. A.-F. Nolf, frère du curé assermenté de la paroisse de la ville. Quelques mois plus tard, l'église fut dépouillée de ses ornements, fermée et mise en vente avec cet écriteau : *Bâtiment à vendre pour démolir*. Les honnêtes gens de l'endroit en proposèrent l'achat à un fabricant d'huiles, qui pouvait aisément la transformer en magasin et la conserver presque intacte jusqu'au retour de temps meilleurs. Mais la crainte fit tergiverser ce négociant, de sorte que l'édifice devint la possession d'un Lillois accapareur de biens nationaux, qui en ordonna la démolition et retira de la vente des matériaux une somme de beaucoup supérieure à celle du prix d'achat. Jusqu'en 1802, la commune resta privée d'église. Le Concordat fut alors conclu, qui rendit au culte toute sa liberté et permit à la foi de se rallumer sur cette terre où elle était vivace depuis de si longues années.

Chapitre II.

La Madeleine après la Révolution. — M. Hornin (1802-1816). — Sa grande charité, son respect pour la maison de Dieu. — M. Bavelaer (avril-octobre 1816). — M. Lefebvre (novembre 1816 - mars 1821). — M. Fontaine (1821-1837). — Legs Jacques Lefebvre. — M. Labbey (1837-1843). — Réorganisation du conseil de fabrique. — Augmentation de la population. — Démolition de l'ancienne église; le culte a lieu dans une salle de l'estaminet du *Beau Jardin*. — Pose de la première pierre et inauguration de la nouvelle église.

On sait que le Concordat conservait à la tête de certaines paroisses les prêtres assermentés nommés pendant la Révolution. Il restait aux évêques choisis par le gouvernement le soin de pourvoir de pasteurs les églises qui se relevaient de leurs ruines et se rouvraient au culte. En 1802, M. l'abbé Alexandre-Aimable-Joseph Hornin fut placé à la Madeleine-lez-Lille par Mgr Belmas, évêque de Cambrai. Cet ecclésiastique n'avait pas prêté le serment à la constitution civile du clergé. Malheureusement, nous n'avons sur lui et ses successeurs que de vagues renseignements. Personne, en effet, ne s'est risqué à écrire leur vie, peut-être à cause de la conduite tenue sous la Révolution par Mgr Belmas, qui s'était ensuite rétracté de ses erreurs.

M. Hornin était un prêtre resté fidèle ; ses exemples de vertu devaient servir merveilleusement à ranimer au cœur des Madeleinois l'amour de Dieu et du prochain que la

Révolution s'était efforcée d'éteindre. Sa charité pour les pauvres était sans bornes : il leur donnait sans compter, linge, vêtements, nourriture et argent. Plus d'une fois, la domestique trouva l'office allégé des provisions qu'il contenait, et lorsque, confuse, elle priait son maître de faire arranger convenablement sa demeure : « Quand les pauvres ne manqueront plus de vêtements, répondait le bon prêtre, et que la maison de Dieu sera digne de l'hôte qu'elle abrite, je penserai à mon presbytère. »

L'église, en effet, était peu propre à la célébration des divins mystères. L'ancienne avait été vendue à l'encan et démolie ; mais les révolutionnaires avaient oublié la maison du vicaire. Une personne généreuse, Mme du Toict, revenant de l'émigration, l'acheta et la fit approprier au service divin. Elle en fit don à la fabrique, à la seule condition de faire chanter un obit annuel par le curé, à jour fixe et à perpétuité, pour les membres défunts de sa famille. Jusqu'en 1837, cette clause fut scrupuleusement observée ; en cette année, le curé refusa de dire l'obit accoutumé, et depuis, il n'en fut jamais plus question.

M. Hornin orna du mieux qu'il put ce sanctuaire improvisé, en attendant que les ressources de la commune et de la fabrique pussent permettre la construction d'une église véritable. Mais cette consolation ne lui fut pas donnée, car il mourut le 14 avril 1816, après avoir relevé et rendu prospère la paroisse confiée à ses soins.

Pendant quelques mois, la Madeleine fut dirigée par M. l'abbé Antoine Bavelaer, transféré en octobre à Loos, où il décéda en 1828.

Le mois de novembre 1816 vit l'installation de maître Eugène Lefebvre, religieux de l'ordre des frères mineurs conventuels, supérieur de la communauté de Pontoise. Docteur en théologie de l'ancienne Université de Paris, il avait vigoureusement repoussé le serment sacrilége imposé au clergé par les Jacobins. Son refus lui valut l'incarcération; quand il sortit de prison, il boitait. Cette infirmité provenait des lourdes chaînes qui avaient meurtri ses pieds. Aussi les Madeleinois le vénéraient-ils comme un saint et avaient en lui une confiance illimitée. M. Lefebvre mourut le 25 mars 1821, âgé de 77 ans ; il fut inhumé dans le cimetière de la paroisse.

Ce fut M. l'abbé Constantin Fontaine qui lui succéda. Né en 1767, il était aussi prêtre insermenté.

Deux ans après son arrivée, le 10 décembre 1823, la fabrique fut autorisée à accepter le legs, fait par M. Jacques Lefebvre, d'un bâtiment et de 2 hectares 52 ares 33 centiares de terrain. Chaque année, on était tenu de célébrer dix obits de deuxième classe et de distribuer à l'issue de la cérémonie sept décalitres de blé convertis en pain.

M. l'abbé Fontaine s'étant cassé la jambe en 1836, on jugea nécessaire de lui adjoindre un vicaire, qui fut M. Derlancourt. Mais voyant qu'il ne pourrait se guérir, M. Fontaine donna sa démission en 1837 et se retira chez ses parents à Marcq-en-Barœul, où il termina ses jours (1840).

M. l'abbé Fontaine fut remplacé par M. Fr. Labbey, dont le premier soin fut de demander à Mgr Belmas la réorganisation du conseil de fabrique, conformément au décret du 30 décembre 1809 et à l'ordonnance royale du 12 janvier 1825. L'évêque de Cambrai nomma trois marguilliers: MM. de Cugnac, Tonnel et Frappé ; les deux autres devaient être choisis par le préfet ; ce furent MM. Bonnier et P.-J. Fremaux.

Quand il eut obtenu satisfaction sur ce point, M. Labbey s'occupa activement de doter sa paroisse d'une église plus spacieuse. Celle qui avait été offerte par Mme du Toict était devenue tout à fait insuffisante, tant la population s'était accrue. Voici du reste quelques chiffres qui démontreront la véracité de notre dire. En 1789, il y avait huit cents habitants ; quatre ans plus tard, en l'an II, le chiffre de la population était tombé à cinq cents, pour remonter à six cent trente-six en l'an IX [1]. Enfin,

En 1806, la population était de 632 habitants
En 1807, » » 569 »
En 1827, » » 739 »
En 1832, » » 788 »
En 1837, » » 925 »
En 1842, » » 1.046 »

La progression était donc constante et nécessitait un temple en rapport avec la population toujours grandissante de la paroisse. Après bien des pourparlers, on décida de démolir le sanctuaire existant et de construire sur son emplacement l'édifice projeté. Pendant deux ans, la commune fut privée d'église, car on ne saurait appeler de ce nom la salle de l'estaminet du *Beau Jardin* qui servit pendant ce temps à la célébration du culte. [2] C'était une chose étrange de voir les fidèles assister dévotement à la messe ; puis soudain, dès que l'autel était masqué, s'attabler là même où un instant auparavant ils priaient, allumer leur pipe et trinquer gaiement. Pareil état de

---

[1] Fonds des archives de la mairie de la Madeleine-lez-Lille
[2] Voir l'opuscule *Wazemmes et la Madeleine*, par Quarré-Reybourbon.

choses ne pouvait durer longtemps sans scandale. Aussi les travaux furent-ils immédiatement commencés.

Le 14 mai 1839, Mᵐᵉ la vicomtesse de Cugnac posa la première pierre du nouveau monument. M. l'abbé Savin, curé-doyen de la Madeleine à Lille, présida la cérémonie, entouré de MM. Labbey, curé de la paroisse, de Cugnac, président de la fabrique, Bonnier, maire du village, Fremaux, et de tous les marguilliers. On fit frapper à cette occasion une médaille que l'on plaça sous la pierre. MM. Labbey, de Cugnac et Bonnier en eurent un exemplaire. Celle du vicomte était en argent et portait les inscriptions suivantes d'un côté : « Offerte par l'entrepreneur » ; sur l'autre face : « M. de Cugnac et sa famille. Pose de la première pierre de l'église de la Madeleine-lez-Lille, le 14 mai 1839 [1] ».

Afin de couvrir plus promptement les frais de la bâtisse, M. Labbey ouvrit à Lille et dans les environs une souscription en tête de laquelle la commune s'inscrivit pour 20,000 francs ; Mᵐᵉ de Chaton et M. de Cugnac donnèrent chacun 3.000 francs. Les diverses autres offrandes fournirent une somme de 15.000 francs. Grâce à ces libéralités, les travaux furent activement poussés, et le 30 août 1841 eut lieu l'inauguration du nouveau sanctuaire. Les vicaires capitulaires avaient délégué pour présider la cérémonie M. l'abbé Savin, qui officia selon les prescriptions du rituel. Le clergé de la Madeleine, beaucoup d'ecclésiastiques, les délégués des confréries du Saint-

---

[1] D'après différentes pièces trouvées aux archives de la mairie et dans les registres de la fabrique de la Madeleine.

Sacrement de Lille, les membres de la société de bienfaisance de Saint-Augustin, s'étaient rendus à cette belle cérémonie. Tous, un flambeau à la main, suivirent le Saint-Sacrement, que l'on transporta en procession à la nouvelle église en parcourant la grand'route, le chemin des Processions et le chemin de Marquette.

Cette église, bâtie en briques, avait la forme d'une rotonde, en souvenir peut-être de l'église de Lille, placée sous le même vocable. Deux ans après, en 1843, M. Labbey fut transféré à Bachy, en 1845 à Lederzeele et enfin à Sainte-Élisabeth (Roubaix). Il est actuellement retiré à Dunkerque où, plein de jours et de mérites, il attend le moment d'aller recevoir sa récompense.

Chapitre III.

M. l'abbé Blanquart (1843). — Il orne la nouvelle église. — Etablissement de la conférence de Saint-Vincent de Paul. — Il fonde une réunion dominicale. — Il installe une école de filles. — Sa dévotion à sainte Philomène. — Bénédiction d'un chemin de croix. — Bénédiction de l'arbre de la liberté. — M. Blanquart homme de foi. — Visite de Mgr Régnier à la paroisse de la Madeleine. — Bénédiction de la chapelle de Notre-Dame des Anges. — Création d'un vicariat. — M. Blanquart fait des démarches pour une nouvelle église. — Sa générosité. — M. Bâtonnier, coadjuteur. — Fondation d'un patronage et d'un cercle catholique. — Pose de la première pierre de la nouvelle église (22 juillet 1883). — M. Dezitter, coadjuteur. — Mort de M. Blanquart

Le successeur de M. Labbey fut M. l'abbé Blanquart. Né en 1809 d'une famille aisée, plus riche encore de foi et de vertus, M. l'abbé Charles-François Blanquart fut élevé à la prêtrise en 1834.

Après avoir passé neuf ans dans le vicariat, à Bondues et à Saint-Sauveur de Lille, il fut nommé curé de la Madeleine-lez-Lille. Pendant quarante ans et plus, il évangélisa son troupeau par sa parole et par ses exemples.

Tout d'abord, M. Blanquart fut touché du dénuement de son église. On conçoit facilement que M. Labbey n'avait pu songer à l'ornementation du sanctuaire qu'il venait de faire construire.

Le 1er octobre 1843, des stalles d'un style simple et sévère furent placées dans le chœur. Malheureusement, les faibles ressources de la fabrique, les besoins des pauvres et les œuvres nouvelles ne permettaient pas, pour le moment du moins, de donner à la nouvelle église les ornements qu'elle réclamait.

Les pauvres avaient toutes les sympathies du nouveau curé. Comme il ne pouvait, vu ses infirmités, visiter lui-même tous les indigents de sa paroisse, il se donna des auxiliaires en créant la conférence de Saint-Vincent de Paul, cette œuvre admirable qui, croyait-on alors, ne pouvait exister que dans les villes. Les confréries du Très Saint-Sacrement, des Trépassés, du scapulaire du mont Carmel furent successivement établies par ses soins.

Désireux de préserver les jeunes filles des dangers du monde, M. Blanquart fonda une réunion dominicale où il ne manquait jamais d'aller annoncer la bonne parole.

Pour faciliter l'éducation chrétienne de ces mêmes jeunes filles, il appela dans sa paroisse les filles de la Croix que M. Desmazières installa en 1845 dans un local convenable, où ces religieuses purent se dévouer entièrement à leurs chères enfants.

M. Blanquart organisa des fêtes religieuses et fit élever un autel à sainte Philomène; le 17 mai 1846, il y déposa avec grande pompe une relique de cette sainte vierge et martyre, relique reconnue authentique par Mgr d'Ajaccio.

Le P. Pastor, jésuite, présida cette belle cérémonie et, dans un langage simple et touchant, engagea les auditeurs à devenir saints à l'exemple de la bienheureuse. L'archevêque de Cambrai, Mgr Giraud, permit d'exposer cette relique à la vénération des fidèles. Le 16 janvier 1848, M. Hilst offrit un chemin de croix en carton-pierre, dont l'érection fut autorisée par le cardinal-archevêque, qui y appliqua les indulgences attachées à cette dévotion. M. Savin, doyen de la Madeleine, procéda à la bénédiction des croix et tableaux, dont le P. Pastor expliqua les enseignements. Cette salutaire dévotion se répandit de plus en plus dans la paroisse de la Madeleine. M. Blanquart obtint les fonds nécessaires pour chanter tous les vendredis de carême un salut, pendant lequel on fait le chemin de la croix.

Tous nos lecteurs connaissent les événements politiques qui ont marqué le milieu de notre siècle. La République s'annonçait alors sous les meilleurs auspices. Respectueuse des droits du clergé, elle l'avait protégé contre les menées malveillantes de certains révolutionnaires, et dans sa reconnaissance, le clergé l'avait acclamée.

Dans toutes les villes de France, le peuple, enthousiasmé par les promesses qu'on lui avait faites, planta des arbres de liberté, qui furent bénits par le curé. Cette cérémonie s'accomplit à la Madeleine-lez-Lille, sur la place de l'église, le 24 avril 1848, au milieu des transports des habitants.

Certaines personnes s'étonnent encore peut-être que des ecclésiastiques aient accepté si facilement la République. Mais il faut bien savoir que la République de 1848 était conservatrice et se montra dès le principe amie du clergé. Aussi, celui-ci aurait-il eu mauvaise grâce à la dédaigner ; le clergé ne doit être inféodé à aucun parti. « L'Eglise, a dit un grand écrivain, prescrit l'obéissance aux pouvoirs légalement établis, à condition que ceux-ci eux-mêmes ne prescrivent rien contre ses propres lois ou contre celles du for intérieur. » Ces principes sont encore ceux que préconise aujourd'hui S. S. Léon XIII.

D'ailleurs des hommes à la foi robuste n'auraient pas reconnu un gouvernement qui les eut opprimés ou qui eut exigé d'eux le renoncement à leurs croyances religieuses ; ils auraient suivi les exemples de leurs pères de 1793, et M. Blanquart, le premier, aurait souffert mille morts plutôt que de trahir ses serments.

Cet homme de foi puisait dans le sein de Dieu la sérénité et le courage qu'il montra au milieu des épreuves qui l'affligèrent. Quinze années de souffrances ne lui arrachèrent jamais une plainte.

Mais si les maux ne lassaient pas sa constance, les injures lancées à son Sauveur lui brisaient le cœur. Ainsi, en 1849, le maire de la commune avait fait travailler au cimetière plusieurs dimanches de suite. Pour protester contre ce scandale, M. le curé obtint de l'archevêque la permission de réunir son conseil de fabrique, et le 6 mai, on fit publiquement une amende honorable. Du reste, cette violation du repos du dimanche fut suivie d'une odieuse profanation. En 1850, dans la nuit du 30 au 31 mai, des malfaiteurs s'introduisirent dans le cimetière et abattirent 174 peupliers. Cet acte de vandalisme indigna toute la population ; malheureusement il demeura impuni, jamais les coupables n'ont pu être découverts.

Quelques années après, une bien grande consolation fut réservée au vénérable M. Blanquart. Mgr Régnier alla donner la confirmation à la petite Madeleine, où il fut reçu avec bonheur par les habitants. Des arcs de triomphe s'élevaient çà et là sur le chemin parcouru par le prélat ; les maisons étaient décorées avec goût. Une foule nombreuse était accourue pour recevoir la bénédiction de son évêque. En cette heureuse circonstance, une distribution de pain fut faite aux indigents de la paroisse.

Deux ans plus tard, le glorieux pontife Pie IX proclamait solennellement le dogme de l'Immaculée Conception. On sait avec quelle allégresse cette décision infaillible fut reçue par le monde catholique. Ce fut par tout l'univers des *Te Deum* et des chants d'actions de grâces. M. l'abbé Blanquart saisit cette occasion pour secourir les indigents de Berkem ; il ouvrit une souscription pour leur donner du pain et des vêtements.

Entre temps, il surveillait les travaux de la chapelle de Notre-Dame des Anges, qui s'élevait rue Jeanne-Maillotte. En 1858, elle fut complètement terminée ; M. Blanquart la bénit et l'inaugura le 2 août, et depuis, les paroissiens n'ont cessé de témoigner une grande dévotion à leur bonne Vierge.

Cependant, la population de la Madeleine-lez-Lille allait sans cesse en augmentant. M. le curé restait toujours au milieu de ses ouailles, ne s'absentant qu'à l'époque de la retraite ecclésiastique, où il allait acquérir de nouvelles forces pour exercer son saint ministère. Il récitait journellement le rosaire, car une cécité presque complète l'empêchait de dire le bréviaire. On le rencontrait dans ses courses pastorales, le chapelet à la main. Malgré son zèle, il aurait certainement succombé aux fatigues qu'exigeait l'accroissement continu de la population de sa paroisse. Aussi, voulant conserver un pasteur si dévoué, le conseil municipal demanda et obtint, en 1861, l'établissement d'un premier vicariat dont M. l'abbé Vermelle fut le titulaire. Un peu plus tard, en 1866, on adjoignit un second vicaire qui fut M. Fasse, et la petite Madeleine se trouva ainsi pourvue de deux vicaires, dont l'activité put largement se dépenser au milieu de l'extension rapide que prit la bourgade.

Aussi, l'église élevée par les soins de M. Labbey était-elle devenue tout à fait insuffisante pour contenir la foule des fidèles qui se pressait aux saints offices. Dès 1875, un membre du conseil de fabrique fut l'interprète des sentiments des paroissiens, en faisant ressortir les inconvénients que présentait le sanctuaire existant. Beaucoup de personnes devaient suivre les cérémonies en restant au dehors, et par conséquent exposées aux intempéries des saisons ; d'autres n'assistaient pas aux offices à cause de l'insalubrité de l'édifice. Tous les marguilliers reconnurent le bien fondé de ces observations. M. le curé, heureux de donner à ses ouailles un gage de son attachement, offrit aussitôt la somme de 10.000 fr. pour concourir à l'érection d'une nouvelle église. De plus, il se mit à la disposition du conseil de fabrique pour recueillir les offrandes volontaires, et pour faire les démarches propres à assurer la prompte exécution des travaux. Plein de reconnaissance pour un si bel exemple, le conseil de fabrique fit connaître aux paroissiens l'acte si généreux de leur pasteur et adressa une requête au maire, afin d'obtenir son concours et celui du conseil municipal pour l'accomplissement du vœu de la population. L'année suivante, M. Dupont, maire, fit dresser le plan du terrain où on se proposait d'élever la future église. La commune espérait l'abandon gratuit de cet emplacement. Les marguilliers, après examen, résolurent de faire bâtir le nouveau monument à l'endroit où se trouvait l'ancien. Puis, justement soucieux de donner à l'église de vastes proportions, ils demandèrent au conseil municipal le vote d'une somme de cent mille francs, qui leur permit de commencer les fouilles et d'attendre les dons volontaires. Mais les conseillers, avant d'émettre leur vote, voulurent connaître le montant de la somme dont la fabrique pouvait disposer. Tout compte fait, la commune fournit 80.000 francs. Ceci se passait au mois de juillet 1877.

Sur ces entrefaites, M. l'abbé Batonnier, nommé coadjuteur, créait un patronage de jeunes garçons et un cercle catholique d'ouvriers, dont il prit la direction. Il résolut aussi de s'occuper sérieusement de l'édification de l'église, qui, on le voit, traînait en longueur et ne devait pas recevoir de sitôt un commencement d'exécution. Ce ne fut en effet que le 3 janvier 1882 que M. Blanquart reçut de Mme Wallaert-Crépy, pour la construction tant désirée, le terrain nécessaire dont le prix est évalué à 45.000 francs ; elle y ajoutait une somme d'argent suffisante pour y bâtir une magnifique église. La donatrice mit pour condition que l'édifice serait affecté à perpétuité au culte catholique. Cette clause n'est pas inutile : on en devine facilement la raison. Le conseil municipal accepta cette offre avec gratitude. Comptant sur l'approbation de l'autorité supérieure, M. Batonnier ouvrit une souscription pour le mobilier de l'église et se mit en campagne : au bout de quelques semaines, il recueillit 60.000 francs.

Enfin, lorsque les formalités nécessaires furent remplies, Mgr Monnier, évêque de Lydda, vint poser la première pierre, le 22 juillet 1883. Le maire de la commune, les conseillers municipaux, les sociétés musicales s'associèrent à cette fête. Une procession organisée dans l'ancienne église se rendit à l'endroit où devaient être jetées les bases du nouveau sanctuaire. Dans un éloquent discours, Mgr de Lydda fit l'éloge des donateurs, dont l'inépuisable générosité est bien connue, et qui viennent d'ajouter encore à la dette de gratitude contractée envers eux par la commune de la Madeleine. Puis le prélat posa la première pierre, qui est placée sous la colonne d'entrée de gauche et qui renferme un parchemin ainsi conçu :

« *Pour la plus grande gloire de Dieu. Amen.*

» L'an de Notre-Seigneur Jésus-Christ 1883, le 22 juillet, jour de la fête de sainte Marie-Madeleine, patronne de cette église, sous le souverain pontificat de l'illustre Léon XIII, Sa Grandeur Mgr Alfred Duquesnay occupant le siège de la métropole de Cambrai, le révérend maître Blanquart étant curé de la Madeleine, le révérend Eugène Batonnier, coadjuteur, le révérend Bondin, vicaire ; M. Jules Grévy étant président de la République française, M. Jules Cambon étant préfet du Nord ; en présence de la très honorée dame Mélanie-Léonie Wallaert et de son époux M. Auguste-Léon Scrive, commandeur de l'ordre illustre de saint Grégoire le Grand, officier d'académie ; de leur très honorée fille Marie-Léonie Scrive et de M. Paul-Fernand Boselli, des comtes Boselli, son époux ; en accomplissant le pieux désir de leur mère et leur aïeule la très honorée et très regrettée dame Mélanie-Henriette Crépy, en son vivant épouse de M. Achille Wallaert de Lille ; devant M. Charles Crépelle, maire de la commune de la Madeleine ; les conseillers municipaux [1] ; M. Hilst, président du conseil de fabrique, et tous les membres dudit conseil ; au milieu d'un grand concours de peuple, Mgr Henri Monnier, évêque de Lydda, coadjuteur de Mgr l'archevêque de Cambrai, a béni et posé cette première pierre de la future église. Cette église sera élevée sur le terrain acquis par les pieuses offrandes des fidèles, aux frais de la très honorée dame Mélanie-Léonie Scrive, née Wallaert, et donné ensuite par elle à la commune, à la condition acceptée par ses représentants qu'elle sera toujours consacrée au culte catholique, apostolique et romain.

» Gloire à Dieu.

» En foi de quoi ont signé. »

(Suivent les signatures.)

M. l'abbé Batonnier dut quitter la paroisse de la Madeleine, avant que celle-ci fut dotée du sanctuaire à l'édification duquel il s'était employé sans relâche. Le 14 octobre 1883, il fut nommé aumônier des dames de Flines à Douai et remplacé par M. l'abbé Dezitter, vicaire à Bergues. Il laissait dans la paroisse un excellent souvenir ; sa piété, sa bonté, sa douceur lui avaient attiré l'estime et la confiance de tous les habitants. Avant son départ, le président du conseil de fabrique le remercia en termes

---

[1] Voici la composition du conseil municipal de la Madeleine à cette date :

MM. Crépelle-Fontaine, maire	Bouchet	Legendre.
Gallez.	Leroy	Huleux.
Ricouart.	Castelain.	Deneux.
Choquet.	Bonnier.	Tembremande.
Dubois.	Delerue.	Delaporte.
Bardel.	Bouriez.	Paulet.

chaleureux de son puissant concours et du zèle déployé par lui au milieu des difficultés récentes, qui avaient surgi à propos de la nouvelle église.

L'année suivante, M. l'abbé Blanquart allait recevoir de Dieu la récompense de ses mérites et de ses vertus. Atteint d'une congestion et d'un commencement de suffocation il ne voulut prendre de repos qu'après avoir terminé son labeur quotidien. Le lundi 17 août, les fidèles réunis pour assister à la messe s'étonnèrent de ne pas voir paraître leur bien-aimé pasteur ; on se rendit à sa chambre et on le trouva glacé. La mort avait accompli son œuvre, tout en laissant aux traits du défunt leur calme habituel. Cette fâcheuse nouvelle se répandit bientôt dans toute la commune. Les paroissiens accoururent en foule au presbytère et devant la cruelle évidence du fait, ils donnèrent libre cours à leur douleur. Ces regrets unanimes suffisent à l'éloge du vénéré prêtre ; ils sont le témoignage incontesté des sympathies que ses belles qualités lui avaient acquises. Il était vraiment un père pour tous ses paroissiens et ceux-ci le regardaient comme tel. Aussi comprend-on leurs larmes à la nouvelle de sa mort. On lui fit de magnifiques funérailles. La commune entière vint donner à M. Blanquart une dernière marque d'affection en y assistant religieusement.

Chapitre IV.

L'abbé Dezitter, curé (20 août 1885). — Achèvement et consécration de l'église. — Don et bénédiction d'une cloche. — Nouveaux dons. — Démolition de la chapelle des Agonisants. — Dons de vitraux. — Dons de candélabres. — Une nouvelle cloche.

A la mort de M. Blanquart, l'abbé Dezitter, son coadjuteur, devint curé de la Madeleine. M. l'abbé Fremaux, doyen-curé du canton, procéda à son installation le 20 août 1885.

M. Dezitter poursuivit l'achèvement de son église avec une grande activité ; car l'ancienne était de moins en moins suffisante pour les offices religieux. Un an après sa nomination, le 15 novembre 1885, Mgr Hasley, archevêque de Cambrai, vint en personne consacrer le nouvel édifice au milieu d'un grand concours de fidèles, qui témoignaient hautement leur joie de voir enfin terminée cette œuvre splendide.

Les maisons et les rues étaient pavoisées d'oriflammes et de bannières, des arcs de triomphe très bien décorés s'élevaient sur la route suivie par le prélat, qu'une brillante cavalcade était allée chercher aux portes de Lille.

Les élèves du séminaire académique de Lille, mis gracieusement à sa disposition par leur bienveillant directeur, prirent part aux cérémonies multiples de la consécration.

Les Madeleinois contemplaient avec bonheur leur nouveau sanctuaire; la pureté du style, l'harmonieuse disposition de ses différentes parties, faisaient éclater leur admiration.

L'autel à la fois élégant et grandiose, où était retracée la vie de sainte Madeleine, attirait tous les regards et ravivait la dévotion des Madeleinois pour leur patronne.

Malgré ses vastes dimensions, le monument ne put recevoir toutes les personnes qui désiraient le visiter, tant l'affluence était grande !

Le conseil municipal tout entier s'était fait un devoir d'assister à la cérémonie ; les deux musiques madeleinoises et la société chorale voulurent bien prêter leur concours, et rehaussaient par leurs chants et leurs morceaux de musique l'éclat particulier de la fête.

M. le curé, pendant la consécration, remercia au nom de tous les paroissiens M. et Mme Scrive-Wallaert, à la générosité desquels on devait cette splendide église; il ajouta qu'un exemple venu de si haut ne saurait manquer de produire les meilleurs résultats pour l'avenir de la paroisse.

Ensuite, la messe fut chantée solennellement par M. le doyen de la Madeleine, d'ailleurs enfant de la paroisse. A l'évangile, Mgr Hasley exposa les avantages que la commune de la Madeleine retirerait de ce don magnifique. Puis il demanda à Dieu de répandre ses bénédictions sur les généreux donateurs et sur leurs familles.

Dans l'après-midi, on porta le Saint-Sacrement dans le nouveau sanctuaire ; une foule nombreuse et recueillie suivit la procession, qui passa par les principales rues de la commune.

Dès que son église fut livrée au culte, M. l'abbé Dezitter se préoccupa de la meubler au plus tôt des objets indispensables. Il fit appel aux sentiments charitables de ses administrés, qui ne restèrent pas sourds à ses prières. On va juger, en effet, avec quelle rapidité l'église fut ornée d'autels, de vitraux, de statues, etc.

Une chose essentielle manquait : c'était une cloche. Le 27 décembre 1886, M. l'abbé Fremaux fut délégué par Mgr l'archevêque pour bénir une jolie cloche de 1500 kilog. offerte par MM. Dupont-Fontaine et Durot-Binaut. Couverte de batiste et de dentelle, elle était suspendue devant le maître-autel. On y avait gravé une inscription qui rappelle d'une façon naïve et poétique les circonstances diverses où l'on emploie la cloche :

Je sonne la prière,
J'embellis les fêtes,
Je pleure les morts.

Le parrain fut M. Edouard Durot, fondeur de fer, membre du conseil municipal de la Madeleine, et la marraine Mme Boucquey-Dupont. M. le doyen prononça une allocution intéressante, où il montra les fonctions de la cloche dans une paroisse. La musique de Saint-Vital fit entendre plusieurs morceaux fort goûtés de l'auditoire.

L'élan ne s'arrêta pas là. Le 6 août 1886, l'autel du Sacré-Cœur; le 4 octobre de cette même année, l'autel de la sainte Vierge ; le 19 mars 1887, l'autel dédié à saint Joseph, venaient successivement embellir l'édifice religieux.

Cependant, cette année 1887 vint attrister les habitants de la Madeleine. Rue de Marquette était située une petite chapelle consacrée à Notre-Dame des Agonisants.

Les fidèles aimaient à venir chercher des consolations aux pieds de cette très ancienne madone, à lui confier leurs peines, à lui recommander l'âme d'un parent, d'un ami.

Lorsqu'il fut question d'aligner la rue de Marquette, M. le curé voulut soustraire à la pioche des démolisseurs ce petit sanctuaire si vénéré, et il en demanda la conservation. Ce vœu bien légitime ne fut pas agréé; il n'est pas de démarches que le pasteur ne fit pour obtenir la réédification du monument à un autre endroit. Hélas! tout fut inutile; toutes ses demandes furent rejetées. Il consulta son archevêque, lequel conseilla la démolition. Mais avant de laisser abattre ce sanctuaire, qui avait été témoin de tant de douleurs comme aussi de tant de joies, M. le curé célébra un service religieux pour ses fondateurs et ses bienfaiteurs. L'antique statue de la Vierge fut transportée à la sacristie, où elle attend qu'une âme généreuse lui rende l'abri dont elle a été brutalement privée.

Dans le courant de l'année 1888, une chapelle fut érigée dans l'église en l'honneur de Notre-Dame des Sept-Douleurs. L'argent déposé dans le tronc de cette chapelle est destiné à la célébration de messes pour la conversion des pécheurs. Chaque dimanche, M. le curé annonce cette messe du haut de la chaire.

Tout le monde a remarqué la lumière si pittoresque et si variée que donnent à l'intérieur d'une église les rayons du soleil filtrant à travers la surface multicolore d'un vitrail. Les églises gothiques ou romanes semblent demander plus que tout autre édifice ce genre spécial d'ornement. La petite Madeleine ne le possédait pas encore. Mais le 25 mai 1889, M. le curé reçut le magnifique vitrail qui orne le milieu du chœur. A celui-ci s'adjoignirent, en mars 1890, les deux autres vitraux dont les sujets sont si artistement reproduits.

Le 9 avril, une personne témoigna sa gratitude au Sacré-Cœur en ornant sa chapelle de deux anges porte-candélabres ; le 27 mai, la chapelle eut aussi les vitraux dont elle manquait. Le 30 du même mois, la table de communion en fer forgé marqua la limite de cette chapelle. La dévotion au Sacré-Cœur s'était manifestée tout à coup : ces admirables offrandes attestent que des grâces signalées avaient été obtenues.

Au mois de mai 1889, M. l'abbé Fremaux, doyen de la Madeleine, avait béni une nouvelle cloche de 1300 kil. donnée par M. Dupont-Fontaine, qui en fut le parrain, et Mme Maurice Fontaine-Dupont, fille de M. Ernest Dupont, marraine. Cette cloche, fondue par M. Drouot, de Douai, reçut le nom de Jeanne.

Ces dons spontanés et successifs ont permis à M. Dezitter d'orner convenablement son église. Il peut maintenant s'occuper à modifier certains détails et à faire ressortir, de cette façon, des ornements qui échappent aux yeux du plus grand nombre.

M. l'abbé Dezitter n'est pas uniquement absorbé par l'embellissement de son église. Il n'ignore pas que les intérêts spirituels de ses ouailles réclament une partie, et non la moindre, de ses soins dévoués. Aussi, chaque fête de l'église est l'occasion pour son âme de prêtre d'enseigner à ses paroissiens les vérités de l'évangile ; il sait les attirer par ses instructions toute paternelles et pleines de sentiments élevés. De temps à autre, des missions viennent secouer la torpeur des fidèles et donner à leur foi un regain de vie, si nous pouvons nous exprimer ainsi. Enfin, il vient tout récemment d'établir l'association du Saint-Rosaire, qui est appelée à faire beaucoup de bien en rendant plus populaire encore la dévotion à la bienheureuse Mère de Dieu.

Chapitre V.

Œuvres de la Madeleine-lez-Lille. — Confréries du scapulaire de Notre-Dame du mont Carmel et des Trépassés. — Conférences de Saint-Vincent de Paul. — Les écoles de filles dirigées par les religieuses de la Croix de Saint-André. — Attachement des Madeleinois à ces écoles. — Noms des différentes religieuses qui ont enseigné dans ces écoles.

Diverses œuvres fondées en l'église de la Madeleine-lez-Lille entretiennent le zèle et la foi des fidèles de cette paroisse. La première en date est la conférence du Très Saint-Sacrement, canoniquement érigée le 15 mai 1844, avec la permission de l'Ordinaire.

Le 26 juillet 1845, Mgr Giraud approuvait le réglement de cette confrérie. Un indult apostolique du 11 mars 1849 lui accorda les mêmes priviléges et les indulgences spéciales concédées à l'archiconfrérie du même titre établie à Rome.

Seule pendant quelques années, cette confrérie vit bientôt fleurir à ses côtés celles du scapulaire de Notre-Dame du mont Carmel et des Fidèles trépassés. Toutes deux ont été établies en 1849, la première le 26 juillet, la seconde le 8 octobre. Comme leur aînée, elles ont été autorisées par Mgr Giraud, et jouissent de certains priviléges et d'indulgences spéciales.

En 1845, M. Henri Desmazières avait fondé la conférence

de Saint-Vincent de Paul, qui vient en aide à tant de malheureux et donne avec les objets nécessaires à la vie, les consolations de la religion. Lorsque la paroisse de Saint-Vital fut créée, M. Desmazières donna sa démission de président pour fonder la même œuvre à Berkem. En 1867, la conférence des dames s'organisa de même et rivalisa de zèle et de charité avec celle des hommes.

Durant une vingtaine d'années, ces associations pieuses fonctionnèrent à la satisfaction générale, croissant d'année en année et conservant les saines traditions du passé.

En ces derniers temps, M. l'abbé Dezitter, voulant stimuler la piété des fidèles envers la très sainte Vierge, établit la confrérie de Notre-Dame du saint Rosaire ; voici le procès-verbal d'érection :

« Nous, frère Dominique-Constant, de l'ordre sacré des frères prêcheurs, autorisé par le T. R. P. Boulanger, prieur du couvent de Lille, dans le rayon duquel est situé la présente église de Sainte-Marie-Madeleine, avons institué et érigé la société du très saint Rosaire de la bienheureuse vierge Marie dans l'église de Sainte-Marie-Madeleine, au lieu de la Madeleine-lez-Lille, au nom du révérendissime maître général de l'ordre des frères prêcheurs, et avec approbation de Mgr Thibaudier, Ordinaire du lieu susdit.

» Nous déclarons donc cette confrérie érigée et instituée et nous lui conférons la pleine participation de tous les priviléges, grâces et indulgences accordés à celles qui existent dans nos propres églises.

» Nous protestons néanmoins que les Pères de l'ordre des frères prêcheurs venant à s'établir dans ce lieu de la Madeleine, la présente confrérie établie par nous sera transférée de plein droit avec ce qui en dépend dans l'église de leur ordre, à moins que l'on obtienne une dispense expresse et authentique du révérendissime maître général.

» Nous protestons que l'on observera les statuts et les réglements de la confrérie, particulièrement en ce qui regarde la récitation publique du rosaire, les processions de chaque premier dimanche du mois et des fêtes de la bienheureuse vierge Marie et la solennité de la fête du Rosaire suivant l'esprit de l'ordre des frères prêcheurs.

» Nous protestons également que le révérendissime maître général de l'ordre des frères prêcheurs se réserve le droit de supprimer la confrérie érigée par nous en son nom, si les membres venaient à négliger les statuts et les réglements salutaires qui en font la vie.

» En foi de quoi, nous avons signé et après nous, M. Amand Dezitter, curé de la paroisse ; MM. Robitaille et Warembourg, vicaires.

» Fait à la Madeleine-lez-Lille, le 1er du mois de novembre de l'an de grâce 1889.

» N.-B. — La protestation renfermée dans ce procès-verbal est nécessaire : *Atque semper fiat publica protestatio, etc.*, Fontana, p. 442, nos 19-20. — Grég. XIV, *Dudum*. — Benoît XIII, *Pretiosus*.

» *Signé* : Fr. Maria-Dominicus Constant,
Ordinis Prædicatorum.

» Amand Dezitter,
Curé. »

A côté des confréries se trouvent les écoles où se forment pour l'avenir des âmes fortes et capables de résister aux orages de la vie. Une seule école pour les filles a été établie en 1845 par les soins de M. Henri Desmazières, qui en confia la direction aux religieuses de la Croix de Saint-André.

Quelques détails sur cet ordre religieux ne sont pas inutiles. La fondatrice, Mme Jeanne-Elisabeth-Marie-Lucie Bichier des Ages, naquit le 5 juillet 1773, d'une famille appartenant à la noblesse de robe et d'épée. Dès sa première enfance, elle mena une vie toute de vertu et se sentit poussée à se consacrer à Dieu. Elle trouva en M. l'abbé André Fournet, prêtre d'une grande piété et d'une science rare, les conseils éclairés dont elle avait besoin. Il l'encouragea d'abord à ouvrir une école pour les petites filles à Béthines. Puis, après un an de probation dans un couvent, il l'aida à fonder, en 1806, la communauté des sœurs de la Croix de Saint-André, qui bientôt se trouva répandue en Italie, en Espagne et en France. Ces religieuses font la classe et soignent les malades et les infirmes. Leur vêtement se compose d'une robe de ras noir à larges manches ; un long châle et une cape de même couleur complètent cet habit d'une gravité toute monastique. Elles portent aussi la cornette en toile fortement empesée, asile profond où la modestie peut s'abriter même au milieu des rues et des places publiques. Sous la robe, une ceinture de corde est mise sur celle de laine. Enfin, le grand scapulaire, le crucifix de cuivre et l'anneau d'argent forment leur parure. Au chœur, elles remplacent la cape par un voile noir de tissu clair.

Dès que les Madeleinois apprirent que leur paroisse allait être pourvue d'une école tenue par des religieuses, ils secondèrent de tout leur pouvoir M. Henri Desmazières.

C'est ainsi qu'une loterie fut organisée en vue de meubler la nouvelle école. Les 2.520 billets placés produisirent 1.260 francs; la reine et les princesses avaient envoyé six lots.

Le 22 août 1845, arrivèrent trois sœurs qui s'installèrent dans le local mis à leur disposition et le 8 septembre suivant, elles ouvraient l'école et l'asile. Six mois après, le 21 janvier 1846, elles recevaient la visite de Mgr Giraud, qui les encouragea et se montra satisfait de leur organisation.

Les Madeleinois saisirent toutes les occasions de témoigner aux bonnes sœurs leur bienveillante sympathie et de montrer hautement combien ils avaient à cœur le développement des classes. Le 5 août 1848, l'Association musicale de Lille donna dans les jardins de M. Henri Desmazières un brillant concert au profit de la salle d'asile. Mgr Régnier tint, lui aussi, à donner aux sœurs une marque de son estime en visitant leurs écoles le 22 avril 1853.

C'est alors que le conseil municipal, voyant la prospérité de cet établissement, l'érigea en école communale, qui redevint libre en 1883, lors des laïcisations. Mais cette mesure inique, loin de diminuer le prestige des religieuses, n'a fait qu'augmenter leur crédit et semble même avoir donné à leurs écoles un attrait plus puissant. Aujourd'hui, l'établissement des sœurs de Saint-André compte cinq classes fréquentées par 300 élèves ; plus de 250 enfants suivent assidûment l'asile. Neuf religieuses, à la tête desquelles est placée sœur Marie-Saint-Hilaire, se dévouent à l'éducation de ces enfants de la Madeleine. Les deux supérieures qui ont précédé sœur Marie-Saint-Hilaire sont sœur Euphémie et sœur Anna, qui ne resta qu'un an.

Quelques personnes seront peut-être heureuses de voir consigner dans ce livre les noms des religieuses qui ont passé à l'école de la Madeleine. Ce sont les sœurs Euphémie, fondatrice, Saint-Gilbert, Saint-Adrien, Saint-Ferry, Anne-Rosalie, Marie-Léonie, Saint-Eléazar, Aurence, Honoré-Saint-Charles, Edèse, Modestine, Jérésime, Florence-Marie, Honoré-Saint-Jude, Saint-Hégésippe, Marie-Eléazar, Alphée, Saint-Anaberg, Marie-Euloge, Bernardine, Anna, Saint-Dié, Saint-Luc, Marie-Bonne-Osie, Saint-Hippolyte, Marie-Glosine, Sainte-Fébronie, Antoine, Marie Saint-Paul, Onésic, Saint-Basile, Arcadius.

Chapitre VI.

Description de l'église de la Madeleine-lez-Lille. — Extérieur de l'église. — L'autel du chœur. — Les vitraux. — La table de communion. — La chapelle Saint-Joseph. — Deux peintures : *Mater Dolorosa* et *le Christ*. — Une copie de Van Dyck, par Petit-Wéry. — Edicules à sainte Marie-Madeleine et à saint Antoine. — La chapelle de Notre-Dame des sept Douleurs. — Fonts baptismaux. — Statues de saint Roch et de sainte Apolline. — Chapelle du Sacré-Cœur. — Plaque commémorative des donateurs. — Chapelle de la Sainte-Vierge. — Sacristie. — Noms des marguilliers.

Un grand nombre de nos lecteurs ont assisté à l'inauguration de l'église de la Madeleine-lez-Lille ; ils la connaissent donc et pas n'est besoin d'une description détaillée pour la leur remémorer. Mais quand alors ils ont pénétré dans cette église, ils l'ont vue dénuée de tout ornement. Pour se rendre compte de la transformation de l'édifice, nous les invitons à nous accompagner dans la promenade que nous entreprenons.

L'église de la Madeleine-lez-Lille s'élève sur une petite place : situation qui fait assez ressortir les beautés architecturales de ce monument au style roman un peu fantaisiste. La façade monumentale est surmontée d'une tour qu'on aperçoit de très loin dans la campagne. Des clochetons garnissent les parties supérieures de la tour et la rendent plus légère et moins massive. En mars 1888, le conseil municipal fit placer une horloge à quatre cadrans. Le portail est admirablement cintré. L'unité de l'ensemble est à peine rompue vers l'abside par une construction annexée.

En pénétrant dans l'édifice, la vue est de suite frappée par l'aspect imposant du chœur et de l'autel. Ce dernier est l'œuvre de M. Buisine, qui s'est plu à retracer quelques épisodes de la vie de sainte Marie-Madeleine. Dans le grand relief du rétable, le Christ apparaît à la bienheureuse après la résurrection ; elle verse sur les pieds du Sauveur le parfum contenu dans un vase d'albâtre. Aux édicules, on a placé les statues de saint Lazare et de sainte Marthe. Un groupe majestueux orne le fronton du maître-autel : c'est le Christ en croix ; à ses pieds la sainte Vierge, saint Jean et sainte Madeleine répandent des larmes, çà et là quelques filets dorés illuminent avec bonheur le fond sombre de ce groupe. Le tombeau, qui se trouve au-dessous de la table d'autel, est décoré de médaillons en bois où sont dessinés les instruments de la Passion.

Il est à souhaiter que cet autel reçoive quelques ornements en polychromie. Certains détails, remarqués des connaisseurs, échappent malheureusement à l'œil de la majorité des visiteurs, qui restent froids devant ce maître-autel grandiose, mais trop peu ornementé.

Nous devons encore signaler dans le chœur trois grands vitraux qui laissent les rayons du soleil projeter leurs mille couleurs sur les dalles en marbre. Le vitrail du milieu est à deux médaillons représentant l'un, sainte Madeleine qui va à la rencontre de Notre-Seigneur ; l'autre, sainte Anne, saint Joachim et la vierge Marie, enfant.

C'est un don de M. Ricouart, du 25 mai 1889, en l'honneur de sainte Anne, patronne de son atelier de Lille.

Les deux autres vitraux sur riche mosaïque, à deux médaillons aussi, proviennent de la famille Cussac. Le premier représente deux sujets : l'Enfant prodigue et sainte Marie-Madeleine dans le désert ; le second nous montre le Bon Pasteur et la pécheresse repentante aux pieds de Jésus.

A la sortie du chœur, la table de communion attire nos regards. Formée de rinceaux élégamment travaillés, entremêlés de médaillons aux attributs eucharistiques, elle est continuée jusqu'aux deux chapelles latérales de la sainte Vierge et de saint Joseph. Cette table de communion, sculptée par M. Buisine, est encore un don de M. Ricouart, du 26 septembre 1886.

Prenons maintenant la nef de droite, où est située la chapelle de saint Joseph, dont l'autel a été offert par Mlle Petyt, de Lille, le 19 mars 1887. M. Lys-Tancré l'a exécuté conformément au plan à lui remis par M. Croïn, l'architecte de l'église.

Au-dessus de l'arcade où commence la chapelle, un très beau tableau représente la Mère des Douleurs, *Mater Dolorosa*, qui a pour pendant une peinture représentant *le Christ* [1].

Continuant notre promenade, nous voici au transept, où M. Petit-Wéry a laissé une bonne copie du tableau de Van Dyck, *le Christ en croix*.

---

[1] Ces deux tableaux sont de M. Blanquart-Évrard.

Plus loin, sur un piédestal très large et en chêne ciselé, sainte Madeleine, couchée, tient en main un crucifix et médite sur la Passion. Un autre édicule supporte la statue de saint Antoine. Enfin, au bas de cette nef, un rocher formant grotte est consacré à Notre-Dame des Sept-Douleurs. C'est un don d'une famille madeleinoise. Cette chapelle est fermée par une grille splendide en fer forgé. Les vitraux qui la décorent ont été placés en souvenir d'un défunt qui ne put, de son vivant, participer à l'ornementation de la nouvelle église. Ils viennent des ateliers de M. Latteux-Bazin, de Mesnil-Saint-Firmin, près Beauvais.

Une statue de la sainte Vierge fait pendant à celle de saint Joseph placée de l'autre côté du portail.

Nous voici dans la nef de gauche où se trouvent les fonts baptismaux ; à notre grand regret nous ne pouvons que constater leur vulgarité.

Nous rencontrons sur une colonnette sainte Apolline, tenant en mains une pince et deux dents, qui rappellent son martyre ; puis saint Roch, qui fut patron d'une confrérie établie autrefois dans la paroisse. Aussi la statue de ce saint avait-elle sa place marquée dans la nouvelle église.

La chapelle du Sacré-Cœur, dans le côté gauche du transept, fait pendant au tableau de M. Petit-Wéry. Une grande plaque en marbre blanc se détache sur la muraille ; là sont inscrits les noms des donateurs :

« A la mémoire de M. et de Mme Wallaert-Crépy, fondateurs et donateurs de cette église, dont la première pierre a été posée et bénite par Mgr Henri Monnier, évêque titulaire de Lydda, vicaire général, le 22 juillet 1883, et qui a été consacrée par Mgr François-Edouard Hasley, archevêque de Cambrai, le 15 novembre 1885. Cette église a été donnée à la commune de la Madeleine avec la condition d'être affectée exclusivement à perpétuité au culte catholique romain. »

L'autel, en chêne sculpté, est du même genre que celui du chœur ; c'est encore l'œuvre de M. Buisine. M. Meurice-Defrennes en a fait don le 6 août 1883. Le rétable est formé de deux grands panneaux portant deux médaillons avec le monogramme du Christ. Il est surmonté d'une statue du Sacré-Cœur polychromée et de trois anges qui tiennent les attributs des vertus théologales. Dans le tombeau, un bas-relief représente Notre-Seigneur avec les disciples d'Emmaüs ; deux anges sur socle supportent des candélabres. Les deux vitraux ont été offerts par une mère affligée, le 27 mai 1890. La table de communion, en fer forgé, a été posée quelques jours après, le 30 mai.

Nous touchons à la fin de notre investigation, en entrant dans la chapelle de la sainte Vierge. L'autel, donné par la famille Fontaine, a été construit par M. Lys-Tancré et sculpté par M. Flament, originaire de la Madeleine.

Restent encore les confessionnaux et le chemin de croix. Celui-ci est en bois et carton-pierre, en haut-relief. La perspective nous semble quelque peu manquée ; les tons de la peinture sont forcés ; ce chemin de croix n'est pas digne d'une église telle que celle de la Madeleine-lez-Lille.

Les confessionnaux et la chaire sont ceux de la vieille église. Du genre Renaissance, ils ne sont évidemment pas à leur place dans cet édifice ; mais cela n'empêche pas qu'on leur reconnaisse une certaine valeur artistique.

Dans la sacristie se trouve un tableau fort ancien de Marie-Madeleine aux pieds de Jésus, chez Simon le Pharisien. Au-dessous de cette salle, on a établi un calorifère.

Telle est l'église de la Madeleine, dont l'ornementation, il faut bien le reconnaître, ne répond pas toujours aux exigences spéciales du style roman. On s'est trop hâté de la pourvoir des choses nécessaires, de sorte qu'on n'a pas toujours considéré si tel ou tel objet conviendrait au style général du monument. Nous souhaitons que ces défauts disparaissent dans un avenir prochain et qu'un jour l'église de la petite Madeleine ne le cède en rien à celle de Lille.

MARGUILLIERS DE LA PETITE MADELEINE

MM.
Jacques Bruneau. — Marguillier le 2 juin 1684.

Paul Gumbert.
Antoine Cordonnier.
J.-Bte Du Toict. — Marguilliers en 1715.
Pierre Regnard.

Jacques Balliaut.
J.-F.-J. Colpaert.
Pierre-Ant. Duthoit. — Marguilliers en 1766.
Augustin Lepers.
J.-Bte Pruvost.

Pierre-Albert Delebecque.
Pierre-Joseph Dupire.
Aug.-Joseph Denoulez. — Marguilliers de 1787 à 1789.
Lepers.

Depuis le rétablissement du culte.

MM.
Aimable Duthoit.
Charles Dupire.
François Lepers, cultivateur.
Martin-Agache, rentier.
André Carton.
J.-Bte Delvalle, cultivateur.
Alexandre Tonnel.
Frappé.
J.-Bte Bonnier.
Pierre-Joseph Fremaux.
César Duthoit.

MM.
Philippe Leclercq.
Félix Barolet.
Crépé fils.
J.-Bte Lamblin.
Auguste Desmettre.
De Cugnac.
Dumoutier.
J. Hilst.
J. Meurice.
Henri Salembier.
Manquent les marguilliers de 1851 à 1869.

MM.
VANDERMERSCH
BINAULT.
A. DE BADTS DE CUGNAC.
DUTHOIT.
Henri CREPÉ-BLANQUART.
Joseph MEURICE.
HILST.
Alex. BOUCHEZ.
LECAT-FREMAUX.
WALLE.
FOURNET.
Eug. MAHIEU.
CLARO.

MM.
BONNIER.
D. LECLERCQ.
FERNEAUX.
GRAIRE.
ROUSSELOT.
HASSEBROUCK.
BILLAUX.
Eug. LEROUX.
CAPON.
LEROY.
LIÉNARD-WAGRENIER.
DUROT-BINAULT.
P. VERLEY fils.

SECTION II. — La paroisse Saint-Vital.

Chapitre I.

Le hameau de Berkem. — Sa prospérité à cause de l'industrie. — Obstacles à surmonter pour y établir une paroisse. — M. Desmazières y fait bâtir une église (3 mai 1863). — Le choléra sévit fortement à la Madeleine en 1866. — Erection en succursale de la Madeleine, approuvée par un décret impérial de 1868.

La Madeleine-lez-Lille est reliée aux bords de la Deûle par le hameau improprement appelé *le Trou*. Nos pères paraissent avoir affectionné cette dénomination, car, malgré son étrangeté, ils n'ont pas hésité à en doter certaines rues de Lille. On ne voit pas ce qui peut justifier cette appellation singulière ; elle ne saurait provenir, à coup sûr, de l'abaissement du terrain, car le prétendu Trou domine le bourg et, pour cette raison, les ennemis y établirent un poste important pendant les siéges de 1667, 1708 et 1792.

Dès 1450, les plans de Lille et des environs signalent ce hameau désigné plus tard, vers 1579, sous les noms de Berguehem, Berquehem, Berghem ou Berkem. C'est encore ce dernier nom qui lui est conservé aujourd'hui.

Dans les actes de 1786, il est mentionné sous la dénomination de Vieux-Trou [1].

Jusqu'en ces derniers temps, quelques fermes et châteaux jetés çà et là composaient toute l'agglomération du Trou. Avant la Révolution, les Carmes de la rue de Thionville y possédaient un pied à terre, religieusement entretenu depuis par M. Desmazières. A la mort de cet homme de bien, survenue en 1887, on démolit la maison. Berkem était aussi, durant la saison des tulipes, le but de promenade des Lillois, qui allaient visiter le champ Turlupia situé près de la ferme Duthoit.

Depuis une trentaine d'années, ce hameau a joui d'une prospérité constante ; il forme actuellement une paroisse populeuse, dont l'importance est due non seulement au développement de l'industrie, mais encore à l'initiative individuelle. Cet accroissement prodigieux fit naître, il y a quelque vingt ans, dans l'esprit de certains habitants, le projet d'édifier une église au centre même de l'agglomération. Ils trouvaient que celle de la petite Madeleine était trop exiguë et trop éloignée. La vérité nous oblige à dire qu'ils n'avaient pas tort. Comme bien on pense, cette idée émise d'abord timidement, rencontra des partisans et des adversaires passionnés. Tandis que les uns usaient des moyens en leur pouvoir pour atteindre leur but, les autres faisaient surgir obstacles sur obstacles, repoussant énergiquement une proposition qui, à leur avis, devait amoindrir la Madeleine au profit d'un hameau. Enfin, M. Desmazières, le grand bienfaiteur du bourg,

---

[1] Tiré de l'opuscule *Wazemmes et la Madeleine*, par M. Quarré-Reybourbon.

prit sur lui de solliciter du cardinal Régnier l'autorisation de construire une église à Berkem. Le 6 mars 1863, Mgr l'archevêque accéda à sa demande, et le 3 mai suivant on commença les fondations. M. Tison, architecte à Lille, dressa le plan du nouvel édifice, et M. Duyck, entrepreneur, présentait au conseil de fabrique, à la fin de 1864, une église presque terminée. Le clocher ne fut achevé qu'en 1865. Nul accident n'avait marqué la durée des travaux. On dédia le nouveau temple à saint Vital, en souvenir de l'ancienne chapelle du château de Courtrai, ainsi dénommée. Cette chapelle avait été abattue lors de la construction de l'église de la Madeleine.

Malheureusement, il n'y a pas de beau jour sans lendemain, et la joie qu'avait suscitée l'érection de l'église Saint-Vital devait être de courte durée. Le choléra fit en effet son apparition dans notre pays et éprouva cruellement le hameau de Berkem. Ce fut pour beaucoup de personnes, parmi lesquelles il faut citer M. l'abbé Vermelle, alors vicaire de la Madeleine, l'occasion de se dévouer avec le plus grand zèle. On s'efforça d'enrayer le mal, et l'on eut recours à la divine Mère de Dieu, qui se laissa toucher et fit disparaître le fléau.

Cependant, l'église de Berkem n'était pas encore livrée au culte. Ce ne fut qu'en 1868 qu'elle fut érigée en succursale de la Madeleine avec l'approbation du gouvernement impérial. L'archevêque rendit à cette occasion l'ordonnance suivante :

« René-François Régnier,
» Par la miséricorde divine et la grâce du Saint-Siége apostolique, archevêque de Cambrai ;

» Vu la demande des habitants du hameau de Berkem, section de la commune de la Madeleine-lez-Lille, tendant à ce que l'église construite dans ledit hameau par M. Desmazières, qui en fait donation à la commune, soit érigée en succursale ;

» Vu le décret impérial en date du 20 de ce mois, rendu sur notre proposition et l'avis de M. le Préfet du Nord, en ce qui concerne les effets civils de cette érection ;

» Nous avons ordonné et ordonnons ce qui suit :

» Art. I. — L'église du hameau de Berkem, section de la commune de la Madeleine-lez-Lille, est érigée en succursale sous le vocable de saint Vital, martyr (29 avril).

» Art. II. — La circonscription de la succursale de Berkem se composera de toute la partie du territoire de la commune de la Madeleine, comprise au plan annexé au décret ci-dessus visé, entre le chemin de fer, le liseré vert et la rivière de la Deûle.

» En conséquence, les limites de la nouvelle paroisse commenceront à partir de la route longeant le chemin de fer à la rencontre avec le sentier de Lille jusqu'au chemin des Gantois et comprendront : 1° tout le côté gauche du sentier de Lille jusqu'au chemin des Gantois ; 2° le côté gauche dudit chemin jusqu'à la reprise du même sentier ; 3° le côté gauche de cette reprise jusqu'à un autre sentier conduisant à l'avenue Delestré, en traversant la rue de la Deûle ; 4° le côté gauche de ce dernier sentier; 5° le côté gauche de l'avenue Delestré correspondant au sentier de Marquette ; 6° le côté gauche dudit sentier de Marquette jusqu'à la rencontre avec le chemin de Marquette.

» Art. III. — La présente ordonnance sera lue et

publiée au prône dans les églises de la Madeleine-lez-Lille et de Berkem, le dimanche qui en suivra la réception, et transcrite sur les registres des deux paroisses.

» Donné à Cambrai sous notre seing, notre sceau et le contre-seing du secrétaire général de notre archevêché, le 28 septembre 1868.

» *Signé :* René-François,
» Archevêque de Cambrai.

» Par mandement,
» *Signé :* Duprez,
» Chanoine, secrétaire général. »

De cette année date donc la paroisse de Saint-Vital de Berkem.

Chapitre II.

Bénédiction de l'église. — Installation de M. l'abbé Vermelle. — Bénédiction d'une cloche par M. Bafaleur. — Bénédiction d'un chemin de croix. — Fondation d'une école de filles. — Bénédiction de trois cloches, par M. Bernard, vicaire général — Confrérie du Sacré-Cœur. — Conférence de dames. — Consécration de l'église par Mgr Monnier, évêque de Lydda. — Installation de M. l'abbé Petyt. — Inauguration de la chapelle de Notre-Dame de Lourdes. — Il travaille à orner son église. — Il établit une conférence d'hommes. — Les confréries du Saint-Sacrement et du Rosaire. — Un patronage de garçons. — Arrivée de M. Deram, nouveau curé.

Le 2 octobre de cette même année 1868, Mgr Régnier délégua M. l'abbé Bafaleur, doyen-curé de la Madeleine à Lille, pour bénir la nouvelle église paroissiale. Cette cérémonie s'accomplit en présence de M. le curé de la Madeleine-lez-Lille, de ses vicaires et de presque tous les paroissiens de l'endroit. Ceux-ci gardaient au cœur une profonde reconnaissance à M. l'abbé Vermelle pour le dévouement qu'il avait montré au moment du choléra. Aussi quand il s'agit de les pourvoir d'un curé, réclamèrent-ils comme pasteur leur bien-aimé vicaire de la Madeleine. On ne pouvait le leur refuser, et le 28 octobre, M. l'abbé Bafaleur procéda à l'installation de M. l'abbé Vermelle, comme desservant de la paroisse Saint-Vital. Les membres du clergé, le maire de la Madeleine, le conseil municipal, le conseil de fabrique, ratifiaient par leur présence le choix des fidèles. Les habitants des deux paroisses oublièrent leurs anciennes querelles pour s'unir dans un même sentiment de gratitude, et montrer leur sincère attachement au digne ecclésiastique qui depuis sept ans se consacrait au bien de leurs âmes. Les rues étaient décorées avec goût ; çà et là des arcs de triomphe s'élevaient portant des inscriptions flatteuses pour le nouveau pasteur. Une cavalcade avait été organisée pour le conduire au presbytère.

M. Vermelle songea tout d'abord à acheter les choses indispensables pour la célébration de la messe et les objets les plus nécessaires au culte : des chaises, une civière, etc.

M. Desmazières offrit une cloche que M. l'abbé Bafaleur vint bénir le 21 décembre avec les cérémonies usitées en pareil cas. Le parrain fut M. Emile Béghin et la marraine Mme Dupont. Comme la fête de Noël était proche, les parrain et marraine lui donnèrent le nom joyeux et sonore de Noël. Elle sortait de la fonderie de M. Holtzer, d'Urieux (Loire) ; elle fut montée d'après le système Dulat et Jacome de Paris.

Petit à petit, le mobilier de l'église s'augmentait d'un confessionnal, de tentures, de draps mortuaires, d'une statue. Le 20 juin 1869, un chemin de croix vint orner les murailles ; c'est encore M. Bafaleur qui bénit les stations.

Des stalles furent posées le 7 janvier 1872.

Mais cela ne suffisait pas. La jeunesse de Saint-Vital devait se rendre à la Madeleine pour suivre les classes. On conçoit que ce déplacement offrait plusieurs inconvénients assez graves ; M. le curé résolut d'y obvier. De concert avec M. Desmazières, il installa dans un local provisoire, en 1869, quatre religieuses de la Croix Saint-André, dont deux faisaient la classe et une autre dirigeait l'asile. Cette école de filles fut accueillie avec bonheur par les parents, et fut suivie aussitôt. On comptait dès le début 150 élèves avec les enfants de l'asile. C'était d'un bon augure.

Le 1er octobre 1871, M. Desmazières offrit trois cloches complémentaires, formant un accord parfait avec celle qu'il avait donnée en décembre 1868.

M. l'abbé Bernard, chanoine, vicaire général, exposa du haut de la chaire l'objet et la portée de la solennité et procéda à la bénédiction de ces trois nouvelles œuvres de M. Holtzer. La première cloche eut pour parrain M. Ernest Dupont, maire de la Madeleine, et pour marraine, Mme Emile Delesalle, née Laure Caillaux. On la baptisa du nom de Marie. M. et Mme Delefils-Decroix représentaient, pour la seconde, M. le comte Marchand et Mme la comtesse Desmazières, née Malvina Marchand. Elle s'appela Joseph. Enfin la troisième fut dénommée Malvina-Marguerite par M. le comte R. Desmazières-Marchand et Mme la vicomtesse d'Hautpoul, née Marguerite Desmazières.

Après l'ornementation de l'église, après l'école des filles, M. Vermelle fonda des confréries pour entretenir parmi ses ouailles l'amour de Dieu et du prochain. En 1870, fut érigée la confrérie du Sacré-Cœur, qui compte actuellement 150 personnes. Depuis cette année néfaste, les dames de la Madeleine font célébrer chaque année une messe solennelle en l'honneur du Sacré-Cœur pour préserver la région des malheurs de la guerre.

L'année 1873 vit s'établir la conférence des dames de Saint-Vincent de Paul, qui se développe de jour en jour.

Deux familles pauvres sont visitées par chacune des consœurs, qui répandent en même temps que les secours matériels des paroles de foi et d'espérance. La présidente actuelle est Mlle Pardoen.

Une réunion de jeunes filles, divisée en deux sections, existe aussi à Berkem. La première se compose des enfants de 11 à 15 ou 16 ans ; la seconde comprend celles qui persévèrent et qui deviennent enfants de Marie à 17 ans.

L'église Saint-Vital, nous l'avons vu, avait été bénite seulement. Le 14 juillet 1873, Mgr Monnier, évêque de Lydda, vint la consacrer. La cérémonie, commencée à sept heures, ne fut terminée qu'à onze heures ; toute la population était accourue à cette fête. A trois heures, Mgr Monnier chanta les vêpres et adressa une allocution édifiante à la nombreuse assistance.

Quelques mois après, les habitants de Berkem étaient frappés dans leur plus chère affection: M. l'abbé Vermelle, leur excellent pasteur, était nommé curé de l'importante paroisse de Saint-Vincent de Paul, de Lille.

Les regrets qu'il laissa à son départ n'étaient pas totalement dissipés lorsqu'arriva son successeur, M. l'abbé Charles Petyt, né en 1833 à Watten. Son installation, se fit le 6 mars 1874, et, comme celle de son prédécesseur, sous la présidence de M. l'abbé Bafaleur. Les notabilités de la Madeleine et de Berkem et la plus grande partie de la population rehaussaient de leur présence cette cérémonie. M. l'abbé Petyt s'efforça de continuer l'œuvre que lui avait léguée M. Vermelle. Nous verrons que non seulement il parvint à maintenir sa paroisse dans l'état où elle se trouvait lors de son arrivée, mais encore que sa prospérité s'est accrue grâce à son zèle et à son habileté.

Il compléta de son mieux l'ornementation de la maison de Dieu, en y plaçant une nouvelle chaire et diverses peintures qui ornèrent la simplicité trop grande des murailles. L'année de son installation, le 14 septembre, il demanda au conseil de fabrique d'éclairer au gaz le sanctuaire et d'ouvrir une porte latérale, l'église n'ayant qu'une seule issue. On fit droit à ces requêtes.

Puis M. Petyt organisa une conférence d'hommes, formée de sept membres actifs qui visitent chacun deux familles pauvres, comme les dames de Saint-Vincent de Paul. Cette excellente institution a déjà rendu beaucoup de services, et en fait espérer de plus grands à l'avenir.

Au mois d'octobre 1874, M. Petyt confia aux frères de Saint-Gabriel la direction de l'école des garçons qui compte 100 élèves. Voilà Berkem pourvu des deux écoles nécessaires à l'éducation de ses futurs habitants.

Les confréries du Saint-Sacrement et du Rosaire vivant s'implantèrent par la suite au Trou de la Madeleine, et la générosité de M. Pardoen permit à M. le curé d'établir en 1882 un patronage pour les jeunes garçons. Soixante enfants en font partie ; c'est leur seule bonne volonté qui les y attire ; car les ressources ne sont pas assez grandes pour pouvoir les retenir avec des récompenses.

Voilà ce que le zèle d'un curé et son amour pour ses ouailles peuvent opérer, malgré un faible budget, et, chose rare et digne d'admiration, M. l'abbé Petyt n'eut aucune dette. C'est un résultat d'autant plus surprenant que la paroisse Saint-Vital se compose en grande partie d'ouvriers honnêtes, mais pauvres, formant une population de 3000 habitants.

M. l'abbé Petyt, fatigué d'un ministère aussi laborieux

demanda, il y a quelques années, un poste plus facile et plus reposant. Mgr l'archevêque, faisant droit à sa demande, le nomma curé de Staples, où il continue le bien qu'il a fait à Saint-Vital.

M. l'abbé Deram, ancien vicaire de Saint-Maurice (Lille) et de Notre-Dame des Dunes (Dunkerque), fut chargé de le remplacer.

C'est comme témoin heureux et ému d'un si beau spectacle que nous rapportons son entrée triomphante à Saint-Vital. Depuis la porte de Gand, où se trouvait un cortége composé d'une nombreuse cavalcade, de la musique de la Madeleine, des trompettes de Marquette et de nombreuses sociétés, une foule compacte l'accompagna à travers la commune, jusqu'à la demeure de M. Pardoen.

Là, M. l'abbé Deram reçut les compliments de l'adjoint représentant le maire, et à la porte de l'église, les souhaits de bienvenue du président de la fabrique.

Puis, l'abbé Deram monta en chaire, et redit dans un discours bref, mais substantiel, tout ce qu'il apportait comme prêtre et comme curé à ses nouveaux paroissiens.

Nous souhaitons à M. le curé de Saint-Vital de longs jours, remplis de bonnes œuvres.

Chapitre III.

Description de l'église Saint-Vital. — Style roman. — Dimensions de l'église. — Le portail. — Le chœur. — L'autel. — Vitraux. — La chapelle Saint-Joseph. — La chapelle de Notre-Dame de Lourdes. — Différentes épitaphes. — Les fonts baptismaux. — Quatre bronzes artistiques de Cordonnier, sculpteur. — Différentes inscriptions. — Noms des marguilliers.

On se rappelle que l'église Saint-Vital est un don de M. Desmazières, lequel avait pour sa paroisse une affection sans bornes. C'est un monument spacieux, de style roman, sans transept. Sa largeur est de 18^{m}62, sa longueur de 44^{m}50 dans œuvre. Comme point de comparaison intéressant à établir, l'église de la Madeleine de Lille mesure 996 mètres carrés, tandis que la superficie de celle de Saint-Vital en compte 887. Le clocher est d'une hauteur de 50 mètres, croix comprise.

Sur les ornements qui décorent le portail se trouve cette inscription : *RR. DD. Monnier, episcopus Lyddensis, dedicavit die 1^i julii 1873* ; au-dessous, sur la porte même : *Domus Dei et porta cœli*. La nef du milieu, très grande, est formée de six belles arcades reliées entre elles par des colonnes quadrangulaires, recouvertes de plâtras ; leur ampleur permet à la lumière de se répandre dans tout l'édifice. Un triforium fermé touchant le plafond, entoure cette nef ; une large bande ornée de rinceaux bien fouillés court tout autour de l'église et sert de séparation entre les murs et les fenêtres des nefs latérales. Cette bande supporte des toiles, fond grisaille, qui rappellent les saints spécialement en honneur dans la paroisse : saint Vital, saint Ursin et saint Léonard, fils de saint Vital, sainte Barbe, etc.

Le chœur est vaste, dallé en marbre noir. L'autel construit en pierre blanche est privilégié. Sur le rétable se voient deux médaillons concaves représentant en haut relief deux scènes de la vie de saint Vital. Après l'avoir martyrisé, on le précipite dans une fosse et on le lapide ; de l'autre côté, il montre le ciel à saint Ursin qui, pendant son martyre, avait eu un moment d'hésitation et de faiblesse. La table de l'autel est soutenue par de jolies colonnettes sculptées qui servent aussi à l'ornementation du tombeau très profond, placé sous cet autel. Celui-ci est dominé par une statue ordinaire du Sacré-Cœur. Aux extrémités de l'autel, des colonnes torses en bois peint simulant le marbre, soutiennent des bouquets au feuillage d'or. Quatre statues s'offrent à la dévotion des fidèles : celles de sainte Catherine, de sainte Philomène, de saint Ursin et de saint Vital.

Le chœur et tout un côté de l'église reçoivent la lumière par des vitraux fort simples, mais de bon goût. Les stations du chemin de croix en plâtre ont la forme de médaillons dans lesquels sont taillés en relief les divers personnages.

A droite, au fond de la chapelle Saint-Joseph, on remarque un magnifique sarcophage surmonté des armes de la famille Desmazières, où sont gravés ces mots :

SOUVENEZ-VOUS DEVANT DIEU
DE M. JACQUES-ANDRÉ DESMAZIÈRES,
NÉ LE 10 SEPTEMBRE 1776 A ROUBAIX,
DÉCÉDÉ LE 27 JUILLET 1860 A LA MADELEINE ; DE
Mme DESMAZIÈRES, NÉE VICTORINE-JUSTINE BEAUSSIER,
LE 22 SEPTEMBRE 1788 à LILLE,
DÉCÉDÉE LE 11 JANVIER 1858 A LA MADELEINE ; DE
Mme D'AIROLLES, NÉE CLÉMENCE-SOPHIE DESMAZIÈRES,
LE 20 AVRIL 1817, A LILLE,
DÉCÉDÉE LE 6 AVRIL 1836, A LILLE,
TRANSFÉRÉE DANS CE CAVEAU LE 25 MAI 1886 ; DE
M. ANDRÉ-HENRI-ÉTIENNE DESMAZIÈRES,
NÉ LE 24 DÉCEMBRE 1814, A LILLE,
DÉCÉDÉ LE 9 AVRIL 1887, A LA MADELEINE,
ET INHUMÉ DANS CE CAVEAU,
ET DE TOUS LEURS PARENTS.

C'est le 6 décembre 1885 que le préfet autorisa l'inhumation dans ce caveau du père et de la mère de M. Henri Desmazières.

De cette même année 1885 date l'installation de la chapelle de Notre-Dame de Lourdes, située à gauche. Une peinture murale soignée représente fidèlement les environs de Lourdes et la montagne où s'élève la basilique dédiée à Marie. La chapelle de Berkem montre la sainte Vierge dans le rocher ; un petit autel permet d'y célébrer le saint sacrifice de la messe. De nombreux ex-voto témoignent de la dévotion des fidèles à la glorieuse Mère de Dieu. Des châsses contiennent des reliques de saint Vital. Une pierre tombale en marbre noir, supportant un fronton également aux armes de la famille Desmazières, porte les mentions suivantes :

A LA MÉMOIRE DE :
ROGER-MICHEL-ALPHONSE-BERNARD-MARIE
DESMAZIÈRES-MARCHAND
REMONTÉ VERS DIEU LE 9 JUIN 1887, AGÉ DE DEUX ANS ET NEUF MOIS ;

ÉDOUARD-ALBÉRIC, COMTE DESMAZIÈRES-MARCHAND,
DÉCÉDÉ A LA MADELEINE, LE 11 AOUT 1871,
A L'AGE DE 59 ANS ;

RAOUL-JACQUES-MICHEL-EDOUARD-MARIE,
DESMAZIÈRES-MARCHAND
ANCIEN AUDITEUR AU CONSEIL D'ÉTAT, CHEVALIER DE LA LÉGION D'HONNEUR, DÉCÉDÉ A PAU,
LE 25 NOVEMBRE 1881, A L'AGE DE TRENTE-QUATRE ANS ;

MARGUERITE-NAPOLÉINE-LOUISE-JUSTINE-MARIE
DESMAZIÈRES-MARCHAND
VICOMTESSE D'HAUTPOUL, DÉCÉDÉE A TROUVILLE-SUR-MER
LE 10 MARS 1882, A L'AGE DE TRENTE-CINQ ANS.

Il nous reste à parler de la partie incontestablement la plus riche de l'église : nous voulons nommer les fonts baptismaux, qui méritent une description particulière. Le dallage en marbre très rare, de couleurs variées, produit un effet superbe ; on y admire aussi les plinthes d'une hauteur de deux mètres environ. Elles sont ornées de quatre bronzes artistiques offerts par M. Desmazières, et dus au sculpteur Cordonnier, originaire de la Madeleine, dont le talent s'est révélé par de nombreux succès dans les expositions et les concours.

Les quatre sujets : le péché originel, la circoncision, la

purification, le baptême de Clovis, ressortent en haut-relief sur des médaillons de 65 centimètres de diamètre.

Le premier représente Adam et Ève au pied de l'arbre de la science du bien et du mal ; le serpent y est enroulé, il s'adresse à la femme pour la tenter. Elle porte la main au fruit défendu et regarde Adam d'un air souriant ; le visage de celui-ci est sombre, il considère le ciel d'un air inquiet. Tout autour, une végétation luxuriante, composée d'arbres et d'arbustes, répand une ombre discrète. Des oiseaux remplissent les airs. Les bêtes sauvages, tranquilles et pacifiques, semblent attendre un grand événement. Ève seule demeure inconsciente et paraît peu se soucier des conséquences de son action. C'est d'une correction parfaite.

Au premier plan du médaillon de la Circoncision, on voit un vase avec de l'eau et un linge pour laver l'enfant placé sur un socle. C'est le grand-prêtre qui accomplit la cérémonie. Marie et Joseph sont là aussi, se tenant dans une attitude humble ; un lévite et un autre personnage aident le grand-prêtre. Ce sujet, difficile à rendre convenablement, a été exécuté avec bonheur. L'artiste s'est attaché à rendre la gravité qui nécessairement doit présider à une action si sainte.

La Purification est généralement frappante de vérité ; saint Siméon, surtout, est d'un naturel parfait. Tandis qu'il tient l'enfant dans ses bras et qu'il chante son *Nunc dimittis*, il est comme en extase ; mais lorsqu'il annonce à Marie ses douleurs futures, son visage est empreint d'une grande tristesse. Ces deux sentiments si opposés sont très bien rendus. La Vierge reste calme, malgré la terrible nouvelle ; on croirait qu'elle connaît déjà ce que le prophète lui annonce, et par avance elle y est résignée. A terre, un panier renferme les deux colombes que Marie offre au grand-prêtre.

Enfin, voici la scène édifiante du baptême de Clovis, qu'on pourrait appeler le baptême de la France. Saint Rémy répand l'eau sur la tête du roi des Francs et prononce les paroles historiques : « Baisse la tête, fier Sicambre. » Une immense foule assiste à cette imposante manifestation. La mâle physionomie de tous les assistants reflète le bonheur et la volonté de persévérer dans la voie qu'ils ont choisie. La perspective est magnifique.

Ces quatre bronzes forment le principal ornement des fonts baptismaux. Reste à signaler une peinture murale qui représente Moïse recevant sur le mont Sinaï les tables des commandements au milieu de la foudre et des éclairs. Au bas de la montagne se trouvent les tentes des Hébreux.

Deux vitraux donnent passage à la lumière ; Adam et Ève chassés du paradis terrestre et le baptême de Notre-Seigneur sont les deux sujets choisis.

Une représentation de l'église Saint-Vital, prise à la dimension d'un cinquantième, est exposée sur un meuble placé dans le fond de cette partie de l'église.

Ces bronzes, ainsi que nous le disions plus haut, constituent la richesse de l'église Saint-Vital.

Nous devons féliciter M. l'abbé Petyt de son initiative, et exprimer l'espoir que peu à peu son successeur étendra à tout le sanctuaire, le cachet artistique que nous avons remarqué aux fonts baptismaux.

Avant de clore ce chapitre, nous tenons à citer les inscriptions qui rappellent les membres décédés de la fabrique de Saint-Vital : Ignace-François Delarre, décédé en 1872, et Alexandre Coquard, mort en 1875.

Une troisième inscription, votée à l'unanimité par le conseil de fabrique, le 5 janvier 1877, est un témoignage de gratitude envers un enfant de 13 ans 1/2, Germain Butin, qui a montré pour l'église une abnégation extraordinaire. Germain était enfant de chœur, et depuis que l'église avait été ouverte au culte, il avait rendu à M. le curé les plus grands services. Sa mère était chargée de la perception des chaises, et malgré le peu d'argent que lui rapportait cet emploi, elle se contenta toujours de la minime rétribution de 35 francs qu'on lui accordait. Ce sont ces services signalés et ce désintéressement admirable que la fabrique voulut récompenser.

MARGUILLIERS DE SAINT-VITAL

MM.

Emile Béghin-Debrabant, fabricant.

Auguste Leclercq, fermier.

François Delarre, agent-voyer.

Alexandre Coquard, directeur d'établissement industriel.

Jean Glorie, filateur.

Pierre Dassonville, rentier.

Auguste Flament.

Pardoen-Mahieu.

Edouard Morival, industriel.

Pennequin.

Pardoen fils

Queste.

Delestré.

Pardoen fils.

PIÈCES JUSTIFICATIVES

PIÈCES JUSTIFICATIVES

I.

17 février 1596. — Transport fait par les exécuteurs testamentaires de Jacqueline Dubar de la donation de 400 livres en principal d'une rente héritière par ladite Jacqueline Dubar, veuve de Thomas Le Long, en faveur de l'église de la Madeleine pour la fondation « de faire célébrer pendant 24 ans tous les dimanches, à commencer immédiatement après le décès de la donatrice, qui advint le 10 février 1596, vêpres du Saint-Sacrement et livrer luminaire et choses convenables ; et lesdits 24 ans rencluz, joyr par ladite église propriétairement de ladite rente due par Guillaume Haverlant. »

II[1].

19 mars 1600. — Fondation par maître Pierre Martin, prêtre, pasteur de la Madeleine de deux obits par an et à perpétuité « à neuf psalmes, neuf lechons, messe et commendasse de prose, et payer pour chacun desdits obits au pasteur 20 gros, au clercq, à charge de l'annoncher le dimenche auparavant qu'il se fera, 10 gros ; au chappelain 4 gros et à chacun des trois margueliers pour le ramentenoir 2 gros ; et oultre ce, distribuer après ledit obit escheue à cinq plus pauvres et anciennes personnes d'icelle paroisse cinq pains de patar et demi et à chacun d'eux ung, à charge d'y estre présens ; et sera ladicte église tenue livrer pain, vin, luminaire et ornemens, le premier desquels se fera et célébrera au mois d'octobre prochain 1600 et le deuxième au mois de mars enssuyvant par tel jour qu'on aura meilleure commodité en ladite église. »

II².

12 octobre 1600. — *Extrait du Registre aux Mémoires commencé en 1597 fini en décembre 1606, fol. 71 verso :*

Le xij⁰ jour doctobre xvj⁰, Denis Verte et Pierre *Millescamps Jehan* [1], margliseurs de l'eglise de St-Vital au jadis chasteau de ceste ville, adiournes a la requeste de M⁰ Nicollas Bellestre, pⁱʳᵉ chappellain de ladite eglise, pour avoir paiement de dix huict florins carolus que luy est deuc tant pour la celebration de plusieurs messes, et ses gaiges que aulcuns menus desboursemens par luy faicts pour et au nom de ladicte eglise, sestans presentes, après auoir oy les parties en ce quelles ont vollu dire, messieurs ont condampné lesdits administrateurs de luy fournir ladite somme.

II³.

23 octobre 1600. — *Extrait du Registre aux Résolutions du Magistrat, coté N⁰ 6, fol. 50 verso :*

Le xxiij⁰ dudit mois d'octobre (1600), sur requeste presentée par Nicollas Parent et Jehan Ghuissen, margliseurs de la chapelle St-Vital au jadis chasteau de ceste ville, estre deu a leurs prédécesseurs en ladite charge par compte qu'ils en ont rendu par devant messieurs de cette ville la some de trente et une livre iij s. vj d. et au chappellain de ladite chappelle trente six livres sans y avoir moien de y pooyr furnir du bien de ladite chappelle; mesmes de auoir depuis trois mois eucha qu'ils sont entres en ladite charge, ils ont desbourse pour les necessites d'icelle plus de trente six florins. Requerant qu'il pleut a mesdis Seigneurs ordonner du paiement desdites deux parties et pour ce qu'ils ont desbourse ils aueront patience, mesdits Seigneurs aians considéré qu'il ne y a moien comme dit est de ce furnir du bien de la ditte chappelle, ont sans preiudice et par protestation de ne point

---

[1] Dans le Registre aux Mémoires les noms raturés sont imprimés en italique ; ils ont été remplacés par ceux-ci : *Millescamps naguères*.

estre tourne, en consequence ordonné à Jehan Miroul, recepveur des cheliers au vins appartenant a ceste dite ville, paier des deniers de son entremise auddits remonstrant les dites somes de trente et une livres iij s. vj deniers et trente six livres, pour par eulx estre furnie ausdits jadis ministres et chappellain de la dite chappelle St-Vital.

III¹.

10 juillet 1603. — *Extrait du Registre aux Résolutions du Magistrat coté N° 6, fol. 57 verso.*

Le xe de Juillet xvj^e et ung fut declaré a Sr Jacques Feron a ces fins mandé en plaine halle, que messieurs du Magistrat n'entendent plus continuer le payement du sallaire et gaige a luy accordé pour la conduicte de l'orloge de la chapelle du jadis chasteau.

III².

7 novembre 1603. — *Extrait du Registre aux Résolutions du Magistrat coté N° 6, fol. 74, recto.*

Le vij^e de Novembre xvj^c trois, messieurs ont accorde aux marglisseurs de leglise St-Vital, la maison scituee au jadis chasteau presentement occupee par Barbe Six, tenant d'ung coste a la maison de Gilles le clercq, daultre à celle occupee par M. Lagache, pour en accomoder de demeure le chapelain de ladite eglise, et ce si longtemps qu'il leur plaira.

IV.

Janvier 1616. — *Extrait du Registre aux Mémoires, commencé en janvier 1616 et fini en 1624, fol. 118, recto et verso et fol. 119.*

Rieglement presente a messieurs du magistrat de ceste ville de Lille le xvj^e de Decembre xvj^c vingt ung par les administrateurs de la chapelle Sainct-Vital au jadis chasteau, touchant l'heure prefix de la celebration des messes en icelle chapelle.

1. Que le p^{tre} (prêtre) ou chapellain sera tenu de celebrer les messes *assauoir depuis les Pasques jusques a St-Remy* a six heures

et demie les jours ouvriers, *et les Dimanches* a comencher leauwe benitte et la messe ensuiuant a huict heures prefix, *et les festes* la grand messe a huict heures et demie.

2. Item, *depuis la St Remy jusques a la Toussaint* les jours ouvriers à *sept* heures, *et les Dimanches* a comencher leauwe benitte et messe ensuiuant a huict heures et demye, et les festes la grand messe a la mesme heure.

3. Item *depuis la Toussaint jusques a la Chandeleuse* les jours ouvriers peu devant sept heures et demy, *et les Dimanches* a comencher leauwe benitte et la messe ensuiuant a neuf heures, et les festes la messe a la mesme heure.

4. Et *depuis la Chandeleuse jusques a Pasques* peu deuant les six heures et demye les jours ouvriers, *et les Dimanches* comencher leauwe benitte et messe ensuiuant a huict heures et demie, et les festes comencher la messe a la mesme heure.

5. Que ledict chappelain sitost qu'il oyra sonner ou sera adverty du dernier coup pour la grand messe, il quittera confession et aultres empeschemens pour sytost comencher ladite messe.

6. Poldra ledit chappelain sy bon luy semble faire la predication apres la grand messe ou de lapres disner a telle heure qu'il trouuera conuenir, sans y estre neantmoings obligé, *mais nullement durant la messe*, pour ne discomoder le petit peuple, veu que ladite eglise nest paroisse ne mesme secours ne support de paroisse, ains simple chapelle; neantmoings aulcuns iours solempnels, ou pour quelques accidens et occation les administrateurs pourront requerir ledit chappelain ou aultre de prescher quelque fois durant ladite messe silz le trouvent expedient.

7. Sera tenu le dit chappellain recomander aulx aulmosnes du peuple faisant les commandements de leglise ou predication la pauvreté de la chapelle comme ont faict tous les aultres chappellains.

8. Quant aux vespres du St-Sacrement, icelles se chanteront a l'heure ordinaire et comme l'on a toujours accoutusme comme aussy les vespres que l'on est coustumier de chanter les iours sollempnels, *quy est environ une heure et demye apres disner* et aultres iours que lesdicts iours sollempnels, lesdis administrateurs trouvent bon faire chanter vespres, ledit chapellain sera tenu y assister.

9. Sera aussy tenu ledit chappellain tous les trois mois, lorsque l'on le paiera de ses gaiges, rapporter par compte le nombre des messes de donation que l'on luy aurait faict celebrer, pour icelles luy estre rabatues a la duenan de sept pattars chacune, comme ont faict tous les aultres chappellains.

10. Et quant aux aultres sollempnites ledit chapelain sera tenu soy riegler selon la discretion desdicts administrateurs.

11. Le tout touttefíois soubs la bonne correction de mesdits seigneurs du magistrat de pooir changer ce present rieglement quant bon leur semblera.

12. Suppliant au surplus bien humblement que le bon plaisir de mesdits S^{gneurs} du magistrat soy interposer leur authorite a ce que le present rièglement soit obsceue selon sa teneur, et de donner pooir auxdits administrateurs de changer le chappellain lorsquil ne vouldra ou refusera d'observer ledit reglement.

Quoy faisant etc.

V.

Janvier-décembre 1637. — *Obituaire de l'église paroissiale de Sainte-Marie-Madeleine, formé par M. Nicolas Calcan, curé, en 1637.*

Janvier. — Six messes de *Requiem* réduites de 16 par Monseigneur de Tournai. Obit pour M. Jean Lenglaert, pasteur de cette église.

Février. — Obit pour M. Drun, obits pour Agnès Le Sur et pour sire Pierre Martin, pasteur.

Mars. — Obits pour MM. Pierre Langlaert, François Rondeau, Noël Vennin.

Avril. — Obits pour M. Morel, Pierre de le Lys et sa femme et pour Jeanne Liber.

Mai. — Obits pour MM. Dubois, Jean Langlaert, Jacques Ruelle.

Juin. — Obits pour Marguerite de le Haye, Pierre de le Pierre, Pierre Destailleurs et Bon Capelier.

Juillet. — Obits pour MM. Jean Lenglaert, Jean Le Cerf, Jean Van Selar.

Aout. — Obits pour Jean Labbe et Marie Duquesnoy, Adrien

Fournier, Chrétienne Labbe, Nicolas Gouy, pasteur de Saint-Sauveur.

Septembre. — Obits pour Antoine Marcquet, Jeanne Bauduin, Marguerite Le Compte, Jean Lenglaert.

Octobre. — Obit pour demoiselle Liévine Thiévelin de Sapigny.

Novembre. — Obit pour M. Jean Lenglaert.

Décembre. — Obit pour Noël Vennin.

VI.

14 octobre 1642. — Promesse faite par Péronne Le Comte, veuve de Pierre Dumont, demeurant à la Madeleine, de, pour satisfaire à la dernière volonté de feue Marguerite Le Comte, demeurant à Lille, payer annuellement à l'église de la Madeleine, faubourg de Courtray, la somme de 5 livres parisis « d'un capital de 100 livres, que ladite Marguerite a donné et légaté par sa disposition salutaire en date du dernier novembre 1640 à ladite église, pour la décharge d'un obit que ladite église sera obligée de descharger annuellement à perpétuité pour l'ame de ladite deffunte et de ses sœurs, père et mère et parens, ce que maistre Roussel, prêtre pasteur propriétaire de laditte église, et Nicolas Fiefvé marguelier ont accepté et acceptent de célébrer annuellement et à perpétuité un obit chanté si comme vigiles à trois psaumes et trois lechons, messe, la prose *De lugentibus* et *De profundis* après ladite messe, le deuxième de may de chascun an, jour de trespas de ladicte deffuncte. »

VII.

1651. — *Dupliques pour messire Michel de Hangouart, chevalier, s^r du Plouich, la Magdelaine, etc^a, opposant ;*

Contre Me Jehan Castel, prebstre, pasteur de l'église paroissialle de la dicte Magdelaine, plaignant et demandeur.

1. — En ces deffences et conclusions tant provisionnelles que principalles, nonobstant les replicques de partie, qu'il rejete par impertinence, insuffisance et denegation.

2. — Veu que ledit demandeur ne vérifira luy competer droict d'entrevenir, ouir et signer en chef lieu les comptes de ladite eglise,

nonobstant et contre la coustume generalle de ceste salle, bailliaige, et chastellenie de Lille, decreter et confirmer alleguer lesdites deffences.

3. — Car il ne scauroit montrer ung seul compte, auquel le pasteur auroit signé avant le S^r temporel de ladite eglise.

4. — Sy aulcuns baillifs par tollerance et complaisance auroient permis aux pasteurs de signer quelques comptes du chef lieu, cela n'auroit peu prejudicier aux S^{rs}, puis que le droict, au contraire, leur en appertenoit par ladite coustume concue en termes sy clers, et praticquées en ceste chastellenie de Lille que rien ne sen peu pretexer, au contraire.

5. — Il ne renseignera aussy la possession pretendue (et plus tost usurpation) de temps suffisant a prescription contre bailly, ny aulcuns contre le S^r.

6. — Qu'il ne puist ce faire est a remarquer que les comptes ne seroient estre continuellement signez des pasteurs et des baillifs.

(Il apporte ainsi 46 autres raisons en sa faveur et réclame des dommages et intérêts.)

VIII[1].

2 août 1659. — *Extrait du Registre aux Titres coté BB, reposant aux Archives municipales de Lille, fol. xxxviij verso et xxxix recto et verso, touchant le differend du pasteur de la Magdelaine contre le Magistrat touchant la chapelle St-Vital.*

Le ij^e de aoust 1659, les Srs Sproch, l'ung des escheuins commis au riuage, et le conseiller Lippens firent rapport que le jour precedent ils s'estoient ledit Sproch en sadite qualité et ledit Lippens comme maistre souuerain des batteliers, s'estoient transportés en la chapelle de St-Vital au jadis chasteau de ceste ville pour y entendre la messe que les batteliers font annuellement chanter ledit jour a l'honneur de monseigneur St-Pierre, tenant ledit jour pour celui de leur feste, laquelle messe ledit Lippens leur avoit ordonne de faire chanter par le chapelain dudit St-Vital et qu'il prendroit quelques prebstres pour luy servir de diacre et soubdiacre, sans la faire chanter par le reuerend pasteur de la Magdelaine, ce que ledit Lippens declara avoir ainsy ordonne auxdits batteliers en consideration que ledit pasteur pretendoit ladite chapelle de St-Vital estre sienne cumme dependante de sa cure ou situee en sa paroiche et nous *exclure du droit de patronnat qui nous compete* [1]; ou ils apprinrent aussy que ledit Lippens auoit jà entendu que ledit pasteur vouloit dauthorite chanter leuangile de ladicte messe, pourquoy ayant juge estre de leur debuoir de len empescher. Ils resolurent entre eulx dentrer comme ils firent par ensamble dans la Sacristie de ladite chapelle ou ils demanderent le tout par la bouche dudit Lippens audict chappellain sil auoit ses gens pour luy servir de diacre et soubdiacre, lequel respondit quouy, mais que ledit pasteur quy estoit la present uouloit chanter leuangille; ce quentendu ils dirent que ce nestoit leur intention ains que ceulx pour ce appelles feroient le debuoir. Sur quoy ayant ledit pasteur demande quy lempescheroit de chanter leuangile en son eglise, et par eulx est dict que ce nestoit son eglise, par luy maintenu quil en estoit en possession ainsy quen auoient este ses predecesseurs, et le contraire par lesdits Sproch et Lippens, que luy ny ses predecesseurs nen auoient este en possession, ores quyls y eussent eu les Sts-Sacremens pour les administrer a leurs paroissiens de la ville, en luy disant bien expressement qu'il se gardasse bien de se presenter a lautel; que lors ledit pasteur demanda audict Lippens de la part de quy il luy tenoit ces discours, lequel luy dict que cestoit de nostre part, et ledit pasteur luy demanda de veoir sa comission, surquoy comme il pretendoit luy replicquer que ia nous en auions escript a Monseigneur le R^{me} de Tournai, aiant dict ces mots : coment ma comission nous en auons ja escript, ledit pasteur luy couppa la parolle et dict que ledit chapelain lauoit servy tant de fois, qu'il le seruiroit une fois, que ce nestoit linterest qui le menoit, qu'il le feroit gratis et le chapelain pourroit ce nonobstant satisfaire celluy qu'il avoit mande; a quoy ils auroient dict que sy ledit pasteur lentendoit ainsy, ils seroient plus honnorés de luy que daultruy et que luy seroit donne satisfaction, mais que de par luy le faire par commandement quils ne lentendoient, et ayant sur ce ledit pasteur demande pourquoy

---

[1] Ces mots sont soulignés dans le Registre.

par commandement a dict que s'il avoit voulu user de commandement il auroit voulu chanter la messe, ils auroient dict que puisquil ne vouloit user de commandement, ils le prioient de vouloir chanter leuangille, ce quil at accepte et faict. Et de quoy nous avons ordonne estre dresse une acte et enregistre au registre aux mémoires pour nous en pouuoir seruir la et ainsy qu'il appartiendra.

VIIIe.

13 août 1659. — *Extrait du Registre aux Titres coté BB, reposant aux Archives municipales de Lille, fol. xxiij verso:*

Du joeudy xiij[e] d'aoust xvj[e] cincquante noeuf, la loy assemblee, sur ce quy fut representee quau pretext des lettres du reuerendissime euesque de Tournay du vi[e] de ce mois, le reuerend pasteur de la Magdelaine pretendoit continuer en ses fonctions pastoralles en la chapelle de St-Vital et lauoit ainsy declare et effectiuement faict et dict que sy messieurs du magistrat pretendoient en ce lempeschez, il se pourucoiroit par aultre voye. At este resolu de luy faire dire par les margliseurs de ladite chapelle que lintention de messieurs du magistrat nestoit quil pourroit en ladite faire aulcune fonction pastoralle que lors que loccasion le requereroit pour ses paroichiens de la Magdelaine, et nullement comme pasteur d'icelle chapelle ou des habitans dans lenclos du vieil chasteau de ceste ville, sur lesquels il navoit aulcune authorite pastoralle; et en cas quil ne vouldroit a ce deferer, leur donner ordre de len empescher reellement et de faict en luy refusant les ornemens necessaires et empeschant lacces a iceulx tant en mettant nouuelles serrures au sacristie et garderobbes quaultrement, selon que loccasion le requerera. Ainsy faict et resolu en ladite assemblee les jours mois et an que dessus, moy present a signé : J. Gilles.

IX.

8 avril 1660. — *Extrait du Registre aux Mémoires commencé en 1640 et fini en 1650, fol. 266 verso.*

Nicolas Flameng, laboureur et charpentier, demeurant en la paroisse de la Magdelaine, adiourné à la requeste de Me Nicolas Le

Gry, chappelain de S¹ Vital, pour auoir paiement de la somme de onze livres deux sols parisis pour restant de plus grande somme a cause du service en *la chapelle de S¹ Vital*[1] le xxixᵉ de novembre 1649 : pour lame de Franchois Flameng fils dudit adjourné, estant le dit adiourné comparu auroit confessé debuoir ladite somme, promestant payer six livres parisis presentement, le surplus de ce jourd'huy en ung mois. Ainsy accepté et atterminé par ledit Le Gry, et estant condampne le vinᵉ d'auril 1650.

XI.

26 avril 1662. — Erection par Monseigneur François Villain de Gand, évêque de Tournai, de la confrérie de Sainte-Marie-Madeleine dans l'église de la Madeleine-lez-Lille, se réservant l'audition des comptes, les droits de visite, de mutation, de correction et autres.

Institution de la confrérie de Sainte-Marie-Madeleine.
Erectio et institutio confraternitatis beatæ Mariæ Magdalenæ
juxta Insulis.

Franciscus Villain a Gandavo, Dei et Apostolicæ Sedis gratia episcopus Tornacensis, inter litteras inspecturis, salutem in Domino sempiternam. Quoties a nobis ea rogantur per quæ cultus divinus et animarum salus accipit incrementum, pastoralis nostri officii debitum postulat ut non solummodo ad concedendum faciles promp nos exhibeamus, sed etiam specialibus favoribus et gratiis prosequamur. Cum pastor ecclesiæ parochialis Sanctæ-Mariæ-Magdalenæ oppidi Insulensis nobis humiliter supplicavit quatenus confraternitatem et congregationem utriusque sexus fidelium sub nomine et invocatione beatæ Mariæ-Magdalenæ erigentis, instituere vollumus et dignocemur sub regulis et statutis a nobis approbatis. Hinc est quod nos positionis tam Insulæ annuenter presentem confraternitatem atque institutionem, ordinationem et erectionem cum statutis et approbamus regulis presentis auctis nostræ ordinariæ et reser-

---

[1] Dans le Registre aux Mémoires les noms raturés sont ici imprimés en italique; ils ont été remplacés par ceux-ci : *l'église de la Magdelaine*.

vanitém nobis potestatem quotannis audiendi competitum oblationum aliarum elemosinarum ac proventuum dictæ confraternitatis visitandi, mutandi, corrigendi, diminuendi et augendi quoties sic expedita nobis vidibitur. Atque ipsi confratres et sodales tanto fiant ad Domini regularum et statutorum observandi de omnipotentis Dei nobis confusi iisdem confratribus prima illorum ingressus in dictam confraternitatem nec non quoties aliqua opera meritoria exercuerint pro quolibet acta, quadraginta dies indulgentia de emunctis protentiis optimo relaxamus, et quoties fervet *Pater* et *Ave* pro confratribus afflictis devote recitaverint, viginti dies de vera indulgentia in forma supradicta in Domino concedimus. Actum Tornaci in palatio episcopali sub cameræ nostro sigillo et signatura, anno Domini millesimo sixcentesimo secundo, mensis aprilis die vigesima sexta.

Franciscus, episcopus Tornacensis.

De mandato Ill^{mi} ac R^{mi} domini mei Episcopi.

XII.

11 juillet 1669. — Autorisation accordée aux pasteur et margueliers de l'église paroissiale de la Madeleine-lez-Lille par messieurs les vicaires généraux de l'évêché vacant de Tournay d'accepter le legs de 5oo livres parisis fait à ladite église par Bon Capelier, à charge d'un obit à trois psaumes, à trois leçons, commendation, messe et prose, qui se chantera tous les ans le lendemain du jour de son dit trépas.

XIII.

1670. — L'église de la Magdelenne lès la ville de Lille at trois cent et demy d'héritage tenus de la s^{rie} de Berquehem gisant en la paroisse de la Magdelenne et chargé vers ladite s^{rie} de Berquehem d'une rasière un havost et trois carel d'avoisne au my mars, a la préserve du Roye. Nicolas CARDON.

XIV.

8 décembre 1672

A Messieurs du Magistrat de la ville de Lille.

Remonstrent les Gardorphenes de ceste ville que sur remonstrance faicte a vos S^ries passé trois à quattre ans, que plusieurs enfants devenoient orphelins de père et de mère sans venir à cognoissance de vos S^ries ny des demandants, ce quy causoit que lesdits orphelins estoient le plus souvent privé de tutteurs et leurs biens dissipez faute de gens pour les administrer, elles furent servies d'ordonner aulx marguilliers de chacune paroisse de ceste ville, de tous les mois faire délivrer aux demandants une liste pertinente de tous les morts inhumez en leurs paroisses en plaisissant la rue ou ils estoient demeurans (come de faict appert sur appostille et icelles requestes cy joinctes); mais come lesdits marguilliers, quoy que deuement inhumez, de faute ordonnance sont en faute dy satisfaire, les demandants supplient de rechef vos S^ries de leur vouloir ordonner de se conformer à la susdite ordonnance, a telle peine et amendes arbitraires qu'elles trouveront convenir, payables par deux marguilliers en leur propre et privé noms. Ce faisant, etc^a.

Coppie de l'appostille.

Messieurs ordonnent auxdits marguilliers de donner la liste requise tous les mois en dedans la viij après l'expiration du mois, a péril de trois florins d'amende à la charge du sepmainier. Faict en halle le 8e de décembre 1672, moy présent. Ainsy signé: J. LIPPENS.

Il est ainsy à son original,

DE BEAUMARETZ.

XV.

3 juillet 1674.

A Monseigneur révérendissime et illustrissime Evesque de Tournay.

Remonstrent en toute humilité et deue révérence les bailly, gens de roy, mannans et habitans de la paroisse de Sainte-Marye-Magdelaine qu'ils se trouvoient grandement consolez de ce que vostre Grandeur a eu la bonté de faire célébrer le service divin aux chappelles restantes pour ladicte paroisse, dont par le moyen de ce, il ne faut nullement doubter qu'ung chacun d'eux prient Dieu incessamment pour la prospérité de vostre dicte Grandeur, et ou que apparemment ils vivions comme gens esgarez du giron de nostre mère la sainte Église et oublieux d'icelles, tellement que par vostre grande puissance ils sont retisrez de l'enfer pour espérer ung jour le paradis, en souhaitant que la chose soit de longue dure. Mais pour tant plus faire subsister les dictes chappelles et attirer de plus en plus les personnes pieux et dévotieux, ils ont grand besoing d'avoir ung petit capital pour subvenir a ce qu'il est nécessaire à la réparation d'icelles, ensemble tous ornemens convenables quy sont légitismement appertenans à ladicte paroisse come aussy sa deuxiesme dépendante d'icelle, pour par le moyen de laquelle y évocquer le peuple aux heures accoutumez, et comme le recepveur de ladite église at entre ses mains une somme de mille livres parisis procedante du rembours d'une rente appartenant à ladicte église, ils supplioient très humblement vostre dicte Grandeur qu'elle auroit la mesme bonté d'en pouvoir avoir la main levée, du moins de la moinctié d'icelle, ce doncq le subject qu'ils ont dy avoir recours, affin que la présente puisse être intherinée, attendu qu'il y vat de plus de vouloir ordonner que les images y soient promptement restably, affin que les confrères anciennes puissent estre conservez, maintenus et gardez.

Quoy faisant, etc.

Comme nous sommes sur le point de faire incessamment nostre visite à Lille, nous remettons à repondre aux fins de la présente régulièrement au temps d'icelle. Donné à Tournay, le 3 juillet 1674.

GILBERT, *évesque de Tournay.*

Les remontrants, en remerciant vostre Grandeur de son ordonnance cy dessus, supplient come autreffois qu'en la présent requestre d'avoir la bonté de vouloir bénir les deux autels, come aussy d'ordonner que le grand bénitier y soit resservi, fonds et bastiment de soit délivré les images de sainte Marye-Magdelaine; ensemble ils remonstrent aussy les petits ciboires.

XVI.

15 octobre 1676. — Gilbert de Choiseul du Plessy-Praslain, par la providence de Dieu évesque de Tournay, à tous prebstres, clercqs, notaires, tabellions, comis par les villes de nostre diocèse, à nostre appariteur, salut en Nostre-Seigneur. Exposé nous at esté de la part de nostre bien amé en Jésus-Christ, le pasteur de Sainte-Magdelaine à Lille, de nostre diocèse, et des marguilliers et paroissiens de la mesme église, habitans dedans les portes de laditte ville, que come dernièrement par le commandement du Roy et pour la nécessité de la fortification, seroit esté destruicte l'église paroissialle soubz le nom de Sainte-Magdelaine, lors size dehors les portes de la mesme ville, et depuis de nostre authorité seroit esté avancé afin qu'auroit esté édiffiée une nouvelle église pour supléer au défault de l'aultre dedans un lieu propre de ladite ville et dedans les limites de la paroisse, come il aparoist de la destruction d'icelle, qu'elle a esté érigé avecq un tel succz, en party des matériaux restans de celle démolie, ou achevé de l'argent de la vente d'aucuns d'iceux, en partie avecq aultres secours, et entre aultres choses des aumosnes d'aucunnes personnes pieuses; oultre ce, de la vente du fond de la chapelle de Saint-Vital, que maintenant elle seroit assez édifiée et proprement accomodé, où les offices divins se peuvent fréquenter par la plus grande partie des paroissiens, tandis que le reste du bastiment sera bientôt mis en son entière perfection sy qu'ils espèrent Dieu aydant. Ce pourquoy ils nous prioient très-instament, que en inclinant favorablement à leurs pieux désirs et de tous ceux de la ville de Lille, fussions servy de faire et déclarer ceste église ainsy nouvellement érigé pour paroisse et soubz le nom de l'Assomption de la bien heureuse vierge Marie, et de la décorer de tous droicts et priviléges paroissiaux en assubjectissant tous et quelconcques les paroissiens de laditte paroisse maintenant destruicte, tant ceux de dedans que dehors la ville, soubz ceste condition que la chapelle, laquelle a esté seulle réservée de laditte destruction, soit pour secours ausdits paroissiens habitans hors de la ville, et mesme que continuellement y réside un vicaire par leur supplication en luy donnant un honeste gage, ainsy qu'eulx mesme se sont à ce présentés, et pour avoir soing et tenir en entier et bon estat les bastiment de laditte chapelle, pourveu que les soing et bénéfice paroissial de laditte première église avecq tous ses fonds, bastimens et revenus et pareillement avecq tous les biens, meubles et matériaux quy appertenoient à laditte église soient du tout transférés et affectés à laditte nouvelle future paroisse.

Sy ce n'est peut estre qu'il nous sembleroit le mieux de diviser et partir lesdits paroissiens demeurans dehors la ville dans les paroisses voisines, sy que sont Marquette, Marque et Fives. Nous, ayant doneques veu la requeste desdits exposans et aussy ouy nostre promoteur quy a consulté avecq soing les dificultés des paroissiens de laditte paroisse de Sainte-Madelaine, manans hors laditte ville et principallement de monsieur le baron d'Avelin, prétendant estre seigneur temporel du clocher, ainsi qu'ils appellent de la mesme église, lesquels ont souventefois près de nous proposés, afin que nous ne voudrions changer ou abolir l'estat de laditte paroisse, et afin aussy que déclarerions laditte nouvelle église seullement succursable, nous en embrassant le meilleur chemin pour unir le tout, voudrions ériger laditte nouvelle église en paroisse et luy assigner pour son district partie de la vielle paroisse laquelle est dedans les portes de la ville, mais principallement unir cette nouvelle église à laditte vielle et l'annexer à tousjours soubz le gouvernement d'un pasteur, voulans soudainement et selon la façon du droict procéder, réserve les droicts d'un patron en tel affaire, nous vous mandons et à un chacun de vous, non suject aux requérans, afin qu'à l'instance des supplians ayans receu ces présentes en l'approchant tant auprès des portes de nostre palais épiscopalle de ceste ville que devant laditte nouvelle église, et auprès des portes de la susditte vielle église, ou aultre lieu que pour ce sera besoing approcher, la par affixtion d'une copie autenticque des présentes, vous appelliez ou vous mesme appellé tous et quelconcques quy voudront par adventure s'opposer aux conclusions cy dessus divulguées tant desdits supplians que de nostre promoteur, jusques ou dessoubz quinze jours de l'exécution des présentes, desquels nous assignons les cincq premier pour le premier, les cincq second pour le deuxiesme, les cincq troisiesme semblablement pour le troisiesme terme dernier et péremptoire, pour pardevant nous ou nostre vicaire général déduire leurs causes d'oppositions s'ils en ont, verbalement ou par escript, avecq une telle intimation que si lesdits adjournés n'ont point donnés leursdittes causes d'oppositions en dedans le terme prescript, nous procéderons en forme de droict, ainsy que bon nous semblera, à l'octroy desdittes conclusions et ce par contumace et ce que de l'exécution des présentes aurez faict, vous nous le rescriverez fidellement. Donné à Tournay, le quinziesme jour du mois d'octobre, l'an de Nostre-Seigneur mil six cens septante six, et estoit signé : Gilbert, évesque de Tournay. Plus bas estoit escript : Par le commandement de Monseigneur, Monseigneur l'illustrissime et révérendissime évesque de Tournay, signé Deschamps, secrétaire; et au marge estoit imprimé le cachet dudit seigneur illustrissime.

Je soussigné, notaire apostolicque, en vigueur des lettres cy-dessus escriptes, j'ay attaché cette copie aux portes de la vielle église de Sainte-Magdelaine, au faubourg de Lille, et j'ay appelé tous et quelconcques voulans s'opposer au contenu d'icelles, ainsy que plus amplement est contenu esdittes lettres, pour comparoir pardevant Monseigneur l'illustrissime et révérendissime évesque de Tournay, ou son vicaire général en dedans quinze jours de l'exécution des présentes sy véridicque, mais s'il n'y ait esté, au suivant, fairet audit faubourg le huitiesme jour de novembre 1676, tesmoin. Et estoit signé : W. du Thillieux, notaire apostolicq, avec un paraphe.

XVII.

1er octobre 1681. — Nous, pasteur de la Magdelaine à Lille, certifions que le nombre des paroissiens demeurans en laditte ville est de six mille ou environ, et que celuy des paroissiens demeurans au dehors de la mesme ville n'est que de cent cinquante compris les enfans. De plus que lesdits demeurans en laditte ville au nombre de six mille comme dit est, sont effectivement et également nos paroissiens comme ceux demeurans hors cette ville, a effect qu'estant comme membre d'un seul corps, l'on peut dire que les biens de laditte église leurs sont communs en la qualité de paroissiens susdits, donnant pour raison de science que divers habitans dudit Lille ont esté faict margliers de l'église de la Magdelaine dehors, et qu'encor présentement Jacques Bruneau, rentier, demeurant en la rue des Orphelins de la Grange audit Lille sert actuellement de marglier en ladite église de la Magdelaine dehors. Attestons en outre que lesdits, paroissiens demeurans en laditte ville peuvent estre inhumez en laditte eglise de la Magdelaine dehors, sans pour ce payer aucun droict de sépulture, de service ou autre a la chapelle de Saint-Vital cy-devant ou à la nouvelle église de la Magdelaine érigé en laditte ville presentement, se pratiquant journelement que lesdits paroissiens font leurs communions paschales et peuvent faire baptizer indistinctement leurs enfans en l'une ou l'autre desdits deux églises. Déclarons en outre que nos predecesseurs en office ont demeuré audit Lille, estant certains que nos deux prédécesseurs immédiates y tenants leur résidence ont esté inhumez en laditte chapelle de Saint-Vital. Ce que scachans estre veritable et incontestable, l'avons signé de nostre seing manuel, ce 1er jour octobre seize cent quatre-vinctg-un.

Signé : Antoine Parent,
pasteur de la Magdelaine à Lille.

XVIII.

1er avril 1681. — Messieurs les gardophenes suplient messieurs les margueliers de la paroisse de la Magdelaine de mettre dans leur déclaration seulement les noms des personnes mariées ou veuves ayans enfans et la rue ou ils demeuroient au jour de leur décès et au cas qu'ils n'auroient tenus notice de leur demeure on les prie de le faire à l'advenir. Fait au siège desdits gardophenes le 1er d'avril XVIe quatre-vingt-un.

Pierre-Charles le Panier.

XIX.

9 octobre 1681. — En la cause des margueliers notables et prétendus paroissiens de Sainte-Marie-Magdelaine bastie nouvellement en la ville de Lille, demandeurs par requeste du 26 d'aoust 1681.

Contre M. le prevost de l'église collégiale à Lille.

Le pasteur de l'ancienne paroisse de la Magdelaine de Lille, et monsieur le baron d'Avelin, seigneur temporel d'une partie de laditte ancienne paroisse, baillif, gens de lois, notables et paroissiens d'icelle, consorts rescribents.

Vu ladite requeste, les citatorialles décrettées par monseigneur l'evesque de Tournay le 26 d'aoust et 16 de septembre 1681 insinuées et exécutées. Vu aussy la rescription dudit seigneur baron d'Avelin et consorts, celle du pasteur de laditte paroissiale, celle dudit sieur prevost. Vu aussy procès-verbal tenu à Tournay le 25 du mois de septembre dernier et les escritures servies du depuis tant par lesdits s^{rs} prevost, pasteur, seigneur d'Avelain et consorts et lesdits marguilliers, notables et paroissiens prétendus de laditte nouvelle église de Ste Magdelaine, et le tout, après invocation du Saint-Esprit murement considéré et examiné, nous, Jean Gennaro, vicaire general de mond. seigneur evesque et doyen de la cathedrale de Tournay, avons, en vertu de commission generale et spéciale d'iceluy seigneur evesque, à la plus grande gloire de Dieu, trouvé utile et nécessaire pour le bien des âmes, utilité et nécessité de leur conduite spirituelle, d'ériger comme nous érigeons par ceste laditte nouvelle église de Ste Marie-Magdelaine en tiltre d'église paroissialle; et l'avons uny et unissons aussy par ceste egallement et principalement à l'ancienne paroisse soubs la mesme invocation, de sorte que doresnavant et a tousjours lesdittes deux eglises paroissialles ainsy unies seront régies et administrées par un seul pasteur ou curé qui aura soin et respondra du gouvernement des ames d'icelles et devra s'adomicilier dans la ville de Lille, auprès du plus grand nombre de ses ouailles et sera tenu de pourvoir et entretenir aux frais de son bénéfice pastorale un prestre approuvé de l'ordinaire, qui sera obligé de résider auprès de l'ancienne paroisse pour y exercer les fonctions pastoralles nuit et jour aux et envers les paroissiens demeurans hors laditte ville de Lille.

Ordonnons que par provision et sans préjudice desdites deux églises pastorales et pauvreté d'icelles, les biens des fabricques et pauvres seront administrez en la mesme manière comme ils estoient avant que la chapelle succursale de St Vital fust détruicte, jusques à ce que mond. seigneur evesque ou ceux auxquels il appartiendra auront disposé sur le partage desdits biens entre lesdittes paroisses : translation des fondations et commutation de celles qui ne pourront estre executées selon l'intention des fondateurs, à quel effect nous ordonnons qu'il en sera dressé de part et d'autre des estats et inventaires pertinents, le tout sauf le droit de patronat dudit sieur prevost avec les droits y apartenants, auxquels nous n'entendons pas de préjudicier, non plus qu'aux droits de la seigneurie dudit seigneur d'Avelin, authorisant ledit s^r prevost en tant que de besoing de traicter et conclure pour son indemnité avec les marguilliers, notables et paroissiens de la nouvelle paroisse de la Magdelaine, lesquels nous authorisons aussy d'obliger les biens présents et à venir de laditte nouvelle paroisse en sureté du traicter, réservant la limitation desdittes paroisses a mond. seigneur evesque de Tournay. Depens entre parties compenses et pour droit. Signé : J. Gennaro ; plus lors estoit prononcé en jugement par mons^r le vicaire général (monseigneur l'Ill^{me} absent) : en présence des procureurs Simon et Houlié, du s^r Renard et de mon greffier soubsigné, ce neuf d'octobre 1681.

Signé : P. V<small>ILLERS</small>.

Accordé à son original après collation faite, tesmoing :

T<small>AFFIN</small>.

XX.

15 octobre 1681. — Les bailly, gens de loy, notables et paroissiens de l'anchienne église de la Magdelaine au dehors de la ville de Lille représentent bien humblement à Monseigneur l'illustrissime et révérendissime evesque de Tournay que la sentence de son vicariat autorisé de mondit seigneur, rendue à cognoissance de compte le 15 octobre 1681 entre les marguilliers, notables et prétendus paroissiens de la nouvelle église érigée en ladite ville, le pasteur de ladite anchienne église ledit 23 avril, biens de soy et autres.

Il est (entre autres choses) expressément enjoinct et ordonné audit pasteur de s'adomicillier dans la ville de Lille auprès du plus grand nombre de ses ouailles, et de pourvoir et entretenir aux frais de son bénéfice et pastorale un prestre approuvé de l'ordinaire quy sera obligé de résider auprès de l'anchienne paroisse pour y exercer les fonctions pastorales, nuict et jour aux et envers les paroissiens demeurans hors ladite ville de Lille, de ce approuvant l'acte de ladite sentence cotte A.

Scavoir s'il n'est pas juste que suivant ladite sentence et en exécution d'icelle, que ce prebstre approuvé doibt tenir lieu de pasteur en ladite anchienne église et paroisse de Sainte-Marie-Magdelaine hors ladite ville, durant qu'iceluy pasteur se vient adomicillier dans icelle ville, et aussy s'il n'est pas juste qu'ensuyte de la mesme sentence, sy ce mesme prebstre faisant les fonctions pastorales, ne doibt pas estre raisonnablement salarié aux frais du bénéfice d'icelle anchienne église, ensemble des fondations debits et du provenu de toutes autres choses composant la cure du mesme lieu.

Qu'autrement, c'est-à-dire que sy ledit pasteur n'estoit point tenu de sallarier ledit presbtre aux frais de son bénéfice conformément à ladite sentence, il s'ensuiveroit qu'il n'y auroit rien de laissé du gros et fond de ladite cure à ladite anchienne église moins pour les entretenemens et subsistence d'un prebstre pastoralle pour les paroissiens d'icelle ou tous les représentans.

C'est à quoy pourtant que mondit seigneur a voulu pourvoir par ladite sentence en partageant et ordonnant comme il a faict que le pasteur de ladite anchienne église seroit tenu de baillier aux représentans un prebstre approuvé aux frais de son bénéfice.

Que cessant cet il y alloit aussy de l'intérest des représentans et principallement du seigneur temporel de ladite église et paroisse.

XXIV.

6 novembre 1684. — *Autorisation de l'évesque de Tournay, de vendre le terrain bordant la rue entre l'église et le séminaire, par l'évesque.*

Monseigneur l'illustrissime et révérendissime Évesque de Tournay.

Remonstrent très humblement les vicaires et marguilliers de l'église paroissiale de Sainte-Marie-Magdelaine, en la ville de Lille, qu'on auroit depuis peu comencé à jetter les fondations d'une partie de leur église, à dessein de parachever et la ragrandir le plus qu'il sera possible, veu qu'il est extresmement nécessaire puisqu'il ne se trouve assé de place pour y enterrer les morts, bien qu'on en met trois à quatre l'ung sur l'autre, ce qu'il cause grande confusion; et come il ne se trouve assé de fond pour ce faire, et qu'il y at une partie de leur cimentière du costé de vostre séminaire, de cent pieds de front à rue et quarante cincq pieds de profondeur, le tout ou environ, qu'on n'at nullement besoing et qu'elle est inutile, qu'on jugeroit à propos de vendre, pourquoy faire ils ont authorisation de messieurs du Magistrat de laditte ville, qui, après avoir visité le lieu, l'ont trouvé très convenable et pour ainsi dire nécessaire pour enserrer leurdit cimentière, ce qu'il ne se peut faire sans aussy la permission de vostre Grandeur. Ce pourquoy ils se retirent vers icelle, la suppliant de vouloir leur permettre de pouvoir vendre laditte portion d'héritage pour les deniers en procédans estre employez auxdittes fondation et ragrandissement. Quoy faisant, etc.

A. Poisson, prebstre à Sainte-Marie-Magdelaine,
vicaire et pasteur.

Nicolas Cardon.

Après avoir veu le lieu en question, nous permettons aux supplians la vente requise, moyennant l'employ du prix au proffit de l'église.

Donné à Lille, le 6 de novembre 1684,

Gilbert, *évesque de Tournay.*

XXVI.

1700.

A Monseigneur l'illustrissime et révérendissime Evesque de Tournay.

Remonstrent très humblement les gens de loy et aultres habitans de la Magdelaine hors la ville de Lille, que nonobstant l'ordonnance de votre Révérendissime marginée sur la requeste jointe, portant au pasteur de laditte Magdelaine de tenir un prebstre dans la maison pastoralle hors de laditte ville pour administrer les sacremens aux paroissiens des champs et faire les aultres fonctions pastoralles en l'église quy est resté et aultrement selon qu'il est porté par laditte ordonnance, il est dit que le prebstre pour ce establi est sy peu curieux de se tenir en confusion au retardement de l'administration des sacremens et aultrement, et ce qu'il fait est le plus souvent hors d'heure ordinaire, en sorte qu'il n'y a point d'asseurance quand on sy doibt retrouver, avecq ce qu'il ny a point de cloche pour en donner les advertences à ceux dedans laditte ville ; estant aussy que le pasteur ne sy retrouve que peu ou point, voires ne sy fait la prédication sinon lors que les requérants veuillent appeller un prédicateur a leurs despens, d'où il semble que ledit pasteur ne cherche que de rendre laditte église déserte et qu'en effect il l'a laissé le plus souvent destitué d'ornemens et vestemens requis, quoy qu'elle en doibt avoir à suffisance, et comme lesdits requérants se trouvent meus de dévotion vers laditte église, et qu'ils n'ont aultre volonté que de vivre en bons crestiens ; ils viennent avecq tous respects supplier votre très Illustrissime, après avoir réservé et considéré, et qu'il appert de la vérité des premiers en ceste par la signature des principaux manans de laditte Magdelaine, de les vouloir séparer de ceux de laditte ville, et d'ordonner au dit pasteur de se tenir en laditte maison pastorale et rester avecq eux jour et nuict, à moins qu'il n'aime mieux de se retirer absolument avec ceux de la ville pour leur administrer les sacrements, afin que les devoirs pastoral et offices divins ne leur soient plus négligés, conformément à l'accord cy devant envoié copie conseiller au nom de laditte ville.

XXVII.

6 avril 1701.

A Monsieur le Lieutenant général civil et criminel de la gouvernance de Lille.

Suplient les magistrats de Lille disans qu'ils sont en cause à ce siège par requeste du 14 avril 1687 contre monsieur le comte d'Avelin, seigneur temporel de l'église de la Magdelaine hors de la ville, et les bailly, gens de loy et habitans du même lieu, originairement demandeurs par autre requeste du 29 mars 1687, afin que pour les raisons y portés, il fut ordonné à monsieur le Prevot de Saint-Pierre, comme patron de ladite eglise de la Magdelaine hors de la ville, de faire résider le curé à la campagne proche de ladite église de l'ancien presbitaire ; au sieur curé de sy conformer et aux parties de ne point toucher audit presbitaire ; que dans l'instance d'intervention des suplians qui est coulé en advis, ils voudroient bien joindre un acte par lequel monseigneur le révérendissime evesque de Tournay auroit, le 26 novembre 1638, autorisé maitre Nicolas Cateau, prestre pasteur de ladite église, de constituer une rente de deux mille florins en capital pour l'érection du presbitaire hors de cette ville ; plus extrait du livre de la maison des anciens prestres a Tournay, contenant que ladite rente a esté acquitté par ledit sieur Cateau et les pasteurs ses successeurs ; de sorte que le huit d'octobre 1686, le dernier payeur a esté fait comme il paroit de la copie de la quittance cy jointe avec ledit extrait. Et d'autant que ces trois pièces servent aux intentions des supliants, ils se retirent par devers vous, Monsieur, à ce qu'il vous plaise ordonner que lesdites pièces soient communiqués à partie et joincte aux pièces de l'instance pour en jugeant y avoir tel egard que de raison ; et ferez justice, etc.

Soit le tout communiqué de point. Fait par devant le sieur lieutenant général Renard, le 1er décembre 1699, moy présent et signé :

E. CASTELAIN.

Insinué le 6 avril 1701.

XXIX.

3 mai 1713. — Nous, marguilliers de l'église paroissiale de la Madeleine, en cette ville de Lille, soussignés, déclarons que Tomas-Joseph Gombert, maistre masson, nous a mis ès-mains deux billets, lesquels ont été arretés entre lesdits marguilliers et ledit Gombert pour la somme de 3916 florins, pour les ouvrages qu'il a fait au domme de cette église depuis le 31 de may 1711, jusqu'en 1713. Sur quoi, il a receu a bon compte seize cens quarante florins, dix patars ; ainsy il luy est encore deue de reste deux mils deux cens septante-six florins, laquelle somme nous promettons luy payer sitôt que Messieurs du Magistrat nous auront fait toucher de l'argent pour cet effet.

Fait en nostre assemblée, le 3 may 1713.

XXX.

1714.

A Messieurs les Mayeur, Rewart, Echevins, Conseils et Preud'hommes de la ville de Lille.

Les marguilliers de l'église paroissialle de la Magdelaine en cette ville continuent a vous témoigner leur reconnoissance des bontés que vous avez eu jusqu'à présent pour la réparation de leur église, et estans persuadés que vous avés tousjours favorablement écoutés leurs prières en ce regard, ils se trouvent obligés de prendre la liberté de représenter à vos Seigneuries qu'ils ne peuvent se dispenser de faire travailler à la nouvelle saison à la réparation du dome de leur eglise ; autrement ce seroit exposer tout ce qui subsiste encore a présent à une ruine évidente, au grand préjudice et interest de l'église, qui devient tout à fait déserte et est abandonné de tout le monde, qui se trouve par ce moien priver des aumones des gens charitables. Et comme les supplians n'ignorent point que cette ville est fort obéré et que c'est pour cette raison que vos Seigneuries ne donnent point facillement les mains à faire ces ouvrages à présent qui ne se peuvent faire sans vostre secours, les supplians ont trouvé des ouvriers qui veulent bien entreprendre l'ouvrage à estre payé en quatre ans seulement, un quart chaque année, moien qui n'est point à charge à cette ville, attendu que si elle a la bonté d'imposer quelques pots de vin a chacque année lors des renouvellemens des baux des fermes, des vins, bierres et eaux-de-vie, la chose se payera ainsy insensiblement, moien qui n'a point paru aux suplians à négliger parce que par iceluy on n'évitera point seulement la ruine de la massonnerie qui subsiste encore aujourd'huy, mais fera fréquenter leur église qui se trouve déserte et abandonnée et par ainsi privé des aumones des bonnes gens. D'ailleurs il est fort peu honorable à nostre religion de laisser ainsy négligé une église paroissialle qui est le temple de Dieu, lorsqu'on peut trouver des moiens comme sont ceux que les supplians ont l'honneur de vous représenter pour le rétablir, sans que la chose soit trop à charge au publique, qui lui sera cependant util et de service.

Ces considérations font espérer aux supplians, Messieurs, que vous écouterez encore favorablement leurs prières et que vous ordonnerez le rétablissement du dome de ladite église comme ils l'ont requis par leur requeste du 28 janvier 1710.

Delespaul ; J.-B. Cauvy ; Jean Ederat.

XXXI.

7 juillet 1714.

A Messieurs les Mayeur et Échevins de la ville de Lille.

Remonstrent très humblement les marguillers de l'église paroissialle de la Magdelaine en cette ville, que leurs prédécesseurs (ensuite de l'autorisation de vos Seigneuries du 31 décembre 1710) ont convenu avec plusieurs ouvriers, à l'intervention des sieurs commissaires dénommés à cet effet pour la construction du dosme de leur église, qui depuis quelques années est enfin entièrement achevé, conformément au plan que vos dites Seigneuries ont donné et paraphé pour ce sujet. Mais quoique vous aiés eu la bonté, Messieurs, d'accorder par la même autorisation la somme de douze mille florins à l'avancement de cet ouvrage, laquelle a été entièrement distribuée aux ouvriers qu'ils y ont travaillé, même en partie, par lesdits sieurs commissaires, les remontrans se trouvent cependant aujourd'huy extremement pressés par les mêmes ouvriers pour le paiement de ce qui leur reste dû à cause dudit travail, qui excède encore de beaucoup ce qu'ils ont déjà reçu, sans que lesdits remontrans puissent appercevoir d'autres moiens de les paier que ceux que vos Seigneuries auront la bonté de leur fournir, et cela parce que leur église est sans fond, plus chargée même qu'elle n'a de biens, et que les moiens que leurs prédécesseurs avoient apperçu ont manqué ; et comme il est facheux aux remontrans, en faisant le service de l'église, de se voir tous les jours importunés pour des dettes qu'ils ont trouvé à leur entrée, et encore plus de voir quantité d'ouvriers qui à défaut dudit paiement se trouveront entièrement ruinés : à ces causes, ils ont très humblement recours à vous, Messieurs, pour que ce considéré, il vous plaise leur assurer quelque fonds avec lequel ils puissent contenter lesdits ouvriers et empecher leur ruine. C'est ce qu'ils ont d'autant plus sujet d'espérer de votre bonté qu'étant les pères des peuples, vous ne voudriés pas, Messieurs, laisser périr de pauvres ouvriers qui ont achevé un ouvrage qui fait un des beaux ornements de cette ville. Ce faisant, etc.

J. Huys ; A. Aulent.

XXXIII.

5 février 1720. — *Convention pour la dorure et marbrure du maistre autel.*

Nous soussignés, marguilliers de l'église paroissialle de la Magdelaine en cette ville de Lille, déclarons avoir donné dans notre assemblée, en notre thrésorerie, en nombre competant, par entreprise, au sieur Jean-Baptiste Lohier, toute la dorure et marbrure de la table du maistre-autel de ladite paroisse, sçavoir : de dorer les extrémitiés de la croix du haut de l'autel, y compris les rayons ; les deux grands festons à costé de la Magdeleine, y compris les rubans en sculpture ; les festons des pieds destaux et sous les pots à flammes, les quatre dauphins et les flammes des pots, les six chapitaux et les six basses, le cadre du tableau. l'anneau et rubans en sculpture, les quatre fleurons au coin du tableau, les quatre morceaux de sculpture dans les rouleaux, les six festons au-dessous des rouleaux. Laquelle entreprise, ledit sieur Lohier promet accomplir à ses frais et depens, à commencer immédiatement après la Pasque close, promettant finir l'ouvrage et le livrer dans sa perfection, suivant les clauses ci-dessus pour le jour de la Pentecoste, à péril que les jours qui excederont ledit jour de la Pentecoste, ledit entrepreneur s'engage de donner un écus à ladite paroisse pour chaque jour de l'excédent. Etant convenus que toutte la dorure sera faite d'or de ducats, or matte à l'huille, et la marbrure sera faite dans sa dernière perfection, touttes les corniches de noir vernie, et ce, moiennant la somme de cincq cens quatre vingt florins que lesdits sieurs marguilliers devront luy compter à la fin de son ouvrage. Bien entendu que ledit sieur entrepreneur devra se procurer à ses frais tout cordage, toiles et aultre choses nécessaires, sans que lesdits marguilliers doivent entrer en d'aultres frais que la somme ci-dessus énoncé.

Fait dans notre thrésorerie, le cinq de febvrier mil sept cens vingt, ledit sieur Lohier acceptant la présente entreprise et marché.

Jean-Baptiste Lohier ; Hespel, *doien* ; Bosselman.

XXXVII.

31 juillet 1731. — Nous soubsignés, marguilliers de l'église paroissialle de la Magdelaine, en cette ville de Lille, avons permis et permettons aux maistres du buffet des Trepassez dans laditte église, le pourchat journaliers de touttes les messes qu'ils feront descharger, et notamment à la messe qu'il se descharge à onze heures et demy les dimanches et festes et à onze heures les jours ouvrables ; les cloches, tous les jours et les veilles qu'ils feront l'office des Trépassés, la croix d'argent, la grosse cloche, et les orgues la veille et jour de Saint-Pierre et Saint-Paul, et les luminaires de six chandeilles au grand autel pendant l'octave des âmes ; pain, vin et luminaire pendant l'année, *moiennant par lesdits* maistres de rendre *quarante-huit florins* de rétribution par chaque année au profit de la ditte église, a commencer le premier d'aout mil sept cens trente un ; le tout cependant jusqu'à ce qu'il en sera par nous autrement disposer, nous réservant la faculté de revocquer la présente permission en tout ou en partie.

Ainsy fait et passé dans notre thrésorerie, le dernier de juillet mil sept cens trente un.

XL.

21 avril 1761. — A l'assemblée extraordinaire du vingt-un avril mil sept cens soixante un, de messieurs les marguilliers de l'église paroissialle de la Madeleine, il a été convenu avec Nicolas-Joseph Beudar, maître serrurier de cette ville, qu'il feroit, pour les fêtes de Pasques de l'année mil sept cens soixante deux, un grille servant de fermeture au chœur de ladite paroisse, selon le plan par lui produit et paraphé par nous ; et ce parmi et moiennant la somme de huit cens florins. Convenus que les fers a y emploier seront de la meilleur qualité de fer à la lime, les montans des pilasses pour plommer de quinze lignes quaré, les barreaux des arcades de huit à neuf lignes quaré ; les dorures et couleurs ne seront point à la charge dudit Beudar, ainsi que le plomb et les mabriaux de cuivre pour la position dudit grille et les troux pour l'érection.

Fait à Lille, en double, les jour, mois et an susdits.

Ghesquières de Millescamps ; Ghesquières de Stradin ; de Bauffremez ; Cardon du Rotoy ; J. Beudar.

XLII.

7 juillet 1763. — Nous, messire François-Marie de Valory, prévôt de l'église collégiale de Saint-Pierre de la ville de Lille en Flandres, et en cette qualité patron de l'église paroissiale de la Magdeleine, déclare avoir accordé à titre de ferme et louage aux sieurs Ghesquière, écuyer, sieur de Millescamps, doyen; Ghesquière, écuyer, sieur de Stradin; Lemesre, sieur du Quenil; de Beauffremez, chevalier, sieur du Bozeau; Cardon, sieur du Rotoy; Vanzeller, écuyer, sieur d'Oosthove; Castellain, sieur de Vendeville, trésorier de France au bureau des finances; et Cardon, écuyer, sieur du Broncart, tous marguilliers de l'église paroissiale de la Magdelaine en cette ville, tant par eux qu'aux noms et se faisant fort de leurs confrères absens; et ont promis tenir audit titre, au nom de ladite église, les trois quarts de toutes les oblations, offrandes et nataux qui se font et donnent tous les jours de l'an, sans nul excepter, tant au chœur de ladite église qu'ès chapelles d'icelle; ensemble les trois quarts de toutes les cires, torses et luminaires qui se donnent à la célébration des services qui se font à la même église, et aussy les trois quarts des chevilles dues par les brasseurs qui brassent en ladite paroisse de la Magdelaine: le tout à prendre allencontre du sieur pasteur de ladite église, à qui l'autre quart appartient. Pour par lesdits sieurs marguilliers, au nom que dessus, jouir et posséder desdits trois quarts d'offrandes, cires et autres droits ci-dessus, le terme de six années consécutives, commencée à la Saint-Jean-Baptiste de la présente année mil sept cent soixante-trois, parmy payant et rendant a mondit sieur prévost ou receveur la somme de trente florins par chaque année au lieu de vingt-quatre que ladite église a payé jusqu'à présent; et ce en considération de l'ordonnance provisionnelle de Messieurs du Magistrat, qui a autorisé les marguilliers à demander des cierges de cire royale aux funérailles au lieu de flambeaux, ce qui fait espérer un plus grand bénéfice à l'église si ladite ordonnance continue d'avoir lieu, à défaut de quoy l'augmentation de six florins par an cessera, dont la première année du loyer eschoiera à la Saint-Jean-Baptiste mil sept cent soixante-quatre, et ainsy après continuer d'année en année ledit bail durant. Moyennant quoy lesdits sieurs marguilliers en leurs qualités ont promis et se sont engagés de faire faire toutes les réfections et réparations du chœur de laditte église tant présentes que futures, ledit bail durant sans que pour raison d'icelles ledit sieur prévost puisse être recherché ni inquiété. A l'entretient, paiement, garantie et accomplissement de tout ce que dessus, ledit sieur prévost a obligé ses biens et lesdits sieurs marguilliers les biens de laditte église, renonçant à toutes choses contraires. Fait en double à Lille ce sept de juillet mil sept cent soixante-trois.

M. DE VALORY ; VANZELLER D'OOSTHOVE ; CARDON DU ROTOY ; GHESQUIÈRE DE STRADIN ; GHESQUIÈRE DE MILLESCAMPS ; CH. LEMESRE-DUQUENIL ; CARDON DU BRONCART.

XLIII.

17 mars 1766. — *Mémoire pour les marguilliers de la ville de Lille, contre le procureur de la même ville, intimé par devant messire Bonaventure Eloy, commissaire en cause.*

Les marguilliers ont cru que le bien de leur administration étoit intéressé à faire réformer les ordonnances dont est appel.

Elles leur enjoignoient de faire sonner toutes les cloches des paroisses aussi longtemps que la procession qui devoit se faire, marcheroit de l'étendue respective des dites paroisses de Saint-André, comme il étoit d'usage.

Cette procession, qui est particulière à la paroisse Saint-André, a été instituée à l'occasion d'un sacrilège commis en 1713, dans l'église des Capucins, par quelques suisses de la garnison au quartier de Saint-André, où le crime a été commis et les coupables arrêtés. Elle se fait par forme de réparation au Saint-Sacrement, quelques habitants de la ville y précèdent le clergé de Saint-André ; après le dais suit un prêtre en surplis chargé de prononcer la réparation, deux marguilliers en flambeaux et derrière eux une femme en faille, parente de la dénonciatrice du crime. En 1750, c'étoit la cinquantième année de l'établissement de cette procession ; les administrateurs de la table du Saint-Sacrement voulurent la faire plus solennelle en traversant une partie de la ville, de l'église de Saint-André à celle des Capucins, où le sacrilège avoit été commis.

Ils y invitèrent Messieurs du Magistrat, le chapitre de Saint-Pierre, le clergé, les marguilliers et les administrateurs particuliers de toutes les paroisses de la ville, et le jour fut fixé au vingt et un aoust.

Les administrateurs auroient aussi désiré que les troupes fussent mises sous les armes, mais le commandant de la place, à qui ils s'étoient adressés, se refusa à leur demande, sans doute parce que cette procession n'avoit qu'un objet particulier.

Cependant Messieurs du Magistrat avoient accepté de se rendre en corps à la procession ; le chapitre de Saint-Pierre, le clergé, les marguilliers et administrateurs des paroisses convinrent aussy de s'y trouver tous avec leur flambeau.

Les marguilliers réglèrent entre eux le rang qu'ils prendroient ; ils devoient tous précédé le clergé, à l'exception de deux des marguilliers de Saint-André, qui accompagnèrent le Saint-Sacrement avec leur flambeau derrière le dais, comme d'ordinaire.

Les magistrats ordonnèrent aux marguilliers de chaque paroisse de faire sonner toutes les cloches durant le tems de la marche de la procession sur leur territoire, contrairement à la coutume qui étoit de ne faire sonner que la principale ; ce à quoi, bien entendu, les marguilliers se refusèrent disant que les cloches leur appartenoient, qu'ils devoient en prendre soin ; c'étoit une ingérance de la part des échevins dans l'administration particulière des églises.

Suivent 14 pages de considérations qui ne se rapportent pas directement à la paroisse de la Madeleine.

Soit signifié et joint le 17 mars 1766.

Signé : ELOY.

Le 18 mars 1766, signifié et délivré copie à maître Dubois-Lequeux, procureur parlant à son domestique.

Signé : PAGNIEZ.

XLIV.

Novembre 1773. — Les marguilliers de la paroisse de Sainte-Marie-Magdelaine de Lille, sur les plaintes réitérées qui leur sont parvenues du peu d'ordre qui regnoit dans la célébration des messes, nonobstant le reglement fait par leurs prédécesseurs au mois de février 1761, et notamment de ce que quelques-uns de Messieurs les habitués célébroient leur messe hors de cette paroisse, ont délibéré, dans leur assemblée extraordinaire du second dimanche du mois de novembre 1773, que Messieurs les habitués, sans aucune exception, célébreront la messe dans ladite paroisse et dans l'ordre suivant, sçavoir :

Dimanches et festes

La première messe, par M. Favier.

La deuxième, } par les R. P. Carmes, de la rue Royale.
La troisième,

La quatrième, par M. Rohart.

La messe de prime, par M. Bonnières.

La messe après l'offertoire, par M. Colau.

La messe d'onze heures, par M. Quiret.

Et la messe d'onze heures et demie, par M. Hennion.

Les susdits sieurs habitués pourront changer leur tour par ancienneté ou d'un commun accord, pourvû que l'ordre des tems et des messes ne souffre pas et soit exactement suivi.

Quant à Messieurs les surnuméraires, si à la veille on ne leur indique pas une heure que les circonstances paroitront exiger, ils seront censés libres.

Jours ouvrables

La première messe, par M. Delannoy.

La deuxième, } par les R. P. Carmes de la rue Royale.
La troisième,

La quatrième, par M. Favier.

La messe de huit heures, par M. Debuire.

La messe de huit heures et demie, par M. Bonnières.

La messe de neuf heures, par M. Grattery.

Les autres habitués seront tenus de célébrer leur messe dans l'intervalle de celles désignées cy-dessus, jamais ensemble et toujours assez-tôt pour ne pas faire attendre ceux qui doivent dire les messes cy-dessus marquées.

Le sieur sacristain observera de ne délivrer qu'un calice et de ne jamais le donner hors les temps cy-dessus ou de celui qu'il indiquera pour les surnuméraires.

Ledit sieur sacristain sera tenu d'avertir le marguillier du mois des contraventions qui se commettront contre le présent règlement afin qu'il y pourvoye selon l'exigence des cas.

Au reste, les marguilliers espèrent du zèle de Messieurs les habitués pour le service divin, qu'ils se conformeront avec exactitude aux dispositions du présent règlement, duquel il leur sera fait lecture en pleine assemblée et qu'ils ne les mettront pas dans la dure nécessité de les rappeler à des devoirs aussi essentiels.

Fait et délibéré à Lille, les jours, mois et an que dessus, ce quatorze novembre mil sept cent soixante treize.

Déliot-Delacroix ; Vanzeller-Dolnois ; Renard, Lefebvre-Delattre ; Du Clicquenoye ; Malus.

XLVI.

20 mars 1776.

A Messieurs les Rewart, Mayeur, Échevins, Conseil et Huit Hommes de la ville de Lille.

Remontrent très humblement les marguilliers de la paroisse de la Magdelaine, disant qu'une personne charitable a donné à la fabrique de la dite paroisse une somme de deux mille florins, à l'intention et condition que ladite fabrique se chargeât de faire célébrer tous les dimanches, fetes, jours d'obligation, une messe à l'heure de midy. De ces deniers, lesdits marguilliers ont acheté une rente héritière de deux mille florins en capital et au cours annuel de quatre-vingt florins sur les Etats d'Artois, dont la copie cy jointe. Cependant, comme les supplians ne peuvent charger la fabrique de ladite église de cette obligation et charge sans l'authorisation de vos Seigneuries, ils ont leurs très humbles recours vers vous, Messieurs, afin qu'il vous plaise les y authoriser comme étant pour l'avantage de ladite église et la commodité des paroissiens.

Ce faisant, etc.

Lefebvre-Delattre ; Grenet de Marquette ; Vanzeller-Dolnoy ; Ducloquenoye ; Renard ; D'Haffringue-d'Hellemmes.

Avis du procureur-sindic, fait en conclave, la loy assemblée, le 20 mars 1776.
Duquesne de Surparecq.

Vu l'avis, nous authorisons les supplians à l'effet requis.
Fait en conclave, la loy assemblée, le 27 mars 1776.
Duquesne de Surparecq.

XLVII.

4 décembre 1777. — Nous, marguilliers de la paroisse de la Magdeleine, commissaire dénommé à cet effet dans l'assemblée du vingt-trois novembre dernier, déclarons être convenus avec le sieur Hubert, maitre menuisier en cette ville, de le charger d'exécuter les nouvelles stalles et bancs d'œuvres destinés pour le chœur de notre église, conformément au plan dressé par M. Lequeux, architecte, demeurant à Paris, et presentement en cette ville, ledit plan arreté et paraphé par M. le doyen en ladite assemblée ; à charge par ledit sieur Hubert de se conformer aux profits et détails ainsi qu'aux devis et conditions qui lui seront fournies par ledit sieur Lequeux, et d'exécuter le tout en beau bois de Hollande bien choisi a la reception de mondit sieur Lequeux, sauf les parties qui ne seront pas visibles et le marchepied, qui seront en bois de chene du pays, et de rendre lesdits ouvrages finis, achevés et posés dans l'espace de deux années a compter de cejourd'huy, moyennant qu'il lui sera payé par l'église, a la reception desdits ouvrages, la somme de trois mille florins. A quoi ledit sieur Hubert s'est obligé ainsi que nous et a signé à Lille en double, le quatre décembre mil sept cens soixante-dix-sept.
Malus ; Renard ; J.-F.-V. Hubert.

XLIX.

1778. — *Compte-rendu par Charles-Louis-Joseph Delannoy, notaire et arpenteur royal à Lille, pour les années 1778 compris l'année 1788, en qualité de receveur des biens de l'église de la Madeleine-lez-Lille.*

Somme totale de la recette, 5.166 livres 18 sols 2 den.
Somme totale des dépenses et mises 4.596 livres 18 sols.

Payé à Monsieur Lejeune et au sieur Joubarre, vicaire de la paroisse de la Magdeleine, pour onze années des obits et pour devoirs par eux faits à ladite église pendant les années 1778 jusques et compris la Saint-Jean-Baptiste 1788, à raison de 138 livres par an, fait 1518 livres.

Le 26 juillet 1780, payé à Ferdinand Payelle, maître couvreur, la somme de 378 florins 7 patars pour l'importance de son mémoire d'avoir recouvert l'église en ardoises, déduction faite de vieilles tuilles qu'il a reprises suivant son mémoire, 756 livres 14 sols.

L.

29 septembre 1779. — De la part de Messieurs du Magistrat de la ville de Lille, il est ordonné aux marguilliers de la paroisse de la Magdelaine de faire sonner, dimanche trois d'octobre, toutes les cloches de leur église, vers les quatre heures après-midi, pendant une heure, à commencer immédiatement après le premier coup de canon qui en sera le signal, et ce, à l'occasion du *Te Deum* qui sera chanté dans l'église collégialle de Saint-Pierre, en action de grâce de la prise de l'isle de la Grenade et autres victoires remportées par Sa Majesté sur les Anglais.

Fait en conclave, le 29 septembre 1779.

Du Chasteau de Willermont.

LIII.

29 août 1780.

Messieurs,

Nous ne connoissons dans nos archives aucun exemple de médecin-chirurgien ou autres personnes *se disant dévouées au public*, qui ayent servy en qualité de *marguilliers dans notre paroisse*; mais nous avons toujours eûs *pour principe de nous assurer de la bonne volonté des sujets avant de les proposer*, en sorte que nous n'avons jamais éprouvé la moindre difficulté à cet égard. Nous croyons qu'il en résulte un avantage pour l'église, en ce que l'on fait toujours mieux un service dont on s'est chargé volontairement. Il nous est donc impossible,

Messieurs, de nous joindre à vous pour soutenir une difficulté qui nous sera toujours étrangère et nous avons l'honneur d'être très parfaitement, Messieurs,

    Vos très humbles et très obéissants serviteurs,
  Renard ; De Surmont ; D'Haffringues d'Hellemmes.
Lille, ce 29 août 1780.

LVIII.

1783. — *Papier de comptabilité et quittances.* — *Compte que font et rendent à Messieurs les marguilliers de l'église paroissiale de Sainte-Marie-Madelaine de Lille, les sœurs de feu Roch-Joseph Ochin, bailly, receveur de ladite église, de tout ce qui a été reçu et payé pendant les mois de juillet et aoust mil sept cent quatre-vingt-trois.*

    Recette. — *Juillet et Aoust.*

	fl.	pat.	
Les comptables portent en recette la somme de deux cent quarante-sept florins, un patar, sept deniers, dont feu leur frère restoit redevable par son compte arrêté par Messieurs les marguilliers, le six juillet de la présente année, cy.	247	1	2/5
Reçu pour le petit service de Marie-Ignace Le Bruy.	2	12	0
Reçu pour le service bourgeois de Marie-Joseph Tesse.	19	5	0
Reçu pour le service de M. Jean-Baptiste-Marie Renard, sieur de Jevardaghen-Solemael.	101	4	0
Reçu pour le petit service d'Henriette Le Febvre	2	12	0
Reçu pour trois petits convoys sans service, à raison de trente-trois patars chaque, déduction faite de six patars que l'église paye au vicaire pour les conduire au cimetière commun, reste.	4	1	0
Reçu pour quatorze enteremens d'enfants qu'il y a eû pendant le mois, à raison de dix patars chaque, déduction faite de deux patars aussi chaque, que Messieurs les marguilliers ont accordé au bailly pour droit d'enregistrement, porté	5	12	0

Reçu pour la messe solennel de Saint-Roch . .	1	0	0
Reçu de Messieurs les administrateurs du buffet des Trépassés une année de la rétribution qu'ils doivent à l'église pour pain, vin, luminaire et cloches pour leurs offices, écheu le premier aoust de la présente année.	48	0	0
Reçu de Messieurs les batteliers pour mêmes causes, echeu idem	6	0	0
Reçu pour le service demy solemnel de M. Delecourt, bienfaiteur de cette paroisse, n'a été reçu que	66	10	0
Pour le service et double convoy demy solemnel du sieur Cernay.	70	14	0
Reçu pour le service bourgeois de Joseph Fontaine	21	15	0
Reçu pour deux petits convoys sans service à 33 patars chaque, attendu que l'on n'a pas encore payé les six patars qui reviennent au vicaire pour chaque	3	6	0
Reçu pour l'enterrement de quatorze enfans à raison que dessus.	5	12	0
Total de la recette desdits deux mois. . . .	605	4	2/5
A laquelle ajoutant : 1° celle de deux cent soixante-trois florins, dix-huit patars, quatre cinquièmes, dont Messieurs les marguilliers sont redevables par le compte qu'ils ont rendus à Messieurs du Magistrat le quatorze may de cette année ; que feu leur frère avoit en dépôt, cy . . .	263	18	4/5
2° Celle de cent florins trois patars pour vieilles cires icy vendu au mois de février de cette année, cy	100	3	0
3° Celle de quatre-vingt-huit florins quatorze patars, trois cinquièmes, provenant des offrandes pendant les mois de juillet et aoust de cette année dans lesquelles le curé a droit d'un quart, cy.	88	14	3/5

4° Celle de sept florins, huit patars, provenant des quettes de Messieurs les marguiliers de ladite paroisse pendant les mois de juillet et aoust de ladite année, cy.   7   8   0

Total de la recette.   1065   18   4/5

LIX.

6 février 1784. — Je soussigné déclare m'engager à faire le pavé du chœur de l'église paroissiale de la Magdelaine à Lille en marbre noir et blanc conformément au plan, en y comprenant la pose, fourniture de cendrée et la fourniture de la marche, sous la grille dudit chœur pour la somme de 2600 fl.

Je m'engage pareillement à faire le pavé du sanctuaire dudit chœur en y comprenant la marche qu'on doit y ajouter, pour la somme de 700 fl., compris la pose.

Plus pour les deux revêtements en marbre blanc à faire dans les embrasements de l'entrée dudit chœur pour y mettre les inscriptions, la somme de 300 fl., compris le cadre de chêne au pourtour, non compris la dépose du vieux pavé.

Lille, le 6 février 1784.

LEQUEUX père.

Accepté l'article cy contre pour deux mille cinq cents livres, sauf les détails et devis à donner.

Accepté l'article cy contre pour six cent cinquante livres, sauf idem.

A Lille, le 6 février 1784.

MALUS ; RENARD ; LEMESRE-DUBRULE.

Accepté les prix en marche de deux mille cinq cents livres tournois et celle de six cent cinquante.

A Lille, le 24 février 1785.

LEQUEUX père.

LX.[1]

1. Lezenne
2. Deuslémont
3. Frelinghehem } Mgr l'évêque de Tournay.
4. Wazemmes
5. Esquermes

1. Marque-en-Barœul
2. Wasquehal } les doyen et chanoines de Tournay.
3. Helemmes

1. Mouveaux] les grands vicaires de Tournay.

1. Bondues] l'ancien des dits grands vicaires.

1. St-Etienne, à Lille
2. Ste-Catherine, ibid.
3. St-André, ibid. } le prévôt de St-Pierre, à Lille.
4. Ste-Marie-Magdelaine, ibid.
5. St-Pierre, ibid.

1. Croix
2. Los } les chanoines de Seclin.

1. Tressin] le doyen desdits chanoines.

1. Maisnil] le chantre dudit Seclin.

1. Radinghehem
2. Escobecq } unies
3. Arquinghem-le-Sec } l'abbé de St-Eloy, à Noyon.
4. Wavrin

1. St-Maurice, à Lille
2. St-Sauveur, ibid. } les chanoines de St-Pierre, à Lille.
3. Ronchin
4. Lesquin

---

[1] Cette note est tirée d'un petit volume intitulé: *Les cures du diocèse de Tournay, avec leurs patrons, mises en ordre et divisées selon leurs doyennez,* imprimé à Tournay, chez Anselme Du Pucht, imprimeur ordinaire de Monseigneur, 1712.

5. Flers
6. Anappes.
7. Marquette
8. Wambrechies
9. Quénoy
10. Verlinghehem
11. Lomprez
12. Lambersart.
13. Pérenchies.
14. Prémesques
15. Campinghehem
16. Lomme
17. Santes
18. Sequedin

} les chanoines de St-Pierre, à Lille.

1. Anstain] l'abbé de St-Quentin d'Isle en Picardie.
1. Ascq | l'abbé de Cysoing.

1. Fives
2. Faches

l'abbé de St-Nicaise, à Rheims.
Nota que depuis la mort du s' Stevendart, en 1690, les moines du prieuré de Fives déchargent ladite cure.

1. Beaucamps et la chapelle d'Englos | le recteur des R. P. Jésuites de Tournay.

1. Ennetières] l'abbé de St-Pierre, à Gand.

1. Haubourdin
2. Halennes.

{ l'abbesse de Denain.

1. Emmerain] l'abbé du mont St-Eloy.
1. Ligny] le seigneur temporel dudit lieu.
1. Houplines l'abbé de St-Blaise ou St-Bale, à Rheims.

LXI.

1784. — *Etat des pierres sépulchrales de la paroisse de Sainte-Marie-Madeleine à Lille, lorsqu'on en a renouvelé le pavé en 1784.*

A la mémoire de messire Germain PETITPAS, chevalier, seigneur de Carnin, de la Moisserie, de Ternache, de la Carderie Dubusael, décédé le 14 mai 1736, âgé de 62 ans, inhumé sous cette pierre; de dame

Marie-Joseph Dubois-Deshoves, son épouse, décédée le 21 aout 1738, âgée de 58 ans, inhumée dans l'église de Vermignies ; de messire François-Marie Petitpas, chevalier, seigneur de Ternache, décédé le 17 aout 1723, âgé de 20 ans, inhumé à Saint-André de Lille ; et de messire Alexandre Petitpas, chevalier, seigneur de la Carderie, leur fils, décédé le 3 avril 1736, âgé de 30 ans, inhumé en cette église.

Sous ce marbre repose noble homme Jean-Robert Cuvillo, fils de Raphaël, écuyer, seigneur de Ronco-Créquillon, etc., âgé de 28 ans, décédé le 1er septembre 1694, étant marguillier de cette paroisse.

Sépulture de noble demoiselle Anne-Antoinette-Isabelle Alatruye, dame de la Ramez, fille d'Albert, écuyer, seigneur Delahaye, décédée le 21 septembre 1716, âgée de 58 ans ; et de Marie-Anne Alatruye, dame Delobel, sa sœur, décédée le 20 janvier 1725, âgée de 60 ans.

Icy repose le corps de noble homme François de la Rivière, écuyer, seigneur d'Heleville, fils de messire Jean de la Rivière, écuyer, seigneur d'Heleville, et de dame Marie-Magdeleine de Melun, dame de la Carnoy, trépassé le 13 janvier 1698, âgée de 69 ans.

Repose icy le corps d'Antoine Lefrancq, bailli de Linselles, procureur, notaire et receveur en cette ville. Le reste est effacé.

Sépulture de Marie-Jeanne Dubois, fille d'Antoine et de Claire Lefrancq. (Effacé.) Décédée le 9 janvier 1711, âgée de 64 ans ; et celle de Eud -Claire Lefrancq, décédée le 26 janvier 1709, âgée de 89 ans.

Sépulture de Guillaume Croquet, natif de Bayonne, fils de Jacques, capitaine au régiment de Bretagne-Infanterie, décédé marguillier de cette paroisse le 12 octobre 1720, âgé de 41 ans.

Sépulture de Marie-Joseph de la Derière, décédée le 7 septembre 1714, âgée de 61 ans.

Sépulture d'Henri-Joseph Lemahieu, licentié ès-lois, échevin de cette ville, décédé le 6 octobre 1755, âgé de 74 ans ; de Marie-Anne Billaux, son épouse, décédée le 17 juin 1745, âgée de 60 ans ; de Jean-Nicolas Renard, seigneur d'Hamel, conseiller du Roy, contrôleur-contregarde de la monnoye de cette ville, décédé le 8 mai 1752, âgé de 47 ans ; et de Marie-Jeanne Lemahieu, son épouse, décédée le 8 octobre 1748, âgée de 39 ans.

Sépulture d'Agnès Desprez, décédée le 31 mars 1739, veuve de Claude Boivin-Dhardancourt, conseiller du Roy, président du conseil de Chandernagor, royaume de Bengale, gouverneur des forts et ville de Pondichery, décédé audit Chandernagor, le 28 novembre 1718.

Sépulture de François-Joseph Déliot, écuyer, seigneur de Witrenes-Mangrez, décédé le 6 septembre 1738, âgé de 22 ans; et de dame Marie-Thérèse-Augustine Petitpas, son épouse, décédée le 7 décembre 1732, âgée de 26 ans.

Sépulture de Guillaume Desbuissons, prestre, décédé le 22 novembre 1680, fils de Guillaume décédé en 1632, fils de Guillaume décédé en 1659, fils de Guillaume mort en 1619.

Sépulture de Théodore Vanzeller, natif de Nimègue, secrétaire du Roy, décédé le 11 août 1722, âgé de 66 ans, et d'Anne-Florence Delannoy, son épouse, de Lille, décédée le 18 octobre 1736, âgée de 81 ans.

Sépulture d'Adrien-François Bevier, écuyer, seigneur d'Herlebeix, secrétaire du Roy, mort le 23 janvier 1730, âgé de 56 ans; et d'Angélique-Bernarde Castelain, sa femme, décédée le 14 avril 1730, âgée de 55 ans.

Icy repose le corps de messire François Ghesquières, fils de Pierre, bourgeois-négociant de cette ville, marguillier de cette église, décédé le 17 novembre 1692, âgé de 39 ans.

Sépulture de D^{lle} Jeanne-Françoise Duthoit, veuve du sieur Jean Lestevenon, bourgeois de cette ville, décédée le 4 mai 1698, âgée de 38 ans.

Sépulture de charitable D^{elle} Cuvelier, fille d'Eloy, décédée le 19 janvier 1739, âgée de 75 ans ; de Marie-Françoise Louchart, son associée et marchande en cette ville, décédée le 17 février 1751, âgée de 88 ans.

Icy reposent les corps du sieur Noël Libert, bourgeois-marchand de cette ville, décédé le 11 avril 1700; et D^{elle} Aldegonde Dugardin, son épouse, décédée le 17 avril 1671, âgée de 33 ans.

Sépulture de Roland-Théodore Vanzeller, écuyer, seigneur d'Oosthove-Ghéméné, décédé le 23 août 1750; et de dame Marie-Catherine Wacrenier, son épouse, décédée le 2 décembre 1768.

Sépulture du sieur Pierre Delespaul, fils de Jacques, seigneur du Gauquier, négociant en cette ville, décédé le 20 décembre 1690, âgé de 37 ans; et du sieur Jacques, son fils, aussi négociant, décédé le 2 décembre 1710, âgé de 35 ans.

A la mémoire de messire Pierre-Auguste Petitpas, chevalier, seigneur de la Mousserie-Labroye, etc., décédé le 18 mars 1724, âgé de 60 ans, inhumé sous cette pierre; de dame Marianne-Françoise Denoyelle, son épouse, inhumée à Mérignies, décédée le 8 décembre 1724, âgée de 60 ans; et de messire François, leur fils, inhumé à Aix-la-Chapelle.

Mémoire du sieur Jean-Baptiste Bouchery, époux d'Antoinette Hollebecque, procureur et marguillier de cette église, décédé le 28 juin 1711, âgé de 31 ans.

Sépulture de Pierre-Nicolas Renard, chevalier, seigneur Dhamel, conseiller au Parlement de Flandre, décédé le 15 septembre 1769, âgé de 36 ans; de dame Marie-Albertine Vanderlinde, son épouse, décédée le 5 juillet 1773.

Sépulture de Jean Peill, magistrat de cette ville, décédé le 23 janvier 1720, âgé de 87 ans; et d'Englebert Bosselman, son neveu, marguillier de cette église, décédé le 20 avril 1739, inhumé à Sainte-Catherine.

Sépulture de mademoiselle Angélique Du Castel, veuve du sieur Arnould Miroul, décédée le 7 novembre 1758, âgée de 84 ans.

Sépulture du sieur Jean Mouchy, marchand, marguillier de cette église, décédé le 23 septembre 1684, âgé de 77 ans; et de Euphrosine, sa fille, femme du sieur Pierre Henneruise, décédée le 2 septembre 1620.

Icy repose le corps d'Englebert Fournier, bailly et receveur d'Houplines, bienfaiteur des pauvres et des filles de Saint-François de Sales, décédé le 12 septembre 1674.

A la mémoire de Pierre-Clément Hespel, écuyer, seigneur d'Hocron-Lestoquoy, décédé le 28 mars 1743, âgé de 88 ans ; et de dame Marguerite-Henriette Fruict, dame de Frémicourt, son épouse, décédée le 7 août 1736, âgée de 73 ans, inhumée aux Capucines ; et sous cette pierre, de Gilles Hespel, écuyer, seigneur de l'Estoquoy, leur fils aîné, décédé le 7 août 1743, âgé de 57 ans ; et de Séraphin Hespel, écuyer, seigneur de Frémicourt, leur deuxième fils, décédé le 7 janvier 1768, âgé de 81 ans.

Siste, Viator, et pias lachrymas in memoriam reverendi admodum domini Boni Bourgeois, *sanctæ theologiæ baccalaurei hujus ecclesiæ per 14 annos pastoris vigilantissimi, precibus tuis adjungito. Obiit 26 julii 1699, ætatis suæ 49.*

Sépulture de messire Pierre De La Porte, écuyer, receveur général des fermes du roy aux départemens de Flandres et Haynaut, mort le 20 avril 1737, âgé de 26 ans.

Icy repose le corps du sieur Pierre Nictieur, natif de Perxes en Avignon, trésorier des hôpitaux du roy en Flandre, décédé le 20 décembre 1709, âgé de 45 ans.

A la mémoire de messire Hypolite-Joseph-Ignace Deliot, chevalier, seigneur des Robleds de la Croix, décédé à Paris le 10 mars 1768 ; et de Marie-Colette Petitpas, dame de Carnin, son épouse, décédée le 4 mai 1745 ; et de Louis-Hypolite-Joseph Deliot, leur fils, officier au régiment Dauphin-Dragons, décédé le 3 juin 1765.

Sépulture de dame Angélique Vanberckem, veuve du sieur Barthélemy Vanberckem, décédée le 30 janvier 1724 ; et du sieur Barthélemy, son fils, décédé le 3 mai 1711.

Sépulture de Pierre Gesquières, écuyer, secrétaire du roy, décédé le 19 avril 1733, âgé de 49 ans ; et de Marie-Joseph Le Blanc, son épouse, décédée le 11 octobre 1758, âgée de 73 ans ; et de Marie-Claire Chappuzeau, épouse de François-Michel Ghesquières, écuyer, seigneur de Stradin, trésorier des ville et états de Lille, décédée le 3 avril 1765, âgée de 41 ans.

Icy repose le corps de noble homme François-Charles Bahé, de Poméranie, officier au régiment de Royal-Danois, décédé le 3 avril 1624, âgé de 44 ans.

Sépulture du sieur J.-B. Waresquiel, bourgeois de cette ville, pauvriseur de cette paroisse, décédé le 17 août 1705, âgé de 45 ans ; et de dame Desbuissons, son épouse, décédée le 3 janvier 1702, âgée de 49 ans ; et de Michel-Joseph, leur fils, décédé le 31 janvier 1722, âgé de 33 ans ; et de Jeanne-Claire, leur fille, épouse de François Perkin, décédée le 12 mars 1732, âgée de 37 ans.

Sépulture de dame Claire Delarre, épouse de J.-B. Derat, brasseur en cette ville, morte le 16 mars 1706, âgée de 37 ans.

Icy reposent les corps du sieur Pierre Ghesolières, natif de Comines, rentier en cette ville, décédé le 30 janvier 1723, âgé de 83 ans ; et de demoiselle Marie-Magdeleine, sa fille, décédée en célibat le 16 septembre 1720, âgée de 65 ans.

Icy reposent les corps de Michel Hudsebant, bourgeois de Lille, décédé le 28 septembre 1689 ; et de dame Anne-Suzanne, sa femme, décédée le juillet 1698, âgée de 72 ans.

Sous ce marbre est inhumée demoiselle Marie-Jeanne Morel, veuve du sieur Antoine Le Fevre, capitaine d'infanterie, décédée le 13 décembre 1691, âgée de 62 ans.

Sépulture de demoiselle Marie Croquet, fille de feu Jacques, natif de Bayonne, décédée le 1er janvier 1742, âgée de 34 ans.

Sépulture de Robert-François Desemerpont, bailly de cette église et doyen des baillis des autres paroisses, décédé le 28 avril 1773, âgé de 88 ans.

Sépulture de Louis Stamps, paveur de cette ville et administrateur du buffet du Saint-Sacrement. décédé le 4 avril 1742, âgé de 50 ans; et demoiselle Jeanne Deneullain, son épouse, décédée le 31 juillet 1717, âgée de 30 ans.

Sépulture de François Fondeur, fils de Jean, marchand négociant en cette ville, décédé le 10 novembre 1694, âgé de 50 ans ; et demoiselle Suzanne Lytteman, sa femme, décédée le 5 may 1726, âgée de 85 ans.

Icy repose le corps de M. Jean-Dominique BRUNETA, écuyer et capitaine d'infanterie au régiment Orléannais, natif de Pignerol en Piedmont, décédé le 20 novembre 1690.

Sépulture de Catherine DESTOBBES, fille de Jean, et de Marie Dubois, négociants en cette ville, décédée le 28 avril 1729, âgée de 70 ans.

Cy gist les corps de Pierre PAREX, tailleur de pierres en cette ville, décédé le 14 mars 1679 ; et de Marie DUBUS, sa femme, décédée le 12 février 1673.

Cy gist le corps de M. Jean DUPONCEAU, prêtre et chapelain de cette église, décédé le 26 avril 1693, âgé de 48 ans.

Epitaphe latine du marquis de NESLE, officier général sous Louis XIV.

Dans ce sanctuaire repose maître Joseph DURIGNIEUX, curé de cette paroisse, qui, après avoir gouverné celle de Lomme 9 ans et celle-cy 14 ans, est décédé le 11 avril 1759, agé de 56 ans.

Sépulture du sieur Robert CARDON, directeur de la bourse des pauvres, décédé le 28 décembre 1680, âgé de 50 ans ; de demoiselle Jacqueline FASSE, son épouse, décédée le 4 septembre 1714, âgée de 85 ans ; du sieur Antoine, leur fils, seigneur Dujardin, aussi directeur de la bourse des pauvres, décédé le 8 mars 1710, agé de 49 ans ; de demoiselle Isabelle MERTENS, son épouse, décédée le 17 février 1718, âgée de 58 ans ; de Marie-Henriette, petite-fille du sieur Antoine, décédée le 27 août 1748, âgée de 19 ans ; et de Marie-Joseph, dame Dujardin, fille d'Antoine, décédée le 30 décembre 1752, âgée de 52 ans ; et Marie-Thérèse, fille d'Antoine, décédée le 17 février 1757, âgée de 67 ans.

A la mémoire du sieur Julien D'ESTRE, bourgeois de cette ville, décédé le 22 mars 1678 ; et de demoiselle Marie MOREL, son épouse, décédée le 26 juillet 1682 ; de Jacques LEMESRE, seigneur de Wasquehal, leur gendre, décédé le 7 janvier 1679 ; de demoiselle Marguerite D'ESTRE, son épouse, décédée le 25 novembre 1692 ; et de leurs autres enfans, etc.

LXII.

Décembre 1784. — *Relation de tout ce qui s'est fait pour parvenir à la translation de la chapelle de Notre-Dame de Consolation cy devant établie dans l'église paroissiale de St André, en celle de la Magdelaine.*

Jean Dehocron, propriétaire du fief et seigneurie du Wault situé près la porte de la Barre, tenu et mouvant de la seigneurie des Grimarets, avoit fondé en 1515, sur le domaine de son fief, une chapelle en l'honneur de la Ste Vierge, sous le titre de Notre-Dame de Consolation, et il s'en étoit réservé le patronage tant pour lui que pour ses successeurs propriétaires de la seigneurie du Wault.

Cette chapelle agrandie et ornée par ses successeurs, avoit subsisté dans le même emplacement jusqu'à la construction de la citadelle de Lille, vers l'an 1670, et comme le terrein qu'elle occupoit devoit entrer dans les fortifications, il fut question de la transférer ailleurs.

Le patron fit choix à cet effet de l'église paroissiale de St-André nouvellement comprise dans l'enceinte de la ville, et la translation de l'image de Notre-Dame, ainsi que les reliques de St Félicien, s'y fit en grande pompe et cérémonie le 13 mai 1673, en vertu d'un décret de Mgr l'évêque de Tournai du 24 janvier précédent.

Messieurs du chapitre de St-Pierre allèrent prendre l'image et la châsse aux Minimes près la porte de la Barre, où on les avoit déposées par intérim, et les conduisirent processionnellement à St-André, où il fut chanté un *Te Deum* par leur musique. Mrs du Magistrat, et M. le M^{al} d'Humière, Gouverneur de cette ville, suivirent la procession.

La démolition de l'église de St-André qui tomboit en ruine, et la translation de la paroisse en l'église des Pères Carmes de la rue Royale, ayant nécessité un nouveau changement de la chapelle Notre-Dame, l'Image ainsi que les reliques furent déposées dans la chapelle du Béguinage sur la même paroisse, en attendant que le fondateur eut fait choix d'un autre emplacement.

Madame Duhaut, héritière des anciens patrons, avoit jetté les yeux à cet effet sur l'église de la Magdelaine, et fait proposer à M^{rs} les Marguilliers de cette paroisse, de recevoir sa fondation dans une de leurs chapelles ; ils se concertèrent à cet égard avec M^r le Curé, le

Sr Lubrez chapelain actuel, et le Sr Dupont, bourgeois de cette ville, agent et porteur de la procuration de Mme Duhaut, et ils reconnurent que la chapelle dite de St Léonard ou de communion étoit la plus convenable à l'objet proposé, en ce que, sans changer la première destination, l'on pouvoit y desservir les offices fondés pour Notre-Dame de Consolation, y pratiquer une sacristie pour enserrer l'argenterie et les ornemens, et y établir les boiseries dont la chapelle avoit été décorée dans l'église de St-André.

Madame Duhaut vint elle-même à Lille dans le même tems, et ayant reconnu combien ce choix étoit favorable à l'établissement de la chapelle, il ne fut plus question que de rédiger les conditions de ce transport, tant pour la police et administration des revenus que pour l'ordre et la célébration des offices et enfin pour le maintien du bon ordre parmi les confrères.

C'est à quoi il fut incontinent travaillé de commun accord et enfin, le 18 mai 1784, M^rs les Marguilliers et le fondé de pouvoirs de Mme Duhaut passèrent un acte en bonne forme par devant Me Duriez et son confrère à Lille, consistant en vingt articles, où l'on avoit fait en sorte de prévoir tout ce qui pouvoit remplir le but des contractans.

L'acte étoit terminé par cette clause : Sous l'agréation de son Altesse Monseigneur l'évêque de Tournay et de Mrs du Magistrat.

En conséquence, Madame Duhaut et M^rs les Marguilliers présentèrent requête à Mrs du Magistrat, pour obtenir l'homologation de cet acte relativement au temporel, avant de solliciter le décret de Mgr l'évêque de Tournay, pour le spirituel.

Leur première demande vis-à-vis de Mrs du Magistrat souffrit quelque difficulté, faute par Mme Duhaut d'avoir suffisamment prouvé son droit de patronage, et par M^rs les marguilliers, d'avoir bien expliqué leurs intentions, en sorte que par apostille du 16 juillet, il fut ordonné à la première de justifier de sa qualité, et fait deffense aux seconds de donner suite à l'acte du 18 may, sauf à eux à présenter un nouveau projet de convention à faire avec qui il appartiendroit.

Mais par une seconde requête étayée de pièces justificatives, Mme Duhaut et M^rs les Marguilliers ayant complettement satisfait aux désirs de Mrs du Magistrat, et éclairé leur religion sur tous les articles de la première convention qui avoient paru susceptibles de difficulté, ordonnance est intervenue le 28 du mois d'août, portant homologation de la convention du 18 may, sous quelques modifications qui y sont exprimées, et qui sont relatives à la construction de la petite sacristie proposée dans le cimetière, pour l'usage de la chapelle de Notre-Dame de Consolation et à l'admission du chapelain comme horiste et habitué de la paroisse, sans néanmoins pouvoir augmenter le nombre des habitués, et ce dernier article a fait même l'objet d'une ordonnance particulière, en date du 25 septembre suivant, rendue sur la requête de Mme Duhaut en interprétation de la précédente qui paroissoit gêner son droit de collation.

Aussitôt que l'on eût obtenu cette sanction du juge laïc, on mit les ouvriers dans la chapelle, pour l'établissement des boiseries appartenant à la fondation, et l'on construisit aussitôt la sacristie suivant le plan dressé par le clerc des ouvrages de la ville et approuvé par Messieurs du Magistrat suivant une autre ordonnance particulière du 25 septembre, portée sur la requête de Madame Duhaut et de Messieurs les Marguilliers.

Dès que les travaux furent achevés et la chapelle en état, M^{rs} les Marguilliers chargèrent le Sr Dupont de mettre sous les yeux de Mgr l'Evêque de Tournay, ou, en son absence, de M^{rs} les Vicaires généraux, tout ce qui s'étoit passé à cette occasion, et de solliciter le décret pour la translation de l'image de Notre-Dame et de la châsse de St Félicien.

On fit entendre au Sr Dupont qu'avant de porter le décret, on désiroit savoir au vicariat de quelle manière on entendoit procéder à la translation, et quelles cérémonies y seroient observées.

M^{rs} les Marguilliers, qui avoient sous les yeux le procès-verbal de ce qui s'étoit passé en 1673, auroient bien désiré que les circonstances puissent permettre d'exécuter la nouvelle translation avec le même éclat que la première ; mais informés qu'il pourroit y avoir de la difficulté à déterminer Mrs du Magistrat d'y assister en corps, et persuadés qu'il suffisoit, pour un acte de religion, que la pompe ecclésiastique ne fut pas diminuée, ils députèrent l'un d'entre eux à M^r le Doyen du chapitre de St-Pierre, pour le prier de demander à M^{rs} du chapitre s'ils vouloient bien en faire comme autrefois la cérémonie, avec le clergé des deux paroisses de St-André et de la Magdelaine, sur lesquelles la procession devoit marcher.

La réponse du chapitre communiquée par M^r le doyen, ayant été aussi favorable qu'on le pouvoit désirer, M^{rs} les Marguilliers présentèrent requête à Mgr l'Evêque de Tournay, pour lui faire part de cet arrangement, et le supplier d'accorder son décret pour la translation.

Le décret fut expédié le 24 novembre, conformément à leurs désirs, par M^{rs} les Vicaires généraux en l'absence de Mgr l'Evêque, et pour régler le jour et l'heure de la translation ainsi que l'ordre et la marche de la cérémonie, ils prièrent M^r le Curé et Mrs Renard et Malus, leurs confrères, de demander audience au chapitre, ce qu'ils firent par le ministère de M^r le Doyen, qui leur indiqua jour à l'assemblée du lundy 29 du même mois.

M^r le Curé et Mrs Renard et Malus s'étant rendus ce jour-là au chapitre à dix heures du matin, annoncés, introduits et placés, ils remercièrent ces Messieurs de ce qu'ils vouloient bien, à l'exemple de leurs prédécesseurs, présider et assister à la translation autorisée par le décret du vicariat de Tournay, qu'ils eurent l'honneur de leur présenter, en les suppliant de prendre à cet effet le jour qui leur paroîtroit convenable.

Le secrétaire du chapitre s'avança ensuite pour prendre le décret, il en fit lecture, et après qu'il le leur eut remis, M^r le Doyen portant la parole, leur dit que le dimanche suivant, second de l'avent et 5 décembre paroissoit convenir pour la translation dont il s'agissoit, et qui se feroit immédiatement après les vêpres, que le chapitre se rendroit en silence au Béguinage, et que les clergés des deux paroisses devroient s'y rendre aussi chacun de leur côté, et qu'on marcheroit ensuite processionnellement selon l'usage ordinaire, jusqu'à l'église de la Madeleine, que l'image et les châsses seroient portées par des prestres, et qu'en entrant dans l'église, on chanteroit le *Te Deum*.

Ces arrangemens pris, les députés se retirèrent et furent reconduits par le secrétaire jusqu'à la porte du chapitre.

Le tems qui s'écoula jusqu'au dimanche suivant, fut employé à tout disposer pour le cérémonial et la marche de la procession.

Enfin, le dimanche 5 décembre, les Pères Carmes de la rue Royale représentant le clergé de la paroisse St-André, avec deux députés de Mrs les Marguilliers de cette paroisse, se sont rendus au Béguinage, vers les trois heures et demie de l'après-midi; le clergé de la paroisse de la Madeleine s'y est rendu également à la même heure, avec Mrs les Marguilliers; tous les confrères, tant de Notre-Dame de Consolation que du St-Sacrement et de St-Pierre-aux-liens, y étoient aussi, munis de flambeaux, et l'image de Notre-Dame ainsi que la châsse de St Félicien étoient placées dans la chapelle du Béguinage sur des brancarts, et des étoles préparées pour les prestres qui devoient les porter.

Un peu avant quatre heures, sont arrivés Mrs du chapitre précédés des deux croix et des cierges allumés, et suivis des officiers de leur justice, et comme la chapelle étoit trop petite pour contenir tout le clergé, il n'y est entré que les prestres tirés du corps des chapelains et désignés par Mrs du chapitre pour porter l'image et la châsse, et ensuite la procession s'est mise en marche dans l'ordre qui suit.

Premièrement, les bannières et drapeaux des confréries des paroisses, ensuite tous les confrères marchant sur deux lignes avec des flambeaux allumés, ensuite le clergé de St-André, puis celui de la Madeleine, et enfin Mrs du chapitre ayant au milieu d'eux la châsse de St Félicien portée par quatre chapelains. Immédiatement après Mr le Doyen suivoit l'image de Notre-Dame de Consolation, également portée par quatre chapelains, et entourée de Mrs les Marguilliers de la Madeleine et de St-André portant des flambeaux, et la marche étoit fermée par la Justice du chapitre.

Comme le tems paroissoit menacer de pluie, on crut devoir prendre le chemin le plus court, et en conséquence la procession a tourné tout d'un coup à gauche en sortant du Béguinage, et a passé, par la rue du May jusqu'au Marché aux Bêtes, d'où à gauche par le pont de l'Hopital-Général, et ensuite le long du quay en remontant à droite pour se rendre à l'église de la Madeleine, où elle est arrivée à quatre heures et demie, au milieu d'un concours immense de citoyens, que la crainte du mauvais tems n'avait pas arrêtés.

On a chanté pendant la marche, les psaumes appelés *de Beatâ*, et lorsque la procession est entrée dans l'église, elle a été reçue au son de toutes les cloches, et au jeu des orgues touchés par l'organiste de M^rs de St Pierre.

Pendant ce tems là, M^r le doyen, deux chanoines assistants, le chapelain de M^r le Doyen, et M^r le chantre avec un autre chanoine pour second chantre, ont été à la sacristie se revêtir des chappes qui leur avoient été préparées, et l'image et les châsses ont été placées au milieu du chœur, sur des traiteaux disposés à cet effet.

M^r le Doyen rentré, et à genoux au pied de l'autel, et M^rs les chantres placés au lutrin avec leurs masses, M^r le chantre a entonné l'hymne *Inviolata* qui a été chantée alternativement en faux bourdon par les orgues et le chœur; elle a été suivie d'un *Oremus* à la Vierge, après lequel M^r le Doyen a entonné le *Te Deum* qui a été exécuté de même par la musique du chapitre, et l'office a été terminé par la bénédiction du St-Sacrement qui a été tiré du Tabernacle à cet effet, pendant que l'on chantait le *Tantum ergò* et le *Genitori*.

Cela fait, et le St-Sacrement remis dans le Tabernacle, M^r le Doyen et autres ont été déposer leurs chappes à la sacristie, après quoi Mrs du Chapitre se sont retirés, reconduits jusqu'au dehors de l'église par le clergé et les Marguilliers des deux paroisses.

Le clergé et M^rs les Marguilliers de St-André ont aussi continué leur route pour s'en retourner; le clergé ainsi que les Marguilliers de la Magdelaine étant rentrés dans le chœur, les confrères de Notre-Dame de Consolation ont chargé sur leurs épaules l'image et la châsse, puis l'on a marché processionnellement du chœur à la chapelle préparée pour représenter celle de la fondation, en chantant l'hymne *Alma*, et après avoir vu placer l'image et la châsse sur l'autel dans les emplacements destinés à les recevoir, chacun s'est retiré.

LXIV.

2 mars 1791.

A Messieurs les Maire et Officiers municipaux de la ville de Lille.

Le Procureur de la commune vous remontre, Messieurs, qu'il a entre les mains plusieurs exemplaires imprimés d'un mandement pour le carême de cette année, donné à Tournai en vicariat le 22 février dernier ; et qu'il est informé que grand nombre d'exemplaires pareils ont été adressés par les vicaires généraux à divers curés de cette ville et de la campagne, avec ordre de les publier dimanche prochain au prône des paroisses. Quoique le remontrant n'entende point, quant au fond de ce mandement, d'entrer dans aucune discussion sur ce qui n'est pas de son ministère, il ne s'en croit pas moins obligé, en acquit des devoirs de son office, de vous le dénoncer comme anticonstitutionnel, propre à alarmer les consciences et à faire naître des doutes sur plusieurs points qui concernent l'ordre public et qui sont formellement décidés par les lois de l'Etat. En effet, les décrets de l'Assemblée nationale sanctionnés par le Roi, sur la constitution civile du clergé, en ordonnant que chaque département formeroit un seul diocèse, et que chaque diocèse auroit la même étendue et les mêmes limites que le département, ont fixé à Cambrai le siége de celui du Nord. Par cette décision et autres subséquentes, le corps législatif a supprimé explicitement la juridiction de tous autres évêques étrangers ou régnicoles dont le diocèse comprenoit ci-devant une partie de ce département. D'où suit la conséquence nécessaire qu'il n'est plus permis à des Français de reconnoître l'autorité des vicaires généraux de l'évêque de Tournai de publier leurs mandemens en France. Plusieurs autres contraventions manifestes aux lois de l'État se font remarquer dans celui de Tournai.

Le décret du 19 juin 1790, en abolissant pour toujours la noblesse héréditaire, a proscrit les armoiries et défendu de donner à aucun corps ni à aucun individu les titres de Monseigneur, de Prince, d'Altesse, etc. Cependant les vicaires généraux de l'évêque de Tournai ont fait mettre en tête de leur mandement l'écusson des armes de ce prélat et lui donnent les titres d'Altesse, de Monseigneur, de Prince. Fermer les yeux sur de telles infractions, lorsqu'elles sont commises dans une pièce destinée à devenir publique, à servir de règle de conduite et à diriger les consciences, ce seroit en quelque sorte les avouer, les légitimer, et apprendre à vos concitoyens qu'on peut impunément braver la loi et lui désobéir. Pourquoi le remontrant requiert qu'il vous plaise, Messieurs, lui donner acte de sa dénonciation, faisant droit sur icelle, faire très expresses inhibitions et défenses à tous curés, vicaires, supérieurs ou directeurs de maisons religieuses et autres ecclésiastiques, fonctionnaires publics, de lire, faire lire, publier ni afficher dans les églises, chapelles, couvents et communautés de cette ville et banlieue, ni aux portes d'icelles églises, le susdit mandement des vicaires généraux de Tournai en date du 22 février dernier, ni tout autre semblable, à peine de six cens livres d'amende contre chacun des contrevenans, de saisie de leur temporel, d'être poursuivi en outre ainsi qu'il appartiendra. Et qu'il vous plaise ordonner que votre ordonnance à rendre soit imprimée, lue, publiée et affichée, ès lieux ordinaires de cette ville, en la manière accoutumée. Fait et requis le 2 mars mil sept cent quatre-vingt-onze.

Sacqueleu.

Ordonnance,

Vu le présent réquisitoire, nous donnons acte au procureur de la commune de sa dénonciation, et faisant droit sur icelle, nous faisons très expresses inhibitions et défenses à tous curés, vicaires, supérieurs ou directeurs de maisons religieuses et autres ecclésiastiques, fonctionnaires publics, de lire, faire lire, publier et afficher dans les églises, chapelles, couvents et communautés de cette ville et banlieue ni aux portes d'icelles églises, le susdit mandement des vicaires généraux de Tournai en date du 22 février dernier, ni tout autre semblable, à peine de six cens livres d'amende contre chacun des contrevenans, de saisie de leur temporel et d'être poursuivi en outre ainsi qu'il appartiendra. Ordonnons que notre présente ordonnance sera imprimée, publiée, lue et affichée et lieux ordinaires de cette ville, en la manière accoutumée. Fait en l'audience de police à Lille, le 2 mars 1791.

Waymel, *secrétaire-greffier.*

LXV.

8 janvier 1793.

Société des Amis de la Liberté et de l'Égalité.

La Société des Amis de l'Égalité, séante aux ci-devant Récollets, désirant soulager leurs frères de l'armée du Nord, qui ne seraient pas pourvus de souliers et de vêtements nécessaires pour se garantir des rigueurs de la saison, vient d'ouvrir une souscription à effet de leur procurer ces secours. Elle invite tous les bons citoyens à coopérer à cet acte de justice et d'humanité. Le dépôt de la souscription est au bureau de la troisième section, au couvent des ci-devant Sœurs Noires. On reçoit souliers, vestes, bas, capottes, gilets, bonnets, etc. Les personnes qui ne voudroient pas fournir ces objets en nature pourront contribuer en argent ou en assignats.

NOLF, président.
BLONDEAU et DELEVOY, secrétaires.

Brest, le 17 décembre 1792, l'an 1er de la République françoise.

FRÈRES ET AMIS,

Nous vous faisons passer par la messagerie une somme de 1898 l. 5 s. franc de port, dont vous trouverez ci-jointe détaillée pour soulager les victimes qui ont eu le courage de résister aux tyrans qui vouloient nous anéantir ; fâchés de ne pouvoir faire autre chose pour des frères qui ont préféré la mort à l'esclavage, nous nous joignons à vous, Frères et Amis, pour vous prier d'être les interprètes de nos sentimens.

Nous sommes les membres du comité de correspondance,

LAMISÇON, président.
QUESNEL fils ; LERONT, secrétaires.

Contenu du paquet :

En assignats..........	1855 l. 15 s.
Argent de France......	31 10
Une piastre...........	5
Un écu de Prusse......	6
	1898 l. 5 s.

Plus dans le paquet une croix de Saint-Louis.

La Société des Amis de l'Égalité de Lille à leurs frères de Brest, salut.

Nous avons reçu avec sensibilité, Frères et Amis, l'offrande que vous nous avez envoyée le 17 décembre dernier pour soulager les victimes des barbaries autrichiennes. Nous l'avons déposée de suite entre les mains de notre municipalité qui en fera une juste répartition. Elle est flattée, ainsi que nos Frères et Amis, d'être l'organe de vos sentimens patriotiques, et de vos mouvemens de générosité envers ceux de vos concitoyens dont le courage et l'infortune inspirent le plus vif intérêt.

Recevez l'assurance de l'attachement inviolable avec lequel nous sommes vos tous dévoués frères de la Société de Lille.

NOLF, curé, *président*.
BLONDEAU et DELEVOY, *secrétaires*.

Extrait du Registre aux délibérations du conseil général de la commune de Lille.

En l'assemblée du conseil général de la commune de Lille du 3 janvier, l'an Ier de la République françoise 1793, présent, etc.

Deux membres députés de la Société des Amis de l'Égalité ont déposé sur le bureau une offrande de la Société des Amis de l'Égalité de Brest, destinée au soulagement des citoyens indigens de cette ville, dont les propriétés ont été détruites par l'effet du bombardement, laquelle offrande consiste en une somme de 1855 livres 15 sols en assignats, 31 livres, 10 sols en numéraire de la République, un écu de Saxe, une piastre et une croix de Saint-Louis.

L'assemblée, sensible au procédé fraternel de la Société des Amis de l'Égalité de Brest, a arrêté qu'il en sera fait mention honorable dans le procès-verbal de la séance, afin de transmettre à la postérité les vertus de ces généreux républicains et notre reconnoissance. Signé Rohart, secrétaire-greffier.

Pour extrait conforme au registre,
ROHART, *secrétaire-greffier*.

LXVI.

5 mars 1793. — *Adresse du conseil général du département du Nord aux membres des conseils généraux des communes.*

CITOYENS,

La loi du 22 avril 1792 vous a donné les moyens de réduire les cloches des églises paroissiales, succursales ou oratoires nationaux, et de vous procurer en échange des espèces monnoyées pour être employées en travaux de charité et autres objets d'utilité commune.

Le corps législatif s'est contenté de vous inviter à faire cette réduction parce qu'il s'est attendu que vous accepteriez sa proposition avec reconnoissance. On n'a pas besoin de contraindre lorsqu'on tend une main secourable. Cependant, et nous avons peine à le croire, il n'existe encore qu'un très petit nombre de communes de notre arrondissement qui aient profité de l'avantage qui leur est accordé par la loi.

Quels sont donc les motifs, Citoyens, qui vous font renoncer à un si grand bienfait, ou quels sont vos projets en privant ainsi les pauvres, la classe la plus précieuse, des ressources qu'ils trouveroient dans la réduction des cloches et la conversion en numéraire de celles supprimées ?

Tiendriez-vous encore aux anciens préjugés et seriez-vous restés dans cette ignorance dans laquelle le fanatisme prenoit autrefois soin de vous entretenir ? Ne seriez-vous pas encore revenus de cette erreur qui vous faisoit croire à la nécessité d'unir le son des cloches aux élans de vos cœurs, qui donnoit plus de mérite à vos prières et les rendoit plus agréables à Dieu, lorsqu'elles étoient accompagnées d'une sonnerie bruyante ?

Nous aimons mieux attribuer à ces motifs le retard que vous apportez à descendre vos cloches que de croire qu'ils prennent leur source dans une froide indifférence sur le sort des malheureux qu'on vous met en état de secourir.

Reportez-vous, Citoyens, au tems où l'on a introduit l'usage des cloches, vous verrez qu'on ne doit leur invention qu'au besoin qu'on avoit d'annoncer au peuple les heures des offices divins. Une seule cloche suffisoit alors ; et si on les a multipliées par la suite des tems, on ne doit leur grand nombre qu'à la fausse dévotion des crédules, à l'orgueil des grands et à la cupidité des prêtres.

Aujourd'hui que la religion est ramenée à sa première pureté, qu'elle est dégagée des hypocrisies qui en ternissoient l'éclat; aujourd'hui que les hommes sont enfin reconnus libres et égaux en droits, que l'on ne met plus de différence entre la naissance et le décès du riche et du pauvre, qu'il n'est plus question de sonner d'une manière ridicule et toujours ennuyeuse les cloches pour l'un tandis qu'on les refusoit pour l'autre ; leur grand nombre est inutile. Deux au plus suffiront pour chaque paroisse. L'une annoncera les offices paroissials, l'autre sonnera les allarmes, appellera pour les assemblées de communes, les fêtes et cérémonies publiques.

Cette réduction, outre qu'elle rapportera à de certaines paroisses des sommes considérables, qui serviront à occuper des bras oisifs, augmentera la masse du numéraire dans la circulation, et facilitera l'échange des coupures d'assignats.

Le Conseil du département du Nord se flatte, Citoyens, que vous n'hésiterez pas à balancer les avantages qui résulteront pour vos frères de la fonte des cloches, contre leur inutilité dangereuse sous plusieurs points de vue, si vous les laissez plus long-tems suspendues dans les clochers. Il espère que vous en demanderez aussi-tôt la réduction pour envoyer celles supprimées à la monnoye de Lille. Il prendra de son côté toutes les mesures nécessaires pour accélérer la fonte des cloches que vous aurez livrées Il veillera à ce qu'il soit remis promptement aux municipalités, en échange, pareille somme en poids d'espèces monnoyées, déduction faite des frais d'achat de cuivre, des frais de la fabrication et monnoyage et des déchets, lesquels seront évalués à quatre douzièmes du poids des cloches livrées.

Lille, le samedi 2 février 1793, l'an 2e de la République françoise.

LXVII.

5 août 1793. — *Liste du lainge de l'église faite au mois d'aout 1793.*

Hobe de baptiste.	18
Hobe neuve.	22
Hobe vielle.	21
Rochez.	5
Nappe de communion.	8
Nappe d'hotelle.	13
Serviette pour les fonds.	4
Des hamittes.	68

Corpaureau	85
Purificatoire	185
Lavabôt	14
Les corée pour mettre sur le calice.	28
Les colet.	30
Gradin	28
Pour poser le Saint-Sacrement.	5
Cordon d'hobe	86
Rideau	2
Saque pour mettre les calices	4
Saque pour mettre les purificatoires	4
Essuimain	24

Fait par le Ve d'aout 1793.

LXVIII[1].

27 novembre 1793. — L'an deux de la République françoise une et indivisible, le sept frimaire, nous, Henri Sifflet, administrateur du directoire du district de Lille, accompagné des citoyens Jean-Louis Hautecœur, officier municipal de cette commune, et Charles-Louis-Joseph Bacquet, commissaire de police de la 5me section, assisté du citoyen Charlemagne-Jean-Baptiste-Joseph Six, faisant les fonctions de secrétaire, nous sommes transportés dans la ci-devant église de la Magdelaine, où étant en vertu des pouvoirs à nous donnés, nous avons procédé à l'inventaire et description des effets en or et argent servant au culte ainsi qu'il suit :

1. Un austensoir en vermeille surmonté d'une couronne et d'une croix en argent.
2. Un autre austensoir en argent orné d'une pierre montée en diamant dans la partie supérieure.
3. Un ciboire de vermeille avec la couronne, à laquelle il manque trois feullons, surmonté d'une croix amovible.
4. Un autre grand ciboire avec couronne, surmonté d'un christ.
5. Un piedtement de cuivre garni en argent.
6. Une boete d'argent contenant un cercle de vermeille.

7. Une petite couronne, sceptre, croix et étoilles, le tout en argent, deux morceaux d'argent de Saint-Léonard, trois croix d'argent dont une garnie en pierres fausses, une caisse en argent, une boête contenant deux petits pots surmonté de croix, le tout en argent.
8. Un calice, pattène et cuillière en argent.
9. Un autre calice, pattène et cuillière en vermeille.
10. Une croix de cuivre garni de fillets en argent.
11. Un grand austensoir enrichi d'un cercle monté en diamant, d'une croix aussi de diamant avec son coulan, d'une autre croix de diamant dans la partie inférieure et d'une croix d'or émaillé.
12. Un autre austensoir en vermeille surmonté d'une couronne et d'une croix.
13. Un grand cibôre en vermeille surmonté d'une couronne en argent.
14. Trois calices, patènes et cuillières en vermeille.
15. Un missel romain garni en argent, un ciné servant audit missel aussi d'argent.
16. Un baton d'ebaine orné d'une main et d'un cercle d'argent.
17. Un christ qu'on nous a déclaré être de cuivre argenté.
18. Une boête d'argent contenant un cercle de vermeille.
19. Un coffre de bois d'ebaine contenant une petite boête et une petite croix d'argent.
20. Une autre boête orné d'un christ en argent.
21. Une très petite boête surmontée d'une croix aussi d'argent.
22. Un goupillon dont le manche est d'argent.
23. La partie supérieure d'un calice avec patenne et cuillière en vermeille.
24. Une pièce montée en diamant détachée d'un des austensoirs.
25. Une petite boête contenant trois grétats et trois petits morceaux d'argent.
26. Une châsse démontée, garnie de cuivre, entourée d'une bende que nous croyons d'argent.
27. Quatorze morceaux d'argent attachés à un cadre de bois.

Et après avoir interpellé les citoyens Etienne-Joseph Ricar, fossier, et Antoine-Jos. d'Hauvry, clerc d'un buffet de la paroisse mentionnée, de nous déclarer s'il existoit audit lieu d'autres effets en or et argent et avoir reçu d'eux une réponse négative, nous avons clos et arrêté, en leur présence, le présent inventaire les jour, mois et an susdits, lequel avons signé avec ledit d'Hauvry.

SIFFLET ; HAUTECŒUR, officier municipal ;
D'HAUVRY ; SIX.

LXVIIIe.

1er décembre 1793. — L'an deuxième de la République une et indivisible, le onze frimaire, les administrateurs composant le directoire du district de Lille ont appelé, dans la salle de leurs séances ordinaires, les citoyens Bisiot et Lefebvre-Vanbrouck, orphévriers jurés de l'administration, pour démonter et distraire les matières étrangères qui se trouvoient dans les argenteries provenantes de la Magdelaine, à l'effet de procéder à la pesée des susdites argenteries, le tout comme il suit :

Un grand austensoir en argent pesant douze marcs, quatre onces, quatre gros.

Deux austensoirs en vermeil et le piedtement d'un troisième pesant ensemble treize marcs, trois onces.

Deux austensoirs en argent, à l'exception du piedtement mentionné ci-dessus, pesant sept marcs, une once.

Dépouille d'un piedtement d'austensoir, d'un cadre, d'une châsse et d'une croix, pesant ensemble six marcs, trois onces.

Deux grands ciboires en vermeil, pesant seize marcs, cinq onces.

Quatre calices, quatre pattenes et quatre cuillières en vermeil, pesant quinze marcs, trois onces.

Deux couronnes, la partie supérieure d'un ciboire, deux dessous de boet, trois coules d'austensoir, une croix, le tout en vermeil, pesant ensemble quatre marcs, trois onces, quatre gros.

Une coupe de calice dont le piedtement s'est trouvé de cuivre, deux couronnes, une écaille, sceptre, croix et étoile, trois croix, un calice, deux patènes, deux cuillières, un manche de goupillon, deux dessus de boete, une main avec sa garniture d'un bâton auquel elle était attachée, trois boetes dites aux Saintes-Huiles avec leurs croix et autres accessoires, la garniture d'un missel, le tout en argenterie blanche, pesant ensemble douze marcs, trois onces.

Ainsi fait et pesé au directoire par les orfèvres précités, les jour, mois et an susdits, lesquels ont signé avec nous.

Sifflet.

NOMS DES SOUSCRIPTEURS

MM. l'abbé Arnould.
Etienne Arnould.
Arnould-Becquart.
Arnould-Degruson.
Arnould-Detournay.
Charles d'Aubigny.
Mme Barreau.
MM. l'abbé Balois.
Bayart-Joire.
Bayart-Toulemonde.
Mlle Beaucourt.
MM. Adolphe Beaufort.
l'abbé Bécuwe.
B. Béke.
Benjamin Bernard.
Mme Georges Bernard-Demesmay
MM. Jean Bernard.
Joseph Bernard.
Maurice Bernard.
Mlle Gabrielle Bernard.
M. l'abbé Bernot.
Mme Bocquet-Champon.
MM. J. Bommart.
Frédéric Bouhébent.
Mmes Bouhébent-Peuvion.
veuve Bouhébent.
veuve Adrien Bouhébent.
MM. l'abbé Bouillet.
Bour.
Buisine-Rigot.
l'abbé Butel.
l'abbé Camerlynck.
Louis Capon.
Gust. Catel.
L. Catel.
Albert Cazeneuve.
G. Champeaux.
le docteur Champenois.
Jules Choisy.
Choisy-Poirié.
Chon.
Auguste de Coincy.
Mme veuve de Coincy.
M. Paul Crépy.
Mmes Colson-Kuhlmann.
Dassonville-Fremaux.
MM. Henri Danna.
Edouard Debayser.

MM. Debayser-Duprez.
l'abbé Degauquier.
Mgr Dehaisnes.
MM. le chanoine Delassus.
Alfred Delesalle.
Mme veuve Delettré.
MM. Deluègue-Jouanneau.
Deluègue-Parent.
Aug. Demeunynck.
Mlle Adèle Demeunynck.
MM. Ernest Deprouw.
l'abbé Deram.
le docteur Derode.
Mlle C. Derode.
MM. F. Desbonnet.
Ange Descamps.
Mme veuve Félix Desgranges.
MM. Desmarchelier-Duprez.
Desnoulet-Arnould.
Mme Despinoy.
MM. l'abbé G. Dethoor.
Dethoor.
l'abbé Dezitter.
l'abbé D'Halluin.
D'Halluin-Grenu.
l'abbé Ducoulombier.
Dupire-Choisy.
Mme Duprez-Despinoy.
M. le docteur G. Dutilleul.
Mme J. Erouart.
Mlles Faille.
MM. Fémy-Buisine.
Fernaux-Defrance.
Feron-Vrau.
le chanoine Fichaux.
Louis Flipo.
Jules Fockedey.
Ch. de Franciosi.
Henri Fremaux.
l'abbé Fremaux.
Fremaux-Dassonville.
Les frères des Écoles chrétiennes
Mlle Gageot.
MM. Adrien Gand.
P. Gerbet.
le comte Aug. de Germiny.
Abel Giraud.
Mlle Anna Goube.

MM. Ed. Grandel.
   l'abbé Hélin.
   Herbaux-Sion.
   Houzé de l'Aulnoit.
   Humbert.
   Huot.
   l'abbé Jansoone.
   Jonglez de Ligne.
   le docteur Jousset.
   Ch. de Layens.
Mme Lecat-Fremaux.
MM. Henri Lecat.
   Jules Lecat.
   G. Leclercq.
   J.-B. Leclercq.
Mmes Paul Lécroart.
   veuve Lefebvre.
   veuve Lepage.
MM. le docteur Henri Leloir.
   l'abbé J. Leroux.
   Leroy.
   Henri Lesur-Bernard.
   Henri Lezaire.
   Edouard Liagre.
   Emile Liagre.
Mme Liagre-Dewarlez.
MM. le docteur Lingrand.
   Ernest Maquet.
Mlle Marcotte.
MM. Gustave Mas.
   l'abbé Masclet.
   Auguste Masquelier.
Mme Masurel-Courouble.
Mlles Masurel-Duchatelet.
   Masurel.
MM. Maton-Delcour.
   Meurillon-Mourcou.
   Minet-Evrard.
   l'abbé Ed. Mollet.
   Henri Monnier.
   Philippe de Montigny.
Mlles Moreau.
MM. Auguste Mourcou.
   Maurice Mourcou.
   Stanislas Mourcou.
Le R.P. Pierre-Claver Mourcou.
M. Paul Obry.
Mmes veuve Parent.
   veuve Parise.
MM. le chanoine Paris.
   l'abbé Payelle.

MM. Pénin.
   Henri Peuvion.
Mme Peuvion-Moillet.
   M. l'abbé Pilet.
Mlle Amélie Playoust.
La rév. mère prieure du Carmel.
MM. Albert de Prins.
   Quarré-Reybourbon.
   l'abbé Richard, doyen de Saint-André.
   Ricouart-Porchez.
Mlle Blanche Rigal.
MM. Paul Rigot.
   Prosper Rigot.
   Rigot-Dubar.
Mme Rivière.
MM. Rothe.
   l'abbé Salembier.
   l'abbé Sauvage.
Mme Joséphine Sallez.
MM. Alfred Scalbert.
   Auguste Scalbert.
   Maurice Scalbert.
   Pierre Scalbert.
   Scrive-Bigo.
   Sion-Arnould.
   Smit-Desmarchelier.
   Sneyers-Peuvion.
Les sœurs de l'Enfant-Jésus.
Les sœurs du Sacré-Cœur.
Les sœurs de la Sagesse.
Mme la supérieure des sœurs de Bon-Secours.
MM. Tellier.
   Louis Théry.
Mlle Emilie Vaille.
MM. le chanoine Van Bockstael.
   l'abbé Vandamme.
   Vandecastelle-Meurisse.
   Van de Wynckele-Mourcou.
   le R. P. Vautier.
   Charles Verley-Crouan.
   Achille Vernier.
   J., Verroust.
   l'abbé de Vico.
   Urbain-Dominique Virnot.
   Philibert Vrau.
   Louis Watrigant.
   Wetzel-Neugebaur.
   l'abbé A. Willebois.
   Louis Zambeaux.

TABLE DES MATIÈRES

PREMIÈRE PARTIE

La Madeleine intra muros. — *Relation des principaux événements et Biographie des curés depuis l'établissement de la paroisse jusqu'à nos jours (1229-1892).*

SECTION I. — Avant la Révolution

PAGES

Chapitre I.

Topographie de la paroisse ; ses habitants ; leur caractère. — Les Ursulines. — Les Annonciades. — Les Urbanistes. — Les Bleuets. — L'Hôpital Saint-Joseph. — Les Carmélites. — Les Carmes déchaussés. — Les Sœurs de Saint-François de Sales ou de la Présentation. — Les Pénitentes. — Les Célestines. — Le Séminaire devenu l'Hôpital des Dames du Saint-Esprit. — L'Hôpital général de la Charité de Lille. — Les Dames de l'Abbiette. — L'Hôpital Saint-Jacques. — L'Hôpital Notre-Dame dit Comtesse. — Chapelle de Notre-Dame d'Assistance. — La Maison d'arrêt. — La Collégiale de Saint-Pierre 1

Chapitre II.

Origines de la paroisse. — Ses différents noms. — Ses malheurs. — Ses curés jusqu'à leur entrée en ville. — Jean Hovelacque (1455). — Pierre Martin (14 novembre 1565-20 octobre 1603) ; il est nommé doyen de chrétienté. — Ce qu'était un doyen de chrétienté. — Jeanne Maillotte. — Jean Boniface (1603-1627). — Jean Lenglart (1627-1636). — Nicolas Calcan (1636-1641). — Lucas Roussel (décembre 1641-1646). — Antoine Cléty (1646-1649). — Jean Castel (1649-1653). — Question du démembrement de la paroisse. — François Leboucq (3 avril 1653-12 novembre 1667) 16

Chapitre III.

Antoine Parent (1667-1684). — L'église de la Madeleine *extra muros* est rasée. — La chapelle de Saint-Vital devient église paroissiale. — Pourparlers à propos de l'érection d'une nouvelle église à Lille. — Le siége de la

— 510 —

paroisse est transporté dans la chapelle des Bleuets. — Démolition de la chapelle de Saint-Vital.— Pose de la première pierre de la nouvelle église. — La nomination du clerc. — Fractionnement de la paroisse.— Bénédiction du chœur de la nouvelle église. —Mort du curé A. Parent   23

Chapitre IV.

M. l'abbé Bon Bourgeois (1685-1699). — Confrérie du Saint-Sacrement. — Gratifications pour le prédicateur du carême. — Mort de M. Bon Bourgeois. — M. Charles Liénard (1699-1714). — Etablissement de la confrérie de N.-D. de Bon-Secours. — Construction de l'église poussée activement. — Consécration de l'église par Joseph Clément, électeur de Cologne. — Achèvement du dôme en 1713. — Don de 12.000 florins du Magistrat. — Nicolas Cardon et sa famille, bienfaiteurs insignes de l'église de la Madeleine. — Tableau de la *Résurrection de Lazare*. — Fondation de Jeanne Duprez. — Mort de l'abbé Liénard   30

Chapitre V.

L'abbé de Beker. — L'abbé Jean Galliot (1714-1744). — Composition de la paroisse à son arrivée.— Pauvreté de l'église. — La Cour refuse une loterie. — Réclamations des créanciers. — Mise en vente des objets du culte. — Révolte des femmes de la Madeleine. — Incendie de la trésorerie. — Le zèle des paroissiens se ranime. — L'affaire de Bouland. — Construction de caves de chaque côté du chœur, l'une pour y enterrer les curés, l'autre les marguilliers. — Mort de maître Jean Galliot   41

Chapitre VI.

M. François Haze, desserviteur. — L'abbé Antoine-Joseph Durigneux (1745-1759). — Les demoiselles Cardon et Mme Mayoul, bienfaitrices de l'église. — Affaire du presbytère   50

Chapitre VII.

L'abbé Louis Lorthiois, curé de la Madeleine (1759-1762). — Dettes criardes de la fabrique. — Le Magistrat accorde une levée de 6.700 florins. — Noms des personnes qui prêtèrent cet argent. — Autorisation de se servir de cierges de cire royale. — Nouvelle affaire de Bouland. — L'abbé Lorthiois se retire. — L'abbé Delporte, desserviteur (1762-1764). — Etablissement de nouveaux buffets pour les habitués, les chantres, les marguilliers. — Châsse de Sainte-Marie-Madeleine, par Baudoux. — Fondation Willemot. — L'abbé Dehas, nouveau curé (1764-1774) — Difficultés avec la confrérie des Trépassés. — Cession de terrain aux pauvriseurs. — Remboursement des dettes de l'église. — Beau dévouement des marguilliers. — Mort de l'abbé Dehas.   60

Chapitre VIII.

L'abbé Honoré, desserviteur (5 sept. 1774). — Qualités de ce bon prêtre. — Démarches des marguilliers pour le conserver. — Fondation pour une messe de midi. — L'abbé Maclou-Joseph Verdier (29 sep. 1775-1781). — Froid accueil qu'il reçoit des marguilliers. — Don des quatre tableaux de Lens. — Etablissement de boiseries dans le chœur. — Permission de passer par la chapelle de la Sainte-Vierge. — Visite de Mgr de Salm-Salm

— 511 —

PAGES

à Lille et dans la paroisse de la Madeleine. — M. Verdier nommé doyen de chrétienté et représentant de l'évêque de Tournai au bureau du collège de Lille. -- Différents autres pouvoirs accordés à M. Verdier. — Affaire du cimetière. — Mort de M. Verdier. — L'abbé Delabassée, desserviteur. 70

Chapitre IX.

Beaumont. — Les parents de M. Saladin. — Sa naissance. — La paroisse de la Madeleine en 1783. — La chrétienté de Lille. — Etat général des esprits à Lille. — Zèle de M. Saladin pour l'ornementation de son église. — Nouveau pavé dans le chœur ; restauration du dôme et de la façade. — Son esprit d'ordre, son amour pour les petits. — L'amour du peuple pour le curé. — Translation de Notre-Dame de Consolation à la Madeleine. — Affaiblissement de la foi. — Dépérissement de plusieurs confréries. — Appauvrissement de la fabrique. — Amour et confiance des paroissiens pour M. Saladin. — Convocation des Etats généraux. — Les cahiers de doléances du clergé de Lille. — Plaintes particulières du clergé des paroisses de Lille. — Lettre des cinq commissaires au ministre. — Création d'une nouvelle municipalité. — M. Saladin est élu parmi les notables pour faire partie du Conseil. — La fête de la Fédération. — Constitution civile du clergé. Le roi accepte la Constitution. — M. Saladin refuse de lire les décrets au prône. — Craintes d'un certain nombre de curés. — M. Bécu, curé de Saint-Etienne. — Affichage de la loi. — Prestation du serment dans l'église Saint-Etienne. — M. Bécu. — M. Saladin refuse de prêter serment. — Discours imprimé de M. Saladin. — Réponse de M. Bécu. — M. l'abbé Du Bois prête serment et se rétracte. — Douleur et joie de M. Saladin. — Continuation de l'énergique résistance de M. Saladin. — Ordonnance anticonstitutionnelle. — Défense de la lire. — Lecture en chaire de ladite ordonnance — Punition de M. Saladin. — Son refus de lire les décrets de l'Assemblée nationale. — Un prédicateur improvisé : Lesage-Senault. — M. Nolf est élu curé de la Madeleine. -- M. Saladin reste dans la paroisse. Il obtient des pouvoirs particuliers et extraordinaires pour toutes les paroisses de sa chrétienté. — Discrédit des prêtres schismatiques. — Dernier trait de la charité et de la largeur de vue de M. Saladin. — Les rivageois insultent M. Saladin. — Mort de M. Saladin. — Conclusion. . 83

Chapitre X.

Avant-propos. — Famille de M. Nolf. — Sa naissance. — Ses études. — Ses différents postes. — Siége de la paroisse Saint-Pierre. — M. Nolf nommé curé de la paroisse Saint-Pierre. — Convocation des Etats généraux. — Nolf est nommé député de l'Assemblée nationale. — Son rôle en cette Assemblée. — Lecture d'une adresse des jeunes gens de Lille — Une lettre à ses commettants. — Sa vanité. -- Nolf candidat à l'évêché du Nord. — Nolf candidat à la cure de la Madeleine. — Confirmation de ses pouvoirs par l'évêque intrus. — Prestation du serment. — Comment se passait une prestation de serment. — Encore la vanité de M. Nolf. — Nolf et la Société des Amis de la Constitution. — Le club de cette Société. — M. Nolf en devient le président. — Il en est chassé. — Le curé constitutionnel. — Le frère de M. Nolf, religieux de l'abbaye de Saint-Amand et vicaire de la Madeleine — Nolf, persécuteur des familles catholiques. — Démission des marguilliers. — Nolf, président du district, ecrit à sa fabrique. — Il est chassé de son église. — Ce que devient l'église de la Madeleine. — Vol des tableaux et de l'argenterie. — Synode diocésain de l'Eglise du Nord, tenu à Lille dans l'église paroissiale de Saint-André, le 16 août 1797, pour l'élection d'un député au Conseil national. — Nolf de nouveau candidat malheureux. — Primat est nommé évêque de Limoges. — Nolf, président du presbytère, envoie, le siége vacant, le mandement du 15 janvier 1800, pour le carême de cette année. — Nouvelle réunion à Sainte-Catherine pour la nomination de l'évêque du Nord. — Nolf, président du presbytère, est candidat. — Discours de M. Nolf. — Lettre aux prêtres du vicariat de Tournai. — Ordre du jour : élection de l'évêque. — Nolf est simplement élu trésorier. — Concordat. — Mgr Belmas est nommé évêque de Cambrai et Nolf curé de Landas. — Mort de M. Nolf.   124

SECTION II. — Depuis la Révolution jusqu'a nos jours

Chapitre I.

Le Concordat est conclu. — Mgr Belmas est nommé évêque de Cambrai. — Il désigne M. l'abbé Delahaye comme curé de la Madeleine (1803-1810). — Il met les chaises en régie. — Rétablissement des confréries. — Difficultés avec le vicaire à propos d'une maison appartenant à la fabrique. — La foudre tombe sur le dôme. — Mort de l'abbé Delahaye. — M. l'abbé Warenghien (1810-1819). — Restauration du dôme. — Un nouveau maître-autel. — Une lettre du baron Malus. — M. l'abbé Bézu (1819-1830). — Il installe les frères des Ecoles chrétiennes à Lille — Restauration de l'église. — Relèvement du culte. — Pose de nouvelles orgues par M. Carlier, de Douai. — Don d'un ornement complet confectionné par S. A. R. Madame la Dauphine. — Mort de l'abbé Bézu.   155

Chapitre II.

M. l'abbé Désiré Savin (1830-1850). — Sa naissance. — Ses études. — Son vicariat à Dunkerque. — Il est nommé curé à Bondues. — Doyen-curé de la Madeleine. — Sa sollicitude pour les frères des Ecoles chrétiennes. — Sa dévotion à sainte Philomène. — Sa simplicité. — Abjuration de M. Kolb. — Dons divers. — Sa maladie. — Sa mort. — M. l'abbé Herrengt. — M. l'abbé Arsène Bafaleur (1850-1879) — Ses brillantes études au petit séminaire de Cambrai. — Son entrée au grand séminaire. — Il est nommé professeur de philosophie. — La lettre pastorale sur la soumission due aux puissances établies. — Curé dans différentes paroisses. — Archiprêtre de Maubeuge. — Archiprêtre de la Madeleine. — La procession du centenaire de Notre-Dame de la Treille. — Son éloquence. — Sa maladie. — Sa mort. — Ses funérailles. — Discours de M. l'abbé Lasnes.   167

Chapitre III.

M. l'abbé H. Fremaux (1879). — Etablissement d'un salut solennel en l'honneur de sainte Marie-Madeleine. — Démembrement de la paroisse.— Construction d'écoles de frères et de sœurs. — Restauration de l'église.

— Consécration de l'église par Mgr l'évêque de Lydda. — Mission prêchée par les RR. PP. Rédemptoristes. — Erection d'un calvaire. — Noces d'argent de M. Fremaux. — Mission donnée par les RR. PP. Jésuites. Liste des curés 185

Chapitre IV.

Des marguilliers. — Leur origine. — Leurs droits. — Leurs charges. — Leur union. — Solidarité des marguilliers de Lille. — Notice sur quelques marguilliers. — MM Edouard Bonnier de Layens. — Antoine Yon. — Bernard-Serret. — Moillet. — Rapy. — Alexandre Jonglez de Ligne. — Victor Virnot. — Gustave Mourcou. — Henri Bernard. — Prosper Derode. — Liste des marguilliers 201

Chapitre V.

Les pauvriseurs. — Ils obtiennent des secours du Magistrat. — Leurs différends avec les marguilliers. — Leurs achats de biens de la fabrique pour agrandir leur trésorerie. — Leur différend avec les confrères du Saint-Sacrement. 220

DEUXIÈME PARTIE

Les œuvres anciennes et nouvelles.

SECTION I. — LES ŒUVRES ANCIENNES

Chapitre I.

Confrérie du Très Saint-Sacrement. — But de la confrérie. — Sa fondation. — Bulle de Sa Sainteté Pie VII. — Composition de la confrérie. — Nombre de ses membres, confrères, consœurs. — Source et emploi de ses revenus. — Ses fêtes. — Ses agapes. — Ses présidents. — Confrérie du Sacré-Cœur. — Son antiquité. — Etablissement d'un salut en l'honneur du Sacré-Cœur de Jésus, le premier vendredi de chaque mois. . . . 227

Chapitre II.

Confrérie de la sainte Vierge. — Son érection. — Différends entre les administrateurs et le curé. — Lettres intéressantes des parties à propos de la bulle d'érection et des cérémonies faites dans la chapelle de la Très Sainte-Vierge. — Composition de la confrérie de la Très Sainte-Vierge. — Rétablissement de la confrérie en 1805. — Edicules nombreux élevés à la Très Sainte-Vierge dans la paroisse de la Madeleine. — Pieuse habitude des paroissiens de la Madeleine de faire célébrer des messes de quartier pendant le mois de mai. — Courtes notices sur les madones de notre paroisse. 251

— 514 —

PAGES

Chapitre III.

Confrérie des Trépassés. — Origine de cette confrérie. — Différentes pièces attestant son existence. — Un compte des recettes et des dépenses. — Prêt d'une somme d'argent à la fabrique. — Rétablissement de cette confrérie. — Nombre des associés. 271

Chapitre IV.

Corporation de Sainte-Marie-Madeleine. — Son ancienneté. — Son siège à Saint-Etienne. — Sa composition. — Ses habitudes. — Ses statuts. — Ses jours de fête. — Son rétablissement en 1890. — Les patronnés de sainte Marie-Madeleine assistent en grand nombre à une messe le 27 juillet 1890. — Seconde fête en 1891. — Présentation des statuts. — Leur acceptation. — Rétablissement définitif de la corporation 275

Chapitre V.

Confrérie des bateliers. — Son siège dans la chapelle Saint-Vital, place du Château. — Ils se retirent à Saint-André. — Ils reviennent à la Madeleine en 1697. — Opposition des marguilliers de Saint-André. — Différend entre les marguilliers de la Madeleine et les bateliers. — Tentative de rétablissement en 1875 284

Chapitre VI.

Corporation des ciriers. — Son antiquité. — Ses statuts. — Don au musée de Vicq de plusieurs objets appartenant aux ciriers. — Différentes modifications des statuts 288

Chapitre VII.

Confrérie de sainte Marie-Madeleine. — Confrérie de saint Léonard. — Confréries de saint Roch et de sainte Agathe. 294

SECTION II. — Les œuvres nouvelles

Chapitre I.

La réunion de l'Enfant-Jésus. — Rapport de Mme d'Aubigny à Mgr Régnier (1864). — Origine de la réunion. — L'œuvre des dots. — Démembrement de la paroisse, terrible épreuve pour la réunion. — Mme Beylot. — Mme Moillet. — Mme Dambricourt. — Sœur Sainte-Anne. — Sœur Sainte-Victoire. — Mme Feron-Vrau 299

Chapitre II.

Les frères des Ecoles chrétiennes à Lille. — Leur arrivée. — Le frère Honoré, premier directeur. — Les frères s'établissent rue des Urbanistes (1822). — Le frère Adrien. — M. l'abbé Bernard. — Etablissement des retraites de première communion. — Les frères sont installés dans les écoles communales (1853). — Le frère Evergile, successeur du frère Adrien. — Les frères s'installent rue du Metz. — Puis, rue de la Monnaie. — Les frères quittent les écoles communales. — L'école de la Madeleine est transférée place du Concert. — Plus tard, rue de Thionville. 311

Chapitre III.

L'asile Saint-Pierre et les sœurs de la Sagesse. — Les Ursulines avant la Révolution. Leur célébrité. — Leurs bienfaits. — Elles sont chassées. — Les bâtiments de l'ancien couvent servent d'entrepôt de marchand de vin. — Ces bâtiments reviennent en partie en la possession des sœurs de la Sagesse qui y établissent un asile. — Sœur Saint-Irénée, première directrice. — Agrandissement de la maison. — Elles entrent dans l'école de la rue de Thionville. — Elles sont laïcisées. — Scènes étranges. — Les enfants sont recueillis dans les dépendances de la maison Bernard. — Polémique avec le *Petit Nord*. — Magnifique rentrée des anciennes élèves des sœurs. — Mort de la mère Irénée. — Sœur Marie Berckmans. — Ses bienfaits. — Sœur Agnès de Montepulciano 317

Chapitre IV.

Conférence de Saint-Vincent de Paul. — Sa fondation à Lille. — Le premier sectionnement. — Second sectionnement et conférence définitivement paroissiale. — Ses membres défunts. 334

Chapitre V.

Dames de charité. — Patronage de jeunes garçons. — Œuvre du vestiaire. — Œuvre des funérailles des pauvres. — Œuvre de la Sainte-Enfance. — Œuvre de la propagation de la foi. — Œuvre de Saint-François de Sales. — Œuvre des écoles pauvres du diocèse. — Œuvre de la prière en commun dans les familles 343

Chapitre VI.

Description de l'église de la Madeleine. — Extérieur de l'église de la Madeleine. — Nécessité de dégager l'église et d'y adjoindre plusieurs portes de sortie. — Le dôme. — Dimension de la lanterne. — Le chœur. — Le maître-autel. — Deux anges adorateurs. — La *Résurrection de Lazare*, œuvre de Jacques Van Oost, marguillier de la Madeleine. — Statues de saint Pierre et de sainte Madeleine. — Deux copies de Rubens, par Bonnier de Layens : 1º *Madeleine près d'exhaler le dernier soupir*; 2º *la Vierge présentant l'Enfant Jésus à saint François*. — Boiseries du chœur. — Quatre grands tableaux de Lens, peintre d'Anvers. — Curieux historique de ces tableaux. — Leur valeur. — Pavé du chœur. — Grille par Beudar. — Calorifère. — Deux tableaux d'Arnould de Vuez. — Chapelle des Trépassés. — Deux copies représentant: 1º le *Christ en croix*, de Van Dyck; 2º la *Descente de croix*, de Rubens. — Autel. — Pierres tombales. — *Quatre docteurs*, par Jordaens. — Chapelle du Très Saint-Sacrement. — Le banc de communion. — Porte du tabernacle en argent. — Châsse perdue de sainte Marie-Madeleine. — Tableau de Van Dyck. — Edicule à sainte Madeleine. — Calvaire. — Chapelle de la sainte Vierge. — Autel. — *Adoration des bergers*, de Rubens. — Chapelle du Sacré-Cœur. — Les statues de saint Roch et de sainte Philomène. — Confessionnaux. — Chaire. — Chemin de croix. — Orgues. — Buffet d'orgues . . . 350

TROISIÈME PARTIE
La Madeleine-lez-Lille et Saint-Vital.

SECTION I. — La Madeleine-lez-Lille

PAGES

Chapitre I.
La Madeleine-lez-Lille avant la Révolution. — Son origine. — Ses malheurs. — Erection d'un cimetière et bénédiction par M. l'abbé Verdier (1779). — Division de la paroisse. — Tableau des vicaires desservants. — Siège de Lille (1792). — L'église est vendue et démolie 381

Chapitre II.
La Madeleine après la Révolution. — M. Hornin (1802-1816). — Sa grande charité, son respect pour la maison de Dieu. — M. Bavelaer (avril-octobre 1816). — M. Lefebvre (novembre 1816 - mars 1821). — M. Fontaine (1821-1837). — Legs Jacques Lefebvre. — M. Labbey (1837-1843). — Réorganisation du conseil de fabrique. — Augmentation de la population. — Démolition de l'ancienne église; le culte a lieu dans une salle de l'estaminet du *Beau Jardin*. — Pose de la première pierre et inauguration de la nouvelle église. 388

Chapitre III.
M. l'abbé Blanquart (1843). — Il orne la nouvelle église. — Etablissement de la conférence de Saint-Vincent de Paul. — Il fonde une réunion dominicale. — Il installe une école de filles. — Sa dévotion à sainte Philomène. — Bénédiction d'un chemin de croix. — Bénédiction de l'arbre de la liberté. — M. Blanquart homme de foi. — Visite de Mgr Régnier à la paroisse de la Madeleine. — Bénédiction de la chapelle de Notre-Dame des Anges. — Création d'un vicariat. — M. Blanquart fait des démarches pour une nouvelle église. — Sa générosité. — M. Bâtonnier, coadjuteur. — Fondation d'un patronage et d'un cercle catholique. — Pose de la première pierre de la nouvelle église (22 juillet 1883). — M. Dezitter, coadjuteur. — Mort de M. Blanquart 394

Chapitre IV.
L'abbé Dezitter, curé (20 août 1885). — Achèvement et consécration de l'église. — Don et bénédiction d'une cloche. — Nouveaux dons. — Démolition de la chapelle des Agonisants. — Dons de vitraux. — Dons de candélabres. — Une nouvelle cloche. 404

Chapitre V.
Œuvres de la Madeleine-lez-Lille. — Confréries du scapulaire de Notre-Dame du mont Carmel et des Trépassés. — Conférences de Saint-Vincent de Paul. — Les écoles de filles dirigées par les religieuses de la Croix de Saint-André. — Attachement des Madeleinois à ces écoles. — Noms des différentes religieuses qui ont enseigné dans ces écoles 410

Chapitre VI.

Description de l'église de la Madeleine-lez-Lille. — Extérieur de l'église. — L'autel du chœur. — Les vitraux. — La table de communion. — La chapelle Saint-Joseph. — Deux peintures : *Mater Dolorosa* et *le Christ*. — Une copie de Van Dyck, par Petit-Wéry. — Edicules à sainte Marie-Madeleine et à saint Antoine. — La chapelle de Notre-Dame des sept Douleurs. — Fonts baptismaux. — Statues de saint Roch et de sainte Apolline. — Chapelle du Sacré-Cœur. — Plaque commémorative des donateurs. — Chapelle de la Sainte-Vierge. — Sacristie. — *Noms des marguilliers*. . 416

SECTION II. — LA PAROISSE SAINT-VITAL

Chapitre I.

Le hameau de Berkem. — Sa prospérité à cause de l'industrie. — Obstacles à surmonter pour y établir une paroisse. — M. Desmazières y fait bâtir une église (3 mai 1863). — Le choléra sévit fortement à la Madeleine en 1866. — Erection en succursale de la Madeleine, approuvée par un décret impérial de 1868. 424

Chapitre II.

Bénédiction de l'église. — Installation de M. l'abbé Vermelle. — Bénédiction d'une cloche par M. Bafaleur. — Bénédiction d'un chemin de croix. — Fondation d'une école de filles. — Bénédiction de trois cloches, par M. Bernard, vicaire général. — Confrérie du Sacré-Cœur. — Conférence de dames. — Consécration de l'église par Mgr Monnier, évêque de Lydda. — Installation de M. l'abbé Petyt. — Inauguration de la chapelle de Notre-Dame de Lourdes. — Il travaille à orner son église. — Il établit une conférence d'hommes. — Les confréries du Saint-Sacrement et du Rosaire. — Un patronage de garçons. — Arrivée de M. Deram, nouveau curé . . 429

Chapitre III.

Description de l'église Saint-Vital. — Style roman. — Dimensions de l'église. — Le portail. — Le chœur. — L'autel. — Vitraux. — La chapelle Saint-Joseph. — La chapelle de Notre-Dame de Lourdes. — Différentes épitaphes. — Les fonts baptismaux. — Quatre bronzes artistiques de Cordonnier, sculpteur. — Différentes inscriptions. — *Noms des marguilliers* . . 435

Pièces justificatives. 445
Noms des souscripteurs 507

TABLE DES GRAVURES

	PAGES
Eglise de la Madeleine, vue prise de la rue de Thionville	Titre
L'abbé Philippe-François-Joseph Saladin, curé de la Madeleine et doyen de chrétienté, d'après un cuivre appartenant à M. Quarré-Reybourbon	92
Lesage-Senault, d'après un tableau de Wicar (Musée de Lille)	112
Pierre-Louis-Joseph Nolf, d'après une gravure du temps	128
L'abbé A. Bafaleur, doyen-curé de la Madeleine	175
L'abbé H. Fremaux, doyen-curé de la Madeleine	196
Armoiries de la famille Bonnier de Layens	208
» » Jonglez de Ligne	211
» » Bouhébent	211
» » Mourcou	212

www.ingramcontent.com/pod-product-compliance
Lightning Source LLC
Chambersburg PA
CBHW071407230426
43669CB00010B/1470